SALLUSTE

CATILINA, JUGURTHA

DISCOURS ET LETTRES TIRÉS DES HISTOIRES

Texte et Traduction française

Précédés d'une notice sur la vie et les ouvrages de Salluste et suivis d'un Index des noms propres,

Par L. CONSTANS

Professeur à la Faculté des Lettres d'Aix (littérature et institutions romaines)
Lauréat de l'Académie française

PARIS
F. VIEWEG, LIBRAIRE-ÉDITEUR
E. BOUILLON & E. VIEWEG, SUCCESSEURS
67, Rue de Richelieu

1888

SALLUSTE

Traduction Française

OUVRAGES DU MÊME AUTEUR

De Sermone Sallustiano. — Thèse de doctorat. Paris, Vieweg, 1880, 300 pages gr. in-8°. . . Prix : 7 fr. 50

Œuvres de Salluste. — Édition classique, avec notes, Introduction et Index des noms propres, 2me édition. Paris, Ch. Delagrave, 1887 . . . . . . Prix : 2 fr. »

Marie de Compiègne d'après l'Évangile aux Femmes, poème du XIIIe siècle publié intégralement pour la première fois d'après tous les manuscrits connus. Paris, Vieweg, 1876. . . . . Prix : 3 fr. »

Chrestomathie de l'Ancien Français du IXe au XVe Siècles. — Précédée d'un Tableau sommaire de la littérature du moyen âge et suivie d'un Tableau des flexions et d'un Glossaire étymologique complet. Paris, Vieweg, 1884, gr. in-8°, cartonné. . . . . Prix : 5 fr. »

OUVRAGE COURONNÉ PAR L'ACADÉMIE FRANÇAISE

Supplément à la Chrestomathie de l'Ancien Français. — Traduction des plus anciens textes et notes. Paris, Vieweg, 1886. . . . . Prix : 1 fr. 50

La Chrestomathie et le Supplément réunis en un volume cartonné. . . . . Prix : 6 fr. »

SALLUSTE

CATILINA, JUGURTHA

DISCOURS ET LETTRES TIRÉS DES HISTOIRES

Texte et Traduction française

*Précédés d'une notice sur la vie et les ouvrages de Salluste
et suivis d'un Index des noms propres,*

Par L. CONSTANS

Professeur à la Faculté des Lettres d'Aix (littérature et institutions romaines)
Lauréat de l'Académie française,

PARIS
F. VIEWEG, LIBRAIRE-ÉDITEUR
E. BOUILLON & E. VIEWEG, SUCCESSEURS
67, Rue de Richelieu

—

1888

Marseille. — Typ. et Lith. Barlatier-Feissat, rue Venture, 19.

AVERTISSEMENT

Après de longues et munitieuses recherches, nous avions publié successivement une étude sur la grammaire et la langue de Salluste (De sermone Sallustiano, *Paris, Vieweg, 1880) et une édition classique, contenant le* Catilina, *le* Jugurtha *et les discours et lettres tirés des* Histoires *(Paris, Delagrave, 1881). Il nous a semblé que notre tâche resterait incomplète, si, pénétrant de plus en plus dans l'intimité de notre modèle, nous n'essayions de faire passer dans notre langue, non pas toutes ses beautés — qui pourrait avoir cette prétention? — du moins celles de ses qualités qui ne sont pas incompatibles avec le génie propre de notre idiome.*

Quelque imparfait que soit — personne ne le sent plus que nous — ce modeste essai, nous osons cependant l'offrir au public : c'est le résultat d'un long commerce avec un de ces rares écrivains, chez lesquels le culte de l'art domine tout et dont la forte originalité décourage et l'imitation et la traduction. Avant toute chose, nous nous sommes préoccupé de rendre la pensée de l'auteur d'une façon claire et précise : c'est dire que notre traduction n'a aucun rapport avec ces belles infidèles, *si fort à*

NOTICE

SUR LA VIE ET LES OUVRAGES DE SALLUSTE

I

Salluste (*Gaius Sallustius Crispus*) naquit à Amiterne, ville municipale de la Sabine, dont on voit encore les ruines sur la rive gauche de la Pescara, non loin de la petite ville de San Vittorino. Ce fut pendant le septième consulat de Marius, le 1er octobre 668 (86 av. J.-C.). Sa famille était plébéienne, mais honorable et jouissant d'une certaine fortune, ce qui lui permit de donner au jeune Salluste l'éducation la plus libérale; il semble d'ailleurs n'avoir eu qu'une sœur. De bonne heure, il prit le goût des études historiques, mais, cédant à l'entraînement, il eut une jeunesse fort dissipée. Bientôt l'ambition (une ambition qu'il regretta plus tard) l'arracha à cette vie énervante, et il entra dans la carrière des honneurs. Il obtint la questure, probablement en 698, à l'âge de trente ans, qui semble avoir été l'âge légal prescrit par la loi *Villia.* En juillet 701, il fut nommé tribun du peuple, au milieu des troubles causés par la rivalité de Clodius et de Milon. Après le meurtre de Clodius (20 janvier 702), de concert avec ses collègues T. Munatius Plancus et Q. Pomponius Rufus, Salluste fit tous ses efforts pour accroître la défiance de Pompée envers Milon, et il y réussit. L'animosité du partisan dévoué de César contre Milon, le défenseur de l'aristocratie, était encore excitée par la mésaventure qui lui était advenue dans la maison même de Milon, qui, l'ayant surpris en adultère avec sa femme, fille de Sylla, le fit cruellement fouetter et exigea de lui une somme d'argent considérable. Quelques-uns pensent que le Salluste qui était proquesteur de Bibulus en Syrie en 704, et à qui est adressée une lettre de Cicéron, pourrait bien être l'historien ; mais il est difficile de le croire. Quoi qu'il en soit, Salluste fut chassé du sénat en 704 par le censeur Appius Claudius, à cause de ses mœurs, et aussi sans doute parce que les censeurs cherchaient à se débarrasser des partisans de César, et il alla à Ravenne rejoindre ce dernier, qui se disposait à franchir le Rubicon. Il est probable qu'il lui rendit des services dans la campagne de quelques jours qui lui valut la conquête de la Péninsule. César, en partant pour l'Espagne, l'avait laissé en Italie avec quelques cohortes sous la direction du tribun du peuple M. Antoine. Ce dernier subit un grave échec en Dalmatie, et Salluste, qui était arrivé avec des renforts, fut battu par les généraux de Pompée, Octavius et Libon. Quand il revint d'Espagne, César, nommé dictateur, fit comprendre Salluste parmi les questeurs (706) et l'année suivante, il le nomma préteur, ce qui lui rouvrit l'entrée du sénat.

Les exactions d'Antoine, qui avait ramené quelques légions en Italie, furent-elles également le fait de Salluste? C'est possible; du moins l'auteur de l'*Invective contre Salluste* lui attribue, à ce moment de sa vie, toutes sortes d'excès et de cruautés. Il fut chargé par le dictateur, dont il possédait la confiance, d'apporter aux légions soulevées de Campanie mille deniers par homme, et de leur promettre une juste récompense de leurs services à Pharsale, et de ceux qu'on demandait d'eux pour la guerre d'Afrique. Mais les soldats, irrités, refusèrent de s'embarquer et faillirent faire à Salluste un mauvais parti; ils déclarèrent qu'ils s'expliqueraient devant César. On sait qu'ils reprirent en désordre le chemin de Rome, et que leur chef ne put les faire rentrer dans le devoir qu'en les flétrissant du nom de *Quirites* (bourgeois). César, mécontent de la faiblesse du préteur, lui ordonna d'enlever coûte que coûte les magasins de l'armée pompéienne dans l'île Cercina. Salluste réussit, autant par la lâcheté du gouverneur C. Decimius, que par la promptitude avec laquelle il agit, à s'établir dans l'île, et, pour lui témoigner sa satisfaction, César, après la bataille de Thapsus, lui confia, avec le titre de proconsul, le gouvernement de la Numidie, qu'il venait d'enlever à Juba. Salluste administra cette province du mois de juin 708 à la fin de 709: il semble qu'il ait eu à en achever la pacification, et qu'il ait profité des circonstances pour imposer aux rebelles de fortes amendes, qu'il ne versa sans doute pas au trésor public, car il rapporta à Rome d'immenses richesses. Accusé de concussion, il parvint à se faire absoudre, grâce à la protection de César, qui avait reçu de lui, dit-on, pour sa part, douze cent mille sesterces et lui avait cédé sa villa de Tibur, pour dissimuler ce honteux marché.

Le danger qu'il avait couru et la mort de son protecteur décidèrent Salluste, qui n'avait encore que 43 ans, à abandonner la carrière politique. Il bâtit sur le Quirinal un magnifique palais, et l'entoura de jardins somptueux, dont on voit encore les restes. Dans cette admirable résidence, qu'habitèrent plus tard Auguste et plusieurs empereurs, il s'entoura des chefs-d'œuvre de l'art, se livra de nouveau avec passion aux études qui avaient charmé sa jeunesse et composa ses différents ouvrages historiques. Il mourut le 13 mai 719, sous le consulat de L. Cornificius et de Sextus Pompée.

Il avait épousé Térentia, répudiée par Cicéron à cause de son caractère hautain, mais il n'en n'eut pas d'enfant et laissa ses biens à un petit-fils de sa sœur, qui obtint les faveurs d'Auguste et de Tibère, et à qui Horace a adressé une de ses odes (la 2me du livre II).

II

L'histoire de la *Conjuration de Catilina* fut le premier fruit des loisirs de Salluste, qui la composa en 711 et la publia en 712 (42 ans av. J.-C.). Abandonnant la route suivie par ses prédécesseurs, qui n'étaient guère que de froids annalistes, et ne pouvant d'ailleurs imiter César, tant à cause de son caractère, que parce qu'il ne se trouvait pas dans les mêmes conditions que lui par rapport à son sujet, il alla chercher ses modèles chez les Grecs, et s'attacha surtout à imiter Thucydide. Certes, il n'a pas réussi à atteindre la hauteur de vues, la critique pénétrante de l'illustre historien de la guerre du Péloponèse, mais quel progrès sur ses devanciers! Pour la première fois, à Rome, l'histoire se montra savante et dramatique : au lieu d'une série de faits sèchement exposés dans leur ordre chronologique, on eut le récit d'un événement important, expliqué dans ses causes et apprécié dans ses conséquences, une véritable action dramatique, où les caractères bien tracés, les passions bien analysées entretiennent habilement l'intérêt, une véritable œuvre d'art où sont utilisées toutes les ressources du style et de l'éloquence. Aussi le succès fut-il très grand : on proclama Salluste le prince des historiens, et si la postérité n'a pas complètement ratifié ce jugement de Tacite, si plusieurs lui préfèrent Tite Live et Tacite lui-même, qui l'imite sur bien des points, on ne peut du moins lui contester le mérite d'avoir ouvert la voie à ses émules et d'avoir en réalité créé à Rome l'histoire philosophique, c'est-à-dire, en somme, la véritable histoire.

Nous venons de dire que la *Conjuration de Catilina* fut le premier essai de Salluste. Désirant raconter successivement, dans des ouvrages séparés, les événements les plus remarquables de l'histoire romaine, il ne pouvait mieux faire que de choisir, d'abord la conspiration qui avait failli ruiner à Rome le vieil état de choses et détruire tout ce qu'on avait pris l'habitude de respecter, puis la guerre contre Jugurtha, qui avait montré dans tout leur jour les vices de l'aristocratie et provoqué les efforts énergiques de la démocratie pour arriver à un état social plus voisin de la justice. Étranger à la conspiration, il avait vécu dans l'intimité de plusieurs des personnages qui l'avait favorisée ou combattue, et la part qu'il avait prise aux affaires le mettait à même de connaître les intrigues qui agitaient le sénat et les ressorts qui font mouvoir les chefs de parti; d'ailleurs son tribunat, si agité, lui avait permis d'étudier sur le vif les mouvements populaires et leurs causes : nul n'était donc plus propre que lui à traiter un pareil sujet. Il faut cependant reconnaître que l'esprit de parti, sans l'aveugler complètement, se laisse entrevoir quelquefois, par exemple dans le soin qu'il prend de dissimuler la conduite équivoque de César et sa connivence tacite avec Catilina, et aussi dans la froideur calculée avec laquelle il parle de Cicéron (*optimo consuli — orationem habuit luculentam atque utilem rei publicæ*). D'autre part, comme le remarque M. Teuffel, il consulte plutôt les traditions que les archives, et ne tient pas compte des monuments authentiques dont il aurait pu disposer : de là des erreurs de détail, des omissions, et surtout des fautes de chronologie. Notons à ce sujet qu'en général, par une espèce de réaction contre la sèche exactitude des froids annalistes, Salluste reste souvent dans le vague, en ce qui concerne le temps, et qu'il donne rarement, en particulier dans le *Jugurtha*, une date précise, songeant plutôt à l'effet à produire qu'à l'exactitude minutieuse des détails. C'est ainsi que, sans se préocuper de renseigner jusqu'au bout son lecteur, il s'arrête, dans le premier de ses ouvrages, dès que Catilina est mort à Pistoria, dans le second, dès que Jugurtha a été remis entre les mains de Sylla, c'est-à-dire dès que le principal événement est accompli : ce dont on ne saurait le blâmer d'ailleurs, si l'on se place exclusivement au point de vue de l'art.

L'histoire de la *Guerre de Jugurtha* (composée entre 712 et 714) suivit de près celle de la conjuration de Catilina. Il n'est pas sûr qu'il eût conçu le plan de cet ouvrage dès l'époque de son proconsulat en Numidie ; mais le long séjour qu'il avait fait dans le pays lui avait permis d'étudier les mœurs des habitants et la géographie de la région. Il avait d'ailleurs eu connaissance de vieux livres puniques, nommés les livres du roi Hiempsal, où il semble avoir puisé une partie des renseignements qu'il donne sur le nord de l'Afrique ; cette description, souvent louée, et recommandable pour le temps où elle a été écrite, n'a pas cependant, tant au point de vue de l'ethnographie qu'au point de vue de la géographie, le degré d'exactitude auquel nous a habitués la science moderne. Salluste a de plus utilisé les mémoires de Sylla, de Rutilius et de Scaurus, et l'histoire de la guerre sociale de Sisenna, qu'il accuse de manquer d'indépendance (*parum libero ore locutus*). Le *Jugurtha* échappe en grande partie aux critiques que l'on peut faire au *Catilina*. Le plan est plus régulier, la composition plus savante, l'impartialité de l'auteur incontestable, et le style atteste un grand progrès. D'ailleurs les procédés sont les mêmes. A l'exemple des écrivains grecs, il fait précéder ses deux ouvrages de longues réflexions philosophiques, où il montre la nécessité d'exercer son intelligence et la gloire qui est due à celui qui raconte les grands événements de l'histoire. Dans l'un comme dans l'autre, nous voyons des discours, non pas rapportés textuellement, mais, comme chez Thucydide, arrangés de façon à orner le sujet et à nous faire connaitre les personnages qui s'agitent dans le récit. Ces harangues sont d'une vérité saisissante : le discours de Caton, par exemple, bien qu'il ne ressemble en rien au véritable discours, dont les principaux traits nous ont été conservés par Cicéron et Plutarque, ne fait-il pas merveilleusement revivre la figure sévère du descendant du Censeur ? Et le discours de Marius au peuple, ce réquisitoire enflammé contre les nobles, n'est-il pas le plus vrai de tous les portraits de Marius? Ces discours dénotent une grande habitude de la parole, et en cela, ils sont supérieurs à ceux de Thucydide et de Tite Live. Enfin dans le *Jugurtha*, comme dans le *Catilina*, le récit est plusieurs fois coupé par des digressions, dont l'utilité est contestable ; dans le premier, le tableau de la corruption de Rome, qui se développe en même temps que sa puissance grandit, et l'histoire de la première conjuration de Catilina ; dans le second, la lutte des patriciens et des plébéiens depuis la chute de Carthage et l'histoire des frères Philènes.

Le plan des deux ouvrages dont nous venons de nous occuper semble également avoir été celui des *Histoires*, œuvre capitale de Salluste, destinée à faire suite à l'histoire de la guerre sociale de Sisenna, et qui comprenait une période de douze ans, de 676 à 687 (78-67 avant J.-C.). Il n'en est resté que des fragments, à l'aide desquels les différents éditeurs, depuis le président des Brosses jusqu'à Kritz et à Dietsch, se sont efforcés, souvent avec succès, de reconstituer la suite des faits ; d'autre part, grâce aux recueils destinés à l'enseignement de la rhétorique et qui contiennent 15 discours et 6 lettres de Salluste, nous avons pu conserver des *Histoires* 4 discours et 2 lettres, qui font vivement regretter la perte du reste. L'ouvrage n'avait que 5 livres, mais il est probable que, s'il n'avait pas été surpris par la mort, l'auteur l'aurait continué jusqu'à l'année de la conjuration de Catilina (63 av. J.-C,), de façon à relier entre eux le *Catilina* et les *Histoires*. S'il faut en croire Suétone (*Gramm.*, 10), le grammairien Atéius Philologus avait écrit pour lui un résumé de toute l'histoire romaine, dont il se servit pour écrire ses différents ouvrages. Il semble que ce résumé ait été ou très bref, ou mal fait ; sans cela on ne s'expliquerait pas les erreurs de détail et les omissions qui se rencontrent dans le *Catilina*.

On a longtemps attribué à Salluste deux lettres politiques adressées, disait-on, à César, l'une avant la bataille de Pharsale, l'autre après la guerre d'Afrique. Il est prouvé aujourd'hui que ces deux morceaux, dont le style, à la vérité, reproduit, non sans affectation et sans quelques maladresses, celui de Salluste, sont des *suasoriæ*, œuvre de quelque rhéteur, qui n'est pas antérieur à Adrien ou même à Vespasien : il n'est pas sûr d'ailleurs que l'auteur ait voulu sérieusement faire illusion au lecteur, et il serait bien possible qu'il n'y eût là qu'un lieu commun traité un peu différemment par deux écoliers intelligents. Il est bon d'ajouter que la première de ces prétendues lettres a tout à fait l'apparence d'un discours; quant à la seconde, c'est certainement une lettre, puisque l'auteur lui-même l'atteste.

A plus forte raison, ne peut-on pas sérieusement attribuer à Salluste l'*Invective contre Cicéron* (et à Cicéron l'*Invective contre Salluste*), quoique son authenticité soit attestée par Quintilien. L'auteur de ces deux violentes diatribes avait plus d'imagination que de style : c'était sans doute un rhéteur de province nouvellement arrivé à Rome, et peu familier avec la langue des honnêtes gens. Enfin il n'est rien moins que sûr que ce soit de l'historien Salluste que veut parler Cicéron, quand il dit dans une lettre à son frère Quintus (II, 9 (11), 4), après avoir fait l'éloge de Lucrèce : *si Sallusti Empedoclea legeris, hominem non putabo*. Les arguments rassemblés dans un travail récent (1879) par M. Jæger, pour appuyer cette hypothèse, ne nous semblent pas convaincants : ces *Empedoclea* ne pourraient d'ailleurs être qu'une œuvre de jeunesse, un essai de traduction en vers, comme en avait fait Cicéron lui-même.

III

Dans l'antiquité, les ouvrages de Salluste, et en particulier son style, ont trouvé d'ardents panégyristes et de violents détracteurs, surtout à l'origine, tant à cause des rancunes politiques qu'à cause des changements survenus dans le goût public. Ce qu'on lui a le plus reproché, c'est son amour pour l'archaïsme et l'imitation de Caton. Il est certain que la couleur archaïque est très marquée dans Salluste, au moins dans le dernier de ses ouvrages, les *Histoires* : et, par archaïsme, il ne faut pas entendre certaines particularités d'orthographe, usitées de son temps, qui se trouvaient également dans Cicéron et qui ont disparu de ses ouvrages par le fait des grammairiens des siècles suivants, tandis qu'on les laissait subsister en partie dans les manuscrits de Salluste, à cause de la réputation d'archaïsme qu'il avait toujours eue ; il s'agit de l'emploi de mots, de locutions, de tournures tombées en désuétude ou à peu près, mais qui ne remontent pas au delà de Caton, et qui, le plus souvent, servent à donner au discours plus de gravité et d'élévation. On l'a aussi accusé d'affecter le néologisme, et Aulu-Gelle l'appelle *novator verborum*. Il est certain qu'il a enrichi la langue d'une foule d'expressions pittoresques, d'alliances de mots et de métaphores hardies ; mais cela ne justifierait pas suffisamment l'épithète de *novator*. Il faut sans doute entendre par là que Salluste a remis en honneur des mots oubliés, et qui semblaient nouveaux à l'époque où il les a employés. C'est là une espèce de néologisme fort légitime, quand on en use à propos et avec ménagement, comme l'a fait Salluste ; il faut reconnaître pourtant, avec M. Jules Girard [1], qu'en recherchant l'archaïsme, Salluste acceptait d'avance l'infériorité inévitable de tout calcul littéraire vis-à-vis des conditions naturelles de l'art, et c'est ce qui fait en partie son infériorité par rapport à Thucydide.

La critique moderne, grâce à un examen approfondi, a reconnu les excellentes qualités du style de Salluste et rectifié sur bien des points les jugements des grammairiens de l'antiquité, ou

(1) *Essai sur Thucydide*, ch. IV.

même des trois derniers siècles. Ainsi il est prouvé maintenant que, si Salluste a profité en maintes occasions de la connaissance qu'il avait des orateurs et des historiens grecs, en particulier de Démosthène et de Thucydide, il a su s'approprier leurs idées en les revêtant d'une forme qui est bien à lui. Quant aux prétendus hellénismes que l'on voulait voir chez lui à chaque page, ce sont pour la plupart des tournures parfaitement latines, dont l'usage était familier aux vieux auteurs. Sa concision pleine a frappé de tout temps le lecteur : sous ce rapport, il dépasse parfois Thucydide et, comme lui, tombe dans l'obscurité. Il emploie de préférence l'expression la plus forte et la construction la plus simple et la plus rapide, au point que son style pourrait être accusé d'uniformité, certaines expressions, certaines tournures (par exemple l'infinitif historique) revenant sans cesse sous sa plume ; et cependant, il y a peu d'auteurs qui produisent au même degré l'impression de variété. Cela tient à ce que, chez lui, la variété se manifeste plutôt dans la même phrase, ou d'une phrase à l'autre, que d'une manière absolue et dans l'ensemble, et aussi à ce que l'expression étant toujours juste, on ne s'offense pas du retour fréquent de certains tours et de certaines locutions.

Pour terminer cette esquisse rapide, nous emprunterons une page au jugement si précis qu'à porté sur notre auteur M. H. Taine, dans son *Essai sur Tite Live* ; il s'agit de ce que Quintilien a appelé l'*immortelle rapidité* du style de Salluste : « Chez Salluste, dit-il, la narration est d'une vivacité extrême ; toute composée de petites phrases, elle va aussi vite que les événements ; ses idées courent devant les yeux détachées les unes des autres, non plus en solides bataillons, comme dans Tite Live ou César, mais une à une. A chaque instant le spectacle est nouveau ; l'esprit est lancé comme sur une pente, sans pouvoir se retenir ni réfléchir, tout entier à l'action et au mouvement qui lui est communiqué. Mais on sent que Salluste n'écrit ainsi que par système, car sa tactique est toujours la même ; » et plus loin : « Pour le style, il est incomparable ; il marche avec une certaine négligence fière, d'artiste et de grand seigneur. Il est aussi serré que celui de Tacite et moins pénible, aussi riche que celui de Tite Live et plus sobre. En arrivant au bout d'une phrase, on est parfois frappé comme d'un coup subit : ce sont deux mots simples qui, par un rapprochement nouveau, ont pris un sens accablant. Des métaphores audacieuses, cachées dans un verbe, illuminent toute une idée. »

ARGUMENTS

DE LA

CONJURATION DE CATILINA

I. L'homme doit rechercher la gloire ; mais c'est seulement aux qualités de l'âme qu'il doit la demander. Le corps n'est qu'un esclave et doit obéir à l'âme.

II. A la guerre comme dans la paix, la supériorité appartient à l'intelligence. Ce n'est point vivre réellement que de vivre esclave de ses appétits.

III. On peut servir l'État en écrivant l'histoire : ses difficultés. L'auteur rejette sur la corruption générale les déceptions qu'il a éprouvées dans sa carrière politique.

IV. Le dégoût des affaires publiques ramène Salluste aux études de sa jeunesse. Il entreprend d'écrire l'histoire des événements les plus mémorables. Il commence par la conjuration de Catilina.

V. Portrait de Catilina. Circonstances qui favorisent son ambition.

VI. *Digression.* Retour sur les temps antérieurs. Fondation de Rome ; les rois, le sénat, les consuls.

VII. La passion de la liberté chez les anciens Romains ; leur esprit militaire et leurs succès.

VIII. Parallèle de Rome et d'Athènes. Les Romains n'ont pas eu, comme les Grecs, de grands écrivains pour célébrer leurs exploits.

2

IX. Vertus des anciens Romains dans la paix comme dans la guerre.

X. Les progrès de la puissance romaine augmentent les richesses, sources de tous les vices. Conséquences funestes de la cupidité et de l'ambition.

XI. Le séjour des armées romaines en Asie développe la cupidité, qui n'a point les mêmes excuses que l'ambition.

XII. Contraste affligeant entre la simplicité et le courage des premiers temps, et le luxe et la lâcheté du temps de Salluste.

XIII. Luxe effréné et ruineux, qui pousse au crime les jeunes gens qui ont dévoré leur patrimoine. — *Fin de la digresssion.*

XIV. Catilina forme son parti de tous les débauchés et de tous les scélérats de son temps, et attire surtout les jeunes gens.

XV. Ses premiers crimes. Les remords le poussent à hâter l'exécution de ses complots.

XVI. Comment il façonne au crime ses affidés. Circonstances qui favorisent ses projets.

XVII. Principaux complices de Catilina.

XVIII. Salluste rapporte, sous forme de *digression*, une première conjuration ourdie par Catilina, Autronius et Pison pour assassiner les consuls et s'emparer du pouvoir.

XIX. Mort de Pison. — *Fin de la digression.*

XX. Harangue de Catilina à ses complices.

XXI. Il leur communique son plan et ses espérances et les entraîne par de brillantes promesses.

XXII. Tradition peu authentique d'après laquelle Catilina aurait fait boire du sang humain à ses complices.

XXIII. Fulvie est instruite de la conjuration par Q. Curius ; elle communique le secret à plusieurs personnes.

XXIV. Cicéron et Antoine sont nommés consuls. Nouvelles intrigues de Catilina.

XXV. Portrait de Sempronia, l'une des femmes associées au complot.

XXVI. Catilina brigue de nouveau le consulat ; il cherche en vain à faire périr Cicéron et se décide à recourir aux armes.

XXVII. Réunion des conjurés chez Leca.

XXVIII. Nouvelle tentative de meurtre contre Cicéron. Menées de Manlius en Étrurie.

XXIX. Sur la proposition de Cicéron, le sénat prononce la formule *caveant consules*.

XXX. Mesures prises par le sénat pour combattre la conjuration.

XXXI. Consternation dans Rome. Catilina ose se présenter au sénat; il est vivement attaqué par Cicéron (1re Catilinaire).

XXXII. Catilina va rejoindre Manlius en Étrurie et laisse à ses complices le soin d'organiser le massacre et l'incendie.

XXXIII. Message de Manlius à Marcius Rex, commandant de l'armée d'Étrurie.

XXXIV. Réponse de Marcius. Catilina écrit à plusieurs personnes qu'il s'exile volontairement

XXXV. Lettre justificative de Catilina à Q. Catulus. Il lui recommande sa femme.

XXXVI. Catilina et Manlius sont déclarés ennemis publics. Situation déplorable de la république.

XXXVII. La multitude, à Rome, est favorable à Catilina.

XXXVIII. Réveil des dissensions entre le peuple et les grands.

XXXIX. Le parti populaire abattu reprend courage. Menées de Lentulus à Rome.

XL. Par l'entremise d'Umbrénus, il cherche à gagner à la conjuration les députés des Allobroges.

XLI. Les Allobroges dévoilent le complot à Q. Fabius Sanga, qui en instruit Cicéron.

XLII. Mouvements dans plusieurs parties de l'Italie aussitôt réprimés.

XLIII. Plan des conjurés à Rome. Céthégus se plaint de la mollesse de ses complices.

XLIV. Les Allobroges, sur le conseil de Cicéron, demandent aux conjurés et obtiennent une lettre signée, et Volturcius est chargé de remettre à Catilina une lettre de Lentulus.

XLV. Cicéron fait arrêter Volturcius et les Allobroges sur le pont Milvius.

XLVI. Après quelques incertitudes, Cicéron mande les principaux conjurés et les fait comparaître devant le Sénat.

XLVII. Déposition des Allobroges et de Volturcius. Décret d'arrestation rendu contre les conjurés.

XLVIII. Enthousiasme du peuple pour Cicéron. Incident au sénat au sujet de Crassus, qu'un certain Tarquinius accuse d'être affilié à la conjuration.

XLIX. Q. Catulus et C. Pison cherchent en vain à faire dénoncer César.

L. Mouvements tentés à Rome pour délivrer Lentulus et Céthégus. Le sénat délibère sur le châtiment des coupables.

LI. Discours de César : il opine pour la détention perpétuelle et la confiscation.

LII. Discours de Caton : il combat l'opinion de César et fait resssortir le danger de la clémence.

LIII. Conformément à l'avis de Caton, les conjurés sont condamnés à mort. — *Digression.* Causes de la grandeur romaine.

LIV. Parallèle de César et de Caton.

LV. Exécution de Lentulus, Céthégus, Statilius, Gabinius et Céparius.

LVI. Catilina organise son armée en Étrurie, et évite la bataille en attendant des nouvelles de Rome.

LVII. En apprenant le supplice des conjurés, il cherche à fuir vers la Gaule cisalpine ; cerné par deux armées, il se décide à livrer bataille à celle d'Antoine.

LVIII. Discours de Catilina à ses soldats.

LIX. Plan de bataille des deux armées.

LX. Défaite et mort de Catilina.

LXI. Aspect du champ de bataille après l'action : courage héroïque des vaincus, pertes sérieuses des vainqueurs.

SALLUSTE

CONJURATION DE CATILINA

I. Tout homme qui tient à se montrer supérieur aux autres animaux doit faire les plus grands efforts pour ne pas traverser obscurément la vie, comme les bêtes, naturellement courbées vers la terre et dominées de grossiers appétits. Or ce qui constitue l'homme, c'est l'âme et le corps : l'âme est destinée à commander, le corps à obéir. Quand la première prédomine, nous nous rapprochons des dieux; si c'est le second, des brutes. Il me semble donc convenable de rechercher la gloire par l'exercice des facultés de l'âme plutôt que par le développement des qualités du corps, et puisque notre vie est si courte, d'en prolonger autant que possible la

C. SALLUSTI CRISPI

DE CONJURATIONE CATILINÆ LIBER

I. Omnis homines, qui sese student præstare ceteris animalibus, summa ope niti decet ne vitam silentio transeant veluti pecora, quæ natura prona atque ventri obœdientia finxit. Sed nostra omnis vis in animo et corpore sita est : animi imperio, corporis servitio magis utimur ; alterum nobis cum dis, alterum cum beluis commune est. Quo mihi rectius videtur ingéni quam virium opibus gloriam quærere, et, quoniam vita ipsa qua fruimur brevis

mémoire, car, si les richesses et la beauté sont un bien instable et fragile, on a dans le mérite un bien éclatant et impérissable.

On a longtemps et vivement agité dans le monde la question de savoir si le succès à la guerre était dû surtout à la vigueur du corps ou bien aux qualités de l'esprit. En effet, avant d'entreprendre, il faut réfléchir, et quand on a réfléchi, il faut agir sans retard. Ainsi chacune de ces choses, insuffisante en soi, prête à l'autre un appui nécessaire.

II. A l'origine, les rois (c'est le nom qn'on donna d'abord aux détenteurs du pouvoir), exerçaient de préférence, les uns leur esprit, les autres leur corps. Alors la vie des hommes était encore exempte de convoitise : chacun se contentait de ce qu'il avait. Mais lorsqu'en Asie Cyrus, en Grèce les Lacédémoniens et les Athéniens eurent commencé à subjuguer les villes et les nations, à trouver dans l'amour de la domination un motif suffisant de faire la guerre, à mesurer la gloire sur l'étendue des possessions, alors l'expérience et la pratique firent reconnaître que dans la guerre, l'intelligence prédomine. Si les rois et les chefs d'Etat faisaient preuve pendant la paix des mêmes qualités que pendant la guerre, les

est, memoriam nostri quam maxume longam efficere. Nam divitiarum et formæ gloria fluxa atque fragilis est, virtus clara æternaque habetur.

Sed diu magnum inter mortalis certamen fuit, vine corporis an virtute animi res militaris magis procederet. Nam et prius quam incipias consulto, et ubi consulueris mature facto opus est. Ita utrumque per se indigens alterius auxilio eget.

II. Igitur initio reges (nam in terris nomen imperi id primum fuit) divorsi pars ingenium, alii corpus exercebant : etiam tum vita hominum sine cupiditate agitabatur ; sua cuique satis placebant. Postea vero quam in Asia Cyrus, in Græcia Lacedæmonii et Athenienses cœpere urbis atque nationes subigere, lubidinem dominandi causam belli habere, maxumam gloriam in maxumo imperio putare, tum demum periculo atque negotiis compertum est in bello plurumum ingenium posse. Quod si

affaires humaines offriraient plus d'unité et de stabilité et on ne les verrait pas soumises à des incertitudes, des changements et des bouleversements perpétuels. Car le pouvoir se conserve aisément par les mêmes moyens qui ont servi à l'acquérir; mais dès que la mollesse, se substituant à l'activité, l'amour des plaisirs et la violence orgueilleuse, remplaçant la tempérance et la justice, ont établi leur règne, la fortune change avec les mœurs, et infailliblement le pouvoir passe du moins habile au plus capable.

Agriculture, navigation, architecture, tout est subordonné au mérite. Il est vrai qu'un grand nombre d'hommes, esclaves de leur ventre et amis du sommeil, sans instruction, sans culture, traversent la vie comme s'ils étaient en pays étranger, considérant, contre le vœu de la nature, leur corps comme un instrument de plaisir et leur âme comme une charge. Ces hommes, je ne fais aucune différence entre leur vie et leur mort, car on ne parle pas plus de l'une que de l'autre. Mais celui-là seul me semble vraiment jouir de la plénitude de la vie, qui, l'esprit fortement tendu vers un but, cherche à arriver à la gloire par de grandes actions ou par un heureux emploi de son intelligence. Du reste, l'homme a des

regum atque imperatorum animi virtus in pace ita ut in bello valeret, æquabilius atque constantius sese res humanæ haberent, neque aliud alio ferri, neque mutari ac misceri omnia cerneres. Nam imperium facile eis artibus retinetur, quibus initio partum est. Verum ubi pro labore desidia, pro continentia et æquitate lubido atque superbia invasere, fortuna simul cum moribus inmutatur. Ita imperium semper ad optumum quemque a minus bono transfertur.

Quæ homines arant, navigant, ædificant, virtuti omnia parent. Sed multi mortales, dediti ventri atque somno, indocti incultique, vitam sicuti peregrinantes transiere: quibus profecto contra naturam corpus voluptati, anima oneri fuit. Eorum ego vitam mortemque juxta æstumo, quoniam de utraque siletur. Verum enimvero is demum mihi vivere atque frui anima videtur, qui aliquo negotio

moyens très variés d'exercer son activité, et la nature indique à chacun sa voie.

III. Il est beau de bien mériter de la République par ses actes, mais bien dire n'est pas moins méritoire ; on peut s'illustrer dans la paix comme dans la guerre, et souvent on loue, à côté de ceux qui ont accompli de belles actions, ceux qui les ont racontées. Quant à moi, bien que la gloire qu'on accorde à l'historien soit loin d'égaler celle de son héros, j'estime cependant que sa tâche est des plus ardues. En effet, d'abord le langage doit être à la hauteur des actions racontées, ensuite la plupart des lecteurs, si vous relevez quelque faute, croient vos critiques dictées par la malveillance et l'envie ; et d'autre part, lorsque vous racontez les hautes vertus et la gloire des bons citoyens, chacun n'accueille avec satisfaction que ce qu'il se croit en état de faire lui-même ; au-delà, il vous accuse d'exagération et de mensonge.

Pour ma part, tout jeune encore, je me laissai d'abord entraîner, comme tant d'autres, vers la politique, et là, je rencontrai beaucoup de déboires. Au lieu de la réserve, du désintéressement, du vrai mérite, c'étaient l'audace, la corruption, la cupidité qui triomphaient. Quoique mon âme répugnât à ces

intentus præclari facinoris aut artis bonæ famam quærit. Sed in magna copia rerum aliud alii natura iter ostendit.

III. Pulchrum est bene facere rei publicæ, etiam bene dicere haud absurdum est : vel pace vel bello clarum fieri licet. Et qui fecere, et qui facta aliorum scripsere, multi laudantur. Ac mihi quidem, tametsi haudquaquam par gloria sequitur scriptorem et auctorem rerum, tamen in primis arduum videtur res gestas scribere ; primum quod facta dictis exæquanda sunt, dehinc quia plerique, quæ delicta reprehenderis, malevolentia et invidia dicta putant ; ubi de magna virtute atque gloria bonorum memores, quæ sibi quisque facilia factu putat, æquo animo accipit, supra ea veluti ficta pro falsis ducit.

Sed ego adulescentulus initio, sicuti plerique, studio ad rem publicam latus sum, ibique mihi multa advorsa fuere : nam pro pudore, pro abstinentia, pro virtute audacia, largitio, avaritia vigebant. Quæ tametsi animus aspernabatur,

pratiques, auxquelles elle n'était point habituée, c'était cependant au milieu de ces désordres que ma faible jeunesse, égarée par l'ambition, était obligée de vivre, et bien qu'au fond je blâmasse les vices des autres, comme j'avais la même ambition qu'eux, je fus en butte à la mauvaise réputation et à la défaveur qui s'attachaient à eux à cause de leurs mauvaises mœurs.

IV. Aussi, dès que mon âme, au sortir de tant de misères et de dangers, eut retrouvé le calme, et que j'eus résolu de me tenir éloigné des affaires publiques, je ne songeai nullement à consumer dans l'oisiveté et le repos un loisir précieux, ni à me livrer à l'agriculture ou à la chasse, occupations où le corps a plus de part que l'intelligence; mais, revenu à mes premières inclinations dont une ambition funeste m'avait longtemps détourné, je résolus de choisir dans l'histoire du peuple romain, pour les raconter séparément, les événements qui me paraissaient les plus dignes de mémoire, et cela d'autant plus volontiers que, exempt de crainte et d'espérance, je me sentais devenu complètement étranger aux divers partis. Je vais donc raconter brièvement et le plus fidèlement que je pourrai la conjuration de Catilina : cette entreprise me semble des plus intéressantes et par la scéléra-

insolens malarum artium, tamen inter tanta vitia imbecilla ætas ambitione corrupta tenebatur; ac me, cum ab reliquorum malis moribus dissentirem, nihilo minus honoris cupido eadem quæ ceteros fama atque invidia vexabat.

IV. Igitur ubi animus ex multis miseriis atque periculis requievit, et mihi reliquam ætatem a republica procul habendam decrevi, non fuit consilium socordia atque desidia bonum otium conterere, neque vero agrum colundo aut venando servilibus officiis intentum ætatem agere; sed a quo incepto studio me ambitio mala detinuerat, eodem regressus, statui res gestas populi Romani carptim, ut quæque memoria digna videbantur perscribere; eo magis quod mihi a spe, metu, partibus rei publicæ animus liber erat. Igitur de Catilinæ conjuratione quam verissume potero paucis absolvam : nam id facinus

tesse de son auteur et par le danger qu'il fit courir à la République. Mais avant de commencer mon récit, je crois devoir donner quelques détails sur le caractère de cet homme.

V. Lucius Catilina, né d'une famille patricienne, avait une grande force d'esprit et de corps, mais un naturel méchant et dépravé. Dès son adolescence, les guerres intestines, les meurtres, les rapines, les discordes civiles firent ses délices, et ces mêmes pratiques occupèrent sa jeunesse.

Apte à supporter la faim, le froid, les veilles, au-delà de tout ce qu'on peut imaginer, c'était un esprit hardi, artificieux, habile à jouer tous les rôles, capable de tout feindre et de tout dissimuler; avide du bien d'autrui, prodigue du sien, fougueux dans ses passions, il avait assez de faconde, mais peu de jugement. Manquant de mesure, il méditait sans cesse des projets excessifs, incroyables, gigantesques. Depuis l'usurpation de Lucius Sylla, il était dominé par un violent désir de s'emparer du pouvoir, et pourvu qu'il arrivât à son but, le choix des moyens ne lui donnait aucun scrupule. Cette âme farouche était de jour en jour plus tourmentée par des embarras d'argent et par la conscience de ses crimes, situation sans cesse aggravée par la conduite que j'ai signalée

in primis ego memorabile existumo sceleris atque periculi novitate. De cujus hominis moribus pauca prius explananda sunt, quam initium narrandi faciam.

V. L. Catilina, nobili genere natus, fuit magna vi et animi et corporis, sed ingenio malo pravoque. Huic ab adulescentia bella intestina, cædes, rapinæ, discordia civilis grata fuere, ibique juventutem suam exercuit. Corpus patiens inediæ, algoris, vigiliæ supra quam cuiquam credibile est. Animus audax, subdolus, varius, cujus rei lubet simulator ac dissimulator; alieni appetens, sui profusus, ardens in cupiditatibus; satis eloquentiæ, sapientiæ parum. Vastus animus inmoderata, incredibilia, nimis alta semper cupiebat. Hunc post dominationem L. Sullæ lubido maxuma invaserat rei publicæ capiundæ, neque id quibus modis adsequeretur, dum sibi regnum pararet, quicquam pensi habebat. Agitabatur magis magisque in dies animus ferox inopia rei familiaris et conscientia scelerum, quæ

plus haut. Il trouvait, d'ailleurs, un encouragement dans les mœurs corrompues d'une ville travaillée par deux vices opposés, mais également détestables, le luxe et la cupidité.

Le sujet même, puisque j'ai eu l'occasion de parler des mœurs de Rome, semble m'inviter à reprendre les choses de plus haut et à exposer en quelques mots les principes appliqués par nos ancêtres au gouvernement de la République au dedans et au dehors, et à dire dans quel état de splendeur ils l'ont laissée et par quel changement insensible de très florissante elle est devenue si perverse et si dissolue.

VI. La ville de Rome, si j'en crois la tradition, fut fondée et habitée à l'origine par les Troyens, qui, ayant suivi Enée dans sa fuite, erraient sans demeures fixes, et à qui se joignirent les Aborigènes, race d'hommes rudes, sans lois, sans gouvernement régulier, jouissant d'une indépendance absolue. Dès que ces deux peuples, si différents d'origine, de langage et de mœurs, furent réunis dans les mêmes murs, ils se confondirent avec une incroyable facilité. Mais lorsque l'état qu'ils avaient fondé, ayant acquis des citoyens, des mœurs, un territoire, parut avoir un certain degré de prospérité et de force, alors, selon

utraque eis artibus auxerat, quas supra memoravi. Incitabant præterea corrupti civitatis mores, quos pessuma ac divorsa inter se mala, luxuria atque avaritia, vexabant.

Res ipsa hortari videtur, quoniam de moribus civitatis tempus admonuit, supra repetere, ac paucis instituta majorum domi militiæque, quo modo rem publicam habuerint quantamque reliquerint, ut paulatim inmutata ex pulcherruma pessuma ac flagitiosissuma facta sit, disserere.

VI. Urbem Romam, sicuti ego accepi, condidere atque habuere initio Trojani, qui Ænea duce profugi sedibus incertis vagabantur, cumque eis Aborigines, genus hominum agreste, sine legibus, sine imperio, liberum atque solutum. Hi postquam in una mœnia convenere, dispari genere, dissimili lingua, alii alio more viventes, incredibile memoratu est quam facile coaluerint. Sed postquam res eorum, civibus, moribus, agris aucta, satis prospera satisque pollens videbatur, sicuti pleraque mor-

le cours ordinaire des choses humaines, le succès engendra l'envie. Les royaumes et les républiques du voisinage les attaquent : peu de leurs alliés leur prêtent assistance, les autres, frappés de crainte, se tenaient loin du danger. Cependant les Romains, toujours en éveil au dedans comme au dehors, s'empressent, disposent tout, s'exhortent les uns les autres, vont chercher l'ennemi et couvrent de leurs armes protectrices leur indépendance, leur patrie, leur famille; puis, quand leur courage a su repousser le danger, ils vont au secours de leurs alliés et de leurs amis, et c'est en rendant plutôt qu'en recevant des services qu'ils s'assurent de sérieuses amitiés.

Ils avaient un gouvernement monarchique, mais fondé sur les lois. Des hommes choisis, dont le corps était affaibli par les années, mais dont l'intelligence puisait sa vigueur dans l'expérience, formaient le Conseil public : leur âge ou le caractère de leurs fonctions leur fit donner le nom de *Pères*. Plus tard, quand l'autorité royale, établie pour la défense de la liberté et l'agrandissement de l'Etat, eut dégénéré en une orgueilleuse tyrannie, on changea la forme du gouvernement et l'on établit un pouvoir annuel que l'on confia à deux chefs : on croyait

talium habentur, invidia ex opulentia orta est. Igitur reges populique finitumi bello temptare, pauci ex amicis auxilio esse : nam ceteri, metu perculsi, a periculis aberant. At Romani, domi militiæque intenti, festinare, parare, alius alium hortari, hostibus obviam ire, libertatem, patriam parentesque armis tegere. Post, ubi pericula virtute propulerant, sociis atque amicis auxilia portabant, magisque dandis quam accipiundis beneficiis amicitias parabant. Imperium legitumum, nomen imperi regium habebant ; delecti, quibus corpus annis infirmum, ingenium sapientia validum erat, rei publicæ consultabant : ei vel ætate, vel curæ similitudine, Patres appellabantur. Post, ubi regium imperium, quod initio conservandæ libertatis atque augendæ rei publicæ fuerat, in superbiam dominationemque se convortit, inmutato more annua imperia binosque imperatores sibi fecere : eo modo minume

réussir ainsi à prévenir l'insolence qu'inspire un long exercice du pouvoir.

VII. Dès lors, on respira plus à l'aise et chacun put librement développer ses talents naturels. Les rois, en effet, suspectent bien plus les gens de bien que les méchants, et toujours le mérite d'autrui leur inspire quelque crainte. Du reste, il est à peine croyable combien il fallut peu de temps à Rome, après la conquête de la liberté, pour devenir puissante, tant l'amour de la gloire la possédait. La jeunesse, dès qu'elle était en état de supporter les fatigues, s'initiait aussitôt à la pratique de la guerre au milieu des camps et par un travail assidu. Les belles armes, les chevaux de guerre, voilà ce qui les passionnait, bien plus que les courtisanes ou les festins. Pour de tels hommes, il n'y avait ni fatigue insurmontable, ni lieu trop rude et d'un accès trop difficile, ni ennemi vraiment redoutable : le courage leur avait tout rendu facile. Mais c'était surtout entre eux qu'ils se disputaient le prix de la gloire : frapper un ennemi, escalader une muraille, et par de tels exploits, attirer sur soi les regards, c'était là pour eux la richesse, la bonne renommée, la véritable noblesse. Avides d'honneur, ils prisaient peu

posse putabant per licentiam insolescere animum humanum.

VII. Sed ea tempestate cœpere se quisque magis extollere, magisque ingenium in promptu habere. Nam regibus boni quam mali suspectiores sunt, semperque eis aliena virtus formidolosa est. Sed civitas incredibile memoratu est adepta libertate quantum brevi creverit : tanta cupido gloriæ incesserat. Jam primum juventus, simul ac belli patiens erat, in castris per laborem usum militiæ discebat, magisque in decoris armis et militaribus equis quam in scortis atque conviviis lubidinem habebant. Igitur talibus viris non labor insolitus, non locus ullus asper aut arduus erat, non armatus hostis formidolosus : virtus omnia domuerat. Sed gloriæ maxumum certamen inter ipsos erat : se quisque hostem ferire, murum adscendere, conspici, dum tale facinus faceret, properabat ; eas divitias, eam bonam famam magnamque nobilitatem putabant ; laudis

l'argent : une gloire sans bornes, des richesses médiocres, voilà ce qu'ils voulaient. Je pourrais rappeler dans quels lieux le peuple romain, avec une poignée d'hommes, a défait les armées les plus nombreuses, combien il a pris de villes fortifiées par la nature ; mais ce récit m'entraînerait trop loin de mon sujet.

VIII. Assurément la fortune règne en souveraine sur toutes choses : elle distribue la gloire ou l'oubli plutôt d'après son caprice que selon la vérité. A mon avis, les exploits des Athéniens, quoiqu'ils n'aient manqué ni de grandeur ni d'éclat, sont pourtant notablement au-dessous de leur renommée. Mais comme leur pays a produit des écrivains d'un génie supérieur, les actions des Athéniens sont mises au premier rang dans le monde entier. Ainsi le mérite de ceux qui les ont accomplies est précisément à la hauteur où l'ont porté ces excellents écrivains. Mais les Romains n'ont pas eu cet avantage, parce que chez eux le plus habile était aussi le plus actif : personne n'exerçait l'esprit à l'exclusion du corps ; les meilleurs préféraient l'action à la parole, aimant mieux entendre louer leurs belles actions que raconter eux-mêmes celle des autres.

avidi, pecuniæ liberales erant ; gloriam ingentem, divitias honestas volebant. Memorare possem quibus in locis maxumas hostium copias populus Romanus parva manu fuderit, quas urbis natura munitas pugnando ceperit, ni ea res longius nos ab incepto traheret.

VIII. Sed profecto fortuna in omni re dominatur ; ea res cunctas ex lubidine magis quam ex vero celebrat obscuratque. Atheniensium res gestæ, sicuti ego æstumo, satis amplæ magnificæque fuere, verum aliquanto minores tamen quam fama feruntur. Sed quia provenere ibi scriptorum magna ingenia, per terrarum orbem Atheniensium facta pro maxumis celebrantur. Ita eorum qui fecere virtus tanta habetur, quantum eam verbis potuere extollere præclara ingenia. At populo Romano nunquam ea copia fuit, quia prudentissumus quisque maxume negotiosus erat : ingenium nemo sine corpore exercebat ; optumus quisque facere quam dicere, sua ab aliis bene facta laudari quam ipse aliorum narrare malebat.

IX. Ainsi, dans la paix comme dans la guerre, les vertus étaient également pratiquées, l'union était parfaite, la cupidité presque inconnue; la justice et l'honneur avaient pour appui les caractères plutôt que les lois. Les querelles, les inimitiés, les haines, on les réservait pour l'étranger; il n'y avait de rivalité entre les citoyens que pour la vertu; magnifiques dans le culte des dieux, ils étaient économes dans leur intérieur et fidèles envers les amis. Une grande hardiesse dans la guerre et, lorsque la paix était conclue, la justice, tels étaient les moyens qu'ils employaient dans leur intérêt et dans celui de l'Etat. En voici deux preuves éclatantes : dans la guerre, on a eu plus souvent à punir des citoyens pour avoir attaqué l'ennemi, malgré la défense du général, ou trop tardé à quitter le champ de bataille, que pour s'être permis d'abandonner le drapeau ou de se retirer devant des forces supérieures; dans la paix, ils gouvernaient plutôt par les bienfaits que par la crainte et, offensés, ils aimaient mieux pardonner que sévir.

X. Mais lorsque, grâce à son activité et à son esprit de justice, la République se fut agrandie, qu'elle eut vaincu des rois puissants, subjugué des peuplades farouches, et de grandes nations, que

IX. Igitur domi militiæque boni mores colebantur; concordia maxuma, minuma avaritia erat; jus bonumque apud eos non legibus magis quam natura valebat. Jurgia, discordias, simultates cum hostibus exercebant, cives cum civibus de virtute certabant; in suppliciis deorum magnifici, domi parci, in amicos fideles erant. Duabus his artibus, audacia in bello, ubi pax evenerat æquitate, seque remque publicam curabant. Quarum rerum ego maxuma documenta hæc habeo, quod in bello sæpius vindicatum est in eos, qui contra imperium in hostem pugnaverant, quique tardius revocati prœlio excesserant, quam qui signa relinquere aut pulsi loco cedere ausi erant; in pace vero, quod beneficiis magis quam metu imperium agitabant, et accepta injuria ignoscere quam persequi malebant.

X. Sed ubi labore atque justitia res publica crevit, reges magni bello domiti, nationes feræ et populi ingentes vi

Carthage, la rivale de Rome, eut définitivement succombé, que toutes les mers comme toutes les terres nous furent ouvertes, la fortune commença à se montrer hostile et à jeter le trouble partout. Ces hommes, qui avaient facilement supporté les fatigues et les dangers, les difficultés et les traverses, ne trouvaient dans le repos et la richesse, biens en soi fort désirables, qu'embarras et ennuis. D'abord s'accrut la soif de l'or, puis l'ambition : ces deux passions furent, pour ainsi dire, la source de tous les maux. En effet, la cupidité détruisit l'honneur, la probité et toutes les autres vertus ; à leur place, elle inspira l'orgueil, la cruauté ; elle fit négliger le culte des dieux et croire à la possibilité de tout acheter. L'ambition habitua un grand nombre de citoyens à la dissimulation ; elle leur apprit à tenir caché au fond de leur âme le contraire de ce qui était sur leurs lèvres, à prendre pour règle de leurs amitiés ou de leurs haines non pas la justice, mais l'intérêt, et à afficher sur leur visage l'honnêteté qu'ils n'avaient point dans le cœur. Ces vices ne s'étendirent que lentement à l'origine et l'on fit quelques tentatives pour les réprimer ; mais lorsque le fléau, semblable à une maladie contagieuse, eut tout envahi, l'Etat ne fut plus reconnaissable ; le gouvernement, jusque-là si juste et si parfait, devint cruel et intolérable.

subacti, Carthago, æmula imperi Romani, ab stirpe interiit, cuncta maria terræque patebant, sævire fortuna ac miscere omnia cœpit. Qui labores, pericula, dubias atque asperas res facile toleraverant, eis otium, divitiæ, optanda alias, oneri miseriæque fuere. Igitur primo pecuniæ, deinde imperi cupido crevit : ea quasi materies omnium malorum fuere. Namque avaritia fidem, probitatem ceterasque artis bonas subvortit ; pro his superbiam, crudelitatem, deos neglegere, omnia venalia habere edocuit. Ambitio multos mortalis falsos fieri subegit, aliud clausum in pectore, aliud in lingua promptum habere, amicitias inimicitiasque non ex re, sed ex commodo æstumare, magisque voltum quam ingenium bonum habere. Hæc primo paulatim crescere, interdum vindicari ; post, ubi contagio quasi pestilentia invasit, civitas inmutata, imperium ex justissumo atque optumo crudele intolerandumque factum.

XI. Tout d'abord, il est vrai, c'était moins la cupidité qui travaillait les âmes que l'ambition, vice qui, à tout prendre, a quelque rapport avec la vertu. En effet, la gloire, les honneurs, le pouvoir, l'homme de bien et le méchant les recherchent également ; mais le premier veut y parvenir par la voie droite, le second, à qui font défaut les moyens honnêtes, par la ruse et l'intrigue. La cupidité consiste dans un désir immodéré de l'argent, que le sage ne convoita jamais. Semblable à un poison dangereux, elle énerve à la fois le corps et l'âme ; sans bornes, insatiable, rien ne peut l'atténuer, ni la possession, ni la privation. Mais lorsque Lucius Sylla, qui venait de conquérir le pouvoir par les armes, commença, après d'heureux débuts, à gouverner de la façon la plus funeste, on ne vit plus que rapine et brigandage : l'un convoitait une maison, l'autre un domaine ; les vainqueurs, sans modération ni mesure, se livraient aux plus honteux, aux plus cruels excès contre les citoyens. De plus, Lucius Sylla, voulant s'attacher l'armée dont il avait eu le commandement en Asie, l'avait laissée se relâcher de l'antique discipline et se livrer à la débauche : un séjour oisif dans des lieux enchanteurs, propres au plaisir, avait promptement affaibli la rude énergie de nos soldats.

XI. Sed primo magis ambitio quam avaritia animos hominum exercebat. Quod tamen vitium propius virtutem erat. Nam gloriam, honorem, imperium bonus et ignavus æque sibi exoptant : sed ille vera via nititur, huic quia artes bonæ desunt, dolis atque fallaciis contendit. Avaritia pecuniæ studium habet, quam nemo sapiens concupivit ; ea quasi venenis malis imbuta corpus animumque virilem effeminat, semper infinita, insatiabilis est, neque copia neque inopia minuitur. Sed postquam L. Sulla, armis recepta re publica, bonis initiis malos eventus habuit, rapere omnes, trahere, domum alius, alius agros cupere, neque modum neque modestiam victores habere, fœda crudeliaque in civis facinora facere. Huc accedebat quod L. Sulla exercitum, quem in Asia ductaverat, quo sibi fidum faceret, contra morem majorum luxuriose nimisque liberaliter habuerat : loca amœna, voluptaria, facile in otio ferocis militum animos molliverant. Ibi primum insuevit

C'est là que l'armée romaine s'habitua à aimer, à boire, prit le goût des statues, des tableaux, des vases ciselés, et commença à les enlever aux particuliers et aux villes, à dépouiller les temples et à ne rien respecter, ni le sacré ni le profane. Aussi, quand de tels soldats étaient victorieux, il ne restait rien aux vaincus : si, en effet, la prospérité énerve l'âme des sages, des hommes aussi corrompus pouvaient-ils user modérément de la victoire?

XII. Dès qu'on s'aperçut que les richesses étaient en honneur et qu'elles procuraient considération, dignités et pouvoir, la vertu n'eut bientôt plus de forces, la pauvreté fut regardée comme un déshonneur et le désintéressement comme une affectation injurieuse pour autrui. A la suite des richesses, l'orgueil insolent, l'amour des plaisirs, la cupidité s'emparaient des jeunes gens : mêler les profusions aux rapines, convoiter la fortune des autres au lieu de soigner la sienne, tenir en mépris l'honneur, la pudeur, les choses divines comme les choses humaines, fouler aux pieds toute considération et toute retenue, telle était leur conduite.

Il n'est pas sans intérêt, quand on a pu voir, à la ville et à la campagne, ces habitations immenses qui ressemblent à des villes, d'aller visiter les modestes temples élevés en l'honneur des dieux par

exercitus populi Romani amare, potare, signa, tabulas pictas, vasa cælata mirari, ea privatim ac publice rapere, delubra spoliare, sacra profanaque omnia polluere. Igitur ei milites, postquam victoriam adepti sunt, nihil reliqui victis fecere ; quippe secundæ res sapientium animos fatigant, ne illi corruptis moribus victoriæ temperarent.

XII. Postquam divitiæ honori esse cœpere, et eas gloria, imperium, potentia sequebatur, hebescere virtus, paupertas probro haberi, innocentia pro malevolentia duci cœpit. Igitur ex divitiis juventutem luxuria atque avaritia cum superbia invasere : rapere, consumere, sua parvi pendere, aliena cupere, pudorem, pudicitiam, divina atque humana promiscua, nihil pensi neque moderati habere. Operæ pretium est, cum domos atque villas cognoveris in urbium modum exædificatas, visere templa deorum, quæ

nos pères, les plus religieux des hommes. C'est que nos ancêtres faisaient de leur piété l'ornement des temples et de leur gloire, l'ornement de leurs demeures: ils n'enlevaient aux vaincus que le pouvoir de nuire. Mais les Romains d'aujourd'hui, les plus lâches des hommes, arrachent à des alliés, par le plus coupable des crimes, ce que leurs pères, les plus courageux des mortels, quoique victorieux, avaient laissé à des ennemis, comme si l'usage régulier de la puissance consistait à commettre l'injustice.

XIII. Mais à quoi bon rappeler ici des choses incroyables pour quiconque ne les a pas vues, de simples particuliers aplanissant les montagnes et couvrant la mer de constructions? Ces hommes me semblent s'être fait un jouet de leurs richesses; car, pouvant en faire un usage honorable, ils se donnaient beaucoup de mal pour en abuser honteusement. Dans leurs amours coupables, dans leurs festins, dans tous leurs plaisirs, mêmes excès. Pour la table, on allait demander des mets à toutes les terres et à toutes les mers; on dormait sans sommeil; on n'attendait ni la faim, ni la soif, ni le froid, ni la fatigue: par sensualité, on prévenait tous ces besoins. Ainsi la jeunesse, après avoir dévoré son

nostri majores, religiosissumi mortales, fecere. Verum illi delubra deorum pietate, domos suas gloria decorabant, neque victis quicquam præter injuriæ licentiam eripiebant. At hi contra ignavissumi homines per summum scelus omnia ea sociis adimere, quæ fortissumi viri victores reliquerant; proinde quasi injuriam facere id demum esset imperio uti.

XIII. Nam quid ea memorem, quæ nisi eis qui videre nemini credibilia sunt, a privatis compluribus subvorsos montis, maria constrata esse? Quibus mihi videntur ludibrio fuisse divitiæ, quippe, quas honeste habere licebat, abuti per turpitudinem properabant. Sed lubido stupri, ganeæ ceterique cultus non minor incesserat; vescendi causa terra marique omnia exquirere; dormire prius quam somni cupido esset; non famem aut sitim, neque frigus neque lassitudinem opperiri, sed ea omnia luxu antecapere. Hæc juventutem, ubi familiares opes defece-

patrimoine, était facilement poussée au crime. Une fois imbue de ces funestes habitudes, l'âme était presque sans trêve en proie aux passions, d'où un violent désir d'amasser et de dépenser par tous les moyens possibles.

XIV. Dans une ville si grande et si corrompue, Catilina (chose bien naturelle) avait autour de lui comme un cortége nombreux de hontes et de vices. Le libertin, l'adultère, l'ami de la bonne chère qui avaient dissipé leur patrimoine, l'homme qui avait contracté des dettes énormes pour racheter sa honte ou son crime ; de plus, tout ce qu'il y avait dans la république de parricides, de sacriléges, d'hommes déjà condamnés ou craignant de l'être, et aussi ceux qui demandaient à leur langue parjure ou à leur main homicide des moyens d'existence, tous ceux enfin que tourmentaient l'infamie, la misère ou les remords, voilà quels étaient les compagnons de Catilina, ses amis intimes. Que si quelqu'un, encore pur de tout crime, avait le malheur de devenir son ami, séduit par le charme de son commerce journalier, il devenait bientôt absolument semblable aux autres. Mais c'était surtout des jeunes gens que Catilina recherchait l'intimité : leur âme encore ten-

rant, ad facinora incendebant. Animus imbutus malis artibus haud facile lubidinibus carebat; eo profusius omnibus modis quæstui atque sumptui deditus erat.

XIV. In tanta tamque corrupta civitate Catilina, id quod factu facillumum erat, omnium flagitiorum atque facinorum circum se tamquam stipatorum catervas habebat. Nam quicumque inpudicus, adulter, ganeo, bona patria laceraverat, quique alienum æs grande conflaverat, quo flagitium aut facinus redimeret ; præterea omnes undique parricidæ, sacrilegi, convicti judiciis aut pro factis judicium timentes ; ad hoc, quos manus atque lingua perjurio aut sanguine civili alebat ; postremo, omnes quos flagitium, egestas, conscius animus exagitabat, ei Catilinæ proxumi familiaresque erant. Quod si quis etiam a culpa vacuus in amicitiam ejus inciderat, cotidiano usu atque illecebris facile par similisque ceteris efficiebatur. Sed maxume adulescentium familiaritates appetebat : eorum

dre et sans consistance se laissait prendre facilement à ses pièges. Flattant de préférence, parmi les passions ordinaires aux jeunes gens, celle qui dominait dans chacun, aux uns il procurait des maîtresses, aux autres il achetait des chiens et des chevaux, en un mot, il ne ménageait ni la dépense ni les complaisances personnelles, pour s'assurer leur fidélité et leur dévouement. Quelques-uns, je le sais, ont cru que la jeunesse qui fréquentait la maison de Catilina s'y comportait d'une façon peu conforme à la décence, mais cette opinion était fondée sur des raisons qui n'avaient rien de commun avec des preuves réelles.

XV. Dès sa première jeunesse, Catilina s'était laissé aller à de nombreuses turpitudes : il avait séduit d'abord une jeune fille noble, puis une vestale, et commis bien d'autres excès également contraires à toutes les lois divines et humaines. Plus tard il s'éprit d'amour pour Aurelia Orestilla, chez qui, à part la beauté, un homme de bien ne trouva jamais rien à louer, et comme celle-ci hésitait à l'épouser par crainte d'un fils adolescent qu'il avait d'un premier lit, il tua, assure-t-on, ce fils et fit le vide dans sa maison pour favoriser cette union détestable. Ce meurtre me semble avoir été l'un des principaux

animi molles etiam et fluxi dolis haud difficulter capiebantur. Nam ut cujusque studium [illegible] scorta praebere, aliis canes atque [illegible] neque sumptui neque modestiae [illegible] obnoxios fidosque sibi [illegible] ita existumarent, juventutem [illegible] quentabat parum honeste [illegible] aliis rebus magis quam [illegible] ret haec fama valebat.

XV. Jam primum adolescens [illegible] stupra fecerat, cum virgine nobili, cum sacerdote Vestae [illegible] vacuam domum [illegible]

motifs qui lui firent hâter l'exécution de son projet criminel. Cette âme impure, ennemie des dieux et des hommes, ne trouvait pas plus de repos dans le sommeil que dans la veille, tant le remords faisait de ravages dans cette conscience troublée. Son teint était pâle, ses yeux injectés, sa démarche tantôt précipitée, tantôt lente ; en un mot, tout chez lui, l'aspect extérieur comme les traits du visage, trahissait le désordre de l'âme.

XVI. Quant à cette jeunesse qu'il avait, comme nous l'avons dit plus haut, gagnée par ses séductions, il employait mille moyens pour la former au crime. Il savait trouver parmi eux de faux témoins et des faussaires ; il leur faisait compter pour rien honneur, fortune, périls, et après avoir ainsi affaibli en eux la dignité et la pudeur, il exigeait d'eux des actes plus coupables. Manquait-il pour le moment de prétexte pour faire le mal, il leur faisait traîtreusement assaillir et égorger des innocents comme s'ils eussent été coupables. Ainsi, de peur que l'inaction n'engourdît leurs bras ou leurs cœurs, il préférait se montrer méchant et cruel sans motif.

Comptant sur de tels amis, sur de tels complices, voyant d'ailleurs que partout les dettes étaient énormes et que la plupart des vétérans de Sylla, ruinés

mihi in primis videtur causa fuisse facinoris maturandi. Namque animus inpurus, dis hominibusque infestus, neque vigiliis neque quietibus sedari poterat : ita conscientia mentem excitam vastabat. Igitur colos ei exsanguis, fœdi oculi, citus modo, modo tardus incessus : prorsus in facie voltuque vecordia inerat.

XVI. Sed juventutem, quam, ut supra diximus, inlexerat, multis modis mala facinora edocebat. Ex illis testis signatoresque falsos commodare ; fidem, fortunas, pericula vilia habere, post, ubi eorum famam atque pudorem attriverat, majora alia imperabat. Si causa peccandi in præsens minus subpetebat, nihilo minus insontis sicuti sontis circumvenire, jugulare : scilicet, ne per otium torpescerent manus aut animus, gratuito potius malus atque crudelis erat.

Eis amicis sociisque confisus Catilina, simul quod æs alienum per omnis terras ingens erat, et quod plerique

par leurs profusions et se rémémorant leurs rapines et leurs succès, appelaient de leurs vœux le retour de la guerre civile, Catilina forma le projet d'asservir la république. En Italie, point d'armée, Gnéius Pompée occupé à faire la guerre aux extrémités du monde ; pour lui-même, de grandes chances de réussir dans la poursuite du consulat ; dans le sénat, pas la moindre défiance ; partout, une sécurité, une tranquillité parfaites : toutes ces circonstances étaient on ne peut plus favorables à Catilina.

XVII. Aussi, vers les calendes de juin, sous le consulat de Lucius César et de Gaius Figulus, commença-t-il à s'ouvrir séparément de son projet avec chacun de ses amis, encourageant les uns, sondant les autres, leur montrant à tous ses ressources, la république sans défense, les grands avantages attachés au succès. Puis, lorsqu'il eut suffisamment tâté le terrain, il réunit les plus embarrassés et les plus audacieux. A cette réunion se trouvèrent, parmi les sénateurs, Publius Lentulus Sura, Publius Autronius, Lucius Cassius Longinus, Gaius Céthégus, Publius et Servius Sylla, fils de Servius, Lucius Varguntéius, Quintus Annius, Marcus Porcius Léca, Lucius Bestia, Quintus Curius ; parmi les chevaliers, Marcus Fulvius Nobilior, Lucius Statilius, Publius Gabinius

Sullani milites, largius suo usi, rapinarum et victoriæ veteris memores, civile bellum exoptabant, opprimundæ rei publicæ consilium cepit. In Italia nullus exercitus ; Cn. Pompeius in extremis terris bellum gerebat ; ipsi consulatum petenti magna spes ; senatus nihil sane intentus ; tutæ tranquillæque res omnes : sed ea prorsus opportuna Catilinæ erant.

XVII. Igitur circiter Kalendas Junias, L. Cæsare et C. Figulo consulibus, primo singulos appellare, hortari alios, alios temptare ; opes suas, inparatam rem publicam, magna præmia conjurationis docere. Ubi satis explorata sunt quæ voluit, in unum omnis convocat, quibus maxuma necessitudo et plurumum audaciæ inerat. Eo convenere senatorii ordinis P. Lentulus Sura, P. Autronius, L. Cassius Longinus, C. Cethegus, P. et Ser. Sullæ Ser. filii, L. Vargunteius, Q. Annius, M. Porcius Læca, L. Bestia, Q. Curius ; præterea ex equestri ordine M. Fulvius Nobilior, L.

Capiton, Gaius Cornélius ; en outre, un grand nombre de citoyens des colonies et des municipes qui avaient rang de nobles dans leur ville. Dans ce complot étaient également entrés, quoique un peu moins ouvertement, plusieurs nobles Romains, poussés par l'espérance du pouvoir plutôt que par l'indigence ou tout autre motif pressant. Du reste, la plupart des jeunes gens, surtout parmi les nobles, favorisaient l'entreprise de Catilina : pouvant vivre en repos dans une mollesse fastueuse, ils préféraient l'incertain au certain, la guerre à la paix. A cette époque, quelques-uns crurent que Marcus Licinius Crassus n'avait pas, lui non plus, ignoré le complot et que, mécontent de ce que Pompée, qu'il détestait, avait le commandement d'une grande armée, il aurait voulu voir s'élever en face de la sienne une influence quelconque, persuadé d'ailleurs que, si la conjuration réussissait, il lui serait facile de se faire accepter comme chef.

XVIII. Une première fois déjà, un petit nombre d'hommes avaient formé contre la république une conjuration dans laquelle était entré Catilina : je vais la rappeler le plus exactement qu'il me sera possible. Sous le consulat de Lucius Tullus et de Manius Lepidus, Publius Autronius et Publius Sylla,

Statilius, P. Gabinius Capito, C. Cornelius ; ad hoc multi ex coloniis et municipiis, domi nobiles. Erant præterea complures paulo occultius consili hujusce participes nobiles, quos magis dominationis spes hortabatur quam inopia aut alia necessitudo. Ceterum juventus pleraque, sed maxume nobilium, Catilinæ inceptis favebat : quibus in otio vel magnifice vel molliter vivere copia erat, incerta pro certis, bellum quam pacem malebant. Fuere item ea tempestate qui crederent M. Licinium Crassum non ignarum ejus consili fuisse : quia Cn. Pompeius invisus ipsi magnum exercitum ductabat, cujusvis opes voluisse contra illius potentiam crescere, simul confisum, si conjuratio valuisset, facile apud illos principem se fore.

XVIII. Sed antea item conjuravere pauci contra rem publicam, in quibus Catilina fuit ; de qua quam verissume potero dicam. L. Tullo et M'. Lepido consulibus, P. Autronius et P. Sulla, designati consules, legibus ambitus inter-

consuls désignés, poursuivis pour brigue, avaient été légalement condamnés. Peu après, Catilina, accusé de concussion, avait été empêché de poser sa candidature au consulat, parce qu'il n'avait pu faire sa déclaration dans les délais légaux. A cette époque, vivait à Rome un jeune noble, nommé Cnéius Pison, homme d'une audace extrême, ruiné, habitué à l'intrigue, que sa détresse, autant que sa perversité, excitait à bouleverser la république. Catilina et Autronius s'entendirent avec lui, et ils se disposaient à assassiner au Capitole, le jour des calendes de janvier, les consuls Lucius Cotta et Lucius Torquatus; ils devaient garder pour eux les faisceaux et envoyer Pison avec une armée pour occuper les deux Espagnes. Ce projet ayant transpiré, le meurtre fut renvoyé aux nones de février; mais cette fois, ce n'étaient pas seulement les consuls, c'étaient la plupart des sénateurs qui étaient menacés. Et si Catilina, placé devant la curie, ne se fût un peu trop hâté de donner le signal à ses complices, on aurait vu s'accomplir ce jour-là le plus [illegible] forfait qui eût jamais été commis depuis la fondation de Rome. Les conjurés en armes n'étant pas encore arrivés en assez grand nombre, cette circonstance fit échouer le projet.

[illegible]

XIX. Plus tard, Pison, parvenu à la questure, fut envoyé dans l'Espagne citérieure en qualité de propréteur, grâce à l'appui de Crassus, qui le savait tout à fait hostile à Gnéius Pompée. De son côté, le sénat n'avait pas fait de difficultés, car il tenait à éloigner du siége du gouvernement un homme taré, et d'ailleurs beaucoup, parmi les gens de bien, espéraient trouver en lui un appui contre la puissance de Gnéius Pompée, qui commençait à paraître dangereux. Mais ce Pison, arrivé dans sa province, fut tué pendant une marche par des cavaliers espagnols qui faisaient partie de son armée. Il y en a qui prétendent que ces hommes barbares n'avaient pu supporter l'injustice, la hauteur, la dureté de son commandement ; d'autres croient que ces cavaliers étaient de vieux et fidèles clients de Pompée et que c'est par son ordre qu'ils l'assassinèrent ; car jamais jusque-là les Espagnols n'avaient commis de crime semblable, bien qu'ils eussent eu beaucoup à souffrir de la rigueur du commandement : nous ne déciderons pas entre les deux opinions. Mais en voilà assez pour ce qui concerne la première conjuration.

XX. Catilina, voyant réunis ceux dont j'ai parlé plus haut, bien qu'il eût déjà eu avec chacun d'eux de longs et fréquents entretiens, crut cependant utile

XIX. Postea Piso in citeriorem Hispaniam quæstor pro prætore missus est, adnitente Crasso, quod eum inimicum infestum Cn. Pompeio cognoverat. Neque tamen senatus provinciam invitus dederat, quippe fœdum hominem a re publica procul esse volebat ; simul quia boni complures præsidium in eo putabant, et jam tum potentia Cn. Pompei formidolosa erat. Sed is Piso in provincia ab equitibus Hispanis, quos in exercitu ductabat, iter faciens occisus est. Sunt qui ita dicant, imperia ejus injusta, superba, crudelia barbaros nequivisse pati ; alii autem, equites illos, Cn. Pompei veteres fidosque clientis, voluntate ejus Pisonem aggressos ; nunquam Hispanos præterea tale facinus fecisse, sed imperia sæva multa antea perpessos ; nos eam rem in medio relinquemus. De superiore conjuratione satis dictum.

XX. Catilina, ubi eos, quos paulo ante memoravi, convenisse videt, tametsi cum singulis multa sæpe egerat, ta-

de leur adresser à tous à la fois une exhortation commune : il se retira avec eux dans la partie la plus reculée de sa demeure, et là, sans témoins, il leur tint à peu près ce discours :

« Si j'étais moins assuré de votre courage et de « votre dévouement, c'est en vain que se serait offerte « une occasion si favorable, c'est en vain que vous « auriez eu, non pas seulement de sérieuses espé- « rances de saisir le pouvoir, mais le pouvoir même « à portée de votre main ; et moi, je ne chercherais « pas à saisir l'incertain au lieu du certain, en « m'appuyant sur des hommes sans courage et sans « caractère. Mais comme, dans des moments cri- « tiques, j'ai plusieurs fois éprouvé votre énergie et « votre dévouement à ma personne, pour ce motif, « mon âme a osé concevoir la plus haute, la plus « belle des entreprises ; j'avais d'ailleurs reconnu « que tout nous était commun, bonheurs et dis- « grâces : la véritable amitié consiste, en effet, « à vouloir et à ne pas vouloir les mêmes choses. « Vous avez été informés, chacun séparément, du « projet que j'ai formé. Eh bien ! de jour en jour, « je sens mon âme s'enflammer davantage, quand « je considère quel sort sera désormais le nôtre, « si nous ne recouvrons pas par la force notre

men in rem fore credens universos appellare et cohortari, in abditam partem ædium secessit, atque ibi, omnibus arbitris procul amotis, orationem hujuscemodi habuit :

« Ni virtus fidesque vostra satis spectata mihi forent, « nequiquam opportuna res cecidisset : spes magna, domi- « natio in manibus frustra fuissent ; neque ego per ignaviam « aut vana ingenia incerta pro certis captarem. Sed quia « multis et magnis tempestatibus vos cognovi fortis fidos- « que mihi, eo animus ausus est maxumum atque pulcher- « rumum facinus incipere, simul quia vobis eadem quæ « mihi bona malaque esse intellexi : nam idem velle atque « idem nolle, ea demum firma amicitia est. Sed ego quæ « mente agitavi omnes jam antea divorsi audistis. Ceterum « mihi in dies magis animus accenditur, cum considero, « quæ condicio vitæ futura sit, nisi nosmet ipsi vindicamus

« liberté. Eh bien, depuis que [illegible] « tombée complètement aux mains d'un petit nom- « bre d'hommes puissants, les rois, les tétrarques « sont leurs tributaires, les peuples, les nations leur « payent des impôts, et nous, [illegible] « [illegible] nobles et non nobles, quoique [illegible] de « courage et de vertu, nous ne sommes plus [illegible] « [illegible] « de ceux que nous devrions [illegible] « république était ce qu'elle doit être [illegible] « puissance, honneurs, [illegible] « ou pour leurs créatures; et nous, [illegible] « sent que les poursuites [illegible] « condamnations, l'indigence. [illegible] « rerez-vous cela, mes braves amis? [illegible] « mieux mourir courageusement [illegible] « honte une vie misérable [illegible] « nous aurions servi de jouet [illegible] « vous dis-je, [illegible] « La victoire est dans vos mains [illegible] « de l'âge, la vigueur de l'âme [illegible] « traire, l'épuisement [illegible] « [illegible] des richesses [illegible] « [illegible] « en quoi, s'il a un cœur d'homme, [illegible]

[illegible]

« indignation regorger de richesses, qu'ils dépensent « follement à couvrir la mer de constructions et à « aplanir des montagnes, tandis que nous, nous « manquons des choses les plus nécessaires à la vie ? « Ils élèvent deux palais ou plus encore à la suite « les uns des autres, et nous, nous n'avons de foyer « nulle part. Ils ont beau acheter des tableaux, des « statues, des vases ciselés, abattre des construc- « tions neuves pour en élever d'autres, en un mot, « tirailler, tourmenter leurs richesses de toute ma- « nière ; ils ne peuvent cependant en venir à bout. « Et nous, quel est notre lot ? La misère à la maison, « des dettes au dehors ; un triste présent, un avenir « plus triste encore. Que nous reste-t-il ? Seulement « le misérable souffle qui nous fait vivre. Éveillez- « vous donc ! La voilà, la voilà, cette liberté que « vous avez si souvent appelée de vos vœux. Et par « surcroît, les richesses, la considération, la gloire « sont devant vos yeux : voilà les récompenses que « la fortune réserve aux vainqueurs. L'entreprise « elle-même, l'occasion, vos périls, votre misère, les « magnifiques dépouilles de la guerre, voilà des « excitations plus puissantes que mes paroles. « Général ou soldat, disposez de moi : ni ma tête, « ni mon bras ne vous feront défaut. Voilà exacte- « ment mes projets : je les accomplirai, j'espère, de

« fundant in exstruendo mari et montibus coæquandis, nobis « rem familiarem etiam ad necessaria deesse ? illos binas « aut amplius domos continuare, nobis larem familiarem « nusquam ullum esse ? Cum tabulas, signa, toreumata « emunt, nova diruunt, alia ædificant, postremo omnibus « modis pecuniam trahunt, vexant, tamen summa lubidine « divitias suas vincere nequeunt. At nobis est domi inopia, « foris æs alienum ; mala res, spes multo asperior ; denique « quid reliqui habemus præter miseram animam ? Quin igi- « tur expergiscimini ? En illa, illa quam sæpe optastis, li- « bertas, præterea divitiæ, decus, gloria in oculis sita sunt ; « fortuna omnia ea victoribus præmia posuit. Res, tempus, « pericula, egestas, belli spolia magnifica [illegible] « [illegible] vos hortantur. Vel imperatore vel [illegible] « mihi [illegible] animus neque corpus a vobis aberit. [illegible]

« concert avec vous en qualité de consul, à moins « que je me trompe fort et que vous soyez plus dis- « posés à obéir qu'à commander. »

XXI. Après avoir entendu ce discours, ces hommes, qu'accablaient tous les maux imaginables, mais qui ne possédaient aucun bien, ni dans le présent, ni en perspective, et qui devaient, semblait-il, considérer comme une récompense suffisante l'occasion même qu'on leur offrait de troubler l'ordre, demandèrent cependant, pour la plupart, à Catilina qu'il leur exposât les conditions de la lutte, les profits qu'ils pouvaient en tirer, les ressources de tout genre et les espérances du parti. Catilina leur promet l'abolition des dettes, la proscription des riches, les magistratures, les sacerdoces, le pillage et tous les autres excès qu'amènent la guerre et l'ivresse de la victoire. Puis il leur annonce que Pison dans l'Espagne citérieure, Publius Sittius Nucerinus et son armée en Mauritanie, sont acquis à ses projets ; que Gaius Antonius brigue le consulat et qu'il espère l'avoir pour collègue : c'est son ami intime et il se trouve d'ailleurs dans une situation très embarrassée; une fois consul, il s'entendra avec lui pour donner le signal de l'action. Puis, il se met

« ipsa, ut spero, vobiscum una consul agam, nisi forte me « animus fallit et vos servire magis quam imperare parati « estis. »

XXI. Postquam accepere ea homines, quibus mala abunde omnia erant, sed neque res neque spes bona ulla, tametsi illis quieta movere magna merces videbatur, tamen postulavere plerique ut proponeret, quæ condicio belli foret, quæ præmia armis peterent, quid ubique opis aut spei haberent. Tum Catilina polliceri tabulas novas, proscriptionem locupletium, magistratus, sacerdotia, rapinas, alia omnia, quæ bellum atque lubido victorum fert. Præterea esse in Hispania citeriore Pisonem, in Mauretania cum exercitu P. Sittium Nucerinum, consili sui participes ; petere consulatum C. Antonium, quem sibi collegam fore speraret, hominem et familiarem et omnibus necessitudinibus circumventum ; cum eo se consulem initium agundi facturum. Ad hoc maledictis increpat omnis bonos;

à déblatérer contre les honnêtes gens, et appelant par son nom chacun des conjurés, il leur tient des discours flatteurs : à l'un il parle de sa misère, à l'autre de sa passion favorite, à plusieurs des poursuites et de l'infamie qui les attendent, à un grand nombre, qui en avaient profité, de la victoire de Sylla. Lorsqu'il voit les esprits échauffés, il leur recommande à tous de s'occuper activement de sa candidature et congédie l'assemblée.

XXII. A cette époque, on prétendit qu'après avoir prononcé son discours, Catilina, voulant lier ses complices par un serment terrible, avait fait circuler des coupes où du sang humain était mêlé au vin, et que, lorsqu'ils en eurent tous goûté en proférant des imprécations comme cela se pratique dans les sacrifices, il leur découvrit ses projets. Il fit cela, dit-on, afin que l'horreur du forfait dont ils se rendaient ainsi complices assurât leur discrétion. Mais quelques-uns pensaient que ce trait, et beaucoup d'autres semblables, étaient de l'invention de ceux qui espéraient affaiblir la haine dont Cicéron fut plus tard victime en exagérant l'atrocité du crime des citoyens contre lesquels il avait sévi. Quant à nous, les preuves nous semblent insuffisantes pour que nous admettions une accusation si grave.

suorum unumquemque nominans laudare : admonebat alium egestatis, alium cupiditatis suæ, compluris periculi aut ignominiæ, multos victoriæ Sullanæ, quibus ea prædæ fuerat. Postquam omnium animos alacris videt, cohortatus ut petitionem suam curæ haberent, conventum dimisit.

XXII. Fuere ea tempestate qui dicerent Catilinam, oratione habita, cum ad jus jurandum popularis sceleris sui adigeret, humani corporis sanguinem vino permixtum in pateris circumtulisse; inde cum post exsecrationem omnes degustavissent, sicuti in solemnibus sacris fieri consuevit, aperuisse consilium suum; atque eo dictatam rem fecisse, quo inter se fidi magis forent, alius alii tanti facinoris conscii. Nonnulli ficta et hæc et multa præterea existumabant ab eis qui Ciceronis invidiam, quæ postea orta est, leniri credebant atrocitate sceleris eorum qui pœnas dederant. Nobis ea res pro magnitudine parum comperta est.

XXIII. Parmi les conjurés se trouvait Quintus Curius, homme d'assez haute noblesse, mais couvert de crimes et d'opprobres et que les censeurs avaient dû exclure du sénat pour sa vie scandaleuse. Chez cet homme, la forfanterie égalait l'audace : il ne savait ni taire ce qu'il avait appris, ni tenir cachés ses propres crimes ; en un mot, il se préoccupait aussi peu de ses paroles que de ses actes. Il entretenait depuis longtemps un commerce illicite avec une femme de naissance noble nommée Fulvie. Voyant qu'elle commençait à l'accueillir moins bien parce que la gêne l'obligeait à être moins généreux, il prit tout-à-coup des airs superbes, tantôt lui promettant monts et merveilles, tantôt la menaçant d'un poignard si elle lui résistait ; en un mot, il se montrait plus arrogant que de coutume. Fulvie, ayant pénétré la cause de cette conduite extraordinaire, ne crut pas devoir dissimuler le danger que courait la république : elle raconta à plusieurs personnes ce qu'elle savait de la conjuration de Catilina et comment elle l'avait appris, mais sans dire de qui elle le tenait. Ce fut surtout cette révélation qui fit prendre la résolution de confier le consulat à Marcus Tullius Cicéron. En effet, jusqu'à ce jour, la plupart

XXIII. Sed in ea conjuratione fuit Q. Curius, natus haud obscuro loco, flagitiis atque facinoribus copertus, quem censores senatu probri gratia moverant. Huic homini non minor vanitas inerat quam audacia : neque reticere quæ audierat, neque suamet ipse scelera occultare, prorsus neque dicere neque facere quicquam pensi habebat. Erat ei cum Fulvia muliere nobili stupri vetus consuetudo ; cui cum minus gratus esset, quia inopia minus largiri poterat, repente glorians maria montisque polliceri cœpit, et minari interdum ferro, ni sibi obnoxia foret ; postremo ferocius agitare quam solitus erat. At Fulvia, insolentiæ Curi causa cognita, tale periculum rei publicæ haud occultum habuit, sed sublato auctore de Catilinæ conjuratione quæ quoque modo audierat compluribus narravit. Ea res in primis studia hominum accendit ad consulatum mandandum M. Tullio Ciceroni. Namque antea pleraque nobilitas

des nobles, jaloux de leurs privilèges, auraient cru le consulat profané, pour ainsi dire, si un homme nouveau, quelque distingué qu'il fût, l'avait obtenu : mais en présence du péril, on mit de côté orgueil et envie.

XXIV. Après la réunion des comices, on proclama donc consuls Marcus Tullius et Gaius Antonius, ce qui tout d'abord fit une grande impression sur les conjurés. Mais Catilina, loin de calmer ses fureurs, s'agitait de plus en plus : il organisait en Italie des dépôts d'armes aux endroits les plus convenables ; il empruntait de l'argent personnellement ou par l'intermédiaire de ses amis et l'envoyait à Fésules à un certain Manlius, qui plus tard fut le premier à commencer la guerre civile. C'est à ce moment qu'il gagna, dit-on, à la conjuration beaucoup d'hommes de toute classe et même un certain nombre de femmes par le moyen desquelles il comptait soulever les esclaves urbains, incendier Rome, rallier à sa cause les maris, ou sinon, les faire égorger.

XXV. Parmi ces femmes était Sempronia, qui avait souvent commis des actes exigeant une audace virile. Favorisée du sort sous le rapport de la naissance et de la beauté, elle avait été également heureuse dans son mari et dans ses enfants. Versée

invidia æstuabat, et quasi pollui consulatum credebant, si eum quamvis egregius homo novus adeptus foret ; sed ubi periculum advenit, invidia atque superbia post fuere.

XXIV. Igitur comitiis habitis consules declarantur M. Tullius et C. Antonius, quod factum primo popularis conjurationis concusserat. Neque tamen Catilinæ furor minuebatur, sed in dies plura agitare, arma per Italiam locis opportunis parare, pecuniam sua aut amicorum fide sumptam mutuam Fæsulas ad Manlium quendam portare, qui postea princeps fuit belli faciundi. Ea tempestate plurumos cujusque generis homines adscivisse sibi dicitur, mulieres etiam aliquot. Per eas se Catilina credebat posse servitia urbana sollicitare, urbem incendere, viros earum vel adjungere sibi vel interficere.

XXV. Sed in eis erat Sempronia, quæ multa sæpe virilis audaciæ facinora commiserat. Hæc mulier genere atque forma, præterea viro atque liberis satis fortunata fuit ; lit-

dans les lettres grecques et latines, elle connaissait la musique et la danse mieux qu'il ne convient à une honnête femme et possédait bien d'autres talents, puissants auxiliaires de la volupté. Rien, à la vérité, ne lui était plus indifférent que la décence et la pudeur, et il serait difficile de décider si c'était sa fortune ou sa réputation qu'elle ménageait le moins. Souvent déjà elle avait trahi sa foi, nié avec serment des dépôts, trempé dans des assassinats : la débauche et le besoin d'argent lui avaient fait descendre tous les degrés du crime. D'ailleurs son esprit ne manquait pas d'agréments : elle savait faire les vers, manier la plaisanterie, parler tour à tour le langage de la modestie, de la tendresse, du libertinage; en un mot, c'était une femme pleine d'enjouement et de charme.

XXVI. Tout en prenant ces dispositions, Catilina n'en briguait pas moins le consulat pour l'année suivante, espérant que, s'il était consul désigné, il rallierait facilement à ses vues Gaius Antonius. En attendant, il ne restait point inactif et cherchait par tous les moyens à se débarrasser de Cicéron. Celui-ci, de son côté, ne manquait pour se garantir ni d'habileté ni de ruse. En effet, dès le début de son consulat, il avait, par le moyen de Fulvie, obtenu à

teris Græcis et Latinis docta, psallere, saltare elegantius quam necesse est probæ, multa alia, quæ instrumenta luxuriæ sunt. Sed ei cariora semper omnia quam decus atque pudicitia fuit : pecuniæ an famæ minus parceret, haud facile discerneres. Sed ea sæpe antehac fidem prodiderat, creditum abjuraverat, cædis conscia fuerat, luxuria atque inopia præceps abierat. Verum ingenium ejus haud absurdum : posse versus facere, jocum movere, sermone uti vel modesto, vel molli, vel procaci ; prorsus multæ facetiæ multusque lepos inerat.

XXVI. His rebus comparatis, Catilina nihilo minus in proxumum annum consulatum petebat, sperans, si designatus foret, facile se ex voluntate Antonio usurum ; neque interea quietus erat, sed omnibus modis insidias parabat Ciceroni. Neque illi tamen ad cavendum dolus aut astutiæ deerant. Namque a principio consulatus sui multa pollicendo per Fulviam effecerat, ut Q. Curius, de quo pau-

force de promesses que Quintus Curius, dont j'ai parlé plus haut, lui communiquât les projets de Catilina. De plus, en abandonnant sa province à son collègue Antonius, il l'avait décidé à ne rien entreprendre contre la république, et il avait autour de lui un groupe d'amis et de clients qui veillaient discrètement à sa sûreté. Le jour des comices arriva, et Catilina, voyant qu'il n'avait réussi ni dans sa demande du consulat, ni dans les embûches qu'il avait dressées au consul au Champ de Mars, résolut de faire ouvertement la guerre et d'en venir aux moyens extrêmes, puisque ses tentatives secrètes avaient honteusement échoué.

XXVII. Il envoie donc Gaius Manlius à Fésules et dans la partie de l'Etrurie qui avoisine cette ville; dans le Picénum, un certain Septimius de Camérinum; en Apulie, Gaius Julius; enfin d'autres conjurés en divers lieux, là où il le croyait utile. Cependant, à Rome, il se prodigue, semant les piéges, préparant tout pour l'incendie, faisant occuper par des hommes armés les postes avantageux; lui-même sort toujours armé et invite ses complices à faire comme lui; il les exhorte à être sans cesse attentifs et prêts à agir; nuit et jour, il se démène et ne dort point, résistant vaillamment à la fatigue et au

lo ante memoravi, consilia Catilinæ sibi proderet. Ad hoc collegam suum Antonium pactione provinciæ perpulerat, ne contra rem publicam sentiret; circum se præsidia amicorum atque clientium occulte habebat. Postquam dies comitiorum venit, et Catilinæ neque petitio, neque insidiæ, quas consuli in campo fecerat, prospere cessere, constituit bellum facere et extrema omnia experiri, quoniam quæ occulte temptaverat aspera fœdaque evenerant.

XXVII. Igitur C. Manlium Fæsulas atque in eam partem Etruriæ, Septimium quendam Camertem in agrum Picenum, C. Julium in Apuliam dimisit; præterea alium alio, quem ubique opportunum credebat. Interea Romæ multa simul moliri; insidias tendere, parare incendia, opportuna loca armatis hominibus obsidere; ipse cum telo esse, item alios jubere; hortari uti semper intenti paratique essent; dies noctisque festinare, vigilare, neque insomniis neque

besoin de sommeil. Enfin, voyant que ses efforts n'aboutissent à rien, par une nuit obscure, il convoque de nouveau les chefs de la conjuration et les réunit chez Marcus Porcius Léca. Là, après s'être plaint amèrement de leur manque d'énergie, il leur apprend qu'il a envoyé Manlius vers cette multitude d'hommes qu'il avait décidés à prendre les armes, et d'autres chefs en d'autres endroits où ils doivent commencer la guerre; quant à lui, il a hâte de rejoindre l'armée, mais il voudrait auparavant être débarrassé de Cicéron, qui est un obstacle sérieux à ses projets.

XXVIII. Tandis que tous les autres ont peur et hésitent, Gaius Cornelius, chevalier romain, offre ses services. Le sénateur Lucius Vargunteius se joint à lui et ils décident que, cette nuit même, dans quelques instants, ils se rendront chez Cicéron avec des hommes armés sous prétexte de le saluer, le surprendront sans défense et le perceront de leurs coups. Curius, comprenant la gravité du danger qui menace Cicéron, s'empresse de lui révéler, par l'intermédiaire de Fulvie, le coup qui se prépare. Ainsi les conjurés se virent fermer la porte et échouèrent dans leur criminelle entreprise.

Cependant, en Étrurie, Manlius excitait la

labore fatigari. Postremo, ubi multa agitanti nihil procedit, rursus intempesta nocte conjurationis principes convocat per M. Porcium Læcam, [illegible]

Interea Manlius in Etruria plebem sollicitare, [illegible]

révolte le bas peuple, que la misère et le ressentiment poussaient d'ailleurs à désirer un changement, car la dictature de Sylla lui avait fait perdre ses terres et tout ce qu'il possédait. Il s'attachait aussi des brigands de toute espèce, qui abondaient dans ce pays, et quelques vétérans des colonies de Sylla, auxquels la débauche et le luxe n'avaient rien laissé du produit de leurs immenses rapines.

XXIX. En apprenant ces nouvelles, Cicéron fut doublement ému, car il ne lui était plus possible de défendre Rome par sa propre initiative, et d'autre part, il n'était qu'insuffisamment renseigné sur l'importance de l'armée de Manlius et sur ses intentions. Il en référa donc au sénat, dont l'attention était déjà fortement éveillée par les bruits qui circulaient. En conséquence, le sénat, comme cela se faisait dans les circonstances critiques, invita les consuls à veiller à ce que la république ne reçut aucun dommage. Les pouvoirs ainsi confiés par le sénat à un magistrat sont les plus étendus qu'autorise la constitution romaine. Il peut lever des troupes, faire la guerre, contenir dans le devoir par tous les moyens les citoyens et les alliés, exercer souverainement à Rome et à l'armée, l'autorité civile et militaire ; or, sans ce décret du sénat, les consuls

simul ac dolore injuriæ novarum rerum cupidam, quod Syllæ dominatione agros bonaque omnia amiserat ; præterea latrones cujusque generis, quorum in ea regione magna copia erat, nonnullos ex Syllanis coloniis, quibus lubido atque luxuria ex magnis rapinis nihil reliqui fecerat.

XXIX. Ea cum Ciceroni nuntiarentur, ancipiti malo permotus, quod neque urbem ab insidiis privato consilio longius tueri poterat, neque exercitus Manlii quantus, aut quo consilio foret, satis compertum habebat, rem ad senatum refert, jam antea vulgi rumoribus exagitatam. Itaque, quod plerumque in atroci negotio solet, senatus decrevit darent operam consules, ne quid res publica detrimenti caperet. Ea potestas per senatum more romano magistratui maxima permittitur : exercitum parare, bellum gerere, coercere omnibus modis socios atque cives, domi militiæque

ne peuvent exercer aucune de ces prérogatives, à moins d'y être expressément autorisés par le peuple.

XXX. Peu de jours après, le sénateur Lucius Sénius lut, devant ses collègues, une lettre, qu'il déclarait lui avoir été apportée de Fésules, et dans laquelle on lui mandait que le six des calendes de novembre Gaius Manlius avait pris les armes à la tête d'une troupe nombreuse. En même temps, comme il arrive d'ordinaire en de telles conjonctures, les uns annoncent l'apparition de monstres et de prodiges, les autres des rassemblements, des transports d'armes, l'imminence d'un soulèvement d'esclaves à Capoue et dans l'Apulie. Un décret du sénat envoie donc Quintus Marcius Rex à Fésules, Quintus Métellus Créticus dans l'Apulie et le pays environ voisin. Ces deux généraux stationnaient aux portes de Rome avec le titre d'*imperator*, leur triomphe se trouvant retardé par l'opposition tracassière de quelques hommes habitués à trafiquer du juste comme de l'injuste. D'autre part, on envoie à Capoue Quintus Pompéius Rufus, et dans le Picénum Quintus Métellus Céler, tous deux préteurs, et on les autorise à lever des troupes selon les circonstances et la gravité du péril. On décide en outre que quiconque aura donné des renseignements sur la

quæ imperium atque judicium summum [illegible]
alias populi jussu nulli [illegible]
XXX. Post paucos dies L. Saenius [illegible]
litteras recitavit, quas [illegible]
bus scriptum erat C. Manlium [illegible]
multitudine ante diem VI Kalendas Novembris [illegible]
quod in tali re solet, alii portenta atque [illegible]
bant, alii conventus fieri, arma portari [illegible]
Apulia servile bellum moveri. Igitur [illegible]
Marcius Rex Fæsulas, Q. Metellus Creticus [illegible]
circumque loca missi (ii utrique ad urbem [illegible]
impediti ne triumpharent calumnia [illegible]
quibus omnia honesta atque inhonesta vendere mos [illegible]
prætores Q. Pompeius Rufus Capuam, Q. Metellus Celer [illegible]
[illegible]
[illegible]

conjuration ourdie contre la république recevra, s'il est esclave, la liberté et cent mille sesterces, et s'il est de naissance libre, l'assurance de l'impunité et deux cent mille sesterces, et de plus, que les troupes de gladiateurs seront envoyées à Capoue et dans les autres municipes selon leur importance, et qu'à Rome on établira sur tous les points des postes de nuit commandés par des magistrats subalternes.

XXXI. Ces précautions jetèrent le trouble parmi les citoyens et changèrent complètement l'aspect général de la ville. A une allégresse un peu exubérante, fruit d'une longue paix, succéda tout à coup une morne tristesse. On s'empresse, on s'agite ; plus de retraite sûre, personne en qui l'on ait pleine confiance ; ce n'est ni la paix ni la guerre : chacun mesure à son trouble l'étendue du péril. Les femmes, pour qui, en raison de la puissance de la république, les craintes de guerre étaient chose inconnue, se livraient à une douleur bruyante, tendaient vers le ciel des mains suppliantes, s'apitoyaient sur le sort de leurs jeunes enfants, pressaient les passants de question, s'effrayaient de tout, et oubliant leur luxe orgueilleux et leurs plaisirs, désespéraient d'elles-mêmes et de la patrie.

Cependant Catilina, dans sa rage, n'en poursuivait

indicavisset de conjuratione, quæ contra rem publicam facta erat, præmium servo libertatem et sestertia centum, libero impunitatem ejus rei et sestertia ducenta ; itemque decrevere, uti gladiatoriæ familiæ Capuam et in cetera municipia distribuerentur pro cujusque opibus, Romæ per totam urbem vigiliæ haberentur eisque minores magistratus præessent.

XXXI. Quibus rebus permota civitas atque inmutata urbis facies erat ; ex summa lætitia atque lascivia, quæ diuturna quies pepererat, repente omnis tristitia invasit : festinare, trepidare, neque loco neque homini cuiquam satis credere, neque bellum gerere neque pacem habere, suo quisque metu pericula metiri. Ad hoc mulieres, quibus rei publicæ magnitudine belli timor insolitus incesserat, adflictare sese, manus supplices ad cælum tendere, miserari parvos liberos, rogitare, omnia pavere, superbia atque deliciis omissis sibi patriæque diffidere.

At Catilinæ crudelis animus eadem illa movebat, tametsi

« l'abîme, j'éteindrai sous des ruines l'incendie
« qu'on allume contre moi! »

XXXII. Puis il sort brusquement de la curie et rentre chez lui, où il roule mille projets dans son esprit. Voyant que ses tentatives répétées contre la vie du consul ne réussissent point et que des gardes de nuit protègent la ville contre l'incendie, il juge que ce qu'il a de mieux à faire, c'est de renforcer son armée, et de prendre ses avantages pour la guerre avant l'enrôlement de nouvelles légions. Il part donc au milieu de la nuit pour le camp de Manlius avec une petite escorte; mais en même temps il fait dire à Céthégus, à Lentulus et à quelques autres, dont il connaissait l'énergie et l'audace, d'employer tous les moyens pour augmenter les ressources du parti, de hâter l'assassinat du consul, de préparer le meurtre, l'incendie et toutes les horreurs de la guerre : pour lui, au premier jour, il sera aux portes de Rome avec une nombreuse armée.

Tandis que ces événements se passent à Rome, Gaius Manlius prend parmi ses hommes des députés et les envoie à Marcius Rex avec un message conçu à peu près en ces termes :

XXXIII. « Nous en attestons les dieux et les
« hommes, *imperator* : si nous avons pris les

« tus, inquit, ab inimicis præceps agor, incendium meum
« ruina restinguam. »

XXXII. Deinde se ex curia domum proripuit. Ibi multa ipse secum volvens, quod neque insidiæ consuli procedebant et ab incendio intellegebat urbem vigiliis munitam, optumum factu credens exercitum augere ac, prius quam legiones scriberentur, antecapere quæ bello usui forent, nocte intempesta cum paucis in Manliana castra profectus est. Sed Cethego atque Lentulo ceterisque, quorum cognoverat promptam audaciam, mandat, quibus rebus possent, opes factionis confirment, insidias consuli maturent, cædem, incendia aliaque belli facinora parent : sese propediem cum magno exercitu ad urbem accessurum.

Dum hæc Romæ geruntur, C. Manlius ex suo numero legatos ad Marcium Regem mittit cum mandatis hujusce modi :

XXXIII. « Deos hominesque testamur, imperator, nos
« arma neque contra patriam cepisse neque quo periculum

« armes, ce n'est ni contre la patrie, ni dans l'inten-
« tion de nuire à qui que ce soit, mais uniquement
« pour mettre nos personnes à l'abri de l'oppres-
« sion, réduits que nous étions à la misère et à
« l'indigence par la cruelle rapacité des usuriers,
« presque tous sans patrie, tous certainement sans
« considération et sans ressources. Aucun de nous
« n'a pu, selon la coutume de nos pères, jouir du
« bénéfice de la loi et, après la perte de son patri-
« moine, garder sa liberté personnelle, tant a été
« grande la cruauté des usuriers et du préteur.
« Souvent vos ancêtres, prenant en pitié le peuple
« romain, sont, par leurs décrets, venus en aide à sa
« misère; et naguère encore, à cause du chiffre
« excessif des dettes, tous les gens de bien se sont
« mis d'accord pour autoriser les débiteurs à payer
« une pièce de cuivre au lieu d'une pièce d'argent.
« Souvent aussi le peuple, cédant au désir de domi-
« ner ou poussé à bout par l'insolence des magis-
« trats, s'est fait justice lui-même et, prenant les
« armes, s'est séparé des patriciens. Mais nous,
« nous ne réclamons ni le pouvoir ni les richesses,
« sources de tous les démêlés et de toutes les
« guerres entre les hommes, mais seulement la
« liberté, qu'un homme de cœur ne consent à perdre
« ...

[illegible]
« aliis faceremus, sed uti corpora nostra ab injuria tuta
« forent, qui miseri, egentes, violentia atque crudelitate
« feneratorum, plerique patria, sed omnes fama atque
« fortunis expertes sumus; neque cuiquam nostrum licuit
« more majorum lege uti, neque amisso patrimonio libe-
« rum corpus habere : tanta sævitia feneratorum atque
« prætoris fuit. Sæpe majores vostrum, miseriti plebis Ro-
« manæ, decretis suis inopiæ ejus opitulati sunt; ac no-
« vissime memoria nostra propter magnitudinem æris
« alieni volentibus omnibus bonis argentum ære solutum
« est. Sæpe ipsa plebes, aut dominandi studio permota aut
« superbia magistratuum, armata a patribus secessit. At
« nos non imperium neque divitias petimus, quarum rerum
« causa bella atque certamina omnia inter mortales sunt,
« sed libertatem, quam nemo bonus nisi cum anima simul
[illegible]

« qu'avec la vie. Nous vous en conjurons, ainsi que « le sénat, venez au secours de malheureux conci« toyens, rendez-nous l'appui de la loi, que l'in« justice du préteur nous a ravi, et ne nous mettez « pas dans la nécessité de chercher le meilleur « moyen de vendre chèrement notre vie. »

XXXIV. A ce message, Quintus Marcius répondit que « s'ils avaient quelque réclamation à adresser « au sénat, ils devaient mettre bas les armes et se « rendre à Rome dans l'attitude des suppliants, car « le sénat romain s'était toujours montré plein de « condescendance et d'humanité et personne n'avait « jamais imploré en vain son appui. » Cependant Catilina, tout en poursuivant sa route, écrivit à la plupart des consulaires et aux plus honnêtes parmi les citoyens qu'il « accablé sous de fausses accusations, et ne pouvant résister à la coalition de ses ennemis politiques, il cédait à la fortune et s'exilait à Marseille : non qu'il se reconnût coupable d'un si grand crime, mais il voulait assurer la tranquillité de la république et éviter de provoquer, par sa résistance, la guerre civile. » Bien différente était la lettre que Quintus Catulus lut devant le sénat et qu'il déclara lui avoir été remise au nom de Catilina. En voici la copie : [illegible]

« amittit. Te atque senatum obtestamur, consulatis mise« ris civibus, legis præsidium, quod iniquitas prætoris « [illegible] « [illegible] « [illegible] pereamus. »

XXXIV. [illegible]

[illegible] senatu recitavit, quas sibi nomine Catilinæ redditas dicebat. Earum exemplum infra scriptum est.

XXXV. « Lucius Catilina à Quintus Catulus. Le « rare dévouement dont vous avez fait preuve à mon « égard, et dont il m'est doux de me souvenir en « ces tristes circonstances, me fait vous adresser « avec confiance une recommandation. Dans la réso- « lution inattendue que je viens de prendre, je crois « devoir vous présenter, non une apologie de ma « conduite (car je ne me sens nullement coupable), « mais des explications dont, certainement, vous « reconnaîtrez la sincérité. Révolté par les injustices « et les affronts, et voyant que, privé du fruit de « mes travaux et de mon activité, je n'obtenais pas « les honneurs auxquels mon rang me donnait « droit, j'ai pris en main, selon ma coutume, la « cause de tous les malheureux. Non pas que je ne « pusse, avec le produit de la vente de mes biens, « payer mes dettes personnelles (car la générosité « d'Orestilla, grâce à sa fortune et à celle de sa « fille, me permettrait de payer même les dettes que « j'ai contractées avec la garantie d'autrui) ; mais « je voyais des hommes indignes parvenir aux « honneurs, tandis que j'en étais tenu écarté par « d'injustes préventions. C'est pour ce motif que « j'ai pris, dans ma disgrâce, le parti qui m'a « semblé le plus honorable pour sauvegarder ce qui

XXXV. « L. Catilina Q. Catulo. Egregia tua fides re « cognita, grata mihi magnis in meis periculis, fiduciam « commendationi meæ tribuit. Quam ob rem defensionem « in novo consilio non statui parare, satisfactionem ex « nulla conscientia de culpa proponere decrevi, quam me « dius fidius veram licet cognoscas. Injuriis contumeliis- « que concitatus, quod fructu laboris industriæque meæ « privatus statum dignitatis non obtinebam, publicam « miserorum causam pro mea consuetudine suscepi ; non « quin æs alienum meis nominibus ex possessionibus « solvere possem (et alienis nominibus liberalitas Ores- « tillæ suis filiæque copiis persolveret), sed quod non « dignos homines honore honestatos videbam, meque « falsa suspicione alienatum esse sentiebam. Hoc nomine « satis honestas pro meo casu spes reliquæ dignitatis

« me restait de dignité. J'allais continuer ma lettre, « quand l'on me prévient que l'on se dispose à me « faire violence. Je vous recommande donc Orestilla « et je la confie à votre honneur ; protégez-la contre « toute injure, je vous en supplie au nom de vos « enfants. Adieu. »

XXXVI. Après être resté quelques jours chez Caius Flaminius, sur le territoire d'Arretium, pour distribuer des armes à tout le voisinage, dont le soulèvement avait déjà été préparé, Catilina se rend au camp de Manlius avec les faisceaux et les autres insignes de l'*imperium*. Dès que cette nouvelle est parvenue à Rome, le sénat déclare Catilina et Manlius ennemis publics et fixe à la masse des conjurés un jour avant lequel ils pourront déposer les armes sans être inquiétés, n'exceptant de cette mesure que les condamnés pour crime capital. Il décide en outre que les consuls feront des levées, qu'Antoine, à la tête d'une armée, se mettra sans délai à la poursuite de Catilina et que Cicéron s'occupera de la défense de la ville.

C'est à ce moment surtout que l'empire romain me semble avoir été dans la situation la plus déplorable. Du levant au couchant, l'univers, dompté, obéissait à ses lois ; au dedans on avait largement

« conservandae sum secutus. Plura cum scribere vellem, « nuntiatum est vim mihi parari. Nunc Orestillam com- « mendo tuaeque fidei trado. Eam ab injuria defendas, « per liberos tuos rogatus. Haveto. »

XXXVI. Sed ipse, paucos dies commoratus apud C. Fla- minium in agro Arretino, dum vicinitatem antea sollici- tatam armis exornat, cum fascibus atque aliis imperii insignibus in castra ad Manlium contendit. Haec ubi Romae comperta sunt, senatus Catilinam et Manlium hostis judi- cat, ceterae multitudini diem statuit, ante quam sine fraude liceret ab armis discedere, praeter rerum capitalium condemnatis. Praeterea decernit, uti consules dilectum ha- beant, Antonius cum exercitu Catilinam persequi maturet, Cicero urbi praesidio sit.

Ea tempestate mihi imperium populi Romani multo maxume miserabile visum est. Cui cum ad occasum ab ortu solis omnia domita armis parerent, domi otium

et le repos et les richesses, les plus désirables des biens aux yeux des mortels, et cependant il y avait des citoyens qui s'obstinaient à se perdre, et avec eux la république. En effet, malgré deux décrets du sénat, l'appât des récompenses ne déterminait personne à dénoncer la conjuration, et il n'y avait pas eu une désertion dans le camp de Catilina : tant était grande la violence de cette espèce de peste qui avait infecté l'âme de la plupart des citoyens.

XXXVII. Et ce n'étaient pas seulement les complices de la conjuration qui se montraient ainsi dévoyés : le bas peuple tout entier, par amour du changement, favorisait les projets de Catilina. Et en cela, il ne faisait, semble-t-il, rien d'extraordinaire ; car toujours, dans un état, ceux qui n'ont rien sont jaloux des honnêtes gens et exaltent les méchants, ils détestent les vieilles institutions, en désirent de nouvelles, et, en haine de leur position présente, cherchent à tout bouleverser ; ils vivent sans scrupules au milieu des troubles et des séditions, car la pauvreté se tient facilement à l'abri du dommage. Quant au peuple de Rome, bien des causes le précipitaient en aveugle dans la révolution. Tout d'abord, Rome était comme une sentine où refluaient tous ceux qui, dans leur patrie, s'étaient signalés par

[illegible] divitiæ, quæ prima mortales putant, adfluerent, fuere tamen cives, qui seque remque publicam obstinatis animis perditum irent. Namque duobus senati decretis ex tanta multitudine, neque præmio inductus conjurationem patefecerat, neque ex castris Catilinæ quisquam omnium discesserat : tanta vis morbi ac veluti tabes plerosque civium animos invaserat.

XXXVII. Neque solum illis aliena mens erat, qui conscii conjurationis fuerant, sed omnino cuncta plebes novarum rerum studio Catilinæ incepta probabat. Id adeo more suo videbatur facere. Nam semper in civitate, quibus opes nullæ sunt, bonis invident, malos extollunt, vetera odere, nova exoptant, odio suarum rerum mutari omnia student ; turba atque seditionibus sine cura aluntur, quoniam egestas facile habetur sine damno. Sed urbana plebes, ea vero præceps erat multis de causis. Primum omnium, qui

leur impudeur ou leur audace, comme aussi ceux qui avaient dissipé leur patrimoine dans de honteux excès, en un mot, tous ceux que leurs infamies et leurs crimes avaient chassés de chez eux. En second lieu, beaucoup de gens qui se souvenaient de la victoire de Sylla, voyant que de simples soldats étaient entrés au sénat, ou bien étaient devenus si riches qu'ils vivaient dans un luxe royal, espéraient, en prenant les armes, tirer les mêmes avantages de la victoire. De plus, la jeunesse, qui, dans les campagnes, vivait misérablement du travail de ses mains, arrachée à ses foyers par l'appât des largesses publiques et privées, avait préféré l'oisiveté de la ville au travail ingrat des champs. Ces hommes, comme aussi les autres, vivaient de la corruption générale. Aussi n'y a-t-il pas lieu de s'étonner que misérables, corrompus, excités par les plus hautes espérances, ils aient fait aussi bon marché du salut de l'Etat que du leur. Du reste, ceux qui, après la victoire de Sylla, avaient vu leurs parents proscrits, leurs biens confisqués, leurs droits d'hommes libres supprimés, n'attendaient pas l'issue de la guerre dans des dispositions d'esprit différentes. De plus, les partis opposés à celui du sénat aimaient mieux voir l'Etat bouleversé que de

ubique probro atque petulantia maxume præstabant, item alii per dedecora patrimoniis amissis, postremo omnes quos flagitium aut facinus domo expulerat, ei Romam sicut in sentinam confluxerant. Deinde multi, memores Sullanæ victoriæ, quod ex gregariis militibus alios senatores videbant, alios ita divites ut regio victu atque cultu ætatem agerent, sibi quisque, si in armis foret, ex victoria talia sperabat. Præterea juventus, quæ in agris manuum mercede inopiam toleraverat, privatis atque publicis largitionibus excita, urbanum otium ingrato labori prætulerat. Eos atque alios omnis malum publicum alebat: quo minus mirandum est homines egentis, malis moribus, maxuma spe, rei publicæ juxta ac sibi consuluisse. Præterea, quorum victoria Sullæ parentes proscripti, bona erepta, jus libertatis inminutum erat, haud sane alio animo belli eventum exspectabant. Ad hoc, quicumque aliarum atque senatus partium erant, conturbari rem publicam quam minus

perdre quelque chose de leur influence. C'était un véritable fléau qui, après un intervalle de quelques années, s'était de nouveau abattu sur Rome.

XXXVIII. En effet, dès que, sous le consulat de Gnéius Pompée et de Marcus Crassus, la puissance tribunitienne eut été rétablie dans son intégrité, de jeunes hommes, se voyant investis d'un pouvoir considérable, et emportés d'ailleurs par la fougue naturelle à leur âge, se mirent à agiter le peuple en récriminant contre le sénat, et l'excitèrent de plus en plus par leurs dons et leurs promesses, obtenant ainsi notoriété et influence. Ils avaient contre eux la plupart des nobles, qui luttaient avec beaucoup d'énergie, sous prétexte de défendre le sénat, mais en réalité en vue de leur propre élévation. En effet, tous ceux qui, à partir de ce moment, agitèrent la république sous d'honorables prétextes, prétendant vouloir, les uns défendre les droits du peuple, les autres maintenir la prépondérance du sénat, n'avaient en vue, sous l'apparence du bien public, que leur propre domination. Et dans cette lutte, il n'y avait des deux côtés ni modération ni mesure, les uns comme les autres abusaient cruellement de la victoire.

valere ipsi malebant. Id adeo malum multos post annos in civitatem revorterat.

XXXVIII. Nam postquam Cn. Pompeio et M. Crasso consulibus tribunicia potestas restituta est, homines adulescentes, summam potestatem nacti, quibus aetas animusque ferox erat, cœpere senatum criminando plebem exagitare, dein largiundo atque pollicitando magis incendere, ita ipsi clari potentesque fieri. Contra eos summa ope nitebatur pleraque nobilitas senatus specie pro sua magnitudine. Namque, uti paucis verum absolvam, post illa tempora quicumque rem publicam agitavere, honestis nominibus, alii sicuti populi jura defenderent, pars quo senatus auctoritas maxuma foret, bonum publicum simulantes pro sua quisque potentia certabant. Neque illis modestia neque modus contentionis erat; utrique victoriam crudeliter exercebant.

XXXIX. Cependant, lorsque Cneius Pompée eut été chargé des guerres contre les pirates et contre Mithridate, l'influence des plébéiens diminua et le pouvoir des grands s'accrut. Ceux-ci accaparaient les magistratures, les gouvernements, les honneurs de tout genre : nullement inquiétés, comblés de tout, ils menaient une vie exempte de crainte ; quant aux autres, ils les effrayaient par la terreur des jugements, afin de les amener à se montrer plus modérés dans l'exercice de leurs magistratures et à ne pas agiter le peuple. Mais dès que l'incertitude de la situation fit espérer un changement, ces derniers relevèrent la tête et la vieille rivalité se réveilla. Et si un premier engagement eût été favorable à Catilina, il est certain que les plus terribles malheurs auraient accablé la république. Du reste, les vainqueurs n'auraient pas joui longtemps en paix de leur victoire ; bientôt un plus fort, profitant de leur lassitude et de leur épuisement, leur eût arraché le pouvoir et en même temps la liberté.

Même en dehors des conjurés, il y eut tout d'abord des citoyens qui se rendirent auprès de Catilina. Parmi eux était Fulvius, fils d'un sénateur, que son père fit arrêter en chemin et mettre à mort. Dans le même temps, à Rome, suivant les recommandations de Catilina, Lentulus sollicitait

XXXIX. Sed postquam Cn. Pompeius ad bellum maritumum atque Mithridaticum missus est, plebis opes imminutæ, paucorum potentia crevit. Ei magistratus, provincias, alia omnia tenere ; ipsi innoxii, florentes, sine metu ætatem agere, ceteros judiciis terrere, quo plebem in magistratu placidius tractarent. Sed ubi primum, dubiis rebus, novandi spes oblata, vetus certamen animos eorum arrexit. Quod si primo prœlio Catilina superior aut æqua manu discessisset, profecto magna clades atque calamitas rempublicam oppressisset ; neque illis, qui victoriam adepti forent, diutius ea uti licuisset, quin defessis et exsanguibus qui plus posset, imperium atque libertatem extorqueret. Fuere tamen extra conjurationem complures, qui ad Catilinam initio profecti sunt ; in eis erat Fulvius, senatoris filius, quem retractum ex itinere parens necari jussit.

par lui-même ou par d'autres, tous ceux qui par leur caractère ou leur situation de fortune lui semblaient naturellement portés vers la révolution, et non seulement des citoyens, mais des hommes de toute condition, pourvu qu'ils fussent propres à la guerre.

XL. Il charge donc un certain Publius Umbrenus de s'aboucher avec les députés des Allobroges et de les décider, s'il peut y réussir, à s'unir à lui pour cette guerre. Il estimait que l'État et les particuliers étant chez eux également accablés de dettes, et les Gaulois étant d'ailleurs naturellement belliqueux, il serait facile de les déterminer à prendre ce parti. Umbrenus, qui avait fait la banque dans les Gaules, était connu des principaux citoyens de la plupart des villes et les connaissait lui-même. Aussi, la première fois qu'il aperçut les députés au forum, s'empressa-t-il de les aborder et de s'informer de la situation de leurs concitoyens ; puis, feignant de s'apitoyer sur leur sort, il leur demanda quelle fin ils espéraient à de si grands maux. Ceux-ci se plaignent de la cupidité des magistrats, accusant le sénat, en qui ils ne trouvaient aucun appui, et déclarant qu'ils n'attendaient plus que la mort comme

dem temporibus Romæ Lentulus, sicuti Catilina præceperat, quoscumque moribus aut fortuna novis rebus idoneos credebat, aut per se aut per alios sollicitabat, neque solum civis, sed cujusque modi genus hominum, quod modo bello usui foret.

XL. Igitur P. Umbreno cuidam negotium dat, uti legatos Allobrogum requirat, eosque, si possit, impellat ad societatem belli, existumans publice privatimque ære alieno oppressos, præterea quod natura gens Gallica bellicosa esset, facile eos ad tale consilium adduci posse. Umbrenus, quod in Gallia negociatus erat, plerisque principibus civitatum notus erat, atque eos noverat : itaque sine mora, ubi primum legatos in foro conspexit, percontatus pauca de statu civitatis et quasi dolens ejus casum, requirere cœpit, quem exitum tantis malis sperarent. Postquam illos videt queri de avaritia magistratuum, accusare senatum, quod

remède à leurs misères. Ce que voyant : « Eh bien ! moi », s'écrie-t-il, « si seulement vous voulez être « des hommes, je vous indiquerai le moyen d'échap- « per à de si grands maux. » En entendant ces paroles, les Allobroges, pleins d'espérance, supplient Umbrenus d'avoir pitié d'eux : « rien de si pénible, rien de si difficile, qu'ils ne fissent volontiers, si cela devait délivrer de ses dettes leur patrie. » Umbrenus les conduit dans la maison de Decimus Brutus, située près du forum et où l'on connaissait le complot à cause de Sempronia ; quant à Brutus, il était alors absent de Rome. Il fait aussi venir Gabinius, pour donner plus de poids à ce qu'il va dire, et, en sa présence, il dévoile la conjuration, nomme les complices, et en outre un grand nombre d'hommes de toute classe qui y étaient étrangers, afin d'inspirer aux députés plus de confiance. Ceux-ci lui promettent leur concours et il les congédie.

XLI. Cependant les Allobroges restèrent longtemps incertains sur le parti qu'ils devaient prendre. D'un côté, leurs dettes, leur goût pour la guerre, les avantages considérables qu'on pouvait attendre de la victoire ; de l'autre, des secours plus importants à espérer, une sécurité parfaite, des récompenses assurées au lieu d'un espoir incertain.

in eo auxilii nihil esset, miseriis suis remedium mortem expectare. « At ego, » inquit, « vobis, si modo viri esse vultis, rationem ostendam qua tanta ista mala effugiatis. » Haec ubi dixit, Allobroges in maximam spem adducti Umbrenum orare ut sui misereretur : nihil tam asperum neque tam difficile esse, quod non cupidissime facturi essent, dum ea res civitatem aere alieno liberaret. Ille eos in domum D. Bruti perducit, quod foro propinqua erat, neque aliena consilii propter Semproniam ; nam tum Brutus ab Roma aberat. Praeterea Gabinium arcessit, quo major auctoritas sermoni inesset. Eo praesente conjurationem aperit, nominat socios, praeterea multos cujusque generis innoxios, quo legatis animus amplior esset. Deinde eos pollicitos operam suam domum dimittit.

XLI. Sed Allobroges diu in incerto habuere quidnam consilii caperent. In altera parte erat aes alienum, studium belli, magna merces in spe victoriae ; at in altera majores

Dans cette hésitation, la fortune de Rome finit par l'emporter. Ils révèlent donc tout, tel qu'ils l'avaient appris, à Quintus Fabius Sanga, qui était le premier des patrons de leur nation. Cicéron, instruit par Sanga de leurs intentions, leur fait dire de feindre le plus grand zèle pour la conjuration, de se mettre en rapport avec les autres conjurés, de leur faire de belles promesses et de les amener à se découvrir le plus possible.

XLII. Vers la même époque, il y eut des mouvements dans les Gaules citérieure et ultérieure, et aussi dans le Picénum, le Bruttium et l'Apulie. En effet, les hommes que Catilina y avait envoyés précédemment, agissant sans réflexion et pris d'une espèce de vertige, voulaient tout faire à la fois; tenant des conciliabules nocturnes, faisant transporter des armes et des traits, portant partout l'effarement et l'agitation, ils étaient plus alarmants que dangereux. Plusieurs d'entre eux furent arrêtés par le préteur Quintus Métellus Céler, en vertu du sénatus-consulte, et après que leur procès eut été instruit, on les jeta en prison. Une mesure semblable fut prise dans la Gaule citérieure par Gaius Muréna, qui commandait cette province en qualité de lieutenant.

opes, tuta consilia, pro incerta spe certa præmia. Hæc illis volventibus tandem vicit fortuna rei publicæ. Itaque Q. Fabio Sangæ, cujus patrocinio civitas plurumum utebatur, rem omnem, uti cognoverant, aperiunt. Cicero per Sangam consilio cognito legatis præcepit ut studium conjurationis vehementer simulent, ceteros adeant, bene polliceantur, dentque operam uti eos quam maxume manufestos habeant.

XLII. Isdem fere temporibus in Gallia citeriore atque ulteriore, item in agro Piceno, Bruttio, Apulia motus erat. Namque illi, quos ante Catilina dimiserat, inconsulte ac veluti per dementiam cuncta simul agebant; nocturnis consiliis, armorum atque telorum portationibus, festinando, agitando omnia, plus timoris quam periculi effecerant. Ex eo numero compluris Q. Metellus Celer prætor ex senatus consulto causa cognita in vincula conjecerat, item in citeriore Gallia C. Murena, qui ei provinciæ legatus præerat.

XLIII. Cependant, à Rome, Lentulus et les autres chefs de la conjuration, croyant avoir à leur disposition des forces suffisantes, avaient décidé qu'aussitôt après l'arrivée de Catilina et de son armée sur le territoire d'Fésules, le tribun Lucius Bestia convoquerait le peuple pour se plaindre des actes publics de Cicéron et rejeter sur cet estimable consul tout l'odieux d'une guerre si déplorable. A ce signal, la masse des conjurés devaient se tenir prêts à exécuter, la nuit suivante, ce que chacun avait à faire. Les rôles étaient, dit-on, distribués ainsi qu'il suit : Statilius et Gabinius étaient chargés, avec l'aide d'une troupe nombreuse, de mettre simultanément le feu à douze endroits de la ville convenablement choisis, afin qu'à la faveur du tumulte on pût approcher plus facilement du consul et des autres personnes qu'on voulait assassiner. Céthégus devait se présenter en armes à la porte de Cicéron et l'attaquer ouvertement ; à d'autres assassins étaient réservées d'autres victimes. Quant aux fils de famille, dont la plupart étaient nobles, ils mettraient à mort leurs parents ; puis tous, profitant du trouble causé par le meurtre et l'incendie, se livreraient passage et rejoindraient Catilina. Au milieu de ces préparatifs, [illegible]

[illegible]

résolutions, Céthégus ne cessait de se plaindre de l'inaction des conjurés : « par leurs hésitations, « leurs ajournements perpétuels, ils laissaient », disait-il, « échapper d'excellentes occasions ; dans « un si grand péril, il fallait agir et non délibérer ; « quant à lui, s'il pouvait seulement compter sur « une poignée d'hommes, laissant les autres à leur « inertie, il irait attaquer la curie. » Naturellement fougueux, violent, prêt à l'action, il croyait que le mieux était de se hâter.

XLIV. Cependant les Allobroges, suivant les conseils de Cicéron, entrent en relations avec les autres conjurés par l'entremise de Gabinius ; ils demandent à Lentulus, à Céthégus, à Statilius et à Cassius un engagement par écrit pour remettre à leurs concitoyens, qui, sans cela, ne se laisseraient pas facilement engager dans une entreprise de cette gravité. Tous le donnent sans défiance, excepté Cassius, qui promet de se rendre sous peu dans leur pays et quitte, en effet, Rome un peu avant les députés. Lentulus envoie avec eux un certain Titus Volturcius de Crotone, pour leur faire échanger leur parole avec Catilina et confirmer ainsi leur promesse de concours. Il lui remet pour Catilina une lettre personnelle, dont voici la teneur :

semper querebatur de ignavia sociorum : « illos dubitando « et dies prolatando magnas opportunitates corrumpere ; « facto, non consulto, in tali periculo opus esse, seque, si « pauci adjuvarent, languentibus aliis, impetum in curiam « facturum. » Natura ferox, vehemens, manu promptus erat ; maxumum bonum in celeritate putabat.

XLIV. Sed Allobroges, ex præcepto Ciceronis, per Gabinium ceteros conveniunt ; ab Lentulo, Cethego, Statilio, item Cassio postulant jus jurandum, quod signatum ad civis perferant : aliter haud facile eos ad tantum negotium inpelli posse. Ceteri nihil suspicantes dant ; Cassius semet eo brevi venturum pollicetur, ac paulo ante legatos ex urbe proficiscitur. Lentulus cum his T. Volturcium quendam Crotoniensem mittit, ut Allobroges, prius quam domum pergerent, cum Catilina data et accepta fide societatem confirmarent. Ipse Volturcio litteras ad Catilinam dat, quarum exemplum infra scriptum est :

« Qui je suis, celui que je vous envoie vous le dira. « Songez à votre terrible situation et souvenez-vous « que vous êtes un homme ; voyez ce qu'exige votre « position et demandez l'appui de tout le monde, « même des plus humbles. » Il le charge en outre de recommandations orales ; « Puisque le sénat l'a « déclaré ennemi public, pourquoi repousserait-il « les esclaves ? A Rome, tout est prêt comme il l'a « ordonné, qu'il n'hésite plus à s'en rapprocher. »

XLV. Ces dispositions prises et la nuit où les députés devaient partir étant fixée, Cicéron, instruit de tout par eux, ordonne aux préteurs Lucius Valérius Flaccus et Gaius Pomptinus de s'embusquer près du pont Mulvius et de se saisir de l'escorte des Allobroges. Il leur explique clairement le but de leur mission et leur laisse le soin de régler les détails de l'exécution selon les circonstances. Ceux-ci, en hommes qui savaient leur métier, disposent sans bruit leurs soldats et occupent secrètement les abords du pont, comme il leur avait été prescrit. A peine les députés et Volturcius y sont-ils arrivés qu'un cri s'élève à la fois des deux rives. Les Gaulois, comprenant bien vite ce dont il s'agit, se rendent aussitôt aux préteurs. Volturcius, encou-

« Quis sim, ex eo quem ad te misi cognosces. Fac cogites « in quanta calamitate sis, et memineris te virum esse ; « consideres quid tuæ rationes postulent ; auxilium petas « ab omnibus, etiam ab infimis. » Ad hoc mandata verbis dat : « cum ab senatu hostis judicatus sit, quo consilio « servitia repudiet ? in urbe parata esse quæ jusserit ; ne « cunctetur ipse propius accedere. »

XLV. His rebus ita actis, constituta nocte qua proficiscerentur, Cicero, per legatos cuncta edoctus, L. Valerio Flacco et C. Pomptino prætoribus imperat ut in ponte Mulvio per insidias Allobrogum comitatus deprehendant ; rem omnem aperit, cujus gratia mittebantur ; cetera, uti facto opus sit, ita agant permittit. Illi, homines militares, sine tumultu præsidiis collocatis, sicuti præceptum erat, occulte pontem obsidunt. Postquam ad id loci legati cum Volturcio venerunt et simul utrimque clamor exortus est, Galli cito cognito consilio sine mora prætoribus se tradunt,

rageant ses compagnons à l'imiter, se défend d'abord de l'épée contre la multitude des assaillants, mais se voyant abandonné par les députés, après avoir en vain supplié Pomptinus, dont il était connu, de le sauver, il finit par se rendre aux préteurs, comme à des ennemis, de peur d'être tué sur place.

XLVI. L'affaire terminée, on se hâta d'informer le consul au moyen de messagers. Celui-ci se sentit envahir à la fois par une grande joie et une grande inquiétude. Il se réjouissait de voir Rome arrachée au danger par la découverte de la conjuration, mais aussi il se demandait avec anxiété ce qu'il devait faire à l'égard de citoyens considérables surpris dans l'exécution d'une si criminelle entreprise. Il prévoyait que leur supplice lui ferait du tort, mais en même temps il était convaincu que leur impunité serait la perte de la république. Il raffermit donc son courage et fit appeler Lentulus, Céthégus, Statilius, Gabinius, et aussi Céparius de Terracine, qui se disposait à partir pour l'Apulie dans l'intention d'y soulever les esclaves. Tous arrivent aussitôt, à l'exception de Céparius, qui venait de sortir de chez lui et qui, ayant appris la dénonciation, s'empressa de quitter Rome. Le consul, par égard pour sa dignité de préteur, conduit lui-même Len-

Volturcius primo cohortatus ceteros gladio se a multitudine defendit, deinde, ubi a legatis desertus est, multa prius de salute sua Pomptinum obtestatus, quod ei notus erat, postremo timidus ac vitæ diffidens velut hostibus sese prætoribus dedit.

XLVI. Quibus rebus confectis, omnia propere per nuntios consuli declarantur. At illum ingens cura atque lætitia simul occupavere : nam lætabatur intellegens conjuratione patefacta civitatem periculis ereptam esse ; porro autem anxius erat, dubitans in maxumo scelere tantis civibus deprehensis quid facto opus esset ; pœnam illorum sibi oneri, impunitatem perdundæ rei publicæ fore credebat. Igitur confirmato animo vocari ad sese jubet Lentulum, Cethegum, Statilium, Gabinium, itemque Cæparium Tarracinensem, qui in Apuliam ad concitanda servitia proficisci parabat. Ceteri sine mora veniunt ; Cæparius, paulo ante domo egressus, cognito indicio ex urbe profugerat.

tulus, en le tenant par la main, au temple de la Concorde; il y fait amener les autres sous escorte et y convoque les sénateurs, qui arrivent en grand nombre. Il fait alors comparaître Volturcius et les députés et ordonne au préteur Flaccus d'apporter le portefeuille contenant les lettres que ces députés lui avaient remises.

XLVII. Interrogé sur les motifs de son voyage, sur ces lettres, en un mot, sur ses projets et leurs causes, Volturcius donne d'abord des prétextes, cherche à dissimuler; mais bientôt, invité à parler sous promesse d'impunité, il fait connaître tout ce qui s'est passé, et il ajoute que, mis au courant de la conjuration depuis peu de jours par Gabinius et Céparius, il sait pertinemment que les députés sont au nombre des conjurés, mais quant à Autronius, à Servius Sylla, à Lucius Varguntéius et à une foule d'autres, il n'a entendu parler de leur complicité que par Gabinius. Les députés gaulois font des déclarations semblables, et comme Lentulus persistait à nier, ils le confondent et par sa lettre et par ces propos, qu'il répétait souvent : « Les livres « sibyllins promettaient l'empire à trois Cornélius : « Cinna et Sylla l'avaient déja obtenu; il était, lui,

Consul Lentulum, quod prætor erat, ipse manu tenens perducit, reliquos cum custodibus in ædem Concordiæ venire jubet. Eo senatum advocat, magnaque frequentia ejus ordinis Volturcium cum legatis introducit; Flaccum prætorem scrinium cum litteris, quas a legatis acceperat, eodem adferre jubet.

XLVII. Volturcius interrogatus de itinere, de litteris, postremo quid aut qua de causa consili habuisset, primo fingere alia, dissimulare de conjuratione; post ubi fide publica dicere jussus est, omnia uti gesta erant aperit, docetque se, paucis ante diebus a Gabinio et Cæpario socium adscitum, nihil amplius scire quam legatos, tantummodo audire solitum ex Gabinio P. Autronium, Ser. Sullam, L. Varguntcium, multos præterea in ea conjuratione esse. Eadem Galli fatentur ac Lentulum dissimulantem coarguunt, præter litteras, sermonibus, quos ille habere solitus erat : « ex libris Sibyllinis regnum Romæ tribus

« le troisième Cornélius destiné à être le maître de « Rome. D'ailleurs, c'était la vingtième année « depuis l'incendie du Capitole, et souvent les arus- « pices, d'après certains prodiges, avaient déclaré « que cette année-là serait ensanglantée par la « guerre civile. » On lut donc les lettres, après que chacun des conjurés eut reconnu préalablement son cachet, et le sénat décida que Lentulus abdiquerait sa magistrature et serait mis, ainsi que les autres conjurés, sous la surveillance d'un citoyen. On confia donc Lentulus à Publius Lentulus Spinther, alors édile, Céthégus à Quintus Cornificius, Statilius à Gaius César, Gabinius à Marcus Crassus, et Céparius, que l'on venait de ramener à Rome, au sénateur Gnéius Térentius. . .

XLVIII. Cependant, après la découverte de la conjuration, le bas peuple, qui d'abord, par amour de la nouveauté, s'était montré partisan de la guerre civile, change tout à coup de sentiment : il maudit les projets coupables de Catilina, porte aux nues Cicéron et se livre à des transports de joie, comme s'il venait d'être arraché à la servitude. En effet, si la guerre elle-même pouvait lui apporter, à cause du pillage, plus de profit que de dommage, l'incendie lui paraissait quelque chose de cruel, de

« Corneliis portendi ; Cinnam atque Sullam antea ; se ter- « tium esse cui fatum foret urbis potiri ; præterea ab incenso « Capitolio illum esse vigesimum annum, quem sæpe ex « prodigiis haruspices respondissent bello civili cruentum « fore. » Igitur perlectis litteris, cum prius omnes signa sua cognovissent, senatus decernit, uti abdicato magistratu Lentulus itemque ceteri in liberis custodiis habeantur. Itaque Lentulus P. Lentulo Spintheri, qui tum ædilis erat, Cethegus Q. Cornificio, Statilius C. Cæsari, Gabinius M. Crasso, Cæparius (nam is paulo ante ex fuga retractus erat) Cn. Terentio senatori traduntur.

XLVIII. Interea plebes, conjuratione patefacta, quæ primo cupida rerum novarum nimis bello favebat, mutata mente Catilinæ consilia exsecrari, Ciceronem ad cælum tollere : veluti ex servitute erepta gaudium atque lætitiam agitabat. Namque alia belli facinora prædæ magis quam detrimento fore, incendium vero crudele, inmoderatum ac

monstrueux, qui devait surtout être désastreux pour lui, qui n'avait pour tout avoir que des objets d'un usage journalier nécessaires à son entretien.

Le lendemain, on avait amené devant le sénat un certain Lucius Tarquinius, qui, disait-on, se rendait auprès de Catilina lorsqu'on l'avait arrêté. Comme il se disait prêt à faire des révélations, si on lui garantissait sa grâce, le consul l'invita à dire ce qu'il savait. Il donna alors à peu près les mêmes renseignements que Volturcius sur les apprêts pour l'incendie, sur le massacre des honnêtes gens qu'on préparait, sur la marche des révoltés. Il ajouta que Marcus Crassus l'avait envoyé vers Catilina pour lui dire de ne pas s'effrayer de l'arrestation de Lentulus, de Céthégus et des autres conjurés ; que c'était une raison de plus pour qu'il hâtat sa marche vers Rome, afin de relever le courage des conjurés restés libres et de faciliter la délivrance des autres. Mais dès que Tarquinius eut prononcé le nom de Crassus, homme d'une naissance illustre, d'une immense fortune, d'un crédit sans égal, les uns crièrent à l'invraisemblance, les autres, tout en jugeant la dénonciation fondée, étant d'ailleurs pour la plupart dans la dépendance de Crassus pour leurs affaires particulières, estimèrent qu'en un

sibi maxume calamitosum putabat, quippe cui omnes copiæ in usu cotidiano et cultu corporis erant.

Post eum diem, quidam L. Tarquinius ad senatum adductus erat, quem ad Catilinam proficiscentem ex itinere retractum aiebant. Is, cum se diceret indicaturum de conjuratione, si fides publica data esset, jussus a consule quæ sciret edicere, eadem fere quæ Volturcius de paratis incendiis, de cæde bonorum, de itinere hostium senatum docet; præterea se missum a M. Crasso, qui Catilinæ nuntiaret ne eum Lentulus et Cethegus aliique ex conjuratione deprehensi terrerent, eoque magis properaret ad urbem accedere, quo et ceterorum animos reficeret et illi facilius e periculo eriperentur. Sed ubi Tarquinius Crassum nominavit, hominem nobilem, maxumis divitiis, summa potentia, alii rem incredibilem rati, pars, tametsi verum existumabant, tamen quia in tali tempore tanta vis hominis magis leniunda quam exagitanda videbatur, plerique Crasso ex negotiis privatis obnoxii, conclamant indicem

pareil moment il valait mieux flatter [illegible] un homme aussi considérable [illegible] plusieurs [illegible] ne dit pas la vérité, et l'on demande que l'affaire soit soumise au sénat. [illegible] donc, par un grand nombre de [illegible] décidé « que la dénonciation de Tarquin [illegible] aucune vraisemblance, il sera [illegible] fers, et qu'on ne lui permettra pas [illegible] ses déclarations avant qu'il n'ait [illegible] la personne qui lui a conseillé une telle imposture. » Quelques-uns croyaient alors que [illegible] Publius Autronius qui avait [illegible] sation dans l'espérance que [illegible] la communauté du péril [illegible] autres conjurés de sa [illegible] croyaient que Cicéron avait [illegible] quinius pour empêcher que Crassus [illegible] volontiers les méchants [illegible] J'ai moi-même, plus tard, entendu [illegible] hautement que c'était Cicéron qui [illegible] cruel affront.

XLIX. Cependant, en ce [illegible] Catulus et Caïus Pison ne purent [illegible] ni par [illegible] d'argent, obtenir [illegible] accuser faussement César [illegible] par les Allo-

[illegible]

broges, soit par tout autre dénonciateur. Tous deux, en effet, étaient les ennemis déclarés de César : Pison, accusé de concussion [par les Allobroges], s'était vu attaqué très vivement par César pour le supplice injuste d'un Gaulois transpadan ; Catulus le détestait depuis sa candidature au grand pontificat, parce que, arrivé au bout de sa carrière et ayant obtenu les plus hautes dignités, il avait été battu par un tout jeune homme tel que César. L'occasion semblait d'ailleurs favorable, car la générosité de César comme homme privé, sa magnificence comme homme public, lui avaient fait contracter des dettes énormes. Voyant qu'ils ne réussissaient pas à déterminer le consul à une aussi grande iniquité, ils répandirent eux-mêmes de tous côtés des propos calomnieux, qu'ils disaient tenir de Volturcius ou des Allobroges, et excitèrent contre César des préventions si fortes que plusieurs chevaliers armés, qui gardaient le temple de la Concorde, soit que la grandeur du péril leur eût enlevé le sang-froid, soit qu'ils voulussent faire éclater leur zèle pour le bien public, le menacèrent de leur épée au moment où il sortait du sénat.

L. Tandis que cela se passait au sénat et qu'on

per Allobroges aut alium indicem C. Cæsar falso nominaretur. Nam uterque cum illo gravis inimicitias exercebant: Piso oppugnatus in judicio pecuniarum repetundarum propter cujusdam Transpadani supplicium injustum, Catulus ex petitione pontificatus odio incensus, quod extrema ætate, maxumis honoribus usus, ab adulescentulo Cæsare victus discesserat. Res autem opportuna videbatur, quod is privatim egregia liberalitate, publice maxumis muneribus, grandem pecuniam debebat. Sed ubi consulem ad tantum facinus inpellere nequeunt, ipsi singillatim circumeundo atque ementiundo quæ se ex Volturcio aut Allobrogibus audisse dicerent magnam illi invidiam conflaverant ; usque eo ut nonnulli equites Romani, qui præsidi causa cum telis erant circum ædem Concordiæ, seu periculi magnitudine, seu animi mobilitate inpulsi, quo studium suum in rem publicam clarius esset, egredienti ex senatu Cæsari gladio minitarentur.

L. Dum hæc in senatu aguntur et dum legatis Allobro-

décernait des récompenses aux députés des Allobroges et à Titus Volturcius, après avoir reconnu l'exactitude de leurs déclarations, les affranchis de Lentulus et quelques-uns de ses clients allaient, chacun de leur côté, dans les rues soulever les ouvriers et les esclaves pour tâcher de le délivrer; quelques-uns recherchaient l'appui des chefs de bande qui, pour de l'argent, étaient toujours prêts à provoquer des émeutes. De son côté, Céthégus faisait prier ses esclaves et ses affranchis, élite d'hommes soigneusement exercés, de se réunir en armes et de pénétrer par la force jusqu'à lui. Le consul, instruit de ces préparatifs, prend les dispositions que commandait la situation, convoque le sénat et le consulte sur ce qu'il convient de faire des détenus. Dans une séance précédente, le sénat, par un grand nombre de voix, les avait déjà déclarés traîtres à la patrie. Décimus Junius Silanus, appelé à opiner le premier en sa qualité de consul désigné, fut d'avis de mettre à mort ceux qu'on avait mis sous la garde de divers citoyens, et de plus L. Cassius, P. Furius, P. Umbrenus et Q. Annius, s'ils venaient à être pris. Mais ensuite, ébranlé par le discours de César, il déclara se rallier à l'opinion de Tiberius Néron, qui voulait

[illegible]

qu'on donnât des gardes aux conjurés et qu'il fût sursis au jugement. Quant à César, lorsque son tour fut venu et que le consul lui demanda son avis, il s'exprima à peu près en ces termes :

LI. « Sénateurs, tout homme qui est appelé à « délibérer sur une affaire épineuse doit bannir de « son âme la haine et la faveur, la colère et la pitié. « Il n'est pas facile de découvrir la vérité à travers « de tels voiles et l'on ne peut à la fois se laisser « guider par la passion et agir conformément à ses « intérêts. L'âme qui est sans cesse en éveil garde « toute son énergie ; si la passion s'y introduit, elle « y règne bientôt en souveraine et l'âme n'a plus de « ressort. Je pourrais, sénateurs, mentionner en « grand nombre des résolutions funestes prises par « les rois et les peuples sous l'impulsion de la colère « ou de la pitié ; j'aime mieux citer des cas où nos « ancêtres, faisant taire la passion, ont agi confor- « mément à la justice et à la raison. Pendant la « guerre de Macédoine, que nous fîmes contre le « roi Persée, la grande et opulente république des « Rhodiens, qui devait sa puissance à l'appui du « peuple romain, se montra déloyale et hostile à « notre égard ; et cependant, lorsque, la guerre ter- « minée, on délibéra sur le sort des Rhodiens, nos

Neronis iturum se dixerat, qui de ea re præsidiis additis referundum censuerat. Sed Cæsar, ubi ad eum ventum est, rogatus sententiam a consule, hujuscemodi verba locutus est :

LI. « Omnis homines, patres conscripti, qui de rebus « dubiis consultant, ab odio, amicitia, ira atque misericor- « dia vacuos esse decet. Haud facile animus verum pro- « videt, ubi illa officiunt, neque quisquam omnium lubidi- « ni simul et usui paruit. Ubi intenderis ingenium, valet : « si lubido possidet, ea dominatur, animus nihil valet ; « Magna mihi copia est memorandi, patres conscripti, quæ « reges atque populi, ira aut misericordia inpulsi, male con- « suluerint ; sed ea malo dicere, quæ majores nostri contra « lubidinem animi sui recte atque ordine fecere. Bello Mace- « donico, quod cum rege Perse gessimus, Rhodiorum civi- « tas magna atque magnifica, quæ populi Romani opibus « creverat, infida atque advorsa nobis fuit ; sed postquam

« ancêtres, pour qu'on ne pût pas dire que les « richesses de ce peuple, plutôt que ses torts, avaient « été la cause de la guerre, les laissèrent impunis. « De même, dans toutes les guerres puniques, bien « que les Carthaginois, soit en pleine paix, soit « pendant les trèves, se fussent souvent conduits « envers nous d'une façon cruelle et perfide, nos « pères ne voulurent jamais saisir les occasions qui « s'offraient à eux d'agir de même ; car ils se préoc- « cupaient bien plus de garder leur dignité que « d'user jusqu'au bout de leur droit de représailles. « Et vous aussi, sénateurs, vous devez prendre « garde que le crime de Lentulus et des autres « conjurés n'ait plus de pouvoir sur votre âme que « le souci de votre dignité ; vous devez vous préoc- « cuper moins de votre ressentiment que de votre « gloire. En effet, si l'on peut trouver une peine « proportionnée à leurs forfaits, j'approuve les châ- « timents sans exemple que l'on propose ; si, au « contraire, la grandeur du crime dépasse l'imagi- « nation, j'estime qu'il faut s'en tenir aux moyens « de répression qu'autorise la loi.

« La plupart de ceux qui ont donné leur avis avant « moi ont déploré, dans un habile et magnifique lan- « gage, les malheurs de la république ; ils ont dépeint

« bello confecto de Rhodiis consultum est, majores nostri, ne « quis divitiarum magis quam injuriæ causa bellum incep- « tum diceret, inpunitos eos dimisere. Item bellis Punicis « omnibus, cum sæpe Carthaginienses et in pace et per in- « dutias multa nefaria facinora fecissent, nunquam ipsi « per occasionem talia fecere : magis quid se dignum foret « quam quid in illos jure fieri posset quærebant. Hoc item « vobis providendum est, patres conscripti, ne plus apud « vos valeat P. Lentuli et ceterorum scelus quam vostra « dignitas, neu magis iræ vostræ quam famæ consulatis. « Nam si digna pœna pro factis eorum reperitur, novum « consilium approbo ; sin magnitudo sceleris omnium « ingenia exsuperat, eis utendum censeo quæ legibus « comparata sunt.

« Plerique eorum, qui ante me sententias dixerunt, « composite atque magnifice casum rei publicæ mi- « serati sunt ; quæ belli sævitia esset, quæ victis acci-

« les horreurs de la guerre civile, énuméré les maux « qui attendent les vaincus : les jeunes filles et les « jeunes garçons enlevés, les enfants arrachés des « bras de leurs parents, les mères de famille forcées « de subir les honteux caprices des vainqueurs, les « temples et les maisons dépouillés, les massacres, « l'incendie librement accomplis ; en un mot, par- « tout des ruines, des cadavres, du sang et des « larmes. Mais, par les dieux immortels, je vous le « demande, à quoi tendaient ces discours ? A vous « faire détester la conjuration ? Vous croyez donc « que celui qu'un crime si grand et si atroce n'a pas « ému va s'enflammer en entendant un discours ! « Pas le moins du monde ; et d'ailleurs, personne « ne trouve légères les injures qu'il subit, beaucoup « même les ressentent trop vivement. Mais, séna- « teurs, tout n'est pas également permis à tout le « monde : ceux qui, dans une position inférieure, « mènent une vie obscure, si l'emportement leur fait « commettre une faute, peu de gens le savent, car « leur notoriété est en rapport avec leur fortune ; « ceux, au contraire, qui sont revêtus d'un grand « pouvoir, et que leur élévation expose aux regards « de tous, ne font rien qui ne soit universellement « connu. Ainsi, plus la situation est élevée, plus « grande est la contrainte ; la faveur, la haine, mais

« derent, enumeravere : rapi virgines, pueros, divelli « liberos a parentum complexu, matres familiarum pati « quæ victoribus collubuisset, fana atque domos spoliari, « cædem, incendia fieri, postremo ruinis, cadaveribus, « cruore atque luctu omnia compleri. Sed, per deos in- « mortalis, quo illa oratio pertinuit ? An uti vos infestos « conjurationi faceret ? scilicet quem res tanta et tam « atrox non permovit, eum oratio accendet ! Non ita est, « neque cuiquam mortalium injuriæ suæ parvæ videntur ; « multi eas gravius æquo habuere. Sed alia aliis licentia « est, patres conscripti : qui demissi in obscuro vitam « habent, si quid iracundia deliquere, pauci sciunt, fama « atque fortuna eorum pares sunt ; qui magno imperio « præditi in excelso ætatem agunt, eorum facta cuncti « mortales novere. Ita in maxuma fortuna minuma licen- « tia est, neque studere neque odisse, sed minume irasci

6

« surtout l'emportement, sont interdits. Ce qui chez « les autres est qualifié d'emportement, on l'appelle, « chez celui qui est au pouvoir, orgueil insolent et « cruauté. Certes, sénateurs, je suis d'avis que « toutes les tortures seraient au-dessous des forfaits « des conjurés : mais, chez la plupart des hommes, « c'est la dernière impression qui reste, et s'il s'agit « de grands scélérats, on oublie leur crime pour ne « songer qu'au châtiment infligé, pour peu qu'il ait « été trop sévère.

« Ce qu'a dit Décimus Silanus, cet homme plein « de courage et d'énergie, il l'a dit, j'en suis con- « vaincu, par zèle pour le bien public, et, dans une « affaire aussi grave, il n'est guidé ni par la faveur « ni par la haine : je connais trop et son caractère « et sa modération pour en douter. Toutefois, son « avis me paraît, je ne dirai pas cruel (car qu'y « a-t-il de cruel contre de pareils hommes?), mais « contraire à l'intérêt de notre république. En effet, « c'est assurément, Silanus, ou le danger, ou la gravité « de l'acte, qui vous a décidé, vous consul désigné, « à proposer une peine extraordinaire. Le danger, il « est inutile d'en parler, puisque, grâce à l'activité « vigilante de notre illustre consul, tant de soldats

« decet. Quæ apud alios iracundia dicitur, ea in imperio « superbia atque crudelitas appellatur. Equidem ego sic « existumo, patres conscripti, omnis cruciatus minores « quam facinora illorum esse : sed plerique mortales pos- « trema meminere, et in hominibus impiis, sceleris eorum « obliti, de pœna disserunt, si ea paulo severior fuit.

« D. Silanum, virum fortem atque strenuum, certo scio « quæ dixerit studio rei publicæ dixisse, neque illum in « tanta re gratiam aut inimicitias exercere : eos mores eam- « que modestiam viri cognovi. Verum sententia ejus « mihi non crudelis (quid enim in talis homines crudele « fieri potest ?) sed aliena a re publica nostra videtur. « Nam profecto aut metus aut injuria te subegit, Silane, « consulem designatum, genus pœnæ novum decernere. « De timore supervacaneum est disserere, cum præsertim « diligentia clarissumi viri consulis tanta præsidia sint

« nous protégent. Quant au châtiment que mérite « un pareil crime, rien ne s'oppose à ce que je dise « ce qu'il en est. Dans l'affliction et dans l'infor- « tune, la mort n'est point un supplice, c'est le « repos après les misères de la vie; avec elle « disparaissent tous les maux; au-delà, il n'y a « plus ni souci ni joie. Mais, par les dieux immor- « tels, pourquoi n'avoir pas ajouté à votre vote « qu'ils seraient préalablement battus de verges? « Est-ce parce que la loi Porcia le défend? Mais « d'autres lois défendent pareillement d'ôter la vie « aux citoyens condamnés et ordonnent de les laisser « aller en exil. Est-ce parce qu'il est plus dur d'être « battu de verges que d'être mis à mort? Mais qu'y « a-t-il de trop rigoureux et de trop dur envers des « hommes convaincus d'un pareil crime? Et si c'est « moins dur, convient-il de se montrer scrupuleux « observateurs de la loi dans les petites choses alors « qu'on n'en tient pas compte dans les grandes?

« Mais, dira-t-on, qui osera blâmer les décisions « prises par nous contre ces meurtriers de la répu- « blique, leur mère? Qui? Les circonstances, le « temps écoulé, la fortune, dont le caprice gouverne « le monde. Quoiqu'il leur arrive, il l'auront mérité : « mais vous, sénateurs, vous devez considérer

« in armis. De pœna possum equidem dicere id quod res « habet : in luctu atque miseriis mortem ærumnarum « requiem, non cruciatum esse, eam cuncta mortalium mala « dissolvere, ultra neque curæ neque gaudio locum esse. « Sed, per deos inmortalis, quam ob rem in sententiam « non addidisti, uti prius verberibus in eos animadvorte- « retur? An quia lex Porcia vetat? at aliæ leges item « condemnatis civibus non animam eripi, sed exilium « permitti jubent. An quia gravius est verberari quam « necari? quid autem acerbum aut nimis grave est in « homines tanti facinoris convictos? Sin quia levius est, « qui convenit in minore negotio legem timere, cum eam « in majore neglegeris? At enim quis reprehendet quod « in parricidas rei publicæ decretum erit? tempus, dies, « fortuna, cujus lubido gentibus moderatur. Illis merito ac- « cidet quidquid evenerit : ceterum vos, patres conscripti,

« quelle influence aura sur le sort d'autres accusés « votre décision actuelle. Tous les mauvais précédents « ont leur source dans les bons : dès que le pouvoir « passe aux mains d'hommes incapables ou moins « scrupuleux, le châtiment extraordinaire, qui n'avait « d'abord atteint que des gens auxquels il s'appli- « quait très-justement, atteint ensuite des gens qui « ne le méritaient point. Vainqueurs des Athéniens, « les Lacédémoniens leur imposèrent trente magis- « trats chargés de gouverner leur république. Ceux- « ci commencèrent par mettre à mort sans jugement « des hommes de la pire espèce, objets de la répro- « bation de tous : et le peuple de se réjouir et de « dire que c'était bien fait. Mais bientôt, s'enhardis- « sant peu à peu, ils firent périr indistinctement et « selon leur caprice les bons et les méchants et « terrifièrent ceux qu'ils épargnaient. Ainsi Athènes « asservie paya cher sa joie imprudente. Plus près « de nous, lorsque Sylla vainqueur fit égorger Dama- « sippe et d'autres hommes de cette espèce, dont les « malheurs de la république avaient fait la fortune, « qui ne louait point cette action? « C'est à bon « « droit », disait-on, « qu'on avait mis à mort des « « scélérats, des factieux, qui ne cessaient de trou- « « bler la république par leurs séditions. » Et cepen-

« quid in alios statuatis considerate. Omnia mala exem- « pla ex bonis orta sunt; et ubi imperium ad ignaros ejus « aut minus bonos pervenit, novum illud exemplum ab « dignis et idoneis ad indignos et non idoneos transfertur. « Lacedæmonii devictis Atheniensibus triginta viros in- « posuere, qui rem publicam eorum tractarent. Ei primo « cœpere pessumum quemque et omnibus invisum indem- « natum necare; ea populus lætari et merito dicere fieri. « Post, ubi paulatim licentia crevit, juxta bonos et malos « lubidinose interficere, ceteros metu terrere : ita civitas, « servitute oppressa, stultæ lætitiæ graves pœnas dedit. « Nostra memoria, victor Sulla cum Damasippum et alios « ejusmodi, qui malo rei publicæ creverant, jugulari jus- « sit, quis non factum ejus laudabat? homines scelestos et « factiosos, qui seditionibus rem publicam exagitaverant,

« gers, quand ils leur paraissaient bons. Aux Samnites, ils empruntèrent la plupart de leurs armes défensives et offensives, aux Étrusques, la plupart des insignes des magistratures, en un mot, tout ce qui paraissait devoir leur être utile chez leurs alliés ou chez leurs ennemis, ils mettaient un soin extrême à se l'approprier, aimant mieux imiter ce qu'ils jugeaient bon que d'en montrer jaloux. Cependant, à la même époque, suivant l'exemple de la Grèce, ils battaient de verges les citoyens et exécutaient les condamnés à mort. Plus tard, la république s'étant agrandie et l'accumulation des citoyens ayant donné plus de force aux factions, on opprima les innocents et l'on commit d'autres excès du même genre : alors parurent la loi Porcia et d'autres semblables, qui permettent aux condamnés à mort de s'exiler. C'est là, à mon avis, sénateurs, une des principales raisons qui s'opposent à ce que nous innovions en quoi que ce soit. Certes, ils avaient plus de vertu et de sagesse que nous, ces hommes qui, avec de médiocres ressources, ont créé un si grand empire, tandis que nous avons de la peine à conserver une puissance si glorieusement acquise. »

erant, imitarentur. Arma atque tela militaria ab Samnitibus, insignia magistratuum ab Tuscis pleraque sumpserunt ; postremo, quod ubique apud socios aut hostes idoneum videbatur, cum summo studio domi exseque- bantur : imitari, quam invidere bonis [illegible]

[illegible]

« [illegible] qu'on les relâche « pour qu'ils aillent grossir l'armée de Catilina? « Nullement; voici mon vote : je veux que leurs « biens soient confisqués, et qu'eux-mêmes soient « retenus en prison dans les municipes les mieux « pourvus de soldats ; que personne ne puisse à « l'avenir proposer la révision de leur procès soit « au sénat, soit au peuple ; que quiconque contre-« viendra à cette défense soit déclaré par le sénat « ennemi de l'État et du repos public. »

LII. Quand César eut fini de parler, les autres sénateurs donnèrent d'un mot leur adhésion à l'une ou à l'autre des opinions émises ; mais lorsque M. Porcius Caton fut invité à donner la sienne, il parla à peu près en ces termes :

« J'éprouve une impression bien différente, séna-« teurs, quand je considère la réalité des choses et « les périls qui nous entourent, et quand je réfléchis « aux opinions émises par certains orateurs. Ceux-« ci me semblent s'être attachés à discuter le châti-« ment dû à des hommes qui ont préparé la guerre « contre leur patrie, leurs parents, leurs autels et « leurs foyers, tandis que la situation nous avertit de « songer à nous garder des conjurés plutôt que de « délibérer sur leur sort. En effet, les [illegible]

« on ne les poursuit qu'après qu'ils ont été commis; « celui-ci, si vous ne le prévenez, c'est en vain « qu'après son accomplissement vous invoquerez « l'appui de la loi : la ville une fois prise, il ne reste « rien aux vaincus. Mais, au nom des dieux immor- « tels, c'est à vous que je m'adresse, à vous qui « avez toujours estimé vos maisons, vos villas, vos « statues, vos tableaux, à un plus haut prix que la « république ; si ces biens, quels qu'ils soient, aux- « quels vous êtes si attachés, vous voulez les con- « server, si vous tenez à donner toute facilité à vos « plaisirs, réveillez-vous enfin et prenez sérieuse- « ment en main la chose publique. Il ne s'agit point « en ce moment des revenus de l'Etat, ni d'injures « faites à vos alliés : c'est notre liberté, c'est notre « existence qui est en jeu.

« Il m'est souvent arrivé, sénateurs, de parler « longuement au milieu de vous ; souvent j'ai « déploré le luxe et la cupidité de nos concitoyens, « et je me suis fait ainsi beaucoup d'ennemis. « N'ayant jamais consenti pour mon compte ni à un « acte coupable, ni même à la pensée du mal, j'avais « bien de la peine à pardonner aux autres les excès « où les poussaient leurs passions. Bien que vous « fissiez peu de cas de mes observations, la répu-

« Nam cetera maleficia tum persequare, ubi facta sunt ; « hoc nisi provideris ne accidat, ubi evenit, frustra judicia « inplores : capta urbe nihil fit reliqui victis. Sed, per deos « inmortalis, vos ego appello, qui semper domos, villas, « signa, tabulas vostras pluris quam rem publicam fecistis : « si ista, cujuscumque modi sunt, quæ amplexamini reti- « nere, si voluptatibus vostris otium præbere voltis, ex- « pergiscimini aliquando et capessite rem publicam. Non « agitur de vectigalibus neque de sociorum injuriis : liber- « tas et anima nostra in dubio est. Sæpe numero, patres « conscripti, multa verba in hoc ordine feci ; sæpe de luxu- « ria atque avaritia nostrorum civium questus sum, mul- « tosque mortalis ea causa advorsos habeo ; qui mihi « atque animo meo nullius unquam delicti gratiam fecis- « sem, haud facile alterius lubidini male facta condonabam. « Sed ea tametsi vos parvi pendebatis, tamen res publica

« blique restait encore forte, compensant par sa « grandeur les mauvais effets de votre insouciance. « Mais aujourd'hui, il ne s'agit plus de savoir si « nous aurons de bonnes ou de mauvaises mœurs, « si l'empire romain sera plus ou moins étendu, « plus ou moins prospère, mais si tout cela, quelle « que soit sa valeur, continuera à nous appartenir « ou deviendra avec nous la proie des ennemis de « la république. Et l'on vient me parler de clémence « et de pitié! Depuis longtemps déjà, à mon avis, « nous ne savons plus appeler les choses par « leur nom. Chez nous, la profusion du bien d'au- « trui s'appelle largesse, l'audace dans le crime « s'appelle courage; voilà pourquoi la république « est dans une situation si critique. Que l'on soit, « (j'y consens, puisque ce sont là nos mœurs) géné- « reux des richesses de nos alliés, plein de compas- « sion lorsqu'il s'agit des pillards du trésor public; « mais que, du moins, on ne se montre pas prodigue « de notre sang et qu'on ne s'expose pas à causer la « perte de tous les gens de bien, sous prétexte « d'épargner quelques scélérats.

« Tout à l'heure, Gaius César a dépensé bien du « talent à disserter devant vous sur la vie et la « mort : il est, sans doute, convaincu de la fausseté

« firma erat ; opulentia neglegentiam tolerabat. Nunc vero « non id agitur, bonisne an malis moribus vivamus, ne- « que quantum aut quam magnificum imperium populi « Romani sit, sed hæc, cujuscumque modi videntur, nos- « tra an nobiscum una hostium futura sint. Hic mihi « quisquam mansuetudinem et misericordiam nominat ! « Jam pridem equidem nos vera vocabula rerum amisi- « mus : quia bona aliena largiri liberalitas, malarum « rerum audacia fortitudo vocatur, eo res publica in ex- « tremo sita est. Sint sane, quoniam ita se mores habent, « liberales ex sociorum fortunis, sint misericordes in fu- « ribus ærari ; ne illi sanguinem nostrum largiantur, et, « dum paucis sceleratis parcunt, bonos omnis perditum « eant. Bene et composite C. Cæsar paulo ante in hoc or- « dine de vita et morte disseruit, credo falsa existumans

« de ce que l'on raconte des enfers, à savoir que les « méchants, séparés des bons, vont habiter des « lieux ténébreux, arides, affreux, épouvantables. Il « a donc émis l'avis qu'il fallait confisquer les biens « des conjurés et les retenir eux-mêmes en prison « dans divers municipes, craignant sans doute que, « s'ils restaient à Rome, ils ne fussent délivrés à « force ouverte par leurs complices ou par une « troupe soudoyée à cet effet : comme si les « méchants et les scélérats étaient seulement dans « Rome, et non dans toute l'Italie ; comme si la « violence audacieuse n'avait pas plus de force là « où il y a moins de ressources pour la réprimer. « C'est donc là, assurément, une mesure illusoire, « si César croit à un danger du côté des conjurés ; « et s'il est seul à n'y pas croire au milieu de « l'épouvante générale, raison de plus pour que je « ne sois pas sans crainte et pour vous et pour moi.

« Ainsi, lorsque vous statuerez sur le sort de « Publius Lentulus et des autres détenus, soyez « certains que vous fixez en même temps celui « de l'armée de Catilina et de tous les conjurés. « Plus vous montrerez de fermeté, plus leur courage « sera abattu ; pour peu qu'ils vous voient faiblir, ils « accourront tous, pleins d'une énergie farouche.

« ea quæ de inferis memorantur, divorso itinere malos a « bonis loca tætra, inculta, fœda atque formidolosa habere. « Itaque censuit pecunias eorum publicandas, ipsos per « municipia in custodiis habendos, videlicet timens ne, si « Romæ sint, aut a popularibus conjurationis, aut a mul- « titudine conducta per vim eripiantur. Quasi vero mali « atque scelesti tantummodo in urbe, et non per totam « Italiam sint ; aut non ibi plus possit audacia, ubi ad « defendundum opes minores sunt. Quare vanum equi- « dem hoc consilium, si periculum ex illis metuit ; sin in « tanto omnium metu solus non timet, eo magis refert me « mihi atque vobis timere.

« Quare, cum de P. Lentulo ceterisque statuetis, pro « certo habetote vos simul de exercitu Catilinæ et de « omnibus conjuratis decernere. Quanto vos attentius « ea agetis, tanto illis animus infirmior erit ; si pau- « lum modo vos languere viderint, jam omnes feroces

« N'allez pas croire que ce soit par les armes que « nos pères ont élevé notre république, d'abord si « petite, à un si haut degré de prospérité. S'il en « était ainsi, nous l'aurions aujourd'hui plus floris- « sante que jamais, car nous possédons en bien « plus grand nombre alliés et citoyens, armes et « chevaux. Mais il est d'autres choses, qui firent « leur grandeur et que nous n'avons plus : au « dedans, l'activité ; au dehors, une administration « équitable ; dans les délibérations, une âme libre, « dégagée du joug des vices et des passions. Au « lieu de tout cela, nous avons le luxe et la cupi- « dité, la gêne dans l'Etat, l'opulence chez les par- « ticuliers ; nous vantons la richesse, nous recher- « chons l'oisiveté ; entre les bons et les méchants, « nulle distinction : les récompenses dues aux « hommes de mérite sont toutes aux mains des « ambitieux. Quoi d'étonnant ? Chacun ne songe qu'à « soi : esclaves des voluptés chez vous, vous l'êtes « ici de la corruption ou de l'intrigue. De là vient « qu'on se jette sur la république comme sur une « proie sans maître.

« Mais laissons cela : des citoyens des premières « familles ont comploté l'embrasement de leur « patrie ; ils appellent aux armes la nation gau-

« aderunt. Nolite existumare majores nostros armis rem « publicam ex parva magnam fecisse. Si ita res esset, « multo pulcherrumam eam nos haberemus ; quippe so- « ciorum atque civium, præterea armorum atque equorum « major nobis copia quam illis est. Sed alia fuere, quæ « illos magnos fecere, quæ nobis nulla sunt : domi indus- « tria, foris justum imperium, animus in consulundo liber, « neque delicto neque lubidini obnoxius. Pro his nos « habemus luxuriam atque avaritiam, publice egestatem, « privatim opulentiam ; laudamus divitias, sequimur iner- « tiam ; inter bonos et malos discrimen nullum, omnia « virtutis præmia ambitio possidet. Neque mirum : ubi « vos separatim sibi quisque consilium capitis, ubi domi « voluptatibus, hic pecuniæ aut gratiæ servitis, eo fit ut « impetus fiat in vacuam rem publicam ; sed ego hæc omit- « to. Conjuravere nobilissumi cives patriam incendere ;

« loise, cette ennemie acharnée du nom romain ; le « chef des révoltés, avec une armée à sa suite, tient « son glaive suspendu sur vos têtes : et vous hésitez « encore, vous demandant ce qu'il faut faire d'enne- « mis surpris dans vos murs ! Prenez-les en pitié, « je vous le conseille : il ne s'agit là que d'une erreur « de jeunesse, provoquée par l'ambition. Faites « mieux : laissez-les partir tout armés. J'y consens, « pourvu que cette mansuétude et cette pitié ne « soient pas pour vous une source de désastres, au « cas où ils prendraient les armes. Mais peut-être « que vous ne redoutez point le danger, quelque « terrible qu'il soit en réalité ? Bien au contraire ; « mais par indifférence, par faiblesse, vous attendez « tous qu'un autre prenne l'initiative, comptant « sans doute sur l'appui des dieux immortels, qui « déjà plusieurs fois ont sauvé notre république des « plus graves périls. Ce n'est ni par des prières, ni « par des supplications qui ne conviennent qu'à des « femmes, qu'on obtient le secours des dieux : la « vigilance, l'activité, la prudence dans les résolu- « tions, voilà ce qui assure le succès. Si l'on s'aban- « donne à l'indolence et à la lâcheté, c'est en vain « qu'on implore les dieux : ils sont courroucés et « hostiles. Du temps de nos pères, pendant la

« Gallorum gentem, infestissumam nomini Romano, ad « bellum arcessunt ; dux hostium cum exercitu supra ca- « put est : vos cunctamini etiam nunc, et dubitatis quid « intra mœnia deprensis hostibus faciatis ? Misereamini « censeo (deliquere homines adulescentuli per ambitio- « nem) atque etiam armatos dimittatis. Ne ista vobis « mansuetudo et misericordia, si illi arma ceperint, in « miseriam convortat. Scilicet res ipsa aspera est, sed vos « non timetis eam. Immo vero maxume ; sed inertia et « mollitia animi alius alium exspectantes cunctamini, « videlicet dis inmortalibus confisi, qui hanc rem publi- « cam in maxumis sæpe periculis servavere. Non votis « neque suppliciis muliebribus auxilia deorum parantur : « vigilando, agundo, bene consulundo, prospera omnia « cedunt ; ubi socordiæ te atque ignaviæ tradideris, nequi- « quam deos inplores : irati infestique sunt. Apud majores

« guerre des Gaules, Titus Manlius Torquatus « ordonna de mettre à mort son fils, parce qu'il « avait combattu sans son ordre, et ce vaillant « jeune homme paya de sa vie un excès de courage : « et vous, vous hésitez à condamner ces parricides « sans entrailles ! Apparemment, le reste de leur « vie est en opposition avec leur crime présent ! Eh « bien ! ayez égard à la dignité de Lentulus, s'il est « vrai qu'il ait jamais ménagé la pudeur ou sa « propre réputation, s'il est vrai qu'il ait jamais « respecté les dieux ou les hommes ; pardonnez à la « jeunesse de Céthégus, si ce n'est pas la seconde « fois qu'il déclare la guerre à sa patrie. Quant à « Gabinius, à Statilius, à Céparius, qu'en dirais-je ? « S'ils avaient du respcct pour quoi que ce soit, ils « n'auraient certes point formé ce dessein contre la « république.

« Enfin, sénateurs, si la situation actuelle pouvait « tolérer une faute, je vous laisserais volontiers « recevoir les leçons de l'expérience, vu le peu de « cas que vous faites de mes discours ; mais nous « sommes enveloppés de toutes parts ; Catilina, à « la tête d'une armée, nous tient le pied sur la « gorge ; dans nos murs, au cœur même de la cité, « nous avons d'autres ennemis ; rien ne peut plus

« nostros, T. Manlius Torquatus bello Gallico filium suum, « quod is contra imperium in hostem pugnaverat, necari « jussit ; atque ille egregius adulescens inmoderatæ forti« tudinis morte pœnas dedit : vos de crudelissumis parri« cidis quid statuatis cunctamini ? Videlicet cetera vita « eorum huic sceleri obstat. Verum parcite dignitati Len« tuli, si ipse pudicitiæ, si famæ suæ, si dis aut hominibus « unquam ullis pepercit ; ignoscite Cethegi adulescentiæ, « nisi iterum patriæ bellum fecit. Nam quid ego de Gabi« nio, Statilio, Cæpario loquar ? quibus si quicquam un« quam pensi fuisset, non ea consilia de re publica habuis« sent. Postremo, patres conscripti, si mehercule peccato « locus esset, facile paterer vos ipsa re corrigi, quoniam « verba contemnitis ; sed undique circumventi sumus : « Catilina cum exercitu faucibus urget, alii intra mœnia

« rester secret, ni préparatifs, ni résolution [illegible] quelque chose de plus pour nous hâter. Voici donc mon « avis : vu que, par le détestable [illegible] de « citoyens criminels, la république [illegible] les plus « grands dangers, que ces hommes [illegible] con- « cus, par le témoignage de Titus [illegible] des « députés Allobroges, confirmé par [illegible] « aveux, d'avoir préparé le massacre, [illegible] et « d'autres attentats horribles [illegible] contre leurs « concitoyens et contre leur patrie, je [illegible] « qu'il faut, selon la coutume de nos [illegible] « au dernier supplice, ainsi [illegible] « des aveux, que ceux [illegible] « délit [illegible] »

LIII. Lorsque Caton se [illegible] laires, et aussi une grande [illegible] sénateurs, approuvent son [illegible] ciel sa fermeté [illegible] autres, s'accusant de timidité [illegible] illustre et grand. Le décret du [illegible] conformément à sa proposition [illegible]

En lisant, en entendant raconter les [illegible] accomplies en grand nombre par [illegible] dedans et au dehors, sur mer et sur terre [illegible] à l'idée de rechercher ce qui [illegible]

« atque in sinu urbis sunt hostes [illegible] neque « consuli quicquam [illegible] « [illegible]

[illegible]

capables de tels efforts. Je savais que souvent avec une poignée d'hommes, ils avaient lutté contre de puissantes armées; j'avais appris qu'avec des ressources médiocres, ils avaient soutenu des guerres contre des rois opulents; qu'en outre, ils avaient plusieurs fois éprouvé les rigueurs de la fortune et qu'ils avaient été surpassés par les Grecs pour l'éloquence, par les Gaulois pour la gloire des armes. Après bien des réflexions, je suis resté convaincu que toutes ces grandes choses sont dues aux grandes vertus d'un petit nombre de citoyens; que c'est ce qui a permis à notre pauvreté de vaincre la richesse, à notre petit nombre de l'emporter sur de grandes multitudes. Mais lorsque le luxe et l'oisiveté eurent corrompu notre ville, ce ne fut plus que grâce à sa propre grandeur que la république put supporter les vices de ses généraux et de ses magistrats; et, semblable à une mère dont le sein est [illegible] pendant plusieurs générations, Rome ne produisit plus un seul homme qui méritât réellement le nom de grand. Toutefois, de mon temps, j'ai rencontré deux hommes d'un grand mérite, quoique de caractères bien différents, Marcus Caton et Caïus César; puisque mon sujet m'en fournit l'occasion, [illegible]

[illegible]

paraître confondre la cause des citoyens avec celle d'esclaves fugitifs.

LVII. Mais lorsque arriva au camp la nouvelle de la découverte de la conjuration à Rome et de l'exécution de Lentulus, de Céthégus et des autres que j'ai nommés plus haut, la plupart des soldats de Catilina, qu'avait poussés à la guerre l'espoir du pillage ou l'amour du changement, se dispersent ; les autres, Catilina les conduit à marches forcées à travers des montagnes escarpées sur le territoire de Pistoja, dans l'intention de se retirer, par des chemins de traverse, dans la Gaule transalpine. Cependant Quintus Métellus Céler, qui, à la tête de trois légions, commandait dans le Picénum, pensait bien que, par suite de la situation difficile où il se trouvait, Catilina prendrait le parti dont nous venons de parler. Aussi, dès qu'il eut connaissance de sa marche par des transfuges, il leva le camp en toute hâte et prit position au pied même des montagnes par lesquelles devait descendre Catilina dans sa marche rapide vers la Gaule [transpadane]. Et d'autre part, Antoine n'était pas loin, car il suivait la plaine avec une nombreuse armée, surveillant l'ennemi, dont les bagages ralentissaient la fuite. Catilina, voyant qu'il était enfermé entre les monta-

existumans videri causam civium cum servis fugitivis communicavisse.

LVII. Sed postquam in castra nuntius pervenit Romæ conjurationem patefactam, de Lentulo et Cethego ceterisque, quos supra memoravi, supplicium sumptum, plerique, quos ad bellum spes rapinarum aut novarum rerum studium inlexerat, dilabuntur; reliquos Catilina per montis asperos magnis itineribus in agrum Pistoriensem abducit, eo consilio, uti per tramites occulte perfugeret in Galliam Transalpinam. At Q. Metellus Celer cum tribus legionibus in agro Piceno præsidebat, ex difficultate rerum eadem illa existumans, quæ supra diximus, Catilinam agitare. Igitur ubi iter ejus ex perfugis cognovit, castra propere movit, ac sub ipsis radicibus montium consedit, qua illi descensus erat in Galliam properanti. Neque tamen Antonius procul aberat, utpote qui magno exercitu locis æquioribus impeditos in fuga sequeretur. Sed Catilina, postquam videt mon-

gnes et les troupes ennemies, qu'à Rome tout avait tourné contre lui et qu'il n'avait plus aucun espoir de s'échapper ni d'être secouru, jugea que, dans une situation si critique, le mieux était de tenter le sort des armes et résolut de se mesurer au plus tôt avec Antoine. Ayant donc rassemblé ses troupes, il leur parla à peu près en ces termes :

LVIII. « Je sais bien, soldats, que des paroles « ne donnent pas le courage et que la harangue « d'un général n'a jamais fait d'un indolent un « homme énergique, et un brave d'un homme « timide. Tout ce que la nature et l'éducation ont « mis de bravoure au cœur d'un homme se mani-« feste à la guerre ; celui que n'enflamment ni la « gloire ni le péril, celui-là, vous l'exhorteriez en « vain : la crainte lui bouche les oreilles. Cependant « j'ai voulu vous réunir pour vous donner quelques « conseils, et aussi pour vous faire connaître les « motifs de ma résolution. Vous n'ignorez sans « doute pas, soldats, combien la stupidité et la « lâcheté de Lentulus ont été funestes à lui et à « nous, et comment, attendant des secours de Rome, « je me suis vu empêché de me rendre en Gaule. « Maintenant, vous comprenez tous aussi bien que « moi la situation. Deux armées ennemies nous « barrent le passage : l'une du côté de Rome, l'autre « du côté de la Gaule ; nous ne saurions rester plus

tibus atque copiis hostium sese clausum, in urbe res advorsas, neque fugæ neque præsidi ullam spem, optumum factu ratus in tali re fortunam belli temptare, statuit cum Antonio quam primum confligere. Itaque, contione advocata, hujuscemodi orationem habuit :

LVIII. « Compertum ego habeo, milites, verba virtutem « non addere, neque ex ignavo strenuum, neque fortem « ex timido exercitum oratione imperatoris fieri. Quanta « cujusque animo audacia natura aut moribus inest, tanta « in bello patere solet ; quem neque gloria neque pericula « excitant, nequiquam hortere : timor animi auribus offi-« cit. Sed ego vos, quo pauca monerem, advocavi, simul « uti causam mei consili aperirem. Scitis equidem, milites, « socordia atque ignavia Lentuli quantam ipsi nobisque « cladem attulerit, quoque modo, dum ex urbe præsidia « opperior, in Galliam proficisci nequiverim. Nunc vero

« longtemps ici, quelque désir que nous en eussions : « le manque de blé et d'autres approvisionnements « s'y oppose. De quelque côté que nous voulions « nous diriger, il nous faut frayer un passage « l'épée à la main.

« Je vous exhorte donc à vous montrer braves et « décidés : quand vous engagerez le combat, sou- « venez-vous bien que richesse, honneur, gloire, « liberté même, tout est dans vos mains. Vain- « queurs, toute difficulté disparaît ; nous aurons des « vivres en abondance ; les municipes, les colonies « se mettront à notre disposition. Si la peur nous « fait reculer, tout nous deviendra contraire : ni « asile, ni ami ne protégera celui que ses armes « n'auront point protégé. D'ailleurs, soldats, la « même nécessité ne presse point eux et nous : « c'est pour la patrie, pour la liberté, pour la vie « que nous combattons ; eux, il leur est indifférent « de combattre pour assurer le pouvoir à un petit « nombre d'hommes. Attaquez donc avec confiance, « vous souvenant de votre ancienne valeur.

« Il m'était loisible de vivre dans l'exil, accablé « de honte ; quelques uns d'entre vous, dépouillés « de leurs biens, pouvaient attendre à Rome les « libéralités d'autrui. Cette horrible situation vous

« quo loco res nostræ sint, juxta mecum omnes intellegi- « tis. Exercitus hostium duo, unus ab urbe, alter a Gallia, « obstant ; diutius in his locis esse, si maxume animus « ferat, frumenti atque aliarum rerum egestas prohibet. « Quocumque ire placet, ferro iter aperiundum est.

« Quapropter vos mone, uti forti atque parato animo sitis, « et, cum prœlium inibitis, memineritis vos divitias, de- « cus, gloriam, præterea libertatem atque patriam in dex- « tris vostris portare. Si vincimus, omnia nobis tuta erunt : « commeatus abunde, municipia atque coloniæ patebunt. « Si metu cesserimus, eadem illa advorsa fient ; neque lo- « cus, neque amicus quisquam teget quem arma non texe- « rint. Præterea, milites, non eadem nobis et illis necessi- « tudo inpendet : nos pro patria, pro libertate, pro vita « certamus ; illis supervacaneum est pro potentia pauco- « rum pugnare. Quo audacius aggredimini, memores « pristinæ virtutis.

« Licuit nobis cum summa turpitudine in exilio ætatem « agere ; potuistis nonnulli Romæ, amissis bonis, alienas

« a paru intolérable pour des hommes de cœur : « vous avez préféré celle-ci. Si vous voulez en « sortir, il vous faut de l'audace. On n'a jamais « obtenu la paix que par la victoire : car mettre ses « espérances de salut dans la fuite, quand on a « détourné de l'ennemi les armes destinées à la « défense, c'est vraiment folie. Toujours, dans le « combat, le plus grand péril est pour les plus « timides : l'intrépidité tient lieu de rempart. Quant « je jette les yeux sur vous, soldats, et que je consi- « dère vos exploits, j'ai le plus grand espoir de « vaincre. Votre ardeur, votre âge, votre valeur me « donnent confiance, et aussi la nécessité, qui « donne du courage même aux plus timides. Quant « au grand nombre de nos ennemis, le manque « d'espace empêche qu'ils ne puissent nous entourer. « Toutefois, si la fortune trahissait votre courage, « gardez-vous de mourir sans avoir vendu chère- « ment votre vie et de vous laisser prendre et « égorger ensuite comme de vils troupeaux, au lieu « de combattre en hommes de cœur et de n'aban- « donner à l'ennemi qu'une victoire sanglante et « douloureuse. »

« opes exspectare : quia illa fœda atque intoleranda viris « videbantur, hæc sequi decrevistis. Si hæc relinquere « voltis, audacia opus est : nemo, nisi victor, pace « bellum mutavit. Nam in fuga salutem sperare, cum « arma, quibus corpus tegitur, ab hostibus averteris, « ea vero dementia est. Semper in prœlio eis maxumum « est periculum, qui maxume timent : audacia pro muro « habetur. Cum vos considero, milites, et cum facta vostra « æstumo, magna me spes victoriæ tenet. Animus, ætas, « virtus vostra me hortantur ; præterea necessitudo, quæ « etiam timidos fortis facit. Nam multitudo hostium ne « circumvenire queat, prohibent angustiæ loci. Quod si « virtuti vostræ fortuna inviderit, cavete inulti animam « amittatis, neu capti potius sicuti pecora trucidemini, « quam virorum more pugnantes cruentam atque luctuo- « sam victoriam hostibus relinquatis. »

LIX. Un court moment de silence suivit ces paroles. Puis Catilina fait sonner les trompettes, ordonne aux soldats de reprendre leurs rangs et les conduit dans la plaine. Il renvoie alors tous les chevaux, afin que l'égalité du péril augmente le courage du soldat; et mettant lui-même pied à terre, il range son armée en bataille en tenant compte de la disposition des lieux et du nombre de ses soldats. Comme la plaine était resserrée à gauche par les montagnes et à droite par un espace hérissé de rochers, il met huit cohortes en première ligne et laisse en réserve les autres, dont il resserre les rangs. Il en tire, pour les joindre à la première ligne, les centurions, tous les hommes d'élite, les vétérans, et aussi les meilleurs d'entre les simples soldats, auxquels il donne les armes réglementaires. Il donne le commandement de la droite à Gaius Manlius et celui de la gauche à un officier originaire de Fésules; quant à lui, il se place avec ses affranchis et ses fermiers auprès de l'aigle qui avait servi, disait-on, à Gaius Marius pour son armée pendant la guerre des Cimbres.

Cependant, de l'autre côté, Gaius Antonius, qui souffrait de la goutte et ne pouvait assister au combat, confie la conduite de l'armée à son lieutenant

LIX. Hæc ubi dixit, paululum commoratus, signa canere jubet atque instructos ordines in locum æquum deducit; dein, remotis omnium equis, quo militibus exæquato periculo animus amplior esset, ipse pedes exercitum pro loco atque copiis instruit. Nam, uti planities erat inter sinistros montis, et ab dextera rupe aspera, octo cohortis in fronte constituit, reliquarum signa in subsidio artius collocat. Ab eis centuriones, omnis lectos et evocatos, præterea ex gregariis militibus optumum quemque armatum in primam aciem subducit; C. Manlium in dextra, Fæsulanum quendam in sinistra parte curare jubet; ipse cum libertis et colonis propter aquilam adsistit, quam bello Cimbrico C. Marius in exercitu habuisse dicebatur.

At ex altera parte C. Antonius, pedibus æger, quod prœlio adesse nequibat, M. Petreio legato exercitum permittit. Ille

acharnement. Cependant Catilina, avec les soldats armés à la légère, ne quitte point le premier rang, soutenant ceux qui plient, remplaçant les blessés par des troupes fraîches, pourvoyant à tout ; il prend une part active au combat et frappe l'ennemi de sa propre main, remplissant à la fois l'office d'un vaillant soldat et d'un bon capitaine. Pétréius, voyant que Catilina, contrairement à ce qu'il avait pensé, déployait une si grande énergie, se jette, avec la cohorte prétorienne, sur le centre de l'ennemi, l'enfonce et massacre les groupes de soldats qui résistent isolément, puis, il se rabat sur les ailes et les attaque de flanc. Manlius et le chef Fésulan sont tués en combattant au premier rang. Catilina, dès qu'il voit que ses troupes sont dispersées et qu'il reste seul avec un petit nombre de soldats, se souvenant de sa naissance et de son ancienne dignité, se jette au plus épais des rangs ennemis et meurt percé de coups en combattant.

LXI. Le combat terminé, c'est alors qu'on put voir quelle intrépidité, quelle force d'âme avait montrée l'armée de Catilina. En effet, la place que chaque soldat avait occupée, vivant, pendant le combat, il la couvrait généralement de son cadavre après sa mort. Un petit nombre seulement, que la cohorte préto-

Interea Catilina cum expeditis in prima acie vorsari, laborantibus succurrere, integros pro sauciis arcessere, omnia providere, multum ipse pugnare, sæpe hostem ferire : strenui militis et boni imperatoris officia simul exsequebatur. Petreius, ubi videt Catilinam contra ac ratus erat magna vi tendere, cohortem prætoriam in medios hostis inducit, eosque perturbatos atque alios alibi resistentes interficit ; deinde utrimque ex lateribus ceteros aggreditur. Manlius et Fæsulanus in primis pugnantes cadunt. Catilina, postquam fusas copias seque cum paucis relictum videt, memor generis atque pristinæ suæ dignitatis, in confertissumos hostis incurrit ibique pugnans confoditur.

LXI. Sed confecto prœlio tum vero cerneres, quanta audacia quantaque animi vis fuisset in exercitu Catilinæ. Nam fere quem quisque vivus pugnando locum ceperat, eum amissa anima corpore tegebat. Pauci autem, quos

rienne avait dispersés en trouant la ligne de bataille, étaient tombés un peu hors de leur rang, mais tous frappés en face. Quant à Catilina, il fut trouvé loin des siens au milieu de cadavres ennemis, ayant encore un souffle de vie et gardant empreinte sur son visage cette fierté indomptable qu'il avait toujours eue pendant sa vie. En somme, de toute cette multitude, on ne fit pas prisonnier un seul citoyen de naissance libre, ni dans la bataille, ni dans la poursuite : tous avaient aussi peu ménagé leur vie que celle des ennemis. L'armée romaine n'avait pas cependant remporté une victoire facile ou peu sanglante, car les plus braves avaient péri dans le combat ou s'étaient retirés grièvement blessés. Beaucoup, qui étaient sortis du camp pour visiter le champ de bataille ou pour dépouiller les morts, retrouvaient, en retournant les cadavres, les uns un ami, les autres un hôte ou un parent ; il y en eut, également, qui reconnurent des ennemis personnels. Ainsi les émotions les plus diverses, la joie, la tristesse, le deuil, l'allégresse, éclataient partout dans les rangs l'armée romaine.

FIN DE LA CONJURATION DE CATILINA.

medios cohors prætoria disjecerat, paulo divorsius, sed omnes tamen advorsis volneribus conciderant. Catilina vero longe a suis inter hostium cadavera repertus est, paululum etiam spirans ferociamque animi, quam habuerat vivus, in voltu retinens. Postremo ex omni copia neque in prœlio neque in fuga quisquam civis ingenuus captus est : ita cuncti suæ hostiumque vitæ juxta pepercerant. Neque tamen exercitus populi romani lætam aut incruentam victoriam adeptus erat ; nam strenuissumus quisque aut occiderat in prœlio, aut graviter volneratus discesserat. Multi autem, qui e castris visundi aut spoliandi gratia processerant, volventes hostilia cadavera, amicum alii, pars hospitem aut cognatum reperiebant ; fuere item, qui inimicos suos cognoscerent. Ita varie per omnem exercitum lætitia, mæror, luctus atque gaudia agitabantur.

FINIS CATILINÆ.

ARGUMENTS

DE LA

GUERRE DE JUGURTHA

I. L'homme a tort d'accuser la nature : le bon emploi de ses facultés lui permet de se rendre immortel par la gloire.

II. Prééminence de l'âme sur le corps ; aveuglement coupable de ceux qui, s'adonnant aux joies sensuelles, ne se préoccupent pas de cultiver leur intelligence.

III. Dans un temps où règnent la corruption et l'intrigue, c'est folie que d'embrasser la carrière des charges publiques.

IV. Une des plus nobles occupations de l'esprit, c'est d'écrire l'histoire. L'histoire est utile aux mœurs, parce qu'elle rappelle les antiques vertus.

V. L'auteur va raconter la guerre de Jugurtha. Préliminaires. Micipsa succède à son père Masinissa ; il fait élever son neveu Jugurtha avec ses fils Adherbal et Hiempsal.

VI. Jeunesse de Jugurtha. Son caractère et ses grandes qualités donnent de l'inquiétude à Micipsa.

VII. Campagne de Jugurtha en Espagne sous les ordres de Scipion Emilien ; il gagne son amitié.

VIII. Quelques jeunes nobles flattent l'ambition naissante de Jugurtha. Sages conseils que lui adresse Scipion en le congédiant.

IX. Jugurtha retourne en Numidie avec une lettre très flatteuse de Scipion. Micipsa l'adopte.

X. Paroles de Micipsa mourant à Jugurtha.

XI. Entrevue des trois princes. Affront fait à Jugurtha par Hiempsal.

XXXII. Le peuple envoie à Jugurtha le préteur Cassius, qui décide ce prince à se rendre à Rome.

XXXIII. Jugurtha gagne le tribun Bébius. Il est sommé par Memmius de faire connaître ses complices.

XXXIV. Bébius défend au roi de répondre. Indignation du peuple.

XXXV. Massiva, petit-fils de Masinissa, est assassiné à Rome par Bomilcar, confident de Jugurtha ; ils quittent tous deux Rome et l'Italie.

XXXVI. Campagne infructueuse du consul Albinus en Afrique.

XXXVII. Son frère Aulus met le siége devant Suthul en plein hiver.

XXXVIII. Attiré dans une embuscade et trahi par ses centurions, Aulus signe une capitulation honteuse.

XXXIX. Le sénat et le peuple annulent le traité. Retour d'Albinus en Afrique.

XL. Le tribun Mamilius Limetanus fait voter une enquête. Scaurus réussit à se faire nommer commissaire.

XLI. *Digression.* — Origine et effets des troubles intérieurs. Triomphe de la noblesse après la ruine de Carthage.

XLII. Les Gracques. Nouveau triomphe des patriciens. — Fin de la *digression*.

XLIII. Le nouveau consul Métellus part pour la Numidie ; ses talents et son intégrité.

XLIV. État d'indiscipline où se trouvait alors l'armée d'Afrique.

XLV. Métellus réussit à rétablir la discipline.

XLVI. Jugurtha, effrayé, envoie des ambassadeurs à Métellus, qui les gagne. Celui-ci envahit la Numidie et s'avance avec prudence.

XLVII. Métellus met garnison dans Vacca. Nouvelles propositions de Jugurtha ; Métellus séduit encore ses ambassadeurs et cherche à gagner du temps par des réponses évasives.

XLVIII. Jugurtha prépare une embuscade près du Muthul.

XLIX. Métellus s'aperçoit du piége et prend ses dispositions en conséquence.

LXX. Conspiration de Bomilcar et de Nabdalsa contre Jugurtha.

LXXI. Un officier de Nabdalsa le dénonce; Nabdalsa cherche à se disculper.

LXXII. Jugurtha feint de le croire; il livre Bomilcar au supplice ; ses inquiétudes.

LXXIII. Métellus prépare la reprise des hostilités. Marius, nommé consul, obtient le commandement de l'armée d'Afrique.

LXXIV. Jugurtha, craignant d'être trahi, change sans cesse de résolution. Il est encore battu par Métellus.

LXXV. Fuite de Jugurtha à travers le désert ; il arrive à Thala, poursuivi par Métellus.

LXXVI. Jugurtha parvient à s'échapper. Prise de Thala. Les transfuges s'y brûlent avec ce que la ville contenait de plus précieux.

LXXVII. Les Romains mettent une garnison à Leptis.

LXXVIII. Origine et situation de Leptis ; description des Syrtes.

LXXIX. *Digression.* — Dévouement des deux frères Philènes.

LXXX. Jugurtha lève une nouvelle armée chez les Gétules. Il fait alliance avec son beau-père Bocchus, roi de Mauritanie.

LXXXI. Jugurtha et Bocchus marchent sur Cirta.

LXXXII. Métellus apprend avec douleur qu'on lui a donné pour successeur Marius.

LXXXIII. Il traine les opérations en longueur, tout en négociant avec Bocchus.

LXXXIV. Marius à Rome : préparatifs de campagne ; il attaque la noblesse.

LXXXV. Discours de Marius au peuple.

LXXXVI. Il enrôle de préférence les prolétaires. Son arrivée en Afrique.

LXXXVII. Premières opérations de Marius. A la nouvelle de son arrivée, les deux rois se séparent.

LXXXVIII. Retour de Métellus à Rome ; il est bien accueilli du peuple. Plan de campagne de Marius.

LXXXIX. Il projette le siége de Capsa ; position de cette ville.

XC. Marius réussit à donner le change sur ses intentions.

XCI. Capsa est prise et brûlée.

XCII. Gloire croissante de Marius. Il va attaquer une forteresse inexpugnable ; difficultés du siége.

XCIII. Un Ligurien découvre par hasard un chemin pour surprendre la place.

XCIV. Marius feint une attaque de vive force ; pendant ce temps, le fort est pris par escalade.

XCV. Le questeur Sylla arrive au camp, venant d'Italie Son caractère.

XCVI. Il se concilie promptement la confiance de Marius et des soldats.

XCVII. Jugurtha et Bocchus, de nouveau réunis, tombent à l'improviste sur l'armée romaine.

XCVIII. Affreuse mêlée. Marius réussit à rallier ses troupes et à occuper deux collines contiguës.

XCIX. Au point du jour, il surprend les Gétules et les Maures dans leur camp et en fait un grand carnage.

C. Il se met en route pour prendre ses quartiers d'hiver, mais sans se relâcher de sa vigilance.

CI. Bataille près de Cirta ; nouvelle victoire des Romains.

CII. Marius arrive à Cirta. Bocchus lui fait faire des propositions. Discours de Sylla à Bocchus.

CIII. Bocchus envoie une ambassade à Marius. Ses députés sont dépouillés en route par des brigands Gétules ; ils sont bien accueillis par Sylla, en l'absence de Marius.

CIV. Marius autorise les députés à partir pour Rome. Réponse du sénat.

CV. Nouvelle ambassade de Sylla auprès de Bocchus. Sa rencontre avec Volux, fils du roi.

CVI. Ils continuent leur route ensemble et tombent au milieu de l'armée de Jugurtha. Sylla se croit trahi.

CVII. Volux proteste de son innocence. Sylla et Volux traversent le camp de Jugurtha sans être inquiétés.

CVIII. Bocchus demande une entrevue à Sylla.

CIX. Cette entrevue a lieu en présence d'Aspar, envoyé de Jugurtha ; mais, pendant la nuit, Bocchus fait demander à Sylla un entretien secret.

CX. Discours de Bocchus : il proteste de ses bonnes intentions.

CXI. Sylla lui demande de livrer Jugurtha aux Romains.

CXII. De son côté, Jugurtha demande que Bocchus lui livre Sylla.

CXIII. Irrésolutions de Bocchus. Il se décide enfin à trahir Jugurtha. Celui-ci est attiré dans un piège et livré à Sylla, qui l'amène à Marius.

CXIV. Second consulat de Marius. On lui décerne le triomphe.

qualités personnelles. Si, au contraire, cédant à ses désirs déréglés, l'homme s'abandonne à l'indolence et aux plaisirs des sens, au bout de quelque temps, il ne peut plus sortir du gouffre où il s'est plongé : alors, voyant disparaître, par suite de son manque d'énergie, ses forces, ses années, son talent, il accuse la faiblesse de sa nature et impute aux circonstances les fautes dont il est seul responsable. Si les hommes avaient autant de souci d'acquérir de bonnes qualités qu'ils mettent d'ardeur à rechercher des choses étrangères à leur véritable nature et dépourvues d'utilité, ou même des choses dangereuses et nuisibles, ils seraient moins maîtrisés par les événements qu'ils ne les maîtriseraient, et ils arriveraient à ce point de grandeur que, bien que mortels, ils trouveraient dans la gloire l'immortalité.

II. L'homme étant un composé formé d'une partie spirituelle et d'une partie matérielle, il s'ensuit que tout en lui, qualités extérieures et penchants, se rattache au corps ou à l'intelligence. Ainsi la beauté, les richesses, la force physique et les autres biens de même espèce passent vite, mais les œuvres du génie sont immortelles comme l'âme elle-même. En un mot, les avantages corporels ou accidentels ont une fin, comme ils ont eu un commencement, car tout ce qui

alias artis bonas neque dare neque eripere cuiquam potest. Sin, captus pravis cupidinibus, ad inertiam et voluptates corporis pessum datus est, perniciosa lubidine paulisper usus, ubi per socordiam vires, tempus, ingenium diffluxere, naturæ infirmitas accusatur : suam quisque culpam auctores ad negotia transferunt. Quod si hominibus bonarum rerum tanta cura esset, quanto studio aliena ac nihil profutura multaque etiam periculosa ac perniciosa petunt, neque regerentur magis quam regerent casus, et eo magnitudinis procederent, ubi pro mortalibus gloria æterni fierent.

II. Nam uti genus hominum compositum ex anima et corpore, ita res cunctæ studiaque omnia nostra, corporis alia, alia animi naturam sequuntur. Igitur præclara facies, magnæ divitiæ, ad hoc vis corporis et alia hujuscemodi brevi dilabuntur; at ingenii egregia facinora sicuti anima immortalia sunt. Postremo corporis et fortunæ bonorum ut initium sic finis est, omniaque orta occidunt et

sont revêtus ! Mais l'humeur et l'indignation que me causent les mœurs de mes concitoyens m'ont égaré trop loin : je reviens au sujet que je me suis proposé de traiter.

V. J'ai entrepris de raconter la guerre que le peuple romain eut à soutenir contre Jugurtha, roi des Numides, d'abord, parce que ce fut une guerre importante, acharnée, mêlée de succès et de revers, ensuite parce qu'alors pour la première fois (1) on résista à la domination orgueilleuse des nobles. Cette lutte, où toutes les lois divines et humaines furent bouleversées, en vint à un tel degré de folie que la guerre civile seule et la dévastation de l'Italie purent mettre fin à ces discordes entre les citoyens. Mais avant d'aborder le fond du sujet, je vais reprendre les choses de plus haut et rappeler certains faits qui permettront de saisir plus facilement l'ensemble.

Dans la seconde guerre punique, pendant laquelle le chef des Carthaginois, Annibal, porta à l'Italie les plus rudes coups qu'elle eût eu à supporter depuis l'accroissement de la puissance romaine, Masinissa, roi des Numides, admis dans notre alliance par

ego liberius altiusque processi, dum me civitatis morum piget tædetque; nunc ad inceptum redeo.

V. Bellum scripturus sum, quod populus Romanus cum Jugurtha rege Numidarum gessit, primum quia magnum et atrox variaque victoria fuit, dehinc quia tunc primum superbiæ nobilitatis obviam itum est. Quæ contentio divina et humana cuncta permiscuit, eoque vecordiæ processit ut studiis civilibus bellum atque vastitas Italiæ finem faceret. Sed, priusquam hujuscemodi rei initium expedio, pauca supra repetam, quo ad cognoscundum omnia illustria magis magisque in aperto sint.

Bello Punico secundo, quo dux Carthaginiensium Hannibal post magnitudinem nominis Romani Italiæ opes maxume adtriverat, Masinissa, rex Numidarum, in amicitiam

(1) Depuis la mort de Gaius Gracchus.

Publius Scipion, à qui ses exploits valurent plus tard le surnom d'Africain, s'était distingué par de nombreux faits d'armes. En reconnaissance, après la défaite des Carthaginois et la prise de Syphax, qui possédait en Afrique un vaste et puissant empire, le peuple romain fit présent à Masinissa de toutes les villes et de tous les territoires conquis. Aussi cette amitié, à la fois utile et honorable pour les deux parties, resta-t-elle inaltérable. Mais sa puissance disparut avec lui ; ce ne fut que plus tard, après la mort de Mastanabal et de Gulussa, ses frères, morts de maladie, que Micipsa, son fils, devint maître de tout son royaume. Ce dernier eut deux fils, Adherbal et Hiempsal, et il fit élever dans son palais, sur le même pied qu'eux, un fils de son frère Mastanabal, Jugurtha, que Masinissa avait laissé dans une condition privée, parce qu'il avait pour mère une concubine.

VI. A peine arrivé à l'adolescence, Jugurtha était remarquable par sa force et sa beauté, mais surtout par son intelligence. Au lieu de se laisser corrompre par le luxe et l'oisiveté, fidèle aux mœurs de sa race, il s'exerçait à monter à cheval, à lancer le javelot, disputait le prix de la course aux jeunes gens de son âge, et bien qu'il se distinguât plus que

citiam receptus a P. Scipione, cui postea Africano cognomen ex virtute fuit, multa et præclara rei militaris facinora fecerat ; ob quæ, victis Carthaginiensibus et capto Syphace, cujus in Africa magnum atque late imperium valuit, populus Romanus, quascumque urbis et agros manu ceperat, regi dono dedit. Igitur amicitia Masinissæ bona atque honesta nobis permansit ; sed imperi vitæque ejus finis idem fuit. Dein Micipsa filius regnum solus obtinuit, Mastanabale et Gulussa fratribus morbo absumptis. Is Adherbalem et Hiempsalem ex sese genuit, Jugurthamque filium Mastanabalis fratris, quem Masinissa, quod ortus ex concubina erat, privatum dereliquerat, eodem cultu quo liberos suos domi habuit.

VI. Qui ubi primum adolevit, pollens viribus, decora facie, sed multo maxume ingenio validus, non se luxu neque inertiæ corrumpendum dedit ; sed, uti mos gentis illius est, equitare, jaculari, cursu cum æqualibus certare, et, cum omnis gloria anteiret, omnibus tamen carum esse ;

tous les autres, il était universellement aimé. Il consacrait aussi beaucoup de temps à la chasse, toujours le premier ou des premiers à attaquer le lion et les autres bêtes féroces, il faisait beaucoup, mais parlait très peu de ce qu'il faisait. Micipsa fut d'abord heureux de ces succès, persuadé que le mérite de Jugurtha contribuerait à l'illustration de son trône ; cependant lorsqu'il vit grandir de plus en plus la renommée de ce jeune homme, à un moment où il arrivait lui-même à la fin de sa carrière et où ses enfants étaient encore jeunes, il fut vivement affecté de cette situation et se livra à de longues réflexions. Il songeait avec effroi, d'un côté au désir de dominer inné dans l'homme, à sa tendance irrésistible à assouvir ses passions, de l'autre aux facilités exceptionnelles qu'offraient son âge et celui de ses enfants, l'occasion poussant souvent hors du droit chemin même des hommes ordinaires, enfin à la vive sympathie qui animait les Numides à l'égard de Jugurtha, sympathie telle que, s'il eût tenté de se débarrasser de lui secrètement, il pouvait craindre une émeute ou même une guerre civile.

VII. En butte à ces difficultés et voyant que ni par force ni par ruse il ne pouvait faire périr un homme

ad hoc pleraque tempora in venando agere, leonem atque alias feras primus aut in primis ferire ; plurumum facere, minumum ipse de se loqui. Quibus rebus Micipsa tametsi initio lætus fuerat, existumans virtutem Jugurthæ regno suo gloriæ fore, tamen, postquam hominem adulescentem, exacta sua ætate et parvis liberis, magis magisque crescere intellegit, vehementer eo negotio permotus, multa cum animo suo volvebat. Terrebat eum natura mortalium, avida imperi et præceps ad explendam animi cupidinem ; præterea opportunitas suæ liberorumque ætatis, quæ etiam mediocris viros spe prædæ transversos agit ; ad hoc studia Numidarum in Jugurtham accensa, ex quibus, si talem virum dolis interfecisset, ne qua seditio aut bellum oriretur anxius erat.

VII. His difficultatibus circumventus, ubi videt neque per vim neque insidiis opprimi posse hominem tam

si cher à ses concitoyens, considérant d'ailleurs le courage hardi de Jugurtha et sa passion pour la gloire des armes, il résolut de l'exposer à de grands périls et de tenter ainsi la fortune. Aussi, lorsque, dans la guerre de Numance, Micipsa fournit aux Romains des secours en cavalerie et en infanterie, il le mit à la tête des Numides qu'il envoyait en Espagne, pensant bien que sa témérité ou le courage indomptable des ennemis causerait sa perte. Mais l'événement ne justifia nullement son attente. Jugurtha, qui avait autant d'intelligence que d'énergie, étudia d'abord le caractère de Publius Scipion, qui commandait alors les Romains, et la tactique des ennemis; par son activité, sa vigilance, sa modestie dans l'obéissance, son empressement à courir au-devant des périls, il acquit bientôt une si grande renommée qu'il devint l'idole de ses soldats et la terreur des Numantins. Il se montrait à la fois brave dans les combats et sage dans les conseils : chose difficile entre toutes, car de ces deux qualités l'une engendre ordinairement la crainte par trop de prudence, l'autre la témérité par un excès d'audace. Aussi le général romain confiait-il à Jugurtha toutes les entreprises périlleuses; il l'avait pris en amitié et l'appréciait tous les jours davantage, car il ne

acceptum popularibus, quod erat Jugurtha manu promptus et appetens gloriæ militaris, statuit eum objectare periculis et eo modo fortunam temptare. Igitur bello Numantino Micipsa, cum populo Romano equitum atque peditum auxilia mitteret, sperans vel ostentando virtutem vel hostium sævitia facile occasurum, præfecit Numidis quos in Hispaniam mittebat. Sed ea res longe aliter ac ratus erat evenit. Nam Jugurtha, ut erat inpigro atque acri ingenio, ubi naturam P. Scipionis, qui tum Romanis imperator erat, et morem hostium cognovit, multo labore multaque cura, præterea modestissume parendo et sæpe obviam eundo periculis, in tantam claritudinem brevi pervenerat, ut nostris vehementer carus, Numantinis maxumo terrori esset. Ac sane, quod difficillumum in primis est, et prœlio strenuus erat et bonus consilio : quorum alterum ex providentia timorem, alterum ex audacia temeritatem adferre plerumque solet. Igitur imperator omnis fere res asperas per Jugurtham agere, in amicis habere, magis magisque

voyait jamais échouer un projet conçu ou exécuté par lui. Il était de plus généreux et d'un caractère souple, ce qui lui avait valu de nombreuses et vives amitiés parmi les Romains.

VIII. Il y avait alors dans notre armée un certain nombre d'hommes nouveaux et de patriciens, aux yeux desquels les richesses étaient préférables à la justice et à l'honneur. Ces hommes, occupés d'intrigues politiques à Rome, jouissant chez les alliés de quelque influence, plus connus d'ailleurs qu'estimés, excitaient l'ambition déjà grande de Jugurtha en lui promettant que, si le roi Micipsa venait à mourir, il aurait seul tout le royaume de Numidie : « Son rare « mérite lui permettait d'y prétendre et, du reste, « à Rome tout se vendait. » Après la destruction de Numance, Publius Scipion, ayant résolu de renvoyer les troupes auxiliaires et de rentrer lui-même dans ses foyers, donna publiquement à Jugurtha, devant toute l'armée, des récompenses et des éloges magnifiques, puis il l'emmena dans sa tente et là, sans témoins, il lui conseilla de rechercher l'amitié du peuple romain, en s'appuyant sur le sénat plutôt que sur de simples citoyens, et d'éviter de faire des largesses individuelles, ajoutant « qu'il était peu « sûr d'acheter de quelques-uns ce qui appartenait

eum in dies amplecti, quippe cujus neque consilium neque inceptum ullum frustra erat. Huc accedebat munificentia animi et ingeni sollertia, quis rebus sibi multos ex Romanis familiari amicitia conjunxerat.

VIII. Ea tempestate in exercitu nostro fuere complures novi atque nobiles, quibus divitiæ bono honestoque potiores erant, factiosi domi, potentes apud socios, clari magis quam honesti, qui Jugurthæ non mediocrem animum pollicitando accendebant, si Micipsa rex occidisset, fore uti solus imperi Numidiæ potiretur : « in ipso maxumam virtu« tem, Romæ omnia venalia esse. » Sed postquam, Numantia deleta, P. Scipio dimittere auxilia et ipse revorti domum decrevit, donatum atque laudatum magnifice pro contione Jugurtham in prætorium abduxit, ibique secreto monuit, ut potius publice quam privatim amicitiam populi Romani coleret, neu quibus largiri insuesceret : « periculose a pau« cis emi quod multorum esset ; si permanere vellet in

leur présence, il parla à Jugurtha à peu près en ces termes :

X. « Je t'ai recueilli, Jugurtha, à la mort de ton « père, faible enfant sans espérance et sans ressources, dans l'intention de te laisser une portion « de mon royaume, comptant que, grâce à mes bienfaits, je te deviendrais aussi cher que si je t'avais « engendré, et l'événement a montré que je ne « m'étais pas trompé. En effet, sans parler de tes « autres grandes et belles actions, naguère encore, « ton retour de Numance a illustré et mon trône et « ma personne, et ton mérite a resserré les liens qui « nous unissaient aux Romains, la renommée de « notre maison a acquis en Espagne un nouveau « lustre, enfin, chose la plus difficile qui soit au « monde, à force de gloire tu as fait taire l'envie.

« Aujourd'hui que la nature a marqué le terme de « mon existence, par cette main que je te tends, par « la loyauté qui convient à un roi, je t'en prie, je t'en « conjure, aime ces enfants que leur naissance a « faits tes parents et qui, grâce à mes bontés, sont « devenus tes frères, et ne cherche pas à te créer « des liens nouveaux avec des étrangers, au lieu de « conserver ceux que la parenté a créés entre vous. « Ce n'est ni avec des armées ni avec des trésors

Hiempsale filiis dicitur hujuscemodi verba cum Jugurtha habuisse :

X. « Parvum ego, Jugurtha, te, amisso patre, sine spe, « sine opibus, in regnum meum accepi, existumans non mi« nus me tibi, quam si genuissem, ob beneficia carum fore : « neque ea res falsum me habuit. Nam, ut alia magna et « egregia tua omittam, novissume rediens Numantia me« que regnumque meum gloria honoravisti, tuaque virtute « nobis Romanos ex amicis amicissumos fecisti; in His« pania nomen familiæ renovatum est : postremo, quod « difficillumum inter mortalis est, gloria invidiam vicisti.

« Nunc, quoniam mihi natura finem vitæ facit, per hanc « dexteram, per regni fidem moneo obtestorque te, uti « hos, qui tibi genere propinqui, beneficio meo fratres « sunt, caros habeas, neu malis alienos adjungere quam « sanguine conjunctos retinere. Non exercitus neque the« sauri præsidia regni sunt, verum amici, quos neque

ses dispositions personnelles fussent tout autres, il répondit cependant comme l'exigeaient les circonstances. Micipsa meurt peu de jours après et on lui fait, selon l'usage, des obsèques d'une magnificence vraiment royale. Quelque temps après, les nouveaux rois se réunirent pour délibérer sur toutes les affaires du royaume. Le plus jeune d'entre eux, Hiempsal, jeune homme d'un caractère altier, qui depuis longtemps tenait en mépris Jugurtha, à cause de l'infériorité que lui créait la basse extraction de sa mère, s'assit à la droite d'Adherbal, afin que Jugurtha n'occupât point la place du milieu, ce qui est considéré comme un honneur chez les Numides. Bientôt, cependant, sur les instances de son frère qui l'engageait à céder à la supériorité de l'âge, il se décida, quoique avec peine, à passer de l'autre côté.

Alors, comme on discutait diverses questions touchant le gouvernement du royaume, Jugurtha dit négligemment qu'il fallait annuler toutes les décisions et tous les décrets rendus depuis cinq ans ; car, pendant cette période, l'intelligence de Micipsa avait été affaiblie. Hiempsal répondit qu'il y consentait volontiers, « car c'était dans les trois dernières « années que l'adoption avait fait parvenir Jugurtha

legebat et ipse longe aliter animo agitabat, tamen pro tempore benigne respondit. Micipsa paucis post diebus moritur. Postquam illi more regio justa magnifice fecerant, reguli in unum convenerunt, uti inter se de cunctis negotiis disceptarent. Sed Hiempsal, qui minumus ex illis erat, natura ferox, et jam antea ignobilitatem Jugurthæ, quia materno genere impar erat, despiciens, dextera Adherbalem adsedit, ne medius ex tribus, quod apud Numidas honori ducitur, Jugurtha foret. Dein tamen, ut ætati concederet fatigatus a fratre, vix in partem alteram transductus est.

Ibi, cum multa de administrando imperio dissererent, Jugurtha inter alias res jacit oportere quinquenni consulta et decreta omnia rescindi : nam per ea tempora confectum annis Micipsam parum animo valuisse. Tum idem Hiempsal place resibi respondit : « nam ipsum illum tribus proxu-

« au trône. » Cette parole pénétra dans le cœur de Jugurtha plus profondément qu'on ne se l'imagina au moment même. Depuis lors, en proie au ressentiment et à la crainte, il ne cessa de machiner, de préparer, d'étudier les moyens de se saisir adroitement de la personne d'Hiempsal. Bientôt ces moyens détournés lui paraissent trop lents, car sa haine est toujours aussi forte, et il se décide à employer tous les moyens pour consommer sa vengeance.

XII. Dans la première conférence qui eut lieu, comme je l'ai dit plus haut, entre les nouveaux rois, on avait décidé, faute de pouvoir s'entendre, que l'on se partagerait les trésors et le royaume. Ils avaient donc pris jour pour ces deux opérations et tout d'abord pour la distribution de l'argent. En attendant, les rois se retirèrent chacun de son côté dans des localités voisines de celle où étaient déposés les trésors. Or il arriva qu'Hiempsal vint loger dans la ville de Thirmida et dans la maison du principal officier de la maison de Jugurtha, lequel avait toujours été dans d'excellents termes avec ce prince. Jugurtha, profitant du hasard qui mettait cet agent à sa disposition, le détermine par de magnifiques promesses à se rendre dans sa maison sous prétexte de la visiter et à faire fabriquer

« mis annis adoptatione in regnum pervenisse. » Quod verbum in pectus Jugurthæ altius quam quisquam ratus erat descendit. Itaque ex eo tempore ira et metu anxius moliri, parare, atque ea modo cum animo habere, quibus Hiempsal per dolum caperetur. Quæ ubi tardius procedunt, neque lenitur animus ferox, statuit quovis modo inceptum perficere.

XII. Primo conventu, quem ab regulis factum supra memoravi, propter dissensionem placuerat dividi thesauros finisque imperi singulis constitui. Itaque tempus ad utramque rem decernitur, sed maturius ad pecuniam distribuendam. Reguli interea in loca propinqua thesauris alius alio concessere. Sed Hiempsal in oppido Thirmida forte ejus domo utebatur, qui proximus lictor Jugurthæ carus acceptusque ei semper fuerat; quem ille casu ministrum oblatum promissis onerat, impellitque uti tanquam suam visens domum eat, portarum claves adulterinas paret

de fausses clefs pour les portes (car les véritables étaient remises tous les soirs à Hiempsal après la fermeture); quant à lui, il devait arriver, quand il en serait temps, avec une troupe nombreuse. Le Numide exécute rapidement ces ordres et, suivant les instructions reçues, introduit pendant la nuit les soldats de Jugurtha. Dès qu'ils ont pénétré dans la maison, ils se dispersent de tout côté pour chercher le roi, égorgeant également et ceux qu'ils surprennent endormis et ceux qu'ils rencontrent effarés sur leur passage, fouillant les lieux les plus secrets, enfonçant les portes et répandant partout le trouble et la confusion, tant qu'enfin ils trouvent Hiempsal caché dans la loge d'une servante, où, dans sa frayeur et son ignorance des lieux, il s'était tout d'abord réfugié. Les Numides, selon qu'il leur avait été prescrit, apportent sa tête à Jugurtha.

XIII. Le bruit d'un pareil forfait se répand aussitôt dans toute l'Afrique et remplit d'effroi Adherbal et tous les sujets de Micipsa. Les Numides se divisent en deux camps; le plus grand nombre se rangent du côté d'Adherbal, mais les meilleurs soldats se déclarent pour son adversaire. Jugurtha rassemble toutes les troupes qu'il peut lever, ajoute à son empire un grand nombre de villes, les unes par la

(nam veræ ad Hiempsalem referebantur); ceterum, ubi res postularet, se ipsum cum magna manu venturum. Numida mandata brevi conficit, atque, uti doctus erat, noctu Jugurthæ milites introducit. Qui postquam in ædis inrupere, divorsi regem quærere, dormientis alios, alios occursantis interficere, scrutari loca abdita, clausa effringere, strepitu et tumultu omnia miscere; cum interim Hiempsal reperitur occultans se tugurio mulieris ancillæ, quo initio pavidus et ignarus loci perfugerat. Numidæ caput ejus, uti jussi erant, ad Jugurtham referunt.

XIII. Ceterum fama tanti facinoris per omnem Africam brevi divolgatur; Adherbalem omnisque, qui sub imperio Micipsæ fuerant, metus invadit; in duas partis discedunt Numidæ: plures Adherbalem sequuntur, sed illum alterum bello meliores. Igitur Jugurtha quam maxumas potest copias armat, urbis partim vi, alias voluntate imperio suo

force les autres par la persuasion, et se dispose à s'emparer de toute la Numidie. Adherbal, bien qu'il eût envoyé à Rome des députés avec mission d'informer le sénat du meurtre de son frère et de sa propre situation, ne s'en préparait pas moins à tenter le sort des armes, comptant sur la supériorité du nombre. Mais, dès la première bataille, il fut vaincu et, quittant le champ de bataille, il se réfugia dans la province romaine, et de là à Rome. Alors Jugurtha, venu à bout de ses projets et maître de toute la Numidie, put réfléchir à loisir sur son crime : il commença alors à redouter la colère du peuple romain et ne vit d'autre ressource pour s'en préserver que dans la cupidité des nobles et dans les grandes richesses qu'il possédait. Il envoya donc à Rome, quelques jours après, des députés avec une grande quantité d'or et d'argent, en leur recommandant de faire d'abord de riches présents à ses anciens amis, puis de lui en procurer de nouveaux, en un mot, de ne pas hésiter à acheter à prix d'or tout ce qui pourrait l'être. Ces députés, arrivés à Rome, envoyèrent, suivant les instructions du roi, de riches présents à ses hôtes et aux sénateurs les plus influents de ce temps-là. Aussitôt, il se produisit un tel changement, que l'indignation de la

adjungit, omni Numidiæ imperare parat. Adherbal, tametsi Romam legatos miserat, qui senatum docerent de cæde fratris et fortunis suis, tamen fretus multitudine militum parabat armis contendere. Sed ubi res ad certamen venit, victus ex prœlio profugit in provinciam, ac deinde Romam contendit. Tum Jugurtha, patratis consiliis, postquam omnis Numidiæ potiebatur, in otio facinus suum cum animo reputans, timere populum Romanum, neque advorsus iram ejus usquam nisi in avaritia nobilitatis et pecunia sua spem habere. Itaque paucis diebus cum auro et argento multo Romam legatos mittit, quis præcipit, primum uti veteres amicos muneribus expleant, deinde novos acquirant, postremo quæcumque possint largiundo parare ne cunctentur. Sed ubi Romam legati venere et ex præcepto regis hospitibus aliisque, quorum ea tempestate in senatu auctoritas pollebat, magna munera misere, tanta commutatio incessit, ut ex maxuma invidia in gratiam et

noblesse contre Jugurtha fit place aux dispositions les plus bienveillantes et les plus favorables. Gagnés les uns par des promesses, les autres par de l'argent, ils circonvenaient individuellement les sénateurs et faisaient les plus grands efforts pour qu'on ne traitât pas trop sévèrement Jugurtha. Dès que les députés se crurent sûrs du succès, on fixa le jour de la comparution des parties devant le sénat. Adherbal parla, dit-on, à peu près en ces termes :

XIV. « Sénateurs, Micipsa, mon père, me recom-
« manda en mourant de ne considérer la couronne
« de Numidie que comme une délégation, le droit
« de commander dans ce pays n'appartenant qu'à
« vous seuls ; il me recommanda en même temps
« de rendre au peuple romain le plus de services
« que je pourrais, dans la paix comme dans la
« guerre, et de voir en vous des parents, des alliés :
« à cette condition, je trouverais dans votre amitié
« une armée, des richesses, un appui solide pour
« mon trône. Je m'appliquais à suivre ces conseils,
« quand Jugurtha, l'homme le plus scélérat que la
« terre ait jamais porté, m'a, au mépris de votre
« souveraineté, dépouillé de mon royaume et de
« tout ce que je possédais, moi, le petit-fils de Masi-
« nissa, moi qui suis, par droit de naissance, l'allié

favorem nobilitatis Jugurtha veniret. Quorum pars spe, alii præmio inducti, singulos ex senatu ambiundo nitebantur, ne gravius in eum consuleretur. Igitur ubi legati satis confidunt, die constituto, senatus utrisque datur. Tum Adherbalem hoc modo locutum accepimus :

XIV. « Patres conscripti, Micipsa pater meus moriens
« mihi præcepit, uti regni Numidiæ tantummodo procura-
« tionem existumarem meam ; ceterum jus et imperium ejus
« penes vos esse ; simul eniterer domi militiæque quam
« maxumo usui esse populo Romano ; vos mihi cognato-
« rum, vos adfinium loco ducerem : si ea fecissem, in
« vostra amicitia exercitum, divitias, munimenta regni
« me habere. Quæ cum præcepta parentis mei agitarem,
« Jugurtha, homo omnium quos terra sustinet sceleratis-
« sumus, contempto imperio vostro, Masinissæ me nepo-

« et l'ami du peuple romain. Certes, sénateurs, « puisque je devais descendre à ce degré d'infor- « tune, je voudrais pouvoir, en demandant votre « appui, invoquer mes propres services et non ceux « de mes ancêtres, je voudrais surtout vous avoir « rendu des services dont je n'eusse point à réclamer « le salaire, ou du moins, si j'avais à demander « votre appui, que ce fût non comme un service, « mais comme une dette. Mais puisque la vertu ne « peut se défendre elle-même et qu'il n'a d'ailleurs « pas dépendu de moi que Jugurtha fût ainsi ou « autrement, je me suis réfugié auprès de vous, « sénateurs, avec le regret de vous être à charge « avant d'avoir pu vous être utile.

« Les autres rois, ou bien ont obtenu votre amitié « après leur défaite, ou bien ont sollicité votre « alliance dans un danger pressant; notre famille, « au contraire, fut l'amie du peuple romain dès la « seconde guerre punique, à une époque où l'hon- « neur de votre alliance était plus désirable que « votre fortune. Ne permettez pas, sénateurs, qu'un « descendant de cette famille, qu'un petit-fils de « Masinissa, implore en vain votre appui. Quand, « pour l'obtenir, je n'aurais d'autre titre à invoquer

« tem, et jam ab stirpe socium atque amicum populi « Romani, regno fortunisque omnibus expulit. Atque ego, « patres conscripti, quoniam eo miseriarum venturus « eram, vellem potius ob mea quam ob majorum meorum « beneficia possem a vobis auxilium petere, ac maxume « deberi mihi beneficia a populo Romano, quibus non ege- « rem; secundum ea, si desideranda erant, uti debitis « uterer. Sed quoniam parum tuta per se ipsa probitas est, « neque mihi in manu fuit, Jugurtha qualis foret, ad vos « confugi, patres conscripti, quibus, quod mihi miserru- « mum est, cogor prius oneri quam usui esse.

« Ceteri reges, aut bello victi in amicitiam a vobis recep- « ti sunt, aut in suis dubiis rebus societatem vostram « appetiverunt; familia nostra cum populo Romano bello « Carthaginiensi amicitiam instituit, quo tempore magis « fides ejus quam fortuna petunda erat. Quorum proge- « niem vos, patres conscripti, nolite pati me, nepotem « Masinissæ, frustra a vobis auxilium petere. Si ad impe- « trandum nihil causæ haberem præter miserandam fortu-

« que ma déplorable situation de roi qui, naguère « encore revêtu de l'autorité qu'il devait à sa nais- « sance, considéré, tout-puissant, se voit aujour- « d'hui accablé par l'infortune, sans ressources, « obligé d'attendre tout du secours d'autrui, dans ce « cas même, il serait de la dignité du peuple romain « de réprimer l'injustice et de ne pas permettre à « un état de s'agrandir par le crime. Mais il y a « plus : le pays dont j'ai été expulsé, c'est celui que « le peuple romain donna à mes ancêtres, c'est « celui d'où mon père et mon aïeul, de concert avec « vous, chassèrent Syphax et les Carthaginois. Ce « sont vos bienfaits que l'on m'a ravis, sénateurs, « et dans l'injure qui m'est faite, c'est vous que l'on « outrage.

« Malheureux que je suis ! Voilà donc, ô Micipsa, « mon père, le fruit de tes bontés ! Celui-là précisé- « ment que tu avais fait l'égal de tes enfants, et à « qui tu avais donné une part de ton royal héritage, « devait-il être le destructeur de ta race ? Notre fa- « mille ne connaîtra donc jamais le repos ? Elle vivra « donc toujours dans le sang, dans les combats, « dans l'exil ? Tant que Carthage fut debout, nous « supportions naturellement, sans nous plaindre « toutes les vexations. Nos ennemis étaient à côté de

« nam, quod, paulo ante rex genere, fama atque copiis « potens, nunc deformatus ærumnis, inops, alienas opes « exspecto, tamen erat majestatis populi Romani prohi- « bere injuriam, neque pati cujusquam regnum per scelus « crescere. Verum ego eis finibus ejectus sum, quos majo- « ribus meis populus Romanus dedit, unde pater et avus « meus una vobiscum expulere Syphacem et Carthaginien- « sis. Vostra beneficia mihi erepta sunt, patres conscripti, « vos in mea injuria despecti estis.

« Eheu me miserum ! Hucine, Micipsa pater, beneficia « tua evasere ut, quem tu parem cum liberis tuis regni- « que participem fecisti, is potissumum stirpis tuæ exstinc- « tor sit ? Nunquamne ergo familia nostra quieta erit ? « semperne in sanguine, ferro, fuga vorsabitur ? Dum « Carthaginienses incolumes fuere, jure omnia sæva patie-

« nous, vous, nos amis, vous étiez loin : des armes »
« étaient notre unique espoir. Mais depuis que ce »
« fléau avait disparu de l'Afrique, nous vivions heu- »
« reux et tranquilles, car nous n'avions plus d'enne- »
« mis, si ce n'est au cas où vous nous eussiez or- »
« donné de regarder quelqu'un comme tel. Et voilà »
« que tout-à-coup Jugurtha, cet homme d'une audace »
« inouïe, qui joint l'arrogance à la scélératesse, »
« assassine mon frère, qui était aussi son proche »
« parent, et fait du royaume de la victime le prix de »
« son forfait ; puis, voyant qu'il ne peut me pren- »
« dre au même piége, alors que, vivant sous votre »
« empire, je ne m'attendais ni à des violences ni à la »
« guerre, il me chasse, vous le voyez, de ma patrie, »
« de mon foyer, sans ressources et réduit à cet excès »
« d'infortune de me trouver plus en sûreté partout »
« ailleurs que dans mon royaume.

« Je croyais, sénateurs, d'après ce que j'avais en- »
« tendu dire à mon père, que ceux qui cultivaient »
« votre amitié se chargeaient d'une lourde tâche, »
« mais qu'en revanche ils n'avaient rien à redouter »
« de personne. Notre famille vous a aidés, autant »
« qu'il a été en son pouvoir, dans toutes vos guerres; »
« il dépend de vous, sénateurs, que nous soyons en »
« sûreté du moins pendant la paix. Nous étions deux »

« bamur : hostes ab latere, vos amici procul, spes omnis
« in armis erat. Postquam illa pestis ex Africa ejecta est,
« læti pacem agitabamus, quippe quis hostis nullus erat,
« nisi forte quem vos jussissetis. Ecce autem ex improviso
« Jugurtha, intoleranda audacia, scelere atque superbia
« sese efferens, fratre meo atque eodem propinquo suo
« interfecto, primum regnum ejus sceleris sui prædam
« fecit ; post, ubi me eisdem dolis nequit capere, nihil minus
« quam vim aut bellum exspectantem in imperio vostro,
« sicut videtis, extorrem patria, domo, inopem et coper-
« tum miseriis effecit, ut ubivis tutius quam in meo regno
« essem.

« Ego sic existumabam, patres conscripti, uti prædican-
« tem audiveram patrem meum, qui vostram amicitiam
« diligenter colerent, eos multum laborem suscipere, cete-
« rum ex omnibus maxume tutos esse. Quod in familia
« nostra fuit, præstitit uti in omnibus bellis adesset vobis :
« nos uti per otium tuti simus in vostra manu est, patres

« tout ce qui convient à ma dignité de roi, où me »
« diriger ? à qui demander aide et protection ? A »
« quels peuples ? à quels rois ? Votre amitié pour »
« nous les a rendus tous ennemis de ma famille. Sur »
« quel rivage puis-je aborder, où ne se trouvent de »
« nombreux souvenirs des guerres qu'y portèrent »
« mes ancêtres ? Et peut-on avoir pitié de moi, quand »
« on a été votre ennemi ?

« D'ailleurs, Masinissa nous a toujours recom- »
« mandé de ne rechercher que l'amitié du peuple »
« romain, de n'accepter ni d'autres alliances ni d'au- »
« tres traités : votre amitié devait être pour nous un »
« appui suffisant ; et si la fortune venait à aban- »
« donner votre empire, notre devoir était de périr »
« avec lui. Grâce à votre vertu et à la protection des »
« dieux, vous voilà puissants et riches, tout vous »
« seconde et marche à votre gré : il vous est donc »
« facile de venger les injures faites à vos alliés. Je »
« ne crains qu'une chose, c'est que l'amitié, trop peu »
« éprouvée, que quelques citoyens portent à Jugurtha »
« ne les égare. J'apprends qu'ils s'épuisent en ef- »
« forts, en sollicitations, en instances auprès de »
« chacun de vous pour obtenir que vous ne décidiez »
« rien au sujet de Jugurtha en son absence et sans

« patria, domo, solus atque omnium honestarum rerum »
« egens, quo accedam aut quos appellem ? Nationesne an »
« reges, qui omnes familiæ nostræ ob vostram amicitiam »
« infesti sunt ? An quoquam mihi adire licet, ubi non »
« majorum meorum hostilia monumenta pluruma sint ? »
« aut quisquam nostri misereri potest, qui aliquando vobis »
« hostis fuit.

« Postremo Masinissa nos ita instituit, patres con- »
« scripti, ne quem coleremus nisi populum Romanum, ne »
« societates, ne fœdera nova acciperemus ; abunde magna »
« præsidia nobis in vostra amicitia fore : si huic imperio »
« fortuna mutaretur, una occidundum nobis esse. Virtute »
« ac dis volentibus magni estis et opulenti, omnia secunda »
« et obœdientia sunt ; quo facilius sociorum injurias curare »
« licet. Tantum illud vereor, ne quos privata amicitia »
« Jugurthæ, parum cognita, transvorsos agat : quos ego »
« audio maxuma ope niti, ambire, fatigare vos singulos,

« que l'affaire ait été régulièrement instruite; d'après eux, mes accusations sont mensongères, ma fuite simulée : il ne tenait qu'à moi de rester dans mes états. Ah ! que ne m'est-il donné de voir celui dont la scélératesse impie m'a plongé dans cet abîme de misères réduit à mentir de même ? Puissiez-vous un jour, vous et les dieux immortels, prendre enfin souci des affaires humaines ! Alors, certes, cet homme, qui aujourd'hui s'énorgueillit des crimes qui l'ont rendu tristement fameux, désormais en proie à tous les maux, expiera cruellement son ingratitude envers son père adoptif, la mort de son frère et les maux que j'endure.

« Oui, frère cher à mon âme, bien que tu te sois vu arracher la vie prématurément et par celui qui devait le moins y attenter, ton sort est cependant à mes yeux plus digne d'envie que de pitié ; car, en mourant, ce n'est pas un trône que tu as perdu, c'est la fuite, l'exil, la pauvreté et toutes les infortunes qui m'accablent que tu as évitées. Quant à moi, malheureux, précipité du trône de mes pères dans un abîme de misères, j'offre au monde le triste spectacle des vicissitudes humaines. Je ne sais quel parti prendre : chercherai-je à te venger,

« ne quid de absente incognita causa statuatis; fingere me verba et fugam simulare, cui licuerit in regno manere. Quod utinam illum, cujus inpio facinore in has miserias projectus sum, eadem hæc simulantem videam, et aliquando aut apud vos, aut apud deos inmortalis rerum humanarum cura oriatur ! ne ille, qui nunc sceleribus suis ferox atque præclarus est, omnibus malis excruciatus, inpietatis in parentem nostrum, fratris mei necis, mearumque miseriarum gravis pœnas reddat.

« Jamjam, frater animo meo carissume, quanquam tibi inmaturo et unde minume decuit vita erepta est, tamen lætandum magis quam dolendum puto casum tuum. Non enim regnum, sed fugam, exilium, egestatem et omnis has, quæ me premunt, ærumnas cum anima simul amisisti. At ego infelix, in tanta mala præcipitatus ex patrio regno, rerum humanarum spectaculum

« quand j'ai moi-même besoin d'appui pour « défendre ma dignité de roi, alors que ma vie ou « ma mort dépendent des secours étrangers ? Plût « aux dieux que ma mort fût un moyen honorable « d'échapper à ma destinée ! Mais n'aurait-on pas « le droit de me mépriser, si par lassitude je cédais « la place à l'oppresseur ? Aujourd'hui, je ne puis « plus consentir à vivre, et je ne saurais mourir sans « me déshonorer. Je vous en conjure donc, par « vous, par vos enfants, par vos ancêtres, par la « majesté du peuple romain, secourez-moi dans mon « malheur, opposez-vous à l'injustice, ne souffrez « pas que le trône de Numidie, qui est à vous, reste « souillé du sang injustement répandu de notre « famille. »

XV. Quand le roi eut fini de parler, les députés de Jugurtha, comptant plus sur leurs largesses que sur la bonté de leur cause, répondent en peu de mots « qu'Hiempsal a été tué par les Numides à cause de « sa cruauté, qu'Adherbal, après avoir été « l'agresseur, vient se plaindre [illegible] qu'il n'a pu « faire lui-même, et que Jugurtha demande au Sénat « de ne pas le croire différent de [illegible] « [illegible] à Numance, et de ne pas [illegible] « allégations de son ennemi plutôt que [illegible]

« praebeo, incertus quid agam [illegible]

[illegible]

XV. Postquam [illegible] largitione magis quam causa [illegible] « Hiempsalem ob saevitiam suam ab Numidis [illegible] « Adherbalem ultro bellum [illegible] « [illegible]

« pres actes. » Puis les deux partis quittent la curie et le sénat commence aussitôt la délibération. Les partisans des députés, et beaucoup d'autres sénateurs influencés par eux, parlent avec mépris du discours d'Adherbal et portent jusqu'aux nues le mérite de Jugurtha : leur crédit, leur éloquence, en un mot, tous leurs moyens d'influence, ils les emploient pour défendre le crime et l'infamie d'un étranger, comme s'il s'agissait de leur propre honneur. Quelques-uns seulement, qui préféraient à l'argent l'honnêteté et la justice, étaient d'avis de venir en aide à Adherbal et de punir sévèrement le meurtre d'Hiempsal, et parmi eux surtout Æmilius Scaurus, homme de haute naissance, actif, intrigant, avide de pouvoir, d'honneurs, de richesses, mais habile à cacher ses vices. Voyant avec quel sans-gêne et quelle impudence le roi faisait ses largesses et craignant, ce qui arrive ordinairement dans ce cas, que ces excès scandaleux ne soulevassent l'opinion, il contint cette fois sa cupidité habituelle.

XVI. Cependant le parti qui préférait au bon droit l'argent ou la faveur l'emporta dans le sénat. On décréta que dix commissaires iraient partager entre Jugurtha et Adherbal les états qu'avait possédés Micipsa. A la tête de cette délégation était Lucius

« ponerent. » Deinde utrique curia egrediuntur. Senatus statim consulitur. Fautores legatorum, præterea magna pars gratia depravata, Adherbalis dicta contemnere, Jugurthæ virtutem extollere laudibus : gratia, voce, denique omnibus modis pro alieno scelere et flagitio sua quasi pro gloria nitebantur. At contra pauci, quibus bonum et æquum divitiis carius erat, subveniundum Adherbali et Hiempsalis mortem severe vindicandam censebant ; sed ex omnibus maxume Æmilius Scaurus, homo nobilis, inpiger, factiosus, avidus potentiæ, honoris, divitiarum, ceterum vitia sua callide occultans. Is postquam videt regis largitionem famosam inpudentemque, veritus, quod in tali re solet, ne polluta licentia invidiam accenderet, animum a consueta lubidine continuit.

XVI. Vicit tamen in senatu pars illa, quæ vero pretium aut gratiam anteferebat. Decretum fit uti decem legati regnum, quod Micipsa obtinuerat, inter Jugurtham et Adherbalem dividerent, cujus legationis princeps fuit L.

Opimius, personnage bien connu et alors tout-puissant dans le sénat, pour avoir, étant consul, après le meurtre de Gaius Gracchus et de Marcus Fulvius Flaccus, cruellement abusé de la victoire remportée par la noblesse sur le peuple. Jugurtha, bien qu'à Rome il l'eût eu pour adversaire, ne lui en fit pas moins le meilleur accueil, et, à force de dons et de promesses, il l'amena à sacrifier sa réputation, son honneur, en un mot tout ce qu'il devait défendre, aux intérêts du roi. Il fit ensuite les mêmes tentatives auprès des autres commissaires ; la plupart se laissèrent séduire, quelques-uns seulement préférèrent l'honneur à l'argent. Quand le partage eut lieu, les provinces de la Numidie voisines de la Mauritanie, qui étaient les plus fertiles et les plus peuplées, furent données à Jugurtha; Adherbal eut pour lui celles qui, mieux pourvues de ports et de beaux édifices, avaient plus d'apparence que d'utilité réelle.

XVII. Mon sujet semble exiger que je dise ici quelques mots de la géographie de l'Afrique et des nations avec lesquelles nous avons eu des guerres ou des alliances. Sur les pays et les peuples qui, à cause de leur climat brûlant, de leurs montagnes ou de leurs déserts, ne sont guère visités par les voyageurs, il me serait difficile de donner des

Opimius, homo clarus et tum in senatu potens, quia consul C. Graccho et M. Fulvio Flacco interfectis acerrume victoriam nobilitatis in plebem exercuerat. Eum Jugurtha, tametsi Romæ in inimicis habuerat, tamen accuratissume recepit ; dando et pollicendo multa perfecit, uti fama, fide, postremo omnibus suis rebus commodum regis anteferret. Reliquos legatos eadem via aggressus plerosque capit ; paucis carior fides quam pecunia fuit. In divisione, quæ pars Numidiæ Mauretaniam attingit, agro virisque opulentior, Jugurthæ traditur ; illam alteram specie quam usu potiorem, quæ portuosior et ædificiis magis exornata erat, Adherbal possedit.

XVII. Res postulare videtur Africæ situm paucis exponere, et eas gentis, quibuscum nobis bellum aut amicitia fuit, attingere. Sed quæ loca et nationes ob calorem aut asperitatem, item solitudines minus frequentata sunt, de

renseignements certains; quant aux autres, j'en parlerai le plus brièvement qu'il me sera possible.

Dans la division du globe terrestre, la plupart des auteurs ont considéré l'Afrique comme une troisième partie du monde; quelques-uns n'admettent que l'Asie et l'Europe et considèrent l'Afrique comme faisant partie de l'Europe. Elle a pour bornes, à l'occident, le détroit qui joint notre mer à l'Océan; à l'orient, un vaste plateau en pente que les habitants du pays appellent *Catabathmos*. La mer y est agitée, la côte sans port, le sol fertile en grains, abondant en pâturages, mais peu propice aux arbres; l'air et la terre y sont également secs. La race est robuste, agile, dure au travail. Si l'on excepte ceux qui périssent dans les combats ou sont la proie des bêtes féroces, la plupart des indigènes meurent de vieillesse; il est rare qu'ils succombent à la maladie. Il y a d'ailleurs dans le pays une grande quantité d'animaux nuisibles. Pour ce qui est des premiers habitants de l'Afrique, de ceux qui sont venus ensuite et de la façon dont ils se sont mêlés, bien que ce que je vais dire diffère de l'opinion généralement reçue, j'exposerai le plus brièvement possible les traditions, telles que je les connais, d'après la traduction que je me suis fait faire de livres puniques

eis haud facile compertum narraverim; cetera quam paucissumis absolvam.

In divisione orbis terræ plerique in parte tertia Africam posuere, pauci tantummodo Asiam et Europam esse, sed Africam in Europa. Ea finis habet ab occidente fretum nostri maris et Oceani, ab ortu solis declivem latitudinem, quem locum Catabathmon incolæ appellant. Mare sævum, importuosum; ager frugum fertilis, bonus pecori, arbori infecundus; cœlo terraque penuria aquarum. Genus hominum salubri corpore, velox, patiens laborum; plerosque senectus dissolvit, nisi qui ferro aut bestiis interiere; nam morbus haud sæpe quemquam superat; ad hoc malefici generis plurima animalia. Sed qui mortales initio Africam habuerint, quique postea accesserint, aut quo modo inter se permixti sint, quamquam ab ea fama, quæ plerosque obtinet, divorsum est, tamen, uti ex libris Punicis, qui regis Hiempsalis dicebantur, interpretatum nobis est, uti-

que l'on croit être l'œuvre du roi Hiempsal, traditions conformes d'ailleurs à la croyance des habitants du pays ; mais je laisserai la responsabilité de la chose aux auteurs de ces livres.

XVIII. Les premiers habitants de l'Afrique furent les Gétules et les Libyens, peuplades farouches et grossières, qui se nourrissaient de la chair des bêtes sauvages et de l'herbe des champs, comme les troupeaux. Ils n'avaient ni règle ni lois et ne reconnaissaient aucune autorité : errants, dispersés, ils couchaient là où la nuit les avait forcés de s'arrêter. Or, après la mort d'Hercule, qui périt en Espagne, à ce que croient les Africains, son armée, composée de nations diverses, se trouva sans chef, et un grand nombre de rivaux se disputant le commandement, elle prit bientôt le parti de se disperser. Dans le nombre, les Mèdes (1), les Perses (1) et les Arméniens (1), ayant passé en Afrique sur des vaisseaux, s'établirent dans les contrées les plus voisines de la mer, les Perses plus près de l'Océan. Ces derniers se firent des cabanes avec des coques de navires renversées, parce qu'il n'y avait pas de bois de construction dans le pays et qu'il ne pouvaient s'en pro-

que rem sese habere cultores ejus terræ putant, quam paucissumis dicam ; ceterum fides ejus rei penes auctores erit.

XVIII. Africam initio habuere Gætuli et Libyes, asperi incultique, quis cibus erat caro ferina atque humi pabulum, uti pecoribus. Ei neque moribus neque lege aut imperio cujusquam regebantur : vagi, palantes, qua nox coegerat, sedes habebant. Sed postquam in Hispania Hercules, sicuti Afri putant, interiit, exercitus ejus compositus ex variis gentibus, amisso duce ac passim multis sibi quisque imperium petentibus, brevi dilabitur. Ex eo numero Medi, Persæ et Armenii, navibus in Africam transvecti, proxumos nostro mari locos occupavere. Sed Persæ intra Oceanum magis ; eique alveos navium inversos pro

(1) Nous ne croyons pas devoir modifier la traduction traditionnelle. Pour l'explication de ces erreurs de Salluste, voir la note de notre édition et l'*Index des noms propres*.

curer, chez les Espagnols, ni par achat ni par échange, l'étendue de la mer et l'ignorance de la langue interdisant toutes relations entre les deux peuples. Peu à peu, ils se mêlèrent aux Gétules par des mariages, et comme, pour se rendre compte des ressources du pays, ils changeaient souvent de résidence, ils se donnèrent eux-mêmes le nom de Nomades (1). Du reste, encore aujourd'hui, les habitations des paysans numides, qu'ils nomment *mapalia*, par leur forme oblongue et leurs côtés arrondis qui, en se rejoignant, forment le toit, ressemblent à des carènes de navires. Les Mèdes et les Arméniens se joignirent aux Libyens, qui habitaient plus près de la mer d'Afrique, tandis que les Gétules étaient plus sous le soleil, non loin de la zone torride. Ainsi réunis, ils eurent de bonne heure des villes, car, n'étant séparés de l'Espagne que par un détroit, ils avaient établi avec ce pays des échanges réguliers. Les Libyens altérèrent peu à peu le nom des Mèdes et, dans leur idiome barbare, ils les appelèrent Maures.

Quant aux Perses, leur puissance s'accrut rapidement, et plus tard, à cause de l'excès de la population, les jeunes gens se séparèrent de leurs pères et

tuguriis habuere, quia neque materia in agris, neque ab Hispanis emundi aut mutandi copia erat : mare magnum et ignara lingua commercio prohibebant. Ei paulatim per connubia Gætulos sibi miscuere, et quia sæpe temptantes agros alia, deinde alia loca petiverant, semet ipsi Nomadas appellavere. Ceterum adhuc ædificia Numidarum agrestium, quæ mapalia illi vocant, oblonga, incurvis lateribus tecta, quasi navium carinæ sunt. Medi autem et Armenii accessere Libyes (nam hi propius mare Africum agitabant, Gætuli sub sole magis, haud procul ab ardoribus), eique mature oppida habuere: nam freto divisi ab Hispania mutare res inter se instituerant. Nomen eorum paulatim Libyes corrupere, barbara lingua Mauros pro Medis appellantes.

Sed res Persarum brevi adolevit, ac postea nomine Numidæ, propter multitudinem a parentibus digressi, pos-

(1) Voir la note de notre édition et l'*Index des noms propres*.

allèrent s'établir près de Carthage dans la contrée appelée aujourd'hui Numidie; puis, se prêtant un mutuel concours, ils subjuguèrent soit par la force, soit par la terreur les nations voisines, et acquirent honneur et gloire, surtout ceux d'entre eux qui s'étaient rapprochés de notre mer, car les Libyens étaient moins belliqueux que les Gétules. Enfin, l'Afrique inférieure tomba presque tout entière au pouvoir des Numides, et les divers peuples vaincus se fondirent avec le peuple vainqueur et en prirent le nom.

XIX. Dans la suite, des Phéniciens, les uns pour remédier à l'excès de population dans leur pays, les autres par ambition, décidèrent à se joindre à eux la plèbe et quelques hommes avides de changement, et allèrent fonder sur la côte Hippone, Hadrumète, Leptis et d'autres villes, qui prirent un accroissement rapide et devinrent l'appui ou l'honneur de leur métropole. Pour ce qui est de Carthage, je crois qu'il vaut mieux n'en rien dire que d'en dire trop peu, puisque mon sujet m'appelle ailleurs.

A partir de *Catabathmos*, qui sépare l'Égypte de l'Afrique, on rencontre, en suivant la côte, d'abord Cyrène, colonie de Théra, ensuite les deux Syrtes, et entre elles Leptis, puis les autels des Philènes, qui

sedere ea loca, quæ proxuma Carthagine Numidia appellatur. Deinde utrique alteris freti finitumos armis aut metu sub imperium suum coegere, nomen gloriamque sibi addidere, magis ei qui ad nostrum mare processerant, quia Libyes quam Gætuli minus bellicosi. Denique Africæ pars inferior pleraque ab Numidis possessa est; victi omnes in gentem nomenque imperantium concessere.

XIX. Postea Phœnices, alii multitudinis domi minuendæ gratia, pars imperi cupidine, sollicitata plebe et aliis novarum rerum avidis, Hipponem, Hadrumetum, Leptim aliasque urbis in ora maritima condidere, eæque brevi multum auctæ, pars originibus suis præsidio, aliæ decori fuere. Nam de Carthagine silere melius puto quam parum dicere, quoniam alio properare tempus monet.

Igitur ad Catabathmon, qui locus Ægyptum ab Africa dividit, secundo mari prima Cyrene est, colonia Theræon, ac deinceps duæ Syrtes interque eas Leptis, deinde Philæ-

marquaient, du côté de l'Egypte, la limite du territoire des Carthaginois, et enfin les autres villes puniques. Le reste du pays jusqu'à la Mauritanie appartient aux Numides ; tout près de l'Espagne sont les Maures. Au-dessus de la Numidie, se trouvent les Gétules, les uns s'abritant dans des huttes, les autres, plus barbares, errant à l'aventure ; derrière eux, les Ethiopiens, et plus loin encore, des espaces dévorés par un soleil ardent.

Lors de la guerre de Jugurtha, le peuple romain gouvernait, par ses magistrats, la plupart des villes puniques et tout le territoire possédé en dernier lieu par les Carthaginois ; une grande partie du pays des Gétules et la Numidie jusqu'au fleuve Muluccha obéissaient à Jugurtha ; tous les Maures étaient sous la domination du roi Bocchus. Ce prince ne connaissait du peuple romain que le nom, et nous ne le connaissions pas davantage ni comme adversaire ni comme ami. Mais en voilà assez sur l'Afrique et ses habitants pour l'intelligence de mon récit.

XX. Lorsque, après le partage du royaume, les députés eurent quitté l'Afrique, et que Jugurtha, malgré les craintes qu'il avait eues, se vit paisible possesseur du prix de son crime, convaincu dès lors,

non arae, quem locum, Ægyptum vorsus finem imperi habuere Carthaginienses, post aliæ Punicæ urbes. Cetera loca usque ad Mauretaniam Numidæ tenent ; proxumi Hispania Mauri sunt. Super Numidiam Gætulos accepimus partim in tuguriis, alios incultius vagos agitare ; post eos Æthiopas esse, dehinc loca exusta solis ardoribus. Igitur bello Jugurthino pleraque ex Punicis oppida et finis Carthaginiensium, quos novissume habuerant, populus Romanus per magistratus administrabat ; Gætulorum magna pars et Numidæ usque ad flumen Mulaccham sub Jugurtha erant ; Mauris omnibus rex Bocchus imperitabat, præter nomen cetera ignarus populi Romani, itemque nobis neque bello neque pace antea cognitus. De Africa et ejus incolis ad necessitudinem rei satis dictum.

XX. Postquam diviso regno legati Africa decessere, et Jugurtha contra timorem animi præmia sceleris adeptum

tre de tout le royaume d'Adherbal. Il se met donc en campagne, non plus, comme la première fois, avec une troupe de fourrageurs, mais avec une nombreuse armée, et aspire ouvertement à la domination de toute la Numidie. Partout, sur son passage, il dévaste les villes et les campagnes et fait des razzias, redoublant ainsi le courage des siens et la terreur des ennemis.

XXI. Adherbal, comprenant que désormais il doit ou abandonner son royaume ou le défendre par les armes, cède à la nécessité : il lève des troupes et marche contre Jugurtha. Les deux armées s'arrêtèrent près de la ville de Cirta, pas bien loin de la mer, et comme on était à la fin du jour, on n'engagea pas l'action. Mais, dans la dernière partie de la nuit, alors que le jour commençait à peine à paraître, les soldats de Jugurtha, à un signal donné, attaquent le camp des ennemis. Trouvant les uns à moitié endormis, les autres occupés à s'armer, ils les mettent en fuite et les dispersent. Adherbal, avec quelques cavaliers, se réfugie dans Cirta, et s'il n'y avait eu là un grand nombre d'Italiens, qui éloignèrent des murailles les Numides attachés à sa poursuite, le même jour eût vu commencer et finir la guerre entre les

batur, quippe qui totum ejus regnum animo jam invaserat. Itaque non, uti antea, cum prædatoria manu, sed magno exercitu comparato bellum gerere cœpit et aperte totius Numidiæ imperium petere. Ceterum, qua pergebat, urbis, agros vastare, prædas agere, suis animum, hostibus terrorem augere.

XXI. Adherbal, ubi intellegit eo processum uti regnum aut relinquendum esset aut armis retinendum, necessario copias parat et Jugurthæ obvius procedit. Interim haud longe a mari prope Cirtam oppidum utriusque exercitus consedit, et, quia diei extremum erat, prœlium non inceptum. Sed ubi plerumque noctis processit, obscuro etiam tum lumine, milites Jugurthini signo dato castra hostium invadunt, semisomnos partim, alios arma sumentis fugant funduntque. Adherbal cum paucis equitibus Cirtam profugit, et ni multitudo togatorum fuisset, quæ Numidas insequentis mœnibus prohibuit, uno die inter duos reges cœptum atque patratum bellum foret.

deux rois. Jugurtha investit donc la ville, et à l'aide de mantelets, de tours, et de machines de toute espèce, il essaie de l'emporter d'assaut, voulant avant tout prévenir le retour des députés qu'il savait avoir été envoyés à Rome par Adherbal avant la bataille.

Cependant le sénat, ayant appris ces nouvelles, envoie en Afrique trois jeunes députés chargés d'aller trouver les deux rois et de leur signifier, au nom du sénat et du peuple romain, qu'ils aient à déposer les armes et à vider leurs différents par les voies de droit et non par la guerre. c'est là la seule conduite digne d'eux et de Rome.

XXII. Les députés se hâtèrent d'arriver en Afrique, d'autant plus que, pendant leurs préparatifs de départ, ils avaient entendu parler à Rome du combat et du siége de Cirta ; mais ce n'était encore qu'un bruit vague. Au discours de ces députés Jugurtha répondit : « qu'il n'avait rien de plus sacré ni de plus cher « que l'autorité du sénat ; que, depuis sa première « jeunesse, il s'était toujours efforcé de mériter l'ap- « probation des gens de bien ; que c'était par son « mérite et non par des moyens inavouables qu'il « avait conquis l'estime d'un homme éminent, Pu- « blius Scipion ; ces mêmes titres, et non le défaut

quentis mœnibus prohibuit, uno die inter duos reges cœptum atque patratum bellum foret. Igitur Jugurtha oppidum circumsedit, vineis turribusque et machinis omnium generum expugnare aggreditur, maxume festinans tempus legatorum antecapere, quos ante prœlium factum ab Adherbale Romam missos audiverat.

Sed postquam senatus de bello eorum accepit, tres adulescentes in Africam legantur, qui ambo reges adeant, senatus populique Romani verbis nuntient, velle et censere eos ab armis discedere, de controversiis suis jure potius quam bello disceptare : ita seque illisque dignum fore.

XXII. Legati in Africam maturantes veniunt, eo magis quod Romæ, dum proficisci parant, de prœlio facto et oppugnatione Cirtæ audiebatur : sed is rumor clemens erat. Quorum Jugurtha accepta oratione respondit : « sibi neque « majus quicquam neque carius auctoritate senatus esse ; « ab adulescentia ita se enisum, uti ab optumo quoque « probaretur ; virtute, non malitia P. Scipioni, summo viro,

« d'enfants, l'avaient fait adopter par Micipsa et admettre au partage de sa couronne ; d'ailleurs, plus « il avait montré de vertu et de courage, moins il « était d'humeur à supporter un outrage ; Adherbal « avait formé secrètement le projet d'attenter à ses « jours, ce qu'ayant appris, il avait prévenu le crime ; « le peuple romain n'agirait ni loyalement ni avec « justice s'il le mettait hors du droit commun ; du « reste, il allait envoyer à Rome des députés pour « s'expliquer sur tout cela. » Là-dessus, on se sépara et les députés ne furent point autorisés à conférer avec Adherbal.

XXIII. Dès que Jugurtha les crut hors de l'Afrique, voyant qu'il ne pouvait pas prendre Cirta de vive force à cause de sa position naturelle, il l'environna d'un retranchement et d'un fossé et éleva des tours qu'il garnit de soldats ; en outre, nuit et jour, il ne cessa d'employer les attaques et les surprises, de montrer en perspective aux défenseurs de la place des récompenses ou de terribles châtiments, d'enflammer le courage des siens par ses exhortations ; en un mot, il déploie une ardeur infatigable dans ses préparatifs. Alors Adherbal, se voyant réduit aux plus cruelles extrémités, sans espoir de secours contre un ennemi implacable, hors d'état de prolon-

« placuisse ; ob easdem artis ab Micipsa, non penuria liberorum, in regnum adoptatum esse ; ceterum, quo plura « bene atque strenue fecisset, eo animum suum injuriam « minus tolerare ; Adherbalem dolis vitæ suæ insidiatum ; « quod ubi comperisset, sceleri ejus obviam isse ; populum « Romanum neque recte neque pro bono facturum, si ab « jure gentium sese prohibuerit. Postremo de omnibus « rebus legatos Romam brevi missurum. » Ita utrique digrediuntur ; Adherbalis appellandi copia non fuit.

XXIII. Jugurtha, ubi eos Africa decessisse ratus est, neque propter loci naturam Cirtam armis expugnare potest, vallo atque fossa mœnia circumdat, turris exstruit easque præsidiis firmat, præterea dies noctisque aut per vim aut dolis temptare, defensoribus mœnium præmia modo, modo formidinem ostentare, suos hortando ad virtutem arrigere ; prorsus intentus cuncta parare. Adherbal, ubi intellegit omnis suas fortunas in extremo sitas, hostem infestum,

ger la guerre faute des ressources indispensables, choisit, parmi ceux qui s'étaient réfugiés avec lui dans Cirta, deux hommes énergiques, et, à force de promesses, comme aussi par la pitié qu'il sut leur inspirer pour son triste sort, il les décide enfin à traverser de nuit les retranchements ennemis, pour gagner ensuite le plus prochain rivage et s'embarquer pour Rome.

XXIV. En peu de jours, les Numides accomplissent leur mission. On lut dans le sénat une lettre d'Adherbal dont voici le sens.

« Ce n'est point ma faute, sénateurs, si je viens si « souvent vous implorer; mais les violences de Ju-« gurtha m'y forcent. Il est à ce point possédé du désir « de me perdre qu'il ne songe plus ni à vous ni aux « dieux immortels et qu'il préfère ma mort à tout le « reste. Voilà en effet cinq mois que je suis tenu « assiégé par lui, moi, l'allié et l'ami du peuple « romain, sans que ni les bienfaits de Micipsa, mon « père, ni vos décrets puissent me protéger. Pressé « à la fois par ses armes et par la famine, je ne sais « ce que je dois le plus craindre. Ma situation dé-« plorable m'empêche de vous en écrire davantage « au sujet de Jugurtha; je sais d'ailleurs par expé-« rience qu'on ajoute peu de foi aux paroles des

auxili spem nullam, penuria rerum necessariarum bellum non trahi posse, ex eis qui una Cirtam profugerant duos maxume inpigros delegit; eos multa pollicendo ac miserando casum suum confirmat, uti per hostium munitiones noctu ad proxumum mare, dein Romam pergerent.

XXIV. Numidæ paucis diebus jussa efficiunt; litteræ Adherbalis in senatu recitatæ, quarum sententia hæc fuit :

« Non mea culpa sæpe ad vos oratum mitto, patres « conscripti, sed vis Jugurthæ subigit, quem tanta lubido « exstinguendi me invasit, ut neque vos neque deos inmor-« talis in animo habeat, sanguinem meum quam omnia « malit. Itaque quintum jam mensem socius et amicus populi « Romani armis obsessus teneor, neque mihi Micipsæ patris « mei beneficia neque vostra decreta auxiliantur; ferro an « fame acrius urgear incertus sum. Plura de Jugurtha « scribere dehortatur me fortuna mea, et jam antea exper-

« malheureux ! Seulement je comprends parfaitement qu'il vise plus grand que moi, car il ne peut espérer avoir en même temps ma couronne et votre amitié, et tout le monde voit bien ce qui a ses préférences. En effet, il a d'abord assassiné mon frère Hiempsal, puis il m'a chassé du royaume de mes pères. Certes, mes injures personnelles, vous pouvez vous en désintéresser ; mais aujourd'hui, c'est votre propre royaume qu'il envahit les armes à la main, c'est celui que vous aviez mis à la tête des Numides qu'il tient assiégé. Quant aux paroles de vos ambassadeurs, mes périls disent assez haut quel cas il en a fait. Quel moyen reste-t-il pour l'arrêter, si ce n'est votre intervention armée ? Hélas ! je voudrais que ce que j'allègue dans cette lettre, tout ce dont je me suis plaint devant le sénat, ne fussent que de vains songes, et que mes malheurs ne témoignassent pas de la vérité de mes paroles. Mais puisque je suis né pour être la preuve éclatante de la scélératesse de Jugurtha, ce n'est plus à la mort, ce n'est plus aux infortunes qui m'accablent que je vous supplie de me soustraire, c'est au pouvoir d'un tel ennemi et aux supplices qu'il me destine. Faites du royaume de Numidie, qui vous appartient, ce qu'il vous

« tius sum parum fidei miseris esse. Nisi tamen intellego illum supra quam ego sum petere, neque simul amicitiam vostram et regnum meum sperare. Utrum gravius existumet, nemini occultum est. Nam initio occidit Hiempsalem fratrem meum, deinde patrio regno me expulit : quæ sane fuerint nostræ injuriæ, nihil ad vos. Verum nunc vostrum regnum armis tenet, me, quem vos imperatorem Numidis posuistis, clausum obsidet ; legatorum verba quanti fecerit, pericula mea declarant. Quid est reliquum nisi vis vostra, quo moveri possit ? Nam ego quidem vellem et hæc quæ scribo et illa quæ antea in senatu questus sum vana forent, potius quam miseria mea fidem verbis faceret. Sed quoniam eo natus sum, ut Jugurthæ scelerum ostentui essem, non jam mortem neque ærumnas, tantummodo inimici imperium et cruciatus corporis deprecor. Regno Numidiæ, quod vos-

« plaira; mais arrachez-moi à ses mains impies, je « vous en conjure par la majesté de votre empire, « par les liens inviolables de l'amitié, si vous con- « servez encore quelque souvenir de mon aïeul « Masinissa. »

XXV. A la lecture de cette lettre, quelques sénateurs furent d'avis d'envoyer une armée en Afrique, de secourir le plus promptement possible Adherbal et, en attendant, de délibérer sur la désobéissance de Jugurtha aux ordres que lui avaient transmis les députés. Mais les partisans du roi unirent de nouveau leurs efforts pour faire rejeter ce projet de décret. Ainsi le bien public, comme il arrive dans la plupart des cas, fut sacrifié à l'intérêt particulier. Cependant on envoya en Afrique une députation composée de patriciens plus âgés que les premiers et qui avaient exercé les plus hautes magistratures : parmi eux était Marcus Scaurus, dont nous avons parlé plus haut, personnage consulaire, alors prince du sénat. Tenant compte de l'indignation générale, et cédant aux supplications des Numides, les députés s'embarquent dès le troisième jour, et ayant bientôt abordé à Utique, ils écrivent à Jugurtha de se rendre dans la Province le plus tôt possible, car ils sont envoyés vers lui par le sénat.

« trum est, uti lubet consulite, me manibus impiis eripite, « per majestatem imperii, per amicitiæ fidem, si ulla apud « vos memoria manet avi mei Masinissæ. »

XXV. His literis recitatis, fuere qui exercitum in Africam mittundum censerent et quam primum Adherbali subveniundum : de Jugurtha interim uti consuleretur, quoniam legatis non paruisset. Sed ab eisdem illis regis fautoribus summa ope enisum est ne tale decretum fieret. Ita bonum publicum, ut in plerisque negotiis solet, privata gratia devictum. Legantur tamen in Africam majores natu nobiles, amplis honoribus usi; in quis fuit M. Scaurus, de quo supra memoravimus, consularis et tum senatus princeps. Ei, quod res in invidia erat, simul et ab Numidis obsecrati, triduo navim ascendere. Dein brevi Uticam appulsi, litteras ad Jugurtham mittunt, quam ocissume ad Provinciam accedat, seque ad eum ab senatu missos.

En apprenant que des personnages illustres et dont il connaissait l'énorme influence à Rome étaient venus pour s'opposer à ses desseins, Jugurtha, d'abord vivement ému, hésita quelque temps entre la crainte et la convoitise. Il craignait la colère du sénat s'il n'obéissait pas aux ordres des députés, mais d'autre part, son aveugle passion le poussait d'une façon irrésistible à consommer son crime. A la fin, le plus mauvais parti l'emporta dans cette âme ambitieuse. Il déploie donc son armée autour de Cirta et fait un vigoureux effort pour s'en emparer ; il espérait, en divisant ainsi les forces des assiégés, faire naître quelque chance de succès soit par la force, soit par la ruse. Trompé dans son attente et voyant qu'il ne pouvait réaliser son projet de s'emparer d'Adherbal avant d'aller trouver les députés, de peur d'irriter par de plus longs retards Scaurus, qu'il redoutait plus que tous les autres, il prit avec lui quelques cavaliers et se rendit dans la Province. Malgré les terribles menaces qui lui furent faites de la part du sénat, au cas où il ne lèverait pas le siège, après bien des paroles perdues, les députés durent se retirer sans avoir rien obtenu.

XXVI. Quand cette nouvelle parvint à Cirta, les Italiens, sur le courage de qui s'appuyait surtout la

Ille ubi accepit homines claros, quorum auctoritatem Romæ pollere audiverat, contra inceptum suum venisse, primo commotus metu atque lubidine divorsus agitabatur. Timebat iram senatus, ni paruisset legatis ; porro animus cupidine cæcus ad inceptum scelus rapiebatur. Vicit tamen in avido ingenio pravum consilium. Igitur exercitu circumdato, summa vi Cirtam inrumpere nititur, maxume sperans, diducta manu hostium, aut vi aut dolis sese casum victoriæ inventurum. Quod ubi secus procedit, neque, quod intenderat efficere potest, ut prius quam legatos conveniret Adherbalis potiretur, ne amplius morando Scaurum, quem plurimum metuebat, incenderet, cum paucis equitibus in Provinciam venit. Ac tametsi senati verbis graves minæ nuntiabantur, quod oppugnatione non desisteret, multa tamen oratione consumpta, legati frustra discessere.

XXVI. Ea postquam Cirtæ audita sunt, Italici, quorum virtute mœnia defensabantur, confisi, deditione facta,

défense, persuadés que, si l'on rendait la place, la grandeur du nom romain garantirait leur sûreté, conseillent à Adherbal de livrer sa personne et la ville à Jugurtha, en stipulant seulement qu'il aurait la vie sauve ; quant au reste, ce serait l'affaire du sénat. Adherbal sentait bien que tout valait mieux pour lui que la foi de Jugurtha ; mais comme, en cas de refus, les Italiens étaient assez forts pour le contraindre à suivre leur avis, il se rendit au roi. Celui-ci fait d'abord périr Adherbal dans des supplices, puis il ordonne de massacrer indistinctement tous ceux qu'on trouverait armés, Numides adultes et Italiens.

XXVII. Dès que le fait fut connu à Rome, le sénat s'assembla pour en délibérer. Mais les agents du roi, par les entraves qu'ils apportaient à la discussion, par leur crédit, et aussi par la violence de leur opposition, cherchaient à gagner du temps et à affaiblir ainsi l'impression produite par un crime si atroce. Et si Gaius Memmius, tribun désigné, homme énergique et ennemi déclaré de la tyrannie des nobles, n'eût averti le peuple qu'une poignée d'intrigants travaillaient à obtenir l'impunité pour Jugurtha, l'indignation publique se serait assurément évanouie à force de prolonger les délibérations, tant

propter magnitudinem populi Romani inviolatos sese fore, Adherbali suadent, uti seque et oppidum Jugurthæ tradat, tantum ab eo vitam paciscatur; de ceteris senatui curæ fore. At ille, tametsi omnia potiora fide Jugurthæ rebatur, tamen, quia penes eosdem, si adversaretur, cogundi potestas erat, ita uti censuerant Italici deditionem facit. Jugurtha in primis Adherbalem excruciatum necat; deinde omnis puberes Numidas atque negotiatores promiscue, uti quisque armatus obvius fuerat, interficit.

XXVII. Quod postquam Romæ cognitum est et res in senatu agitari cœpta, idem illi ministri regis interpellando ac sæpe gratia, interdum jurgiis trahundo tempus, atrocitatem facti leniebant. Ac ni C. Memmius tribunus plebis designatus, vir acer et infestus potentiæ nobilitatis, populum Romanum edocuisset id agi ut per paucos factiosos Jugurthæ scelus condonaretur, profecto omnis invidia

avaient de puissance les intrigues et l'or du roi Numide. Mais le sénat, qui se sentait coupable, eut peur du peuple, et, en vertu de la loi Sempronia, il assigna pour provinces aux consuls qui seraient désignés l'Italie et la Numidie ; ces consuls furent Publius Scipion Nasica et Lucius Calpurnius Bestia. La Numidie échut à Calpurnius, l'Italie à Scipion. On leva ensuite l'armée qui devait être transportée en Afrique, et l'on vota des fonds pour la solde et pour les autres dépenses que pourrait nécessiter la guerre.

XXVIII. Cependant Jugurtha fut étonné en apprenant ces préparatifs, car il était fermement persuadé que tout se vendait à Rome ; il envoya comme ambassadeur au sénat son fils, et avec lui deux de ses plus intimes confidents, leur recommandant, comme il avait fait à ceux qu'il avait envoyés après le meurtre d'Hiempsal, de gagner à prix d'argent tous ceux qu'ils pourraient. Comme ils approchaient de Rome, Bestia consulta le sénat pour savoir si on voulait les laisser entrer, et il fut décrété que, à moins qu'ils ne vinssent pour remettre et le royaume et la personne de Jugurtha, ils devaient sortir de l'Italie dans un délai de dix jours. Le consul leur fait signifier le

prolatandis consultationibus dilapsa foret : tanta vis gratiæ atque pecuniæ regis erat. Sed ubi senatus delicti conscientia populum timet, lege Sempronia provinciæ futuris consulibus Numidia atque Italia decretæ ; consules declarati P. Scipio Nasica, L. Bestia ; Calpurnio Numidia, Scipioni Italia obvenit. Deinde exercitus qui in Africam portaretur scribitur ; stipendium aliaque, quæ bello usui forent, decernuntur.

XXVIII. At Jugurtha, contra spem nuntio accepto, quippe cui Romæ omnia venum ire in animo hæserat, filium et cum eo duos familiaris ad senatum legatos mittit eisque, uti illis, quos Hiempsale interfecto miserat, præcipit omnis mortalis pecunia aggrediantur. Qui postquam Romam adventabant, senatus a Bestia consultus est, placeretne legatos Jugurthæ recipi mœnibus, eique decrevere, nisi regnum ipsumque deditum venissent, uti in diebus proximis decem Italia decederent. Consul Numidis ex

décret et ils regagnent leur pays sans avoir accompli leur mission.

Cependant Calpurnius, ayant terminé ses préparatifs, se choisit pour lieutenant des patriciens, hommes de parti, dont le crédit lui paraissait assez grand pour couvrir ses prévarications ; de ce nombre était Scaurus, dont j'ai indiqué plus haut le caractère et l'attitude. Le consul lui-même ne manquait ni de qualités d'esprit, ni d'avantages extérieurs, mais chez lui la cupidité gâtait tout. Infatigable, doué d'un caractère énergique, prévoyant, il connaissait la guerre et ne craignait ni les dangers ni les surprises. Les légions traversèrent l'Italie pour se rendre à Regium, et de là en Sicile, et furent ensuite transportées en Afrique. Calpurnius, ayant pourvu à l'approvisionnement de l'armée, entra d'abord hardiment en Numidie, fit un grand nombre de prisonniers et prit de force plusieurs villes.

XXIX. Mais dès que Jugurtha, par ses émissaires, eut fait briller l'or à ses yeux et lui eut montré les difficultés de la guerre dont il était chargé, ce cœur, déjà gâté par l'avarice, se laissa facilement séduire. Au reste, il prit Scaurus pour

senatus decreto nuntiari jubet ; ita infectis rebus illi domum discedunt.

Interim Calpurnius parato exercitu legat sibi homines nobilis, factiosos, quorum auctoritate quæ deliquisset munita fore sperabat ; in quis fuit Scaurus, cujus de natura et habitu supra memoravimus. Nam in consule nostro multæ bonæque artes et animi et corporis erant, quas omnis avaritia præpediebat : patiens laborum, acri ingenio, satis providens, belli haud ignarus, firmissumus contra pericula et insidias. Sed legiones per Italiam Regium atque inde Siciliam, porro ex Sicilia in Africam transvectæ. Igitur Calpurnius initio paratis commeatibus acriter Numidiam ingressus est, multosque mortalis et urbis aliquot pugnando cepit.

XXIX. Sed ubi Jugurtha per legatos pecunia temptare bellique quod administrabat asperitatem ostendere cœpit, animus æger avaritia facile conversus est. Ceterum socius et administer omnium consiliorum adsumitur Scaurus,

complice et pour agent de toutes ses menées. Cet homme qui, dans le principe, bien que presque tous ceux de son parti fussent déjà vendus, s'était montré un adversaire résolu du roi, oubliant cette fois le devoir et l'honneur, se laissa entraîner au crime par l'importance de la somme offerte. Jugurtha ne cherchait d'abord qu'à obtenir à prix d'or du consul le ralentissement des opérations, persuadé que, pendant ce temps, il obtiendrait quelque chose à Rome par son argent et son crédit. Mais lorsqu'il apprit que Scaurus était dans l'affaire, il conçut un grand espoir d'obtenir la paix et résolut d'en discuter lui-même avec eux toutes les conditions. Cependant le consul envoie son questeur Sextius dans la ville de Vaga, qui était au pouvoir de Jugurtha, en réalité pour garantir la sûreté du roi, en apparence pour recevoir le blé que Calpurnius avait exigé publiquement de ses ambassadeurs ; car on avait conclu avec lui une trêve, en attendant sa soumission.

Le roi vint donc au camp romain, comme il l'avait résolu, et après quelques paroles adressées au conseil pour expliquer sa conduite et faire accepter sa soumission, il régla tout le reste secrètement avec Calpurnius et Scaurus. Le lendemain, on vote, pour la forme, sur tous les articles de la convention pris

qui tametsi a principio, plerisque ex factione ejus corruptis, acerrume regem inpugnaverat, tamen magnitudine pecuniæ a bono honestoque in pravum abstractus est. Sed Jugurtha primo tantummodo belli moram redimebat, existumans sese aliquid interim Romæ pretio aut gratia effecturum. Postea vero quam participem negoti Scaurum accepit, in maxumam spem adductus recuperandæ pacis, statuit cum eis de omnibus pactionibus præsens agere. Ceterum interea fidei causa mittitur a consule Sextius quæstor in oppidum Jugurthæ Vagam ; cujus rei species erat acceptio frumenti, quod Calpurnius palam legatis imperaverat, quoniam deditionis mora indutiæ agitabantur. Igitur rex, uti constituerat, in castra venit, ac, pauca præsenti consilio locutus de invidia facti sui, atque uti in deditionem acciperetur, reliqua cum Bestia et Scauro

en bloc et la soumission est acceptée. Jugurtha, comme il lui avait été prescrit devant le conseil, livre au questeur trente éléphants, un grand nombre de têtes de bétail et de chevaux, ainsi qu'une petite somme d'argent. Calpurnius part pour Rome afin de présider les comices, entre les Numides et notre armée règne une paix complète.

XXX. Dès que le bruit de ces événements se répandit à Rome et que l'on sut de quelle façon les choses s'étaient passées, on ne s'occupa en tous lieux et dans toutes les réunions que de l'étrange conduite du consul. Le peuple était indigné ; les sénateurs, inquiets et hésitants, se demandaient s'ils devaient sanctionner un pacte si honteux ou annuler les actes du consul. C'était surtout l'influence de Scaurus, que l'on disait être le conseiller et le complice de Bestia, qui les empêchait de se conformer à la raison et à la justice. Cependant Gaius Memmius, dont j'ai signalé plus haut le caractère indépendant et la haine contre la tyrannie des nobles, au milieu des hésitations et des lenteurs intéressées du sénat, exhorte le peuple à sévir ; il l'engage à ne pas déserter la cause de la république et de la liberté ; il rappelle les nombreux actes d'insolence et de cruauté com-

secreta transigit. Dein postero die quasi per saturam sententiis exquisitis, in deditionem accipitur. Sed, uti pro consilio imperatum erat, elephanti triginta, pecus atque equi multi cum parvo argenti pondere quæstori traduntur. Calpurnius Romam ad magistratus rogandos proficiscitur; in Numidia et exercitu nostro pax agitabatur.

XXX. Postquam res in Africa gestas, quoque modo actæ forent, fama divolgavit, Romæ per omnes locos et conventus de facto consulis agitari. Apud plebem gravis invidia, patres solliciti erant ; probarentne tantum flagitium, an decretum consulis subvorterent, parum constabat. Ac maxume eos potentia Scauri, quod is auctor et socius Bestiæ ferebatur, a vero bonoque impediebat. At C. Memmius, cujus de libertate ingeni et odio potentiæ nobilitatis supra diximus, inter dubitationem et moras senati contionibus populum ad vindicandum hortari, monere ne rem publicam, ne libertatem suam desererent, multa superba et crudelia facinora nobilitatis ostendere : prorsus intentus omni modo

mis par les nobles ; en un mot, il fait tous ses efforts pour enflammer l'esprit de la multitude. Comme à cette époque l'éloquence de Memmius eut beaucoup de renom et d'influence, j'ai cru convenable de rapporter ici un de ses nombreux discours, et je donnerai de préférence celui qu'il prononça devant le peuple après le retour de Bestia. En voici à peu près les termes :

XXXI. « Bien des motifs m'éloigneraient de cette « tribune, citoyens, si l'amour du bien public n'était « plus fort que tout : la puissance de vos adver« saires, votre lâche résignation, l'absence de toute « justice, et surtout la conviction que la vertu a plus « de périls que d'honneurs à attendre. Ce n'est, en « effet, qu'avec regret que je me résigne à rappeler « combien, dans ces vingt dernières années, vous « avez servi de jouet à l'insolence de quelques hom« mes, avec quelle honteuse indifférence vous avez « laissé sans vengeance la mort de vos défenseurs, « à quel point vos âmes ont été énervées par une « lâche indolence ; car, aujourd'hui même que les « crimes de vos ennemis les ont mis à votre discré« tion, vous n'osez pas bouger, et vous craignez « encore des hommes qui devraient trembler devant « vous. Eh bien ! malgré cette triste situation, mon

plebis animum incendebat. Sed quoniam ea tempestate Memmii facundia clara pollensque fuit, decere existumavi unam ex tam multis orationem perscribere, ac potissumum ea dicam quæ in contione post reditum Bestiæ hujuscemodi verbis disseruit :

XXXI. « Multa me dehortantur a vobis, Quirites, ni « studium rei publicæ omnia superet : opes factionis, vos« tra patientia, jus nullum, ac maxume quod innocentiæ « plus periculi quam honoris est. Nam illa quidem piget « dicere, his annis viginti quam ludibrio fueritis superbiæ « paucorum, quam fœde quamque inulti perierint vostri « defensores, ut vobis animus ab ignavia atque socordia « corruptus sit, qui ne nunc quidem obnoxiis inimicis « exsurgitis, atque etiam nunc timetis eos, quibus decet « terrori esse. Sed quanquam hæc talia sunt, tamen obviam « ire factionis potentiæ animus subigit. Certe ego liberta-

« courage m'excite à braver la puissance tyrannique « de nos adversaires. Oui, j'userai de cette franchise « qui m'a été léguée par mon père, mais obtien-« drai-je ou non un résultat ? cela dépend de vous, « citoyens. Et je ne vous exhorte pas à suivre « l'exemple si souvent donné par vos ancêtres, à « repousser l'injustice par les armes; il n'est besoin « aujourd'hui ni de violence ni de scission ; il faut « les perdre en leur appliquant les procédés dont ils « ont usé eux-mêmes.

« Après l'assassinat de Tiberius Gracchus, qui, « disaient-ils, prétendait à la royauté, on exerça « des poursuites sévères contre les plébéiens; de « même, après le meurtre de Gaius Gracchus et de « Marcus Fulvius, un grand nombre de citoyens de « votre ordre furent immolés dans leur prison; et ce « ne fut pas la loi, mais le caprice des nobles qui, « à ces deux époques, mit un terme aux massacres. « Mais soit : admettons que ce soit aspirer à la « royauté que de vouloir restituer au peuple ses « droits, et tenons pour légitime tout ce qui ne sau-« rait être vengé sans faire couler le sang des « citoyens. Dans ces dernières années, vous vous indi-« gniez en secret en voyant le trésor public livré au « pillage, des rois et des peuples libres tributaires « de quelques nobles, qui jouissent en même temps

« tem, quæ mihi a parente tradita est, experiar : verum id « frustra an ob rem faciam, in vostra manu situm est, « Quirites. Neque ego vos hortor, quod sæpe majores vos-« tri fecere, uti contra injurias armati eatis : nihil vi, nihil « secessione opus est ; necesse est suomet ipsi more præ-« cipites eant.

« Occiso Ti. Graccho, quem regnum parare aiebant, in « plebem Romanam quæstiones habitæ sunt; post C. Grac-« chi et M. Fulvi cædem, item vostri ordinis multi morta-« les in carcere necati sunt; utriusque cladis non lex, « verum lubido eorum finem fecit. Sed sane fuerit regni « paratio plebi sua restituere; quicquid sine sanguine ci-« vium ulcisci nequitur, jure factum sit. Superioribus annis « tacite indignabamini ærarium expilari, reges et populos « liberos paucis nobilibus vectigal pendere, penes eosdem

« et des plus hautes dignités et des plus grandes « richesses, et cependant, ils n'ont point été satis- « faits d'avoir pu commettre impunément de tels « actes : à la fin, ils n'ont pas craint de livrer à vos « ennemis vos lois, la majesté de votre empire et « tout ce que vénèrent les dieux et les hommes. Et « après avoir agi ainsi, ils n'éprouvent ni honte ni « repentir ; au contraire, ils marchent devant vous « la tête haute, affichant leurs sacerdoces et leurs « consulats, quelques-uns même leurs triomphes, « comme si ces honneurs étaient légitimes et non « usurpés. Des esclaves achetés à prix d'argent « n'endurent pas longtemps des traitements injustes « de la part de leurs maîtres, et vous, citoyens, qui « naissez souverains, vous supportez patiemment la « servitude !

« Mais que sont-ils donc, ces hommes qui ont « ainsi envahi la république ? Des scélérats cou- « verts de sang, des gens d'une cupidité mons- « trueuse, à la fois les plus criminels et les plus « orgueilleux des hommes. Pour eux, la bonne foi, « l'honneur, le devoir, en un mot, tout, les vertus « comme les vices, est matière à trafic. Quelques- « uns d'entre eux ont égorgé des tribuns du peuple, « d'autres ont exercé contre vous des poursuites

« et summam gloriam et maxumas divitias esse ; tamen « hæc talia facinora impune suscepisse parum habuere, « itaque postremo leges, majestas vostra, divina et huma- « na omnia hostibus tradita sunt. Neque eos qui ea fecere « pudet aut pœnitet, sed incedunt per ora vostra magnifici, « sacerdotia et consulatus, pars triumphos suos ostentan- « tes, proinde quasi ea honori, non prædæ habeant. Servi « ære parati injusta imperia dominorum non perferunt : « vos, Quirites, in imperio nati, æquo animo servitutem « toleratis ?

« At qui sunt ei, qui rem publicam occupavere ? Homi- « nes sceleratissumi, cruentis manibus, immani avaritia, « nocentissumi et idem superbissumi, quibus fides, decus, « pietas, postremo honesta atque inhonesta omnia quæstui « sunt. Pars eorum occidisse tribunos plebis, alii quæs- « tiones injustas, plerique cædem in vos fecisse pro muni-

« injustes, la plupart ont versé votre sang, et c'est « là leur sauvegarde à tous : plus ils ont de crimes « à se reprocher, plus ils sont en sûreté. Cette ter- « reur, qu'ils devraient éprouver à cause de leurs « crimes, ils l'ont, grâce à votre lâcheté, fait passer « dans vos cœurs. Ils ont les mêmes désirs, les « mêmes haines, les mêmes craintes : voilà ce qui « les tient unis. Mais ce qui est amitié entre les « gens de bien devient coterie détestable entre les « méchants. Ah ! si vous aviez autant de souci de « votre liberté qu'ils ont d'ardeur pour la tyrannie, « assurément la république ne serait pas, comme « aujourd'hui, livrée au pillage, et les honneurs que « donnent vos suffrages appartiendraient au mérite « et non à l'audace. Vos ancêtres, pour conquérir « leurs droits politiques et fonder la dignité de leur « ordre, se séparèrent deux fois des patriciens et se « retirèrent en armes sur le mont Aventin ; et vous, « pour conserver cette liberté que vous tenez d'eux, « vous ne feriez pas les plus grands efforts ? Oui, « certes, et avec d'autant plus d'ardeur qu'il y a plus « de honte à perdre ce que l'on possède qu'à ne « l'avoir jamais acquis.

« On me dira : « Que voulez-vous donc ? Qu'on « sévisse contre ces hommes qui ont livré la répu-

« mento habent. Ita quam quisque pessume fecit, tam « maxume tutus est : metum ab scelere suo ad ignaviam « vostram transtulere, quos omnis eadem cupere, eadem « odisse, eadem metuere in unum coegit. Sed hæc inter « bonos amicitia, inter malos factio est. Quod si tam vos « libertatis curam haberetis quam illi ad dominationem « accensi sunt, profecto neque res publica, sicuti nunc, « vastaretur, et beneficia vostra penes optumos, non auda- « cissumos forent. Majores vostri, parandi juris et majes- « tatis constituendæ gratia, bis per secessionem armati « Aventinum occupavere ; vos pro libertate, quam ab illis « accepistis, nonne summa ope nitemini ? atque eo vehe- « mentius, quo majus dedecus est parta amittere quam « omnino non paravisse.

« Dicet aliquis : « Quid igitur censes ? vindicandum in eos « « qui hosti prodidere rem publicam ? » Non manu neque

« publique à l'ennemi? » Assurément, non pas en « ayant recours à la violence et au meurtre (ce trai- « tement, qu'ils mériteraient certes, est indigne de « vous), mais d'après une procédure régulière et « sur le témoignage de Jugurtha lui-même. Si sa « soumission est sérieuse, il obéira certainement à « nos ordres ; et s'il n'en tient aucun compte, eh « bien! vous saurez ce que vaut une paix, une sou- « mission, d'où résultent pour Jugurtha l'impu- « nité, pour quelques hommes influents d'immenses « richesses, pour la république de grands dom- « mages et de plus le deshonneur. Mais peut-être « n'êtes-vous point encore fatigués de leur domina- « tion; peut-être préférez-vous au temps où nous « vivons celui où les royaumes, les provinces, les « lois, les droits des citoyens, les tribunaux, le choix « entre la guerre et la paix, en un mot, toutes les « choses divines et humaines étaient au pouvoir « d'un petit nombre, tandis que vous, qui êtes en « somme le peuple romain, ce peuple invincible, ce « peuple roi des nations, vous vous estimiez heu- « reux de conserver la vie; car, pour ce qui est de la « servitude, qui de vous aurait osé la repousser ? « Quant à moi, bien que je regarde comme le plus « grand deshonneur, pour un homme digne de ce

« vi, quod magis vos fecisse quam illis accidisse indignum « est, verum quæstionibus et indicio ipsius Jugurthæ. Qui « si dediticius est, profecto jussis vostris obœdiens erit; « sin ea contemnit, scilicet existumabitis, qualis illa pax « aut deditio sit, ex qua ad Jugurtham scelerum impuni- « tas, ad paucos potentis maxumæ divitiæ, ad rem publi- « cam damna atque decora pervenerint. Nisi forte nondum « etiam vos dominationis eorum satietas tenet, et illa « quam hæc tempora magis placent, cum regna, provinciæ, « leges, jura, judicia, bella atque paces, postremo divina et « humana omnia penes paucos erant, vos autem, hoc est « populus Romanus, invicti ab hostibus, imperatores « omnium gentium, satis habebatis animam retinere; nam « servitutem quidem quis vostrum recusare audebat? « Atque ego, tametsi viro flagitiosissumum existumo im- « pune injuriam accepisse, tamen vos hominibus scelera-

« nom, de se laisser impunément outrager, je con-
« sentirais cependant à vous voir pardonner à ces
« grands coupables, puisque, après tout, ce sont
« des citoyens romains, si votre indulgence ne
« devait pas entraîner votre ruine. Telle est, en effet,
« leur outrecuidance qu'ils ne s'estimeront pas heu-
« reux d'avoir obtenu l'impunité pour le passé, si
« on leur laisse pour l'avenir le pouvoir de mal
« faire, et ce sera pour vous un sujet de perpétuelles
« inquiétudes, quand vous reconnaîtrez qu'il vous
« faut être esclaves ou défendre par la force votre
« liberté. Quelle espérance avez-vous d'ailleurs d'un
« accord sincère avec eux? Ils veulent dominer,
« vous voulez être libres; ils veulent commettre
« l'injustice, vous, l'empêcher; enfin ils traitent nos
« alliés en ennemis et nos ennemis en alliés. Dans
« une si grande divergence de vues, y a-t-il place
« pour la paix ou l'union?

« Je vous le conseille donc et je vous en conjure,
« ne laissez pas un tel crime impuni. Il ne s'agit ici
« ni de dilapidation des deniers publics, ni d'argent
« violemment extorqué aux alliés : malgré leur gra-
« vité, ces crimes sont aujourd'hui comptés pour
« rien, tant ils sont devenus communs; mais on a
« livré à notre plus dangereux ennemi et l'autorité

« tissumus ignoscere, quoniam cives sunt, æquo animo
« paterer, ni misericordia in perniciem casura esset. Nam
« et illis, quantum importunitatis habent, parum est impune
« male fecisse, nisi deinde faciundi licentia eripitur, et vobis
« æterna sollicitudo remanebit, cum intellegetis aut ser-
« viundum esse aut per manus libertatem retinendam.
« Nam fidei quidem aut concordiæ quæ spes est? dominari
« illi volunt, vos liberi esse; facere illi injurias, vos prohi-
« bere; postremo sociis nostris veluti hostibus, hostibus
« pro sociis utuntur. Potestne in tam divorsis mentibus
« pax aut amicitia esse?

« Quare moneo hortorque vos ne tantum scelus impuni-
« tum omittatis. Non peculatus ærari factus est, neque
« per vim sociis ereptæ pecuniæ, quæ quanquam gravia
« sunt, tamen consuetudine jam pro nihilo habentur : hosti

« du sénat et la majesté de votre empire; à Rome « et à l'armée, on a vendu la république. Si ces faits « ne sont pas poursuivis, si l'on ne sévit pas contre « les coupables, nous n'avons plus qu'à nous rési- « gner à être les esclaves des auteurs de ces atten- « tats; car faire impunément tout ce que l'on veut, « c'est être vraiment roi. Cependant, citoyens, ce « que je voudrais, ce n'est pas que vous fussiez « disposés à trouver coupables plutôt qu'innocents « des hommes qui sont vos concitoyens, mais qu'en « pardonnant à des scélérats vous n'exposiez point « à périr les gens de bien. D'ailleurs, dans la vie « politique, il vaut beaucoup mieux oublier une « bonne action qu'une mauvaise; l'homme vertueux « qu'on néglige devient seulement moins zélé, le « méchant devient plus audacieux. Enfin, en pré- « venant l'injustice, on a moins souvent besoin de « recourir à la répression. »

XXXII. Par ce discours et beaucoup d'autres semblables prononcées devant le peuple, Memmius lui persuada d'envoyer auprès de Jugurtha Lucius Cassius, alors préteur, lequel, sous la garantie de la foi publique, amènerait ce prince à Rome, afin que, par son témoignage, on pût faire plus aisément la lumière sur les prévarications de Scaurus et de ses complices, que Memmius accusait de corruption.

« acerrumo prodita senatus auctoritas, proditum impe- « rium vostrum est; domi militiæque res publica venalis « fuit. Quæ nisi quæsita erunt, nisi vindicatum in noxios, « quid erit reliquum, nisi ut illis, qui ea fecere, obœdientes « vivamus? Nam impune quæ lubet facere, id est regem « esse. Neque ego vos, Quirites, hortor ut malitis civis « vostros perperam quam recte fecisse, sed ne ignoscundo « malis bonos perditum eatis. Ad hoc in re publica multo « præstat benefici quam malefici inmemorem esse : bonus « tantummodo segnior fit, ubi neglegas, at malus inprobior. « Ad hoc si injuriæ non sint, haud sæpe auxili egeas. »

XXXII. Hæc atque alia hujuscemodi sæpe in contione dicundo Memmius populo persuadet uti L. Cassius, qui tum prætor erat, ad Jugurtham mitteretur, eumque interposita fide publica Romam duceret, quo facilius indicio regis Scauri et reliquorum, quos pecuniæ captæ arcessebat, delicta patefierent.

Tandis que ceci se passait à Rome, les chefs à qui Bestia avait laissé le commandement de l'armée de Numidie commettaient, à l'exemple de leur général, une foule d'excès odieux. Les uns, gagnés par l'or de Jugurtha, lui rendaient ses éléphants, d'autres lui vendaient ses transfuges, quelques-uns pillaient les provinces pacifiées : tant la cupidité, comme un mal contagieux, avait pénétré profondément dans leurs âmes. La proposition de Gaius Memmius ayant été adoptée à la grande consternation de toute la noblesse, le préteur Cassius se rend auprès de Jugurtha, et malgré les terreurs de ce prince et sa défiance, que justifiaient ses remords, il réussit à lui persuader, puisqu'il avait fait sa soumission, de s'en remettre à la clémence du peuple romain, plutôt que de provoquer sa colère. Il lui engage en outre sa propre foi, qui n'avait pas moins de valeur, aux yeux de Jugurtha, que la foi publique : tant était grande, à cette époque, la considération dont jouissait Cassius.

XXXIII. Renonçant donc à la pompe royale pour prendre l'attitude la plus propre à exciter la compassion, Jugurtha vint à Rome avec Cassius. Quoiqu'il eût assez d'énergie pour braver l'orage, cependant, à l'instigation de ces hommes dont le crédit et

Dum hæc Romæ geruntur, qui in Numidia relicti a Bestia exercitui præerant, secuti morem imperatoris sui, plurima et flagitiosissuma facinora fecere. Fuere, qui auro corrupti elephantos Jugurthæ traderent, alii perfugas vendere, pars ex pacatis prædas agebant : tanta vis avaritiæ animos eorum veluti tabes invaserat. At Cassius prætor, perlata rogatione a C. Memmio, ac perculsa omni nobilitate, ad Jugurtham proficiscitur, eique timido et ex conscientia diffidenti rebus suis persuadet, quoniam se populo Romano dedisset, ne vim quam misericordiam ejus experiri mallet. Privatim præterea fidem suam interponit, quam ille non minoris quam publicam ducebat : talis ea tempestate fama de Cassio erat.

XXXIII. Igitur Jugurtha contra decus regium cultu quam maxume miserabili cum Cassio Romam venit. Ac, tametsi in ipso magna vis animi erat, confirmatus ab omnibus, quorum potentia aut scelere cuncta ea gesserat,

la scélératesse avaient, comme je l'ai dit plus haut, rendu possibles tous ses crimes, il gagne à force d'argent le tribun Gaius Bébius, qui devait, par son impudente audace, le garantir contre tout châtiment légal et contre les violences populaires. Cependant Gaius Memmius convoque l'assemblée. Le peuple était très animé contre le roi : les uns voulaient qu'il fût mis en prison, les autres que, s'il ne révélait le nom de ses complices, il fût envoyé au supplice comme un ennemi public, selon la coutume des ancêtres. Mais Memmius, consultant plutôt la dignité du peuple romain que son propre ressentiment, calme cette agitation et apaise les esprits irrités ; il déclare en outre qu'il s'opposera à toute violation de la foi publique. Le silence s'étant rétabli, il fait comparaître Jugurtha et, prenant la parole, il lui rappelle les attentats qu'il a commis à Rome et en Numidie, sa scélératesse envers son père et ses frères ; il ajoute que « le peuple romain, bien que « sachant à l'aide de quels complices et de quels « agents il a fait tout cela, veut en avoir l'indication « manifeste de sa bouche ; s'il dit la vérité, il doit « beaucoup attendre de la loyauté et de la clémence « du peuple romain ; s'il s'obstine à se taire, il se « perdra lui-même avec toutes ses espérances sans « pour cela sauver ses complices. »

quæ supra diximus, C. Bæbium tribunum plebis magna mercede parat, cujus inpudentia contra jus et injurias omnes munitus foret. At C. Memmius, advocata contione, quanquam regi infesta plebes erat, et pars in vincula duci jubebat, pars, ni socios sceleris sui aperiret, more majorum de hoste supplicium sumi, dignitati quam iræ magis consulens, sedare motus et animos mollire, postremo confirmare fidem publicam per sese inviolatam fore. Post, ubi silentium cœpit, producto Jugurtha, verba facit, Romæ Numidiæque facinora ejus memorat, scelera in patrem fratresque ostendit, « quibus juvantibus quibusque ministris ea egerit, quanquam intellegat populus Romanus, « tamen velle manufesta magis ex illo habere; si verum aperiret, in fide et clementia populi Romani magnam spem « illi sitam ; sin reticeat, non sociis saluti fore, sed se « suasque spes corrupturum. »

XXXIV. Quand Memmius eut cessé de parler, Jugurtha fut sommé de répondre; mais le tribun Gaius Bébius, gagné, comme je l'ai dit plus haut, par l'or du roi, lui ordonne de se taire, et bien que la multitude présente à l'assemblée, violemment excitée, cherchât à effrayer le tribun par ses regards, souvent même par ses gestes menaçants et les manifestations diverses que peut suggérer la colère, son impudence finit par l'emporter. Le peuple, ainsi joué, se retire; Jugurtha, Bestia et tous ceux qu'inquiétaient ces poursuites reprennent courage.

XXXV. Il y avait alors à Rome un Numide, nommé Massiva, fils de Gulussa et petit-fils de Masinissa. Ayant, dans les démêlés des trois rois, pris parti contre Jugurtha, il avait dû quitter l'Afrique en fugitif, après la reddition de Cirta et le meurtre d'Adherbal. Spurius Albinus, qui, avec Quintus Minucius Rufus, avait succédé à Bestia dans le consulat, persuade au prince, puisque d'ailleurs il est de la race de Masinissa et que Jugurtha est accablé par la haine mêlée d'inquiétude qu'ont soulevée ses crimes, de demander au sénat la couronne de Numidie. Ce consul, qui désirait ardemment avoir une guerre à conduire, préférait un bouleversement

XXXIV. Dein, ubi Memmius dicundi finem fecit, et Jugurtha respondere jussus est, C. Bæbius tribunus plebis, quem pecunia corruptum supra diximus, regem tacere jubet, ac, tametsi multitudo quæ in contione aderat, vehementer accensa, terrebat eum clamore, voltu, sæpe impetu atque aliis omnibus quæ ira fieri amat, vicit tamen inpudentia. Ita populus ludibrio habitus ex contione discessit; Jugurthæ Bestiæque et ceteris, quos illa quæstio exagitabat, animi augescunt.

XXXV. Erat ea tempestate Romæ Numida quidam, nomine Massiva, Gulussæ filius, Masinissæ nepos, qui, quia in dissensione regum Jugurthæ advorsus fuerat, dedita Cirta et Adherbale interfecto, profugus ex Africa abierat. Huic Sp. Albinus, qui proxumo anno post Bestiam cum Q. Minucio Rufo consulatum gerebat, persuadet, quoniam ex stirpe Masinissæ sit, Jugurthamque ob scelera invidia cum metu urgeat, regnum Numidiæ ab senatu petat. Avidus consul belli gerundi movere quam senescere

général à une paix profonde, c'est à lui qu'était échue la Numidie, tandis que la Macédoine était échue à Minucius. Dès les premières démarches de Massiva, Jugurtha, ne se sentant plus suffisamment soutenu par ses amis, qui étaient gênés les uns par leurs remords, les autres par les soupçons dont ils étaient l'objet et par leurs propres craintes, charge Bomilcar, son agent le plus sûr et le plus dévoué, de gagner avec de l'or, sa ressource ordinaire, des assassins pour se défaire de Massiva, secrètement si c'était possible, sinon, de toute autre manière.

Bomilcar exécute promptement les ordres du roi, il fait épier par des hommes habiles à une telle besogne les allées et venues de Massiva ; en d'autres termes, il cherche le lieu et l'occasion favorables, puis, il dresse une embuscade à l'endroit le plus convenable. L'un de ceux qui s'étaient chargés du meurtre ayant attaqué Massiva sans prendre des précautions suffisantes, le tue, mais se laisse prendre sur le fait, et cédant aux exhortations d'un grand nombre de citoyens, particulièrement du consul Albinus, fait des révélations. On met en accusation, plutôt d'après les principes de l'équité et de la morale que selon le droit des gens, Bomilcar, bien qu'il fût de

[illegible] ipsi provincia Numidia, Minucio Macedonia evenerat. Quae postquam Massiva agitare coepit, neque Jugurthae in amicis satis praesidi est, quod eorum alium conscientia, alium mala fama et timor impediebat, Bomilcari, proximo ac maxume fido sibi, imperat pretio, sicuti multa confecerat, insidiatores Massivae paret, ac maxume occulte ; sin id parum procedat, quovis modo Numidam interficiat.

Bomilcar mature regis mandata exequitur, et per homines talis negotii artifices itinera egressusque ejus, postremo loca atque tempora cuncta explorat ; deinde, ubi res postulabat, insidias tendit. Igitur unus ex eo numero, qui ad caedem parati erant, paulo inconsultius Massivam aggreditur ; illum obtruncat, sed ipse deprehensus, multis hortantibus, et in primis Albino consule, indicium profitetur. Fit reus magis ex aequo bonoque quam

la suite d'un prince venu à Rome sous la garantie de la foi publique.

Quant à Jugurtha, malgré son évidente culpabilité, il ne cessa ses protestations que lorsqu'il eut reconnu que son argent et son crédit étaient impuissants à calmer l'indignation soulevée par son crime. Alors, quoiqu'au début de la procédure il eût fourni comme caution cinquante de ses amis, plus soucieux de son autorité que des intérêts de ses répondants, il fit partir en secret Bomilcar pour la Numidie, de crainte que ses sujets hésitassent désormais à lui obéir, s'il était livré au supplice, et lui-même partit quelques jours après, sur l'ordre qu'il reçut du sénat de quitter l'Italie. Mais à peine fut-il sorti de Rome, qu'il se retourna, dit-on, et, l'ayant regardée longtemps en silence, s'écria : « Ville vénale et qui « ne tarderait pas à périr, si elle trouvait un ache- « teur. »

XXXVI. Les hostilités ayant donc été reprises, Albinus fait transporter rapidement en Afrique des vivres, de l'argent pour la solde et tout ce qui pouvait être nécessaire à ses troupes, et part lui-même sans retard, afin de pouvoir, avant les comices, dont l'époque n'était plus bien éloignée, achever cette

ex jure gentium Bomilcar, comes ejus qui Romam fide publica venerat.

At Jugurtha, manifestus tanti sceleris, non prius omisit contra verum niti, quam animum advertit supra gratiam atque pecuniam suam invidiam facti esse. Igitur, quanquam in priore actione ex amicis quinquaginta vades dederat, regno magis quam vadibus consulens, clam in Numidiam Bomilcarem dimittit, veritus ne reliquos popularis metus invaderet parendi sibi, si de illo supplicium sumptum foret ; et ipse paucis diebus eodem profectus est, jussus a senatu Italia decedere. Sed postquam Roma egressus est, fertur sæpe eo tacitus respiciens postremo dixisse : « Urbem venalem et mature perituram, « si emptorem invenerit. »

XXXVI. Interim Albinus renovato bello, commeatum, stipendium aliaque, quæ militibus usui forent, maturat in Africam portare ; ac statim ipse profectus, uti ante comitia, quod tempus haud longe aberat, armis aut deditione aut

guerre par la force des armes, par une soumission volontaire ou par tout autre moyen. Jugurtha, au contraire, cherche à gagner du temps et fait naître obstacle sur obstacle ; il promet de faire sa soumission, puis feint de n'être pas rassuré sur les suites ; il fuit devant Albinus qui le presse, et bientôt après, pour ne pas décourager les siens, le poursuit à son tour ; ainsi, en retardant alternativement la guerre et la paix, il se joue du consul. Quelques-uns pensèrent alors qu'Albinus était de connivence avec le roi, et en le voyant traîner la guerre en longueur après avoir montré tant d'activité, ils crurent à la trahison plutôt qu'à la négligence. Cependant le temps s'écoulait et l'époque des comices était proche. Albinus laissa donc son frère Aulus au camp pour commander à sa place et partit pour Rome.

XXXVII. Rome était alors cruellement agitée par les querelles tribuniennes. Les tribuns Publius Lucullus et Lucius Annius prétendaient, malgré la résistance de leurs collègues, rester en charge après le terme légal, et cette lutte empêcha pendant toute une année la tenue des comices. Ces retards firent concevoir à Aulus, qui, nous l'avons dit, était resté à l'armée en qualité de lieutenant, l'espérance de terminer la guerre, ou d'extorquer de l'argent à Jugurtha

quovis modo bellum conficeret. At contra Jugurtha trahere omnia, et alias, deinde alias moræ causas facere ; polliceri deditionem, ac deinde metum simulare ; cedere instanti, et paulo post, ne sui diffiderent, instare : ita belli modo, modo pacis mora consulem ludificare. Ac fuere qui tum Albinum haud ignarum consili regis existumarent, neque ex tanta properantia tam facile tractum bellum socordia magis quam dolo crederent. Sed postquam dilapso tempore comitiorum dies adventabat, Albinus, Aulo fratre in castris pro prætore relicto, Romam decessit.

XXXVII. Ea tempestate Romæ seditionibus tribuniciis atrociter res publica agitabatur. P. Lucullus et L. Annius, tribuni plebis resistentibus collegis continuare magistratum nitebantur, quæ dissensio totius anni comitia impediebat. Ea mora in spem adductus Aulus, quem pro prætore in castris relictum supra diximus, aut conficiundi belli aut terrore exercitus ab rege pecuniæ capiundæ, mili-

par la terreur de ses armes. Il fait donc quitter à ses troupes leurs quartiers d'hiver en plein mois de janvier, et les conduit à marches forcées, par un temps fort rude, devant la ville de Suthul, où étaient les trésors du roi. Cette place, à cause de la rigueur de la saison et de sa forte position, ne pouvait être ni emportée de vive force, ni régulièrement assiégée, car autour de ses murailles, bâties sur le bord d'un roc escarpé, s'étendait une plaine fangeuse que les pluies d'hiver avaient transformée en un véritable marécage. Malgré cela, soit qu'il voulût intimider le roi par un simulacre d'attaque, soit qu'il fût aveuglé par son ardent désir de prendre la ville à cause des richesses qu'elle renfermait, Aulus dresse des mantelets, élève des terrasses et fait rapidement tous les préparatifs nécessaires à la réussite de son entreprise.

XXXVIII. Cependant Jugurtha, désormais convaincu de la légèreté et de l'impéritie du lieutenant d'Albinus, s'applique à accroître sa folle confiance : il lui envoie successivement plusieurs ambassades pour solliciter la paix, tandis que lui-même, feignant de l'éviter, tient constamment son armée dans des lieux boisés et difficiles en suivant des sentiers détournés. Enfin, il amène Aulus, par la promesse d'un accommodement, à quitter Suthul et à s'enfoncer

tes mense Januario ex hibernis in expeditionem evocat, magnisque itineribus hieme aspera, pervenit ad oppidum Suthul, ubi regis thesauri erant. Quod quanquam et sævitia temporis et opportunitate loci neque capi neque obsideri poterat (nam circum murum situm in prærupti montis extremo planities limosa hiemalibus aquis paludem fecerat), tamen aut simulandi gratia, quo regi formidinem adderet, aut cupidine cæcus ob thesauros oppidi potiundi, vineas agere, aggerem jacere, aliaque quæ incepto usui forent properare.

XXXVIII. At Jugurtha, cognita vanitate atque imperitia legati, subdole ejus augere amentiam, missitare supplicantis legatos, ipse quasi vitabundus per saltuosa loca et tramites exercitum ductare. Denique Aulum spe pactionis perpulit uti, relicto Suthule, in abditas regiones sese

à sa suite, comme s'il fuyait, dans des régions écartées où il pourrait ainsi plus facilement cacher ses agissements coupables. En attendant, Jugurtha, au moyen d'habiles émissaires, travaillait nuit et jour à corrompre l'armée romaine, et décidait, par l'appât de l'or, un certain nombre de centurions et d'officiers de cavalerie, les uns à passer dans son camp, les autres à abandonner leur poste à un signal donné.

Lorsqu'il eut tout disposé selon ses vues, tout à coup, au milieu de la nuit, il fondit de tous côtés sur le camp d'Aulus avec une multitude de Numides. Les soldats romains sont bouleversés par cette attaque imprévue : les uns saisissent leurs armes, les autres se cachent, quelques-uns rassurent les plus timides ; le désordre est partout. La foule des ennemis, l'obscurité de la nuit augmentée par l'état nuageux du ciel, l'horrible danger qui les presse, tout cela fait qu'ils se demandent s'il est plus sûr de fuir ou de rester à son poste. Parmi les troupes qui, comme nous l'avons dit plus haut, s'étaient laissé corrompre, une cohorte de Ligures, ainsi que deux escadrons thraces et quelques simples légionnaires passèrent du côté de Jugurtha ; le centurion primipilaire de la troisième légion livra passage à l'ennemi dans la partie du retranchement qu'il était chargé de défendre, et tous les Numides pénétrèrent par là dans

veluti cedentem insequeretur ; ita delicta occultiora fore. Interea per homines callidos diu noctuque exercitum temptabat, centuriones ducesque turmarum partim uti transfugerent corrumpere, alii signo dato locum uti desererent.

Quæ postquam ex sententia instruit, intempesta nocte de improviso multitudine Numidarum Auli castra circumvenit. Milites Romani, perculsi tumultu insolito, arma capere alii, alii se abdere, pars territos confirmare, trepidare omnibus locis. Vis magna hostium, cælum nocte atque nubibus obscuratum, periculum anceps ; postremo, fugere an manere tutius foret, in incerto erat. Sed ex eo numero, quos paulo ante corruptos diximus, cohors una Ligurum cum duabus turmis Thracum et paucis gregariis militibus transiere ad regem ; et centurio primi pili tertiæ legionis per munitionem, quam uti defenderet acceperat, locum hostibus introeundi dedit, eaque Numidæ cuncti inrupere.

le camp. Les nôtres prirent honteusement la fuite, la plupart après avoir jeté leurs armes, et se retirèrent sur une hauteur voisine. L'obscurité de la nuit et le pillage du camp empêchèrent l'ennemi de tirer meilleur parti de la victoire. Le lendemain, Jugurtha eut une entrevue avec Aulus, et lui dit : « qu'il le tenait, « lui et son armée, à sa discrétion, et qu'il avait le « choix, pour les anéantir, entre le fer et la famine; « que toutefois, prenant en considération l'instabilité « des choses humaines, si Aulus signait la paix, il « les laisserait tous partir sains et saufs après les « avoir fait passer sous le joug, mais ils devraient « quitter la Numidie dans les dix jours. » Quelque rigoureuses et déshonorantes que fussent ces conditions pour les Romains, cependant, comme elles les sauvaient de la mort, ils acceptèrent le traité imposé par Jugurtha.

XXXIX. Ces événements, dès qu'ils furent connus à Rome, y répandirent partout la crainte et la consternation. Les uns s'attristent en songeant à la gloire de l'empire, les autres, peu habitués aux vicissitudes de la guerre, craignent déjà pour l'indépendance nationale; tous s'indignent contre Aulus, surtout ceux qui, habitués aux actions d'éclat, ne comprenaient pas qu'ayant des armes à sa disposition, il eût cherché son salut dans le déshonneur plutôt que

Nostri fœda fuga, plerique abjectis armis, proximum collem occupaverunt. Nox atque præda castrorum hostis, quo minus victoria uterentur, remorata sunt. Dein Jugurtha postero die cum Aulo in colloquio verba facit : « Tametsi « ipsum cum exercitu fame, ferro clausum teneret, tamen « se, memorem humanarum rerum, si secum fœdus faceret, « incolumis omnis sub jugum missurum; præterea uti die- « bus decem Numidia decederet. » Quæ quanquam gravia et flagiti plena erant, tamen quia mortis metu mutabantur, sicuti regi lubuerat pax convenit.

XXXIX. Sed ubi ea Romæ comperta sunt, metus atque mæror civitatem invasere : pars dolere pro gloria imperi, pars insolita rerum bellicarum timere libertati, Aulo omnes infesti, ac maxume qui bello sæpe præclari fuerant, quod armatus dedecore potius quam manu salutem quæsi-

dans son courage. Alors le consul Albinus, craignant que le crime de son frère ne lui attirât à lui-même la haine du peuple et, par conséquent, des poursuites judiciaires, soumet le traité au sénat, ce qui ne l'empêche pas de lever des troupes pour compléter ses légions, de demander des renforts aux Italiens et aux alliés du droit latin, en un mot de montrer le plus grand empressement. Le sénat, naturellement, déclare que, sans son autorisation et celle du peuple, aucun traité ne saurait être valable.

Le consul part quelques jours après pour l'Afrique; mais les tribuns l'empêchent d'emmener avec lui les troupes qu'il avait levées. L'armée, conformément au traité, avait évacué la Numidie et pris ses quartiers d'hiver dans la Province. Dès son arrivée, Albinus brûlait d'attaquer Jugurtha et d'apaiser ainsi l'indignation soulevée contre son frère; mais quand il eut reconnu que les soldats, outre la démoralisation causée par leur défaite, étaient livrés, par suite du relâchement de la discipline, à la licence et à la débauche, se rendant un compte exact de la situation, il crut que le mieux était de ne rien entreprendre.

XL. Cependant, à Rome, le tribun Gaius Mamilius Limetanus soumet au peuple une proposition tendant à ordonner des poursuites contre ceux qui, par leurs

verat. Ob ea consul Albinus, ex delicto fratris invidiam ac deinde periculum timens, senatum de fœdere consulebat, et tamen interim exercitui supplementum scribere, ab sociis et nomine Latino auxilia arcessere, denique omnibus modis festinare. Senatus, ita uti par fuerat, decernit suo atque populi injussu nullum potuisse fœdus fieri.

Consul, impeditus a tribunis plebis ne quas paraverat copias secum portaret, paucis diebus in Africam proficiscitur; nam omnis exercitus, uti convenerat, Numidia deductus in Provincia hiemabat. Postquam eo venit, quanquam persequi Jugurtham et mederi fraternæ invidiæ animo ardebat, cognitis militibus, quos præter fugam soluto imperio licentia atque lascivia corruperat, ex copia rerum statuit sibi nihil agitandum.

XL. Interim Romæ C. Mamilius Limetanus, tribunus plebis, rogationem ad populum promulgat, uti quæreretur

conseils, avaient amené Jugurtha à ne tenir aucun compte des décrets du sénat, ou qui, dans leurs ambassades ou dans leurs commandements, avaient reçu de l'argent de ce prince, ou qui lui avaient livré des éléphants ou des transfuges, et aussi contre ceux qui avaient traité de la paix ou de la guerre avec nos ennemis. Personne ne pouvait s'opposer ouvertement à une telle proposition, ni ceux qui se sentaient coupables, ni ceux qui croyaient avoir quelque chose à craindre du ressentiment du parti populaire, sans paraître approuver ces prévarications et tous les crimes semblables; mais secrètement, au moyen de leurs amis et surtout de citoyens du nom latin et d'alliés italiens, ils multipliaient les obstacles. De son côté, le peuple montra une persévérance, une énergie incroyables à soutenir la proposition, plutôt en haine de la noblesse, que ces mesures devaient atteindre, que par zèle pour le bien public : tant était grand l'acharnement des partis.

Tandis que tous les nobles étaient paralysés par la terreur, Scaurus, qui avait été, nous l'avons dit, le lieutenant de Bestia, avait profité de la joie que donnait au peuple son triomphe, de l'effarement de son parti, de l'agitation qui régnait dans la ville, pour se faire nommer l'un des trois commissaires

in eos, quorum consilio Jugurtha senati decreta neglegisset, quique ab eo in legationibus aut imperiis pecunias accepissent, qui elephantos quique perfugas tradidissent, item qui de pace aut bello cum hostibus pactiones fecissent. Huic rogationi partim conscii sibi, alii ex partium invidia pericula metuentes, quoniam aperte resistere non poterant, quin illa et alia talia placere sibi faterentur, occulte per amicos ac maxume per homines nominis Latini et socios Italicos impedimenta parabant. Sed plebes incredibile memoratu est quam intenta fuerit quantaque vi rogationem jusserit, magis odio nobilitatis, cui mala illa parabantur, quam cura rei publicæ : tanta lubido in partibus erat.

Igitur, ceteris metu perculsis, M. Scaurus, quem legatum Bestiæ fuisse supra docuimus, inter lætitiam plebis et suorum fugam, trepida etiam tum civitate, cum ex Mamilia rogatione tres quæsitores rogarentur, effecerat uti ipse in

chargés de l'enquête par la loi Mamilia. Les poursuites n'en furent pas moins rigoureuses, arbitraires, et l'on tint trop de compte de vaines rumeurs et de la passion populaire : suivant l'exemple plusieurs fois donné par la noblesse, le peuple, aveuglé par le succès, se laissait aller à l'insolence.

XLI. Du reste, la lutte permanente entre le parti populaire et la faction aristocratique, et les nombreux excès qui en résultèrent, ne dataient à Rome que de quelques années et étaient dus à un long repos et à l'abondance des biens que les hommes estiment le plus. En effet, avant la destruction de Carthage, le peuple romain et le sénat gouvernaient conjointement avec douceur et modération, et il n'y avait pas lutte d'influence parmi les citoyens : la crainte des ennemis extérieurs maintenait les bonnes traditions. Mais dès que cette crainte salutaire disparut, naturellement, la licence et l'orgueil, conséquences ordinaires de la prospérité, arrivèrent aussitôt. Ainsi, ce repos si ardemment désiré aux jours d'infortune devint, quand on l'eut obtenu, plus dur et plus amer que l'adversité même. On vit alors la noblesse abuser de sa prééminence, le peuple, de sa liberté, les uns et les autres attirer à soi, empiéter, envahir. Pour toutes choses, on se divisa en

eo numero crearetur. Sed quæstio exercita aspere violenterque ex rumore et lubidine plebis : ut sæpe nobilitatem, sic ea tempestate plebem ex secundis rebus insolentia ceperat.

XLI. Ceterum mos partium et factionum, ac deinde omnium malarum artium, paucis ante annis Romæ ortus est otio atque abundantia earum rerum, quæ prima mortales ducunt. Nam ante Carthaginem deletam populus et senatus Romanus placide modesteque inter se rem publicam tractabant, neque dominationis certamen inter civis erat : metus hostilis in bonis artibus civitatem retinebat. Sed ubi illa formido mentibus decessit, scilicet ea, quæ res secundæ amant, lascivia atque superbia incessere. Ita quod in advorsis rebus optaverant otium, postquam adepti sunt, asperius acerbiusque fuit. Namque cœpere nobilitas dignitatem, populus libertatem in lubidinem vortere ; sibi quisque duce-

deux camps, et la république, jusque-là la chose de tous, fut cruellement déchirée.

Toutefois la noblesse, grâce à l'esprit de corps, avait l'avantage; le peuple, dont les forces étaient désunies et dispersées, malgré sa supériorité numérique, avait moins d'influence. La volonté de quelques citoyens tranchait toutes les questions, au dedans comme au dehors; pour eux seuls, les finances, les provinces, les magistratures, les occasions de se distinguer, les triomphes; pour le peuple, le service militaire et la cruelle indigence. Le butin fait à la guerre devenait la proie des généraux, qui le partageaient avec quelques amis, tandis que les soldats, s'ils avaient quelque puissant voisin, voyaient leurs parents et leurs jeunes enfants chassés de leurs foyers. Ainsi, une cupidité sans mesure et sans pudeur, armée du pouvoir, envahit, profana, ravagea tout, sans rien épargner ni respecter, jusqu'au moment où elle fut engloutie dans l'abîme qu'elle avait elle-même creusé. Et lorsqu'il se trouva par hasard parmi les nobles des hommes qui préférèrent la véritable gloire à une domination injuste, il se produisit dans l'Etat un mouvement violent et des dissensions civiles semblables aux secousses qui, parfois, viennent ébranler la terre.

XLII. Ainsi, lorsque Tibérius et Gaius Gracchus,

re, trahere, rapere. Ita omnia in duas partis abstracta sunt, res publica, quæ media fuerat, dilacerata.

Ceterum nobilitas factione magis pollebat; plebis vis, soluta atque dispersa, in multitudine minus poterat. Paucorum arbitrio belli domique agitabatur; penes eosdem ærarium, provinciæ, magistratus, gloriæ triumphique erant; populus militia atque inopia urgebatur; prædas bellicas imperatores cum paucis diripiebant. Interea parentes aut parvi liberi militum, ut quisque potentiori confinis erat, sedibus pellebantur. Ita cum potentia avaritia sine modo modestiaque invadere, polluere et vastare omnia, nihil pensi neque sancti habere, quoad semet ipsa præcipitavit. Nam ubi primum ex nobilitate reperti sunt, qui veram gloriam injustæ potentiæ anteponerent, moveri civitas, et dissensio civilis, quasi permixtio terræ, oriri cœpit.

XLII. Nam postquam Ti. et C. Gracchus, quorum majo-

dont les ancêtres, dans la guerre punique et dans plusieurs autres, avaient tant contribué à l'agrandissement de la république, entreprirent de rendre la liberté au peuple et de démasquer les crimes de quelques hommes, la noblesse, épouvantée parce qu'elle se sentait coupable, avait cherché à empêcher l'exécution de leurs projets, en s'appuyant tantôt sur les Italiens et les alliés du droit latin, tantôt sur les chevaliers romains, qu'avait éloignés du peuple l'espoir d'une alliance avec les patriciens. D'abord Tibérius, qui était tribun du peuple, puis, quelques années après, Gaïus, nommé triumvir pour l'établissement de nouvelles colonies, qui s'était engagé dans la même voie, et, avec lui, Marcus Fulvius Flaccus, avaient été massacrés par les nobles. Assurément, les Gracques, entraînés par un ardent désir de vaincre, manquèrent de modération, et pourtant, pour un bon citoyen, il vaut mieux succomber que de réprimer victorieusement l'injustice par des moyens illégaux. La noblesse abusa sans scrupule de la victoire : elle se débarrassa par le fer ou par l'exil d'un grand nombre de citoyens, se préparant ainsi pour l'avenir des sujets d'inquiétude plutôt qu'une puissance réelle. C'est ainsi qu'ont souvent péri de puissants Etats, quand les partis veulent triompher à tout prix, et que les vainqueurs exercent sur les vaincus des

res Punico atque aliis bellis multum rei publicæ addiderant, vindicare plebem in libertatem et paucorum scelera patefacere cœpere, nobilitas noxia atque eo perculsa modo per socios ac nomen Latinum, interdum per equites Romanos, quos spes societatis a plebe dimoverat, Gracchorum actionibus obviam ierat, et primo Tiberium, dein paucos post annos eadem ingredientem Gaium, tribunum alterum, alterum triumvirum coloniis deducundis, cum M. Fulvio Flacco ferro necaverat. Et sane Gracchis cupidine victoriæ haud satis moderatus animus fuit. Sed bono vinci satius est quam malo more injuriam vincere. Igitur ea victoria nobilitas ex lubidine sua usa multos mortalis ferro aut fuga exstinxit, plusque in reliquum sibi timoris quam potentiæ addidit : quæ res plerumque magnas civitatis pessum dedit, dum alteri alteros vincere quovis modo et victos acerbius ulcisci

vengeances immodérées. Mais si je voulais parler en détail et selon l'importance du sujet des luttes des partis et des mœurs politiques de notre république, le temps me manquerait plutôt que la matière : je reprends donc mon récit.

XLIII. Après la capitulation d'Aulus et la fuite honteuse de notre armée, les consuls Quintus Métellus et Marcus Silanus avaient tiré au sort les provinces désignées par le sénat, et la Numidie était échue à Métellus, homme énergique, qui, bien qu'adversaire du parti populaire, avait toujours joui d'une réputation intacte. Dès son entrée en fonctions, s'en rapportant à son collègue pour les autres affaires, il s'occupa exclusivement de la guerre qu'il se disposait à conduire. Comme il avait peu de confiance dans l'ancienne armée, il leva de nouvelles troupes, fit venir des secours de tous côtés, rassembla des armes défensives et offensives, des chevaux, du matériel, des vivres en abondance, en un mot tout ce qui pouvait être nécessaire dans une guerre compliquée et difficile. Du reste tout concourait au prompt achèvement de ces préparatifs : le sénat par son autorité, les Italiens, les alliés du droit latin et les rois amis par l'envoi spontané de secours, enfin tous les citoyens par

volunt. Sed de studiis partium et omnis civitatis moribus si singillatim aut pro magnitudine parem disserere, tempus quam res maturius me deserat ; quam ob rem ad inceptum redeo.

XLIII. Post Auli fœdus exercitusque nostri fœdam fugam, Q. Metellus et M. Silanus consules de senatus sententia provincias inter se partiverant, Metelloque Numidia evenerat, acri viro et, quanquam advorso populi partium, fama tamen æquabili et inviolata. Is ubi primum magistratum ingressus est, alia omnia sibi cum collega ratus, ad bellum quod gesturus erat animum intendit. Igitur diffidens veteri exercitui milites scribere, præsidia undique arcessere, arma, tela, equos et cetera instrumenta militiæ parare, ad hoc commeatum affatim, denique omnia quæ in bello vario et multarum rerum egenti usui esse solent. Ceterum ad ea patranda senatus auctoritate, socii nomenque Latinum et reges ultro auxilia mittundo, postremo

l'ardeur de leur zèle. Toutes les dispositions étant prises selon ses vues, Métellus part pour la Numidie, laissant ses concitoyens pleins de confiance dans le succès, à cause de ses qualités personnelles et surtout de son incorruptible probité ; car, jusqu'à ce jour, c'était la cupidité des magistrats qui, en Numidie, avait affaibli notre puissance et accru celle des ennemis.

XLIV. Dès son arrivée en Afrique, le proconsul Spurius Albinus lui remet une armée sans forces et sans énergie, incapable d'affronter le danger et de supporter la fatigue, plus disposée à parler qu'à agir, habituée à piller les alliés et pillée elle-même par l'ennemi, indisciplinée et livrée à tous les excès. Le nouveau général trouvait donc plus de sujets d'inquiétude dans une telle démoralisation que de motifs de confiance et d'espoir dans le nombre de ses troupes. Aussi, bien que le retard apporté à la réunion des comices eût abrégé le temps de la campagne et que Métellus comprît combien l'attente des événements préoccupait tous les esprits, il résolut cependant de ne pas commencer les opérations avant d'avoir exercé ses soldats à la fatigue en les soumettant à l'antique discipline. En effet, Albinus, qui, sous l'impression du désastre subi par son frère

omnis civitas summo studio adnitebatur. Itaque ex sententia omnibus rebus paratis compositisque in Numidiam proficiscitur, magna spe civium, cum propter artis bonas, tum maxume quod advorsum divitias invictum animum gerebat, et avaritia magistratuum ante id tempus in Numidia nostræ opes contusæ, hostiumque auctæ erant.

XLIV. Sed ubi in Africam venit, exercitus ei traditur a Sp. Albino proconsule iners, imbellis, neque periculi neque laboris patiens, lingua quam manu promptior, prædator ex sociis et ipse præda hostium, sine imperio et modestia habitus. Ita imperatori novo plus ex malis moribus sollicitudinis quam ex copia militum auxili aut spei bonæ accedebat. Statuit tamen Metellus, quanquam et æstivorum tempus comitiorum mora imminuerat, et exspectatione eventus civium animos intentos putabat, non prius bellum attingere quam majorum disciplina milites laborare coegisset. Nam Albinus, Auli fratris exercitusque

et par l'armée, avait résolu de ne pas sortir de la Province, pendant tout le temps de son commandement depuis le retour de la belle saison, avait tenu constamment ses troupes enfermées dans un camp permanent, qu'il ne déplaçait que lorsqu'il y était forcé par la mauvaise odeur ou le manque de fourrage. Du reste, on ne se fortifiait plus et l'on ne se gardait plus la nuit, selon la coutume; chacun s'écartait des enseignes comme il voulait; les valets d'armée, confondus avec les soldats, erraient jour et nuit et, dans leurs courses vagabondes, dévastaient les champs, forçaient les maisons de campagne, enlevaient à l'envi des troupeaux et des esclaves, qu'ils échangeaient ensuite avec les marchands contre du vin importé et autres denrées semblables; de plus, on vendait le blé fourni par l'État pour acheter du pain au jour le jour : en un mot, on voyait dans cette armée tout ce qu'on peut dire ou imaginer en fait de mollesse et de débauche, et plus encore.

XLV. Je trouve qu'au milieu de ces difficultés, Métellus se montra non moins grand, non moins habile que dans la conduite de la guerre : tant il sut garder une sage mesure entre une indulgence intéressée et une rigueur excessive. En effet, il fit

clade perculsus, postquam decreverat non egredi provincia, quantum temporis æstivorum in imperio fuit, plerumque milites stativis castris habebat, nisi cum odos aut pabuli egestas locum mutare subegerat. Sed neque muniebantur, neque more militari vigiliæ deducebantur; uti cuique lubebat, ab signis aberat; lixæ, permixti cum militibus, diu noctuque vagabantur, et palantes agros vastare, villas expugnare, pecoris et mancipiorum prædas certantes agere, eaque mutare cum mercatoribus vino advecticio et aliis talibus; præterea frumentum publice datum vendere, panem in dies mercari : postremo quæcumque dici aut fingi queunt ignaviæ luxuriæque probra in illo exercitu cuncta fuere, et alia amplius.

XLV. Sed in ea difficultate Metellum, non minus quam in rebus hostilibus, magnum et sapientem virum fuisse comperior : tanta temperantia inter ambitionem sævitiam-

d'abord disparaître, par un édit, tout ce qui servait à entretenir la mollesse; il défendit à qui que ce fût de vendre dans le camp du pain ou d'autres aliments cuits, aux valets de suivre l'armée, au simple soldat d'avoir, dans les campements ou dans les marches, ni esclave ni bête de somme; quant aux autres abus, il sut les resserrer dans d'étroites limites. En outre, faisant passer l'armée par des chemins détournés, il déplaçait tous les jours son camp et l'entourait d'un retranchement et d'un fossé, comme s'il eût été en présence de l'ennemi; il établissait des postes nombreux pendant la nuit et les inspectait lui-même avec ses lieutenants. Dans les marches, se tenant tantôt à la tête, tantôt en arrière, quelquefois au centre, il veillait à ce que personne ne quittât son rang, qu'on se tînt serré autour des enseignes, et que le soldat portât lui-même ses vivres et ses armes. En prévenant ainsi les fautes pour n'avoir pas à les punir, il eut bientôt rétabli la discipline dans l'armée.

XLVI. Cependant Jugurtha, informé par ses émissaires des mesures que prenait Metellus, et connaissant d'ailleurs, par les rapports qui lui arrivaient de Rome, son incorruptible probité, commença à se défier de sa fortune et, pour la première

que moderatum. Namque edicto primum adjumenta ignaviæ sustulisse, ne quisquam in castris panem aut quem alium coctum cibum venderet, ne lixæ exercitum sequerentur, ne miles gregarius in castris neve in agmine servum aut jumentum haberet; ceteris arte modum statuisse. Præterea transvorsis itineribus quotidie castra movere; juxta ac si hostes adessent, vallo atque fossa munire, vigilias crebras ponere et eas ipse cum legatis circumire; item in agmine in primis modo, modo in postremis, sæpe in medio adesse, ne quispiam ordine egrederetur, ut cum signis frequentes incederent, miles cibum et arma portaret. Ita prohibendo a delictis magis quam vindicando exercitum brevi confirmavit.

XLVI. Interea Jugurtha, ubi quæ Metellus agebat ex nuntiis accepit, simul de innocentia ejus certior Roma factus, diffidere suis rebus ac tum demum veram deditionem

fois, songea sérieusement à faire sa soumission. Il envoie donc au consul des députés portant des rameaux de suppliant et les charge de demander seulement la vie sauve pour lui et ses enfants et de s'en remettre, pour le reste, à la discrétion du peuple romain. Mais Métellus connaissait déjà, par l'expérience de ses prédécesseurs, la perfidie des Numides, la mobilité de leur caractère et leur amour du changement. Il prend donc en particulier chacun des députés, les sonde avec ménagement, et, les trouvant disposés à entrer dans ses vues, il leur persuade, à force de promesses, de lui livrer Jugurtha vivant ou, s'ils ne peuvent y réussir, de lui remettre du moins son cadavre; puis, en audience publique, il les charge de transmettre au roi une réponse conforme à ses désirs.

Quelques jours après, à la tête d'une armée bien disposée et prête à la lutte, il s'avance dans l'intérieur de la Numidie. Rien n'y présentait l'aspect de la guerre : aucun habitant n'avait abandonné sa chaumière, les troupeaux et les laboureurs étaient dispersés dans les champs. A chaque ville, à chaque village, les officiers du roi venaient au-devant du consul et se déclaraient prêts à lui fournir du blé et des moyens de transport, en un mot, à faire tout ce

facere conatus est. Igitur legatos ad consulem cum suppliciis mittit, qui tantummodo ipsi liberisque vitam peterent, alia omnia dederent populo Romano. Sed Metello jam antea experimentis cognitum erat genus Numidarum infidum, ingenio mobili, novarum rerum avidum esse. Itaque legatos alium ab alio divorsos aggreditur, ac paulatim temptando, postquam opportunos sibi cognovit, multa pollicendo persuadet uti Jugurtham maxume vivum, sin id parum procedat, necatum sibi traderent; ceterum palam, quæ ex voluntate forent, regi nuntiari jubet. Deinde ipse paucis diebus intento atque infesto exercitu in Numidiam procedit, ubi contra belli faciem tuguria plena hominum, pecora cultoresque in agris erant. Ex oppidis et mapalibus præfecti regis obvii procedebant, parati frumentum dare, commeatum portare, postremo omnia quæ impera-

qu'il commanderait. Malgré cela, Métellus n'en faisait pas moins marcher son armée en ordre régulier, comme s'il eût été en présence de l'ennemi, et s'éclairait avec beaucoup de soin, persuadé que ces marques de soumission n'étaient qu'apparentes et qu'on ne cherchait que l'occasion de le surprendre. Il se tenait en personne au premier rang avec les cohortes armées à la légère et une troupe choisie de frondeurs et d'archers; à l'arrière-garde, Gaius Marius, son lieutenant, commandait la cavalerie; sur les flancs étaient échelonnés les cavaliers auxiliaires, à la disposition des tribuns des légions et des commandants des troupes alliées, prêts à repousser de toutes parts, de concert avec les vélites mêlés dans leurs rangs, les groupes de cavaliers ennemis. Car Jugurtha était si rusé, il avait une telle connaissance des lieux et une telle expérience de la guerre, qu'absent ou présent, pendant la paix ou pendant la guerre, on ne savait quand il était le plus à craindre.

XLVII. Non loin de la route que suivait Métellus était une ville numide, nommée Vaga, le marché le plus fréquenté de tout le royaume : un grand nombre d'Italiens s'y étaient établis pour le négoce. Le

rentur facere. Neque Metellus idcirco minus, sed pariter ac si hostes adessent, munito agmine incedere; late explorare omnia, illa deditionis signa ostentui credere et insidiis locum temptari. Itaque ipse cum expeditis cohortibus, item funditorum et sagittariorum delecta manu, apud primos erat; in postremo G. Marius legatus cum equitibus curabat; in utrumque latus auxiliarios equites tribunis legionum et præfectis cohortium dispertiverat, uti cum eis permixti velites, quocumque accederent, equitatus hostium propulsarent. Nam in Jugurtha tantus dolus tantaque peritia locorum et militiæ erat ut absens an præsens, pacem an bellum gerens perniciosior esset, in incerto haberetur.

XLVII. Erat haud longe ab eo itinere, quo Metellus pergebat, oppidum Numidarum, nomine Vaga, forum rerum venalium totius regni maxume celebratum, ubi et incolere et mercari consueverant Italici generis multi mortales. Huc

consul, voulant éprouver la fidélité des habitants et profiter de cette position, s'il la reconnaissait bonne, y mit garnison; puis il y fit transporter du blé et d'autres provisions de guerre, jugeant avec raison que le grand nombre de trafiquants faciliterait le ravitaillement de l'armée et la conservation des approvisionnements qu'il y aurait accumulés. Pendant ce temps, Jugurtha, montrant un empressement excessif, envoie de nouveaux députés chargés de demander instamment la paix et de tout mettre à la discrétion de Métellus, sauf sa vie et celle de ses enfants. Le consul excite ces députés, comme les précédents, à trahir leur maître et les renvoie sans refuser ni promettre expressément au roi la paix qu'il sollicitait; ayant ainsi gagné du temps, il attend l'effet des promesses qu'il a reçues.

XLVIII. Jugurtha, comparant les actes de Métellus avec ses paroles, reconnut bientôt qu'on le combattait avec ses propres armes; en effet, on lui parlait de paix, mais on lui faisait en réalité une guerre terrible; il venait de perdre une place très importante et l'ennemi prenait connaissance du pays et tentait la fidélité de ses sujets. Il céda donc à la nécessité et prit la résolution de combattre. Il fait surveiller la marche de l'ennemi, et, espérant

consul, simul temptandi gratia, et si paterentur opportunitates loci, præsidium inposuit; præterea imperavit frumentum et alia quæ bello usui forent comportare, ratus, id quod res monebat, frequentiam negotiatorum et commeatu iuvaturam exercitum et iam paratis rebus munimento fore. Inter hæc negotia Jugurtha inpensius modo legatos supplices mittere, pacem orare, præter suam liberorumque vitam omnia Metello dedere. Quos item, uti priores, consul illectos ad proditionem domum dimittebat, regi pacem, quam postulabat, neque abnuere neque polliceri, et inter eas moras promissa legatorum exspectare.

XLVIII. Jugurtha, ubi Metelli dicta cum factis composuit ac se suis artibus temptari animadvortit (quippe cui verbis pax nuntiabatur, ceterum re bellum asperrumum erat, urbs maxuma alienata, ager hostibus cognitus, animi popularium temptati), coactus rerum necessitudine, sta-

que l'avantage de la position lui donnerait la victoire, il rassemble le plus qu'il peut de troupes de toute espèce et, par des sentiers peu connus, devance dans sa marche l'armée de Metellus. Il y avait dans la partie de la Numidie qui avait été le lot d'Adherbal un fleuve, nommé Muthul, qui prenait sa source au Midi, et, dans la même direction que le fleuve, à une distance d'environ vingt milles, une chaîne de montagnes désolées et incultes. A peu près au milieu de cette chaîne, se détachait un contrefort s'avançant au loin dans la plaine et couvert d'oliviers sauvages, de bouquets de myrtes et d'autres espèces d'arbres propres aux terrains secs et sablonneux. La plaine intermédiaire était déserte par suite du manque d'eau, sauf les parties voisines du fleuve, qui étaient garnies d'arbres et où l'on trouvait en grand nombre des troupeaux et des agriculteurs.

XLIX. Ce fut sur ce contrefort qui, comme nous l'avons dit, s'avançait perpendiculairement à la chaîne principale, que Jugurtha prit position en étendant considérablement ses lignes. Il donne à Bomilcar le commandement des éléphants et d'une partie des troupes de pied et lui prescrit ce qu'il aura à faire;

tuit armis certare. Igitur explorato hostium itinere, in spem victoriæ adductus ex opportunitate loci, quam maxumas copias potest omnium generum parat, ac per tramites occultos exercitum Metelli antevenit. Erat in ea parte Numidiæ, quam Adherbal in divisione possederat, flumen oriens a meridie, nomine Muthul, a quo aberat mons ferme milia passuum viginti tractu pari, vastus ab natura et humano cultu. Sed ex eo medio quasi collis oriebatur, in immensum pertingens, vestitus oleastro ac murtetis aliisque generibus arborum, quæ humi arido atque harenoso gignuntur. Media autem planities deserta penuria aquæ præter flumini propinqua loca; ea consita arbustis pecore atque cultoribus frequentabantur.

XLIX. Igitur in eo colle, quem transvorso itinere porrectum docuimus, Jugurtha extenuata suorum acie consedit; elephantis et parti copiarum pedestrium Bomilcarem præfecit, eumque edocet quæ ageret; ipse propior montem

puis, prenant avec lui toute la cavalerie et des fantassins d'élite, il les poste plus près de la montagne principale. Parcourant ensuite successivement les escadrons et les manipules, il leur demande, il les supplie de se rappeler leur ancienne valeur et leur récente victoire, et de défendre sa personne et ses états contre la cupidité des Romains : « ils vont « avoir à combattre des hommes qu'ils ont déjà vain- « cus et fait passer sous le joug ; leur chef seul est « changé et non leurs dispositions. Pour lui, tous les « avantages qu'il dépend d'un général de procurer à « ses soldats, il les leur a ménagés ; il leur a choisi « une position élevée ; grâce à lui, prévenus d'avance, « ils vont combattre un ennemi qui ne s'attend pas à « être attaqué, et qui, d'ailleurs, n'est ni supérieur en « nombre ni mieux exercé ; ils doivent donc faire « bonne garde et se tenir prêts à fondre au premier « signal sur les Romains. Ce jour doit, en effet, ou « couronner leurs travaux et leur victoire, ou être « pour eux le commencement de cruelles épreuves. » Puis, s'adressant individuellement à ceux de ses soldats qu'il avait récompensés de leurs exploits par de l'argent ou par un grade, il leur rappelle ces faveurs et les propose en exemple aux autres ; enfin, selon le caractère de chacun, il promet,

cum omni equitatu et peditibus delectis suos collocat. Dein singulas turmas et manipulos circumiens monet atque obtestatur uti, memores pristinæ virtutis et victoriæ, sese regnumque suum ab Romanorum avaritia defendant ; « cum eis certamen fore, quos antea victos sub jugum miserint ; ducem illis, non animum mutatum ; quæ ab imperatore decuerint, omnia suis provisa, locum superiorem, uti prudentes cum inperitis, ne pauciores cum pluribus aut rudes cum belli melioribus manum consererent ; proinde parati intentique essent signo dato Romanos invadere ; illum diem aut omnis labores et victorias confirmaturum aut maxumarum ærumnarum initium fore. » Ad hoc viritim, uti quemque ob militare facinus pecunia aut honore extulerat, commonefacere benefici sui et eum ipsum aliis ostentare ; postremo pro cujusque ingenio pollicendo, minitando, obtestando, alium alio modo exci-

menace, supplie et emploie des moyens divers pour exciter leur ardeur.

Cependant Metellus, qui ne soupçonnait pas la présence de l'ennemi, descendait avec son armée de la montagne principale ; il remarque quelque chose d'étrange, sans démêler tout d'abord ce que c'est, car les Numides étaient embusqués dans les broussailles avec leurs chevaux, et quoique la taille des arbres fût insuffisante pour les cacher complètement, on ne les distinguait pas bien, tant à cause de la nature du terrain que par suite de l'attention qu'ils mettaient à se dissimuler eux et leurs enseignes ; mais bientôt, reconnaissant le piège, il suspend un instant sa marche et ordonne un quart de conversion à droite, du côté où se trouvait l'ennemi, de telle sorte que l'armée, rangée sur trois lignes, avait dès lors son front tourné vers la colline ; dans l'intervalle des manipules, il distribue les frondeurs et les archers et place toute la cavalerie sur les ailes. Puis, après avoir exhorté ses soldats très brièvement, car le temps pressait, il reprend sa marche, les hommes du premier rang servant maintenant de serre-files, et conduit son armée dans la plaine.

L. Mais bientôt, voyant que les Numides ne faisaient aucun mouvement et ne descendaient pas de la colline, et craignant que, par suite de la

tare : cum interim Metellus, ignarus hostium, monte degrediens, cum exercitu conspicatur, primo dubius quidnam insolita facies ostenderet (nam inter virgulta equi Numidæque consederant, neque plane occultati humilitate arborum et tamen incerti quidnam esset, cum natura loci tum dolo ipsi atque signa militaria obscurati) ; dein, brevi cognitis insidiis paulisper agmen constituit. Ibi, commutatis ordinibus, in dextero latere, quod proxumum hostis erat, triplicibus subsidiis aciem instruxit ; inter manipulos funditores et sagittarios dispertit ; equitatum omnem in cornibus locat, ac pauca pro tempore milites hortatus, aciem, sicuti instruxerat, transvorsis principiis in planum deducit.

L. Sed ubi Numidas quietos neque colle degredi animadvortit, veritus ex anni tempore et inopia aquæ ne siti

chaleur de la saison et du manque d'eau, son armée n'eût à souffrir de la soif, il envoya en avant vers le fleuve son lieutenant Rutilius avec les cohortes armées à la légère et une partie de la cavalerie et le chargea de s'assurer d'un emplacement pour le camp, pensant bien que l'ennemi retarderait sa marche par de nombreuses attaques de flanc, et que, comptant peu sur la supériorité de ses armes, il chercherait à tirer profit de la lassitude et de la soif qui accablaient ses soldats. Quant à lui, ainsi que l'exigeaient les circonstances et la nature du terrain, il s'avance lentement dans l'ordre où il était descendu de la montagne, place Marius derrière la première ligne qui servait maintenant de serre-files, et se met lui-même à la tête de la cavalerie de l'aile gauche, qui était devenue la tête de colonne. De son côté, Jugurtha, dès qu'il voit que l'arrière-garde de Métellus a dépassé la tête de sa ligne de bataille, fait occuper par deux mille fantassins environ la montagne par où venaient de descendre les Romains, afin que, s'ils venaient à être battus, ils ne pussent s'y retirer et ensuite s'y retrancher ; puis il donne le signal et fond sur les ennemis. Une partie des Numides taille en pièces l'arrière-garde, d'autres essaient de déborder l'aile droite et l'aile gauche ; il les harcèle, les presse vivement et

conficeretur exercitus, Rutilium legatum cum expeditis cohortibus et parte equitum præmisit ad flumen, uti locum castris antecaperet, existumans hostis crebro impetu et transvorsis prœliis iter suum remoraturos et, quoniam armis diffiderent, lassitudinem et sitim militum temptaturos. Deinde ipse pro re atque loco, sicuti monte descenderat, paulatim procedere, Marium post principia habere, ipse cum sinistræ alæ equitibus esse, qui in agmine principes facti erant. At Jugurtha, ubi extremum agmen Metelli primos suos prætergressum videt, præsidio quasi duum milium peditum montem occupat, qua Metellus descenderat, ne forte cedentibus advorsariis receptui ac post munimento foret. Dein repente signo dato hostis invadit. Numidæ alii postremos cædere, pars a sinistra ac

jette partout le désordre dans leurs rangs. Ceux-là même d'entre les Romains qui, plus résolus, s'étaient portés au-devant des Numides, étaient déconcertés par leur manière peu régulière de combattre : blessés de loin, ils ne pouvaient ni frapper à leur tour l'ennemi ni parvenir à le joindre. Suivant les instructions de Jugurtha, les cavaliers Numides, dès qu'un escadron romain faisait mine de les charger, se dérobaient, non pas en rangs serrés ni en un même lieu, mais en se dispersant le plus possible et s'éparpillant de tous côtés ; si les Romains s'obstinaient à les poursuivre, dès qu'ils voyaient leurs escadrons disloqués, ils revenaient supérieurs en nombre les attaquer par derrière ou sur les flancs. Parfois il leur était plus facile, dans leur fuite, de gagner la colline que la plaine ; dans ce cas, les chevaux Numides, qui en avaient l'habitude, échappaient facilement à la poursuite à travers les broussailles, tandis que les nôtres étaient continuellement arrêtés par les difficultés d'un terrain qu'ils ne connaissaient pas.

LI. Du reste, l'aspect général du combat était changeant, incertain, triste, lamentable : dispersés en petits groupes, les uns reculent, les autres poursuivent, les enseignes et les rangs sont abandonnés,

dextra temptare, infensi adesse atque instare, omnibus locis Romanorum ordines conturbare ; quorum etiam qui firmioribus animis obvii hostibus fuerant, ludificati incerto prœlio, ipsi modo eminus sauciabantur, neque contra feriundi aut conserundi manum copia erat : ante jam docti ab Jugurtha equites, ubi Romanorum turma insequi cœperat, non confertim neque in unum sese recipiebant, sed alius alio quam maxume diversi. Ita numero priores, si ab persequendo hostis deterrere nequiverant, disjectos ab tergo aut lateribus circumveniebant ; sin opportunior fugæ collis quam campi fuerat, ea vero consueti Numidarum equi facile inter virgulta evadere, nostros asperitas et insolentia loci retinebat.

LI. Ceterum facies totius negoti varia, incerta, fœda atque miserabilis ; dispersi a suis pars cedere, alii insequi, neque signa neque ordines observare ; ubi quemque peri-

là où l'on rencontre le péril, on résiste et on repousse l'attaque ; armes, traits, chevaux, hommes, ennemis, citoyens, tout est confondu ; il n'y a ni tactique ni commandement, le hasard conduit tout. Et déjà le jour était très avancé que l'issue du combat était encore incertaine. Enfin, les deux armées étant accablées par la fatigue et la chaleur, Métellus, qui voit les Numides ralentir leurs efforts, rallie peu à peu ses soldats, rétablit leurs rangs et oppose quatre cohortes de légionnaires à l'infanterie ennemie, dont la plus grande partie, à bout de forces, était allée se reposer sur les hauteurs. En même temps, il exhorte ses soldats, il les supplie de ne pas se laisser abattre et de ne pas abandonner la victoire à un ennemi qui ne sait que fuir ; il leur représente « qu'ils n'ont ni camp ni retranchement « qui puisse protéger leur retraite et qu'il ne leur reste « d'autre ressource que les armes. » Mais Jugurtha non plus ne restait pas inactif : parcourant le champ de bataille, il exhorte ses troupes, ranime le combat, et, à la tête d'une troupe d'élite, fait tentative sur tentative, soutient les siens, presse vivement ceux des ennemis qui lâchent pied ; quand à ceux dont il a reconnu l'intrépidité, il se contente de les contenir en les combattant de loin.

culum ceperat, ibi resistere ac propulsare ; arma, tela, equi, viri, hostes atque cives permixti ; nihil consilio neque imperio agi, fors omnia regere. Itaque multum diei processerat, cum etiam tum eventus in incerto erat. Denique omnibus labore et æstu languidis Metellus, ubi videt Numidas minus instare, paulatim milites in unum conducit, ordines restituit et cohortis legionarias quattuor advorsum pedites hostium collocat. Eorum magna pars superioribus locis fessa consederat. Simul orare et hortari milites ne deficerent, neu paterentur hostis fugientis vincere ; « neque illis « castra esse neque munimentum ullum, quo cedentes ten- « derent, in armis omnia sita. » Sed ne Jugurtha quidem interea quietus erat ; circumire, hortari, renovare prœlium et ipse cum delectis temptare omnia, subvenire suis, hostibus dubiis instare, quos firmos cognoverat, eminus pugnando retinere.

LII. Ainsi luttaient entre eux ces deux grands capitaines, personnellement égaux en mérite, mais disposant de ressources inégales. Métellus avait pour lui la valeur de ses soldats, contre lui la position ; tout était en faveur de Jugurtha, sauf son armée. Enfin les Romains, reconnaissant qu'ils n'ont aucun moyen de faire retraite et que l'ennemi persiste à éviter le combat ; voyant d'ailleurs le jour baisser, se décident, suivant l'ordre reçu, à gravir la colline qui était en face d'eux. Chassés de cette position, les Numides se dispersent et fuient, il y eut peu de tués : leur agilité, jointe au peu de connaissance que nous avions du pays, les sauva pour la plupart.

Cependant Bomilcar, que Jugurtha, nous l'avons déjà dit, avait chargé du commandement des éléphants et d'une partie des troupes de pied, dès qu'il eut été dépassé par Rutilius, fit descendre peu à peu ses troupes dans la plaine, et, sans se hâter, tandis que le lieutenant de Métellus se dirigeait rapidement vers le fleuve où il devait précéder son général, il rangea son armée dans l'ordre le plus convenable, sans cesser cependant d'observer les actes et les mouvements de l'ennemi. Dès qu'il apprit que Rutilius s'était arrêté pour établir son

LII. Eo modo inter se duo imperatores summi viri certabant, ipsi pares, ceterum opibus disparibus. Nam Metello virtus militum erat, locus adversus; Jugurthæ alia omnia præter milites opportuna. Denique Romani, ubi intellegunt neque sibi perfugium esse, neque ab hoste copiam pugnandi fieri (et jam die vesper erat), adverso colle, sicuti præceptum fuerat, evadunt. Amisso loco, Numidæ fusi fugatique; pauci interiere, plerosque velocitas et regio hostibus ignara tutata sunt.

Interea Bomilcar, quem elephantis et parti copiarum pedestrium præfectum ab Jugurtha supra diximus, ubi eum Rutilius prætergressus est, paulatim suos in æquum locum deducit, ac, dum legatus ad flumen, quo præmissus erat, festinans pergit, quietus, uti res postulabat, aciem exornat, neque remittit quid ubique hostis ageret explorare. Postquam Rutilium consedisse jam et animo vacuum

camp et qu'il était sans défiance, et qu'il entendit, d'autre part, les clameurs redoubler du côté où combattait Jugurtha, il craignit que le lieutenant ne s'en aperçût et ne vînt au secours des Romains dans leur position critique ; espérant couper les communications de l'ennemi, il étendit le front de ses troupes, que, manquant de confiance en leur valeur, il avait tenues très serrées, et, dans cet ordre, se dirigea vers le camp de Rutilius.

LIII. Les Romains aperçoivent tout-à-coup un grand nuage de poussière, car les arbustes dont cet endroit était couvert empêchaient la vue de s'étendre au loin. Ils crurent d'abord que c'était le vent qui soulevait le sable de la plaine ; mais voyant que le nuage restait toujours à la même hauteur et se rapprochait de plus en plus, à mesure que s'avançait l'armée, ils prennent leurs armes à la hâte, et, dociles aux ordres qu'ils reçoivent, prennent position en avant du camp. Dès que les deux troupes sont suffisamment rapprochées, elles poussent un grand cri et engagent l'action. Les Numides tinrent bon tant qu'ils crurent pouvoir compter sur leurs éléphants ; mais quand ils les virent embarrassés dans les branches d'arbres, et, par suite, dispersés et enveloppés par l'ennemi, ils prirent la fuite et s'échap-

accepit, simulque ex Jugurthæ prœlio clamorem augeri, veritus ne legatus, cognita re, laborantibus suis auxilio foret, aciem, quam diffidens virtuti militum arte statuerat, quo hostium itineri officeret, latius porrigit, eoque modo ad Rutili castra procedit.

LIII. Romani ex inproviso pulveris vim magnam animadvortunt ; nam prospectum ager arbustis consitus prohibebat. Et primo rati humum aridam vento agitari ; post, ubi æquabilem manere et, sicuti acies movebatur, magis magisque appropinquare vident, cognita re, properantes arma capiunt, ac pro castris sicuti imperabatur, consistunt. Deinde, ubi propius ventum est, utrimque magno clamore concurritur. Numidæ tantum modo remorati, dum in elephantis auxilium putant, postquam eos impeditos ramis arborum atque ita disjectos circumveniri vident, fugam faciunt, ac plerique, abjectis armis, collis

pèrent pour la plupart sains et saufs en jetant leurs armes, grâce au voisinage de la colline et à l'approche de la nuit. Quatre éléphants furent pris, tous les autres, au nombre de quarante, furent tués.

Cependant les Romains, malgré la fatigue de la marche, du campement, du combat, voyant que Métellus tardait plus que de raison à arriver, vont à sa rencontre en bon ordre et en se tenant sur leurs gardes, car la ruse bien connue des Numides ne permettait ni relâchement ni négligence. Lorsque, dans l'obscurité de la nuit, les deux armées ne furent plus qu'à une courte distance, entendant le bruit de leur marche respective, elles crurent d'abord à l'approche de l'ennemi et devinrent l'une pour l'autre un sujet d'effroi et d'alarme, et cette méprise aurait amené une déplorable catastrophe, si des cavaliers envoyés en éclaireurs des deux côtés n'eussent découvert la vérité. Aussitôt la crainte fait place à l'allégresse, les soldats s'interpellent joyeusement, ils font et écoutent tour à tour le récit de ce qui s'est passé, chacun porte aux nues ses actes de bravoure, car tel est le cours des choses : en cas de succès, les lâches mêmes ont le droit de se glorifier, tandis que les revers amoindrissent la renommée même des plus braves.

aut noctis, quæ jam aderat, auxilio integri abeunt. Elephanti quattuor capti, reliqui omnes numero quadraginta interfecti.

At Romani, quanquam itinere atque opere castrorum et prœlio fessi erant, tamen, quod Metellus amplius opinione morabatur, instructi intentique obviam procedunt ; nam dolus Numidarum nihil languidi neque remissi patiebatur. Ac primo obscura nocte, postquam haud procul inter se erant, strepitu, velut hostis adventare, alteri apud alteros formidinem simul et tumultum facere, et pæne inprudentia admissum facinus miserabile, ni utrimque præmissi equites rem exploravissent. Igitur pro metu repente gaudium mutatur, milites alius alium læti appellant, acta edocent atque audiunt, sua quisque fortia facta ad cælum fert ; quippe res humanæ ita sese habent : in victoria vel ignavis gloriari licet, advorsæ res etiam bonos detrectant.

LIV. Métellus reste quelques jours campé au même endroit : il prend le plus grand soin des blessés, décerne à ceux qui se sont distingués dans les deux combats les récompenses d'usage, adresse publiquement à tous des éloges et des remercîments et les exhorte à montrer le même courage pour le reste de leur tâche, qui n'offre plus d'ailleurs aucune difficulté : « ils ont assez longtemps combattu pour la victoire ; désormais le but de leurs efforts sera le butin. » Cela ne l'empêche pas d'envoyer des transfuges et d'autres personnes expérimentées, pour tâcher de découvrir où se trouvait Jugurtha et quels étaient ses projets, s'il n'avait avec lui qu'une poignée d'hommes ou une véritable armée, et quel effet avait produit sur lui sa défaite. Ce prince s'était retiré dans des lieux couverts de bois et naturellement fortifiés, et il rassemblait une armée plus nombreuse que la première, mais composée d'hommes sans énergie et sans courage, plus habitués à cultiver la terre et à élever des troupeaux qu'à faire la guerre. La raison en était que, chez les Numides, en dehors des cavaliers qui forment sa garde, personne ne suit le roi après une déroute ; chacun se retire où il lui plaît, et il n'y a rien là qui entache l'honneur militaire ; c'est un usage établi.

LIV. Metellus, in eisdem castris quatriduo moratus, saucios cum cura reficit, meritos in prœliis more militiæ donat, universos in contione laudat atque agit gratias, hortatur ad cetera, quæ levia sunt, parem animum gerant : « pro victoria satis jam pugnatum, reliquos labores pro præda fore. » Et tamen interim transfugas et alios opportunos, Jugurtha ubi gentium aut quid agitaret, cum paucisne esset an exercitum haberet, ut sese victus gereret, exploratum misit. At ille sese in loca saltuosa et natura munita receperat, ibique cogebat exercitum numero hominum ampliorem, sed hebetem infirmumque, agri ac pecoris magis quam belli cultorem. Id ea gratia eveniebat, quod præter regios equites nemo omnium Numida ex fuga regem sequitur : quo cujusque animus fert, eo discedunt ; neque id flagitium militiæ ducitur : ita se mores habent.

Convaincu que Jugurtha n'avait rien perdu de son indomptable énergie et qu'il allait falloir recommencer une guerre où rien ne se ferait que selon le bon plaisir du roi, considérant d'ailleurs que la lutte n'était pas égale entre les Romains et leurs ennemis, qui avaient moins à souffrir de leurs défaites que les Romains de leurs victoires, Metellus résolut d'éviter les engagements et les batailles rangées et d'adopter une tactique toute différente. Il se dirige donc vers les parties les plus riches de la Numidie, ravage les campagnes, prend et brûle un grand nombre de châteaux et de villes mal fortifiées ou dépourvues de garnison, fait mettre à mort les hommes adultes, et abandonne tout le reste aux soldats. Terrifiés, les habitants lui livrent partout des otages et lui fournissent en abondance du blé et tout ce dont il peut avoir besoin; des garnisons sont laissées partout où on le juge nécessaire. Tout cela effrayait Jugurtha bien plus que la défaite récemment subie par ses soldats. Lui, dont tout l'espoir était d'éviter la rencontre des Romains, il se voyait obligé d'aller les chercher; après s'être reconnu impuissant à défendre des positions choisies par lui, il était réduit à combattre l'ennemi sur son propre terrain. Cependant il prend le parti qu'il juge le mieux approprié aux circonstances. Il

Igitur Metellus, ubi videt regis etiam tum animum ferocem esse, bellum renovari, quod nisi ex illius lubidine geri non posset, præterea iniquum certamen sibi cum hostibus, minore detrimento illos vinci quam suos vincere, statuit non prœliis neque acie, sed alio more bellum gerundum. Itaque in loca Numidiæ opulentissima pergit, agros vastat, multa castella et oppida temere munita aut sine præsidio capit incenditque, puberes interfici jubet, alia omnia militum prædam esse. Ea formidine multi mortales Romanis dediti obsides; frumentum et alia, quæ usui forent, affatim præbita; ubicumque res postulabat, præsidium impositum. Quæ negotia multo magis, quam prœlium male pugnatum ab suis, regem terrebant; quippe, cujus spes omnis in fuga sita erat, sequi cogebatur, et, qui sua loca defendere nequiverat, in alienis bellum gerere. Tamen ex copia quod optumum videbatur consilium capit : exerci-

ordonne au gros de son armée de l'attendre dans ses cantonnements, et, prenant avec lui l'élite de sa cavalerie, il s'attache aux pas de Métellus. Par des marches de nuit dans des chemins à peine frayés, il dissimule son approche et, tout à coup, attaque ceux des Romains qui erraient dans la campagne. La plupart furent tués sans pouvoir se défendre; beaucoup furent faits prisonniers, personne n'échappa aux blessures, et les Numides, se conformant aux ordres reçus, gagnèrent les collines voisines avant qu'aucun secours n'arrivât du camp.

LV. Cependant à Rome on éprouva une immense satisfaction quand on apprit la belle conduite de Métellus et comment lui et son armée conservaient les traditions glorieuses des ancêtres; quand on sut que, malgré le désavantage de la position, il avait su vaincre, grâce à son courage, qu'il occupait le territoire ennemi, tandis que Jugurtha, que la lâche indolence d'Albinus avait rendu si orgueilleux, était maintenant réduit à chercher son salut dans la solitude du désert ou dans une fuite perpétuelle. Pour ces heureux succès, le sénat décréta de solennelles actions de grâces aux dieux; Rome, jusque-là anxieuse et inquiète de l'issue de la guerre, se livra tout entière à la joie; le nom de Métellus était porté aux nues.

tum plerumque in eisdem locis opperiri jubet, ipse cum delectis equitibus Metellum sequitur; nocturnis et aviis itineribus ignoratus Romanos palantis repente aggreditur. Eorum plerique inermes cadunt, multi capiuntur, nemo omnium intactus profugit, et Numidæ, priusquam ex castris subveniretur, sicuti jussi erant, in proxumos collis discedunt.

LV. Interim Romæ gaudium ingens ortum, cognitis Metelli rebus, ut seque et exercitum more majorum gereret, in adverso loco victor tamen virtute fuisset, hostium agro potiretur, Jugurtham, magnificum ex Albini socordia, spem salutis in solitudine aut fuga coegisset habere. Itaque senatus ob ea feliciter acta dis immortalibus supplicia decernere, civitas, trepida antea et sollicita de belli eventu, læta agere, fama de Metello præclara esse.

Mais le proconsul n'en montra que plus d'ardeur à poursuivre le succès définitif et déploya la plus grande activité, sans cependant donner jamais prise à l'ennemi : il n'oubliait pas que l'envie suit de près la gloire ; aussi, plus sa renommée était grande, plus il craignait de la compromettre. Depuis que les Romains avaient été surpris par Jugurtha, ils ne se débandaient plus pour piller : lorsqu'on avait besoin de blé ou de fourrage, les cohortes auxiliaires et toute la cavalerie servaient d'escorte. L'armée était répartie en deux camps, commandés l'un par Metellus lui-même, l'autre par Marius. On brûlait plus qu'on ne pillait. Les deux camps étaient toujours assez rapprochés l'un de l'autre. S'il fallait agir vigoureusement, les deux chefs se réunissaient ; sinon, ils opéraient séparément, afin de répandre plus loin la terreur et la dévastation. Cependant Jugurtha suivait les Romains le long des collines, cherchant une occasion et un terrain favorables pour combattre, détruisant les fourrages et corrompant les sources, si rares dans ce pays, partout où il apprenait que l'ennemi devait passer, se montrant tantôt à Metellus, tantôt à Marius, dont il attaquait l'arrière-garde, pour regagner aussitôt les hauteurs, les harcelant tour à tour sans jamais leur livrer

Igitur eo intentior ad victoriam niti, omnibus modis festinare, cavere tamen necubi hosti opportunus fieret ; meminisse post gloriam invidiam sequi. Ita quo clarior erat, eo magis anxius erat, neque post insidias Jugurthæ effuso exercitu prædari, ubi frumento aut pabulo opus erat, cohortes cum omni equitatu præsidium agitabant ; exercitus partem ipse, reliquos Marius ducebat. Sed igni magis quam præda ager vastabatur. Duobus locis haud longe inter se castra faciebant. Ubi vi opus erat, cuncti aderant. Ceterum, quo fuga atque formido latius cresceret, divorsi agebant. Eo tempore, Jugurtha per collis sequi, tempus aut locum pugnæ quærere, qua venturum hostem audierat, pabulum et aquarum fontis, quorum penuria erat, corrumpere, modo se Metello, interdum Mario ostendere, postremos in agmine temptare ac statim in colles regredi, rursus aliis,

bataille ni les laisser en repos, et se contentant de contrarier leurs desseins.

LVI. Le général romain, voyant que l'ennemi cherchait à le fatiguer par ses manœuvres sans jamais lui permettre de combattre, résolut d'assiéger Zama, ville considérable et le boulevard de la partie du royaume où elle était située, persuadé que Jugurtha, comme il était naturel, viendrait au secours de ses sujets en péril et qu'une bataille s'engagerait. Mais celui-ci, informé par des transfuges des projets de Métellus, le devance par des marches forcées et vient exhorter les habitants à bien défendre leurs murailles ; il leur donne pour auxiliaires les transfuges, qui, de tous les soldats du roi, étaient les plus fidèles, parce qu'ils étaient dans l'impossibilité de le trahir, et leur promet d'arriver lui-même, quand il sera temps, à la tête d'une armée. Ces dispositions prises, il se retire dans des lieux très couverts, et peu après, il apprend que Marius a reçu l'ordre de se détourner de sa route pour aller avec quelques cohortes chercher du blé à Sicca, ville qui, la première, avait abandonné la cause du roi après sa défaite. Il s'y rend pendant la nuit avec quelques cavaliers d'élite et attaque les Romains aux portes,

post aliis minitari, neque prœlium facere neque otium pati, tantummodo hostem ab incepto retinere.

LVI. Romanus imperator, ubi se dolis fatigari videt, neque ab hoste copiam pugnandi fieri, urbem magnam et in ea parte, qua sita erat, arcem regni, nomine Zamam, statuit oppugnare, ratus, id quod negotium poscebat, Jugurtham laborantibus suis auxilio venturum, ibique prœlium fore. At ille quæ parabantur a perfugis edoctus, magnis itineribus Metellum antevenit ; oppidanos hortatur mœnia defendant, additis auxilio perfugis, quod genus ex copiis regis, quia fallere nequibat, firmissumum erat. Præterea pollicetur in tempore semet cum exercitu adfore. Ita compositis rebus, in loca quam maxume occulta discedit, ac post paulo cognoscit Marium ex itinere frumentatum cum paucis cohortibus Siccam missum, quod oppidum primum omnium post malam pugnam ab rege defecerat. Eo cum delectis equitibus noctu pergit, et jam egredientibus Ro-

au moment où ils s'en retournaient ; en même temps, il crie aux habitants d'envelopper les cohortes par derrière, ajoutant que, « s'ils savent profiter de l'occasion de se distinguer que leur offre la fortune, ils « pourront désormais vivre sans inquiétude, lui sur « son trône, eux dans l'indépendance. » Et si Marius ne se fût porté promptement en avant et n'eût évacué la ville, tous ses habitants, ou du moins le plus grand nombre auraient abandonné son parti : tant est grande la mobilité d'esprit des Numides. Les soldats de Jugurtha tiennent bon quelques instants, soutenus par la présence de leur roi ; mais bientôt, se sentant plus vivement pressés par l'ennemi, ils prennent la fuite en laissant quelques-uns des leurs sur le terrain.

LVII. Marius arrive devant Zama. Cette ville, située dans une plaine, et mieux fortifiée par l'art que par la nature, était abondamment pourvue d'armes et de soldats et ne manquait d'aucun des approvisionnements nécessaires pour soutenir un siége. Metellus, ayant pris toutes les dispositions que commandaient et les cironstances et le lieu, investit entièrement la place, assigne son poste à chacun de ses lieutenants, et donne le signal de l'attaque. Un grand cri s'élève de toutes parts. Les Numides

manis in porta pugnam facit ; simul magna voce Siccenses hortatur uti cohortis ab tergo circumveniant : « fortunam « illis præclari facinoris casum dare ; si id fecerint, postea « sese in regno, illos in libertate sine metu ætatem acturos. » Ac ni Marius signa inferre atque evadere oppido properavisset, profecto cuncti aut magna pars Siccensium fidem mutavissent : tanta mobilitate sese Numidæ agunt. Sed milites Jugurthini, paulisper ab rege sustentati, postquam majore vi hostes urgent, paucis amissis profugi discedunt.

LVII. Marius ad Zamam pervenit. Id oppidum, in campo situm, magis opere quam natura munitum erat, nullius idoneæ rei egens, armis virisque opulentum. Igitur Metellus, pro tempore atque loco paratis rebus, cuncta mœnia exercitu circumvenit, legatis imperat ubi quisque curaret. Deinde, signo dato, undique simul clamor ingens oritur ; neque ea res Numidas terret : infensi intentique sine tu-

n'en sont point effrayés : attentifs et prêts, ils attendent l'assaut sans s'émouvoir. L'attaque commence. Les Romains, suivant que chacun a plus ou moins de courage, ou bien lancent de loin des balles de fronde ou des pierres, ou bien s'approchent des murailles pour les saper ou les escalader ; ils brûlent de combattre corps à corps. De leur côté, les assiégés roulent de grosses pierres sur les plus avancés et font pleuvoir sur eux des pieux ferrés rougis au feu, des falariques et un mélange enflammé de poix, de soufre et de résine. Quant à ceux qui se tenaient plus loin, leur pusillanimité ne les garantissait pas de tout danger : la plupart étaient blessés par les traits que lançaient les machines ou la main des Numides ; ainsi le péril, mais non l'honneur, était égal pour le brave et pour le lâche.

LVIII. Tandis que l'on combat ainsi sous les murs de Zama, Jugurtha attaque tout à coup le camp romain avec une troupe nombreuse et force une des portes, au moment où les hommes de garde, qui ne s'attendaient à rien moins qu'à une attaque, s'étaient relâchés de leur surveillance. Nos soldats, frappés d'une terreur soudaine, pourvoient à leur sûreté, chacun selon son caractère : les uns fuient, les autres prennent leurs armes ; beaucoup sont tués ou blessés. De toute cette masse d'hommes, il n'y

multi manent, prœlium incipitur. Romani, pro ingenio quisque, pars eminus glande aut lapidibus pugnare, alii succedere ac murum modo suffodere, modo scalis aggredi ; cupere prœlium in manibus facere. Contra ea oppidani in proximos saxa volvere, sudis, pila, præterea picem sulphure et tæda mixtam ardentia mittere. Sed ne illos quidem, qui procul manserant, timor animi satis muniverat ; nam plerosque jacula tormentis aut manu emissa vulnerabant, parique periculo, sed fama impari, boni atque ignavi erant.

LVIII. Dum apud Zamam sic certatur, Jugurtha ex improviso castra hostium cum magna manu invadit ; remissis qui in præsidio erant et omnia magis quam prœlium exspectantibus, portam irrumpit. At nostri, repentino metu perculsi, sibi quisque pro moribus consulunt : alii fugere, alii arma capere ; magna pars vulnerati aut occisi. Ceterum

en eut que quarante qui se souvinrent qu'ils étaient Romains. S'étant groupés, ils occupèrent un petit tertre d'où les efforts les plus soutenus ne purent les chasser ; les traits qu'on leur lançait de loin, ils les renvoyaient, et leurs coups portaient rarement à faux sur un ennemi supérieur en nombre ; si les Numides se rapprochaient, alors, déployant tout leur courage, ils les chargeaient avec une vigueur irrésistible, les taillaient en pièces, les culbutaient et les mettaient en fuite.

Cependant Métellus, au plus fort de son attaque, entend derrière lui les cris poussés par l'ennemi ; il tourne bride et voit des fuyards se diriger de son côté, preuve évidente que c'étaient des Romains. Il envoie donc en toute hâte vers le camp toute la cavalerie et la fait suivre par les cohortes auxiliaires sous les ordres de Marius, conjurant avec larmes son lieutenant, au nom de leur amitié et de la république, de ne pas permettre qu'une armée victorieuse reste déshonorée par un tel affront et que l'ennemi se retire sans avoir été châtié. Marius exécute rapidement ces ordres. Jugurtha est alors gêné par le retranchement qui entoure le camp ; une partie de ses soldats saute par dessus les palissades, les autres se pressant pour sortir dans des passages étroits se

ex omni multitudine non amplius quadraginta, memores nominis Romani, grege facto, locum cepere paulo quam alii editiorem, neque inde maxuma vi depelli quiverunt, sed tela eminus missa remittere, pauci in pluribus minus frustrati ; sin Numidæ propius accessissent, ibi vero virtutem ostendere et eos maxuma vi cædere, fundere atque fugare. Interim Metellus, cum acerrume rem gereret, clamorem hostilem a tergo accepit, dein, converso equo, animadvortit fugam ad se vorsum fieri ; quæ res indicabat popularis esse. Igitur equitatum omnem ad castra propere misit, ac statim C. Marium cum cohortibus sociorum, eumque lacrumans per amicitiam perque rem publicam obsecrat, ne quam contumeliam remanere in exercitu victore neve hostis inultos abire sinat. Ille brevi mandata efficit. At Jugurtha, munimento castrorum impeditus, cum alii super vallum præcipitarentur, alii in angustiis ipsi

nuisent réciproquement par leur précipitation ; enfin, après avoir perdu beaucoup de monde, il réussit à se retirer dans une forte position : Metellus, voyant la nuit arriver, rentre avec son armée dans son camp, sans être venu à bout de son entreprise.

LIX. Le lendemain, avant de songer à quitter le camp pour renouveler l'attaque, il fait ranger en bataille toute sa cavalerie en avant du retranchement, du côté où pouvait venir Jugurtha ; il répartit entre les tribuns la garde des portes et des parties du camp les plus voisines de l'ennemi, et se dirige ensuite vers la ville, où il renouvelle l'assaut de la veille. Cependant Jugurtha, sortant de son embuscade, fond tout-à-coup sur les nôtres. Ceux des postes avancés éprouvent un moment de terreur et de trouble, mais ils sont bientôt secourus par leurs camarades ; et les Numides n'auraient pu dès lors prolonger la résistance, mais leurs fantassins, mêlés aux cavaliers dans l'attaque, nous faisaient beaucoup de mal : comptant sur leur appui, les cavaliers numides, au lieu de charger et de se replier ensuite, selon leur habitude, poussaient leurs chevaux droit devant eux, rompaient et bouleversaient nos rangs ; ainsi, grâce à leur infanterie légère, ils faillirent avoir le dessus.

sibi properantes officerent, multis amissis in loca munita sese recepit. Metellus infecto negotio, postquam nox aderat, in castra cum exercitu revortitur.

LIX. Igitur postero die, prius quam ad oppugnandum egrederetur, equitatum omnem in ea parte, qua regis adventus erat, pro castris agitare jubet, portas et proxuma loca tribunis dispertit, deinde ipse pergit ad oppidum atque uti superiore die murum aggreditur. Interim Jugurtha ex occulto repente nostros invadit : qui in proxumo locati fuerant, paulisper territi, perturbantur, reliqui cito subveniunt. Neque diutius Numidæ resistere quivissent, ni pedites cum equitibus permixti magnam cladem in congressu facerent ; quibus illi freti non, uti equestri prœlio solet, sequi, dein cedere, sed adversis equis concurrere, implicare ac perturbare aciem : ita expeditis peditibus suis hostis pæne victos dare.

LX. En même temps, on se battait avec acharnement sous les murs de Zama. Chaque lieutenant, chaque tribun, dirige tous ses efforts vers la partie du mur qu'il est chargé d'attaquer, chacun comptant sur son propre courage et non sur celui des autres; les assiégés ne montrent pas moins d'énergie. Des deux côtés, même ardeur à attaquer, même attention à se défendre ; on est plus préoccupé de porter des coups que de s'en garantir. Les clameurs mêlées d'exhortations, de cris de joie, de gémissements, et le fracas des armes s'élèvent jusqu'au ciel ; les traits volent de toute part. Cependant les défenseurs de la place, pour peu que les ennemis ralentissent leur attaque, portaient avidement leurs regards vers le combat de cavalerie. Selon les vicissitudes de la lutte, on les voyait manifester alternativement leur joie ou leur crainte et, comme si leurs concitoyens eussent pu les voir ou les entendre, les avertir, les encourager, leur faire signe de la main et s'agiter en tous sens comme pour éviter ou lancer des traits. Dès que Marius, qui commandait de ce côté, s'en aperçoit, il ralentit à dessein son attaque, feignant d'être découragé, et laisse les Numides regarder tranquillement la lutte où leur roi est engagé ; puis, quand il les voit absorbés par l'intérêt

LX. Eodem tempore apud Zamam magna vi certabatur: ubi quisque legatus aut tribunus curabat, eo acerrume niti, neque alius in alio magis quam in sese spem habere; pariterque oppidani agere; oppugnare aut parare omnibus locis; avidius alteri alteros sauciare quam semet tegere; clamor permixtus hortatione, lætitia, gemitu, item strepitus armorum ad cælum ferri; tela utrinque volare. Sed illi qui mœnia defensabant, ubi hostes paulum modo pugnam remiserant, intenti prœlium equestre prospectabant. Eos, uti quæque Jugurthæ res erant, lætos modo, modo pavidos animadverteres, ac, sicuti audiri a suis aut cerni possent, monere alii, alii hortari, aut manu significare, aut niti corporibus et ea huc et illuc quasi vitabundi aut jacientes tela agitare. Quod ubi Mario cognitum est (nam is in ea parte curabat), consulto lenius agere ac diffidentiam rei simulare, pati Numidas sine tumultu regis prœlium visere. Ita illis studio suorum adstrictis repente magna vi murum aggre-

qu'ils portent à leurs concitoyens, il donne tout à coup un vigoureux assaut; et déjà quelques soldats, au moyen d'échelles, étaient arrivés au sommet des murs, quand les assiégés, accourus précipitamment, lancent sur eux des pierres, des matières enflammées et des traits de toute sorte. Les nôtres tiennent bon d'abord, mais bientôt, une ou deux échelles s'étant rompues, les soldats qui étaient dessus sont renversés; ceux des autres échelles se retirent comme ils peuvent, quelques-uns sains et saufs, la plupart couverts de blessures. Enfin, la nuit arrive et fait cesser le combat.

LXI. Metellus, voyant l'inutilité de ses efforts et l'impossibilité où il était de prendre la ville, considérant d'ailleurs que Jugurtha ne combattait jamais que par surprise et sur un terrain de son choix et que l'été touchait à sa fin, lève le siége de Zama et met garnison dans les villes qui avaient fait leur soumission et que protégeaient suffisamment leur position ou leurs remparts. Quant au reste de son armée, il la conduit dans la partie de la Province la plus rapprochée de la Numidie et l'installe dans ses quartiers d'hiver. Au lieu de faire comme les autres généraux, qui consacrent cette saison au repos ou au plaisir, voyant que la force avançait peu la guerre, il cherche à se servir des amis du roi pour lui

ditur; et jam scalis egressi milites prope summa ceperant, cum oppidani concurrunt, lapides, ignem, alia præterea tela ingerunt. Nostri primo resistere; deinde, ubi una atque alteræ scalæ comminutæ, qui supersteterant, adflicti sunt, ceteri, quoquo modo potuere, pauci integri, magna pars volneribus confecti abeunt. Denique utrimque prœlium nox diremit.

LXI. Metellus, postquam videt frustra inceptum, neque oppidum capi neque Jugurtham nisi ex insidiis aut suo loco pugnam facere, et jam æstatem exactam esse, ab Zama discedit, et in eis urbibus, quæ ad se defecerant satisque munitæ loco aut mœnibus erant, præsidia inponit. Ceterum exercitum in Provinciam, quæ proxuma est Numidiæ, hiemandi gratia collocat. Neque id tempus ex aliorum more quieti aut luxuriæ concedit, sed, quoniam armis bellum parum procedebat, insidias regi per amicos tendere et

tendre des pièges et à se faire une arme de leur perfidie. J'ai déjà parlé de Bomilcar, qui était venu à Rome avec Jugurtha et qui, quoiqu'il eût donné des cautions, avait pris la fuite de peur d'être condamné pour le meurtre de Massiva : comme son intimité avec Jugurtha lui donnait toute facilité pour le trahir, c'est à lui que s'adresse Métellus, et il ne ménage pas les promesses. Il obtient d'abord son consentement à une entrevue secrète ; puis, grâce à l'assurance qu'il lui donne que, s'il lui livre Jugurtha mort ou vif, il obtiendra du sénat l'impunité de son crime et la conservation de tous ses biens, il arrive facilement à persuader un homme naturellement déloyal et qui, de plus, craignait que, si la paix était conclue avec les Romains, son supplice ne fût une des conditions du traité.

LXII. Bomilcar saisit la première occasion favorable ; voyant Jugurtha dévoré d'inquiétude et l'entendant déplorer son triste sort, il l'aborde et, les larmes aux yeux, lui conseille, le supplie de pourvoir enfin à son salut, à celui de ses enfants et du peuple numide, qui a tant de droits à sa reconnaissance ; « dans tous les combats, ils ont été vaincus ; « leur pays est dévasté, beaucoup d'entre eux ont « été pris ou tués, les ressources du royaume sont « épuisées ; Jugurtha n'a que trop souvent mis à

eorum perfidia pro armis uti parat. Igitur Bomilcarem, qui Romæ cum Jugurtha fuerat, et inde vadibus datis de Massivæ nece judicium fugerat, quod ei per maxumam amicitiam maxuma copia fallundi erat, multis pollicitationibus aggreditur. Ac primo efficit uti ad se colloquendi gratia occultus veniat ; deinde fide data, si Jugurtham vivum aut necatum sibi tradidisset, fore ut illi senatus impunitatem et sua omnia concederet, facile Numidæ persuadet, cum ingenio infido, tum metuenti ne, si pax cum Romanis fieret, ipse per condiciones ad supplicium traderetur.

LXII. Is, ubi primum opportunum fuit, Jugurtham anxium ac miserantem fortunas suas accedit, monet atque lacrumans obtestatur uti aliquando sibi liberisque et genti Numidarum optume meritæ provideat : « omnibus prœliis « sese victos, agrum vastatum, multos mortalis captos,

« l'épreuve le courage de ses soldats et tenté la for« tune : il doit craindre que, s'il tarde à prendre « un parti, les Numides ne pourvoient eux-mêmes « à leur sûreté. » Par ces discours et d'autres semblables, Bomilcar décide enfin le monarque à faire sa soumission. Des députés sont envoyés au général en chef pour lui déclarer que Jugurtha est prêt à faire ce qu'il ordonnera et que, dès ce moment, il met à sa discrétion, sans aucune réserve, sa personne et ses états. Métellus fait aussitôt venir des divers cantonnements tous les sénateurs qui s'y trouvaient et en forme un conseil, auquel il adjoint quelques autres personnes qu'il juge compétentes. Puis, par un décret de ce conseil rendu dans les formes consacrées, il enjoint à Jugurtha, dans la personne de ses députés, de livrer deux cent mille livres pesant d'argent, tous ses éléphants et une certaine quantité d'armes et de chevaux. Ces ordres ayant été aussitôt exécutés, il demande qu'on lui amène enchaînés tous les transfuges. La plupart lui furent effectivement livrés ; quelques-uns seulement, dès le commencement des négociations, s'étaient réfugiés auprès du roi Bocchus, en Mauritanie.

Quand Jugurtha, ainsi dépouillé de ses armes, de

« occisos, regni opes comminutas esse : satis sæpe jam et « virtutem militum et fortunam temptatam ; caveat ne illo « cunctante Numidæ sibi consulant. » His atque talibus aliis ad deditionem regis animum inpellit. Mittuntur ad imperatorem legati, qui Jugurtham imperata facturum dicerent, ac sine ulla pactione sese regnumque suum in illius fidem tradere. Metellus propere cunctos senatorii ordinis ex hibernis arcessi jubet ; eorum et aliorum, quos idoneos ducebat, concilium habet Ita more majorum ex consili decreto per legatos Jugurthæ imperat argenti pondo ducenta milia, elephantos omnis, equorum et armorum aliquantum. Quæ postquam sine mora facta sunt, jubet omnis perfugas vinctos adduci. Eorum magna pars, uti jussum erat, adducti ; pauci, cum primum deditio cœpit, ad regem Bocchum in Mauretaniam abierant.

Igitur Jugurtha, ubi armis virisque et pecunia spoliatus

ses plus braves soldats et de ses trésors, se vit appelé lui-même à Tisidium pour y recevoir les ordres du consul, il commença à hésiter et à craindre le châtiment qu'il savait avoir mérité. Quelques jours se passèrent en tergiversations, pendant lesquels tantôt, dans l'abattement où le plongeaient ses malheurs, il jugeait tout préférable à la continuation de la guerre, tantôt il songeait avec amertume combien la chute serait lourde du trône dans l'esclavage : enfin après avoir sacrifié en pure perte de grandes ressources, il se décide à recommencer la guerre. A Rome, le sénat, consulté sur la répartition des provinces, venait d'assigner la Numidie à Métellus.

LXIII. Vers le même temps, il arriva que, Marius offrant dans la ville d'Utique un sacrifice aux dieux, un aruspice lui prédit de grandes et merveilleuses destinées : « Il n'avait qu'à poursuivre, avec le « secours des dieux, l'exécution de ses projets et à « mettre le plus souvent possible la fortune à « l'épreuve : tout devait lui réussir. » Depuis longtemps, en effet, Marius était tourmenté d'un violent désir d'arriver au consulat. Excepté la naissance, il avait tous les titres possibles à cette dignité : l'activité, la probité, une connaissance profonde de l'art mili-

est, cum ipse ad imperandum Tisidium vocaretur, rursus cœpit flectere animum suum et ex mala conscientia digna timere. Denique, multis diebus per dubitationem consumptis, cum modo tædio rerum advorsarum omnia bello potiora duceret, interdum secum ipse reputaret quam gravis casus in servitium ex regno foret, multis magnisque præsidiis nequiquam perditis, de integro bellum sumit. Et Romæ senatus de provinciis consultus Numidiam Metello decreverat.

LXIII. Per idem tempus Uticæ forte C. Mario, per hostias dis supplicanti, magna atque mirabilia portendi haruspex dixerat : « proinde quæ animo agitabat fretus dis age« ret, fortunam quam sæpissume experiretur : cuncta « prospera eventura. » At illum jam antea consulatus ingens cupido exagitabat, ad quem capiundum, præter vetustatem familiæ, alia omnia abunde erant : industria, probi-

taire, une âme indomptable à la guerre, modérée dans la paix, indifférente aux voluptés et aux richesses, sensible seulement à la gloire.

Né à Arpinum, où il passa toute son enfance, dès qu'il fut en âge de supporter les fatigues du service militaire, il s'appliqua, non à l'éloquence grecque ni aux élégances romaines, mais uniquement aux exercices des camps ; au milieu de ces saines occupations, son génie se développa à l'abri de la corruption. Aussi, la première fois qu'il sollicita auprès du peuple le tribunat militaire, bien qu'il fût personnellement inconnu du plus grand nombre, il obtint sans peine, lui, un homme nouveau, le suffrage de toutes les tribus. Il passa ensuite successivement d'une magistrature à l'autre, et, dans ces différentes fonctions, il se conduisit toujours de façon à être jugé digne d'en remplir une plus élevée. Cependant cet homme, jusque-là si estimable (car plus tard son ambition causa sa ruine), n'osait point prétendre au consulat. Encore à cette époque, si les pébéiens pouvaient aspirer aux autres magistratures, les nobles se réservaient exclusivement le consulat et se le passaient de main en main. Tout homme nouveau, quelle que fussent sa renommée et

tas, militiæ magna scientia, animus belli ingens, domi modicus, lubidinis et divitiarum victor, tantummodo gloriæ avidus.

Sed is natus et omnem pueritiam Arpini altus, ubi primum ætas militiæ patiens fuit, stipendiis faciundis, non Græca facundia neque urbanis munditiis sese exercuit ; ita inter artis bonas integrum ingenium brevi adolevit. Ergo ubi primum tribunatum militarem a populo petit, plerisque faciem ejus ignorantibus, facile novus per omnis tribus declaratur. Deinde ab eo magistratu alium post alium sibi peperit, semperque in potestatibus eo modo agitabat, ut ampliore quam gerebat dignus haberetur. Tamen is ad id locorum talis vir (nam postea ambitione præceps datus est) consulatum appetere non audebat. Etiam tum alios magistratus plebes, consulatum nobilitas inter se per manus tradebat ; novus nemo tam clarus neque tam egregius

l'éclat de ses actions, était jugé indigne de cet honneur et comme entaché d'une souillure originelle.

LXIV. Mais lorsque Marius vit que les paroles de l'aruspice s'accordaient avec ses désirs ambitieux, il demanda à Métellus un congé pour aller poser sa candidature. Bien que celui-ci réunît, à un degré éminent, le mérite, l'illustration et toutes les qualités que peut souhaiter un homme de bien, il n'était cependant pas exempt de cette hauteur dédaigneuse qui est le défaut ordinaire de la noblesse. Frappé d'abord d'une demande si extraordinaire, il lui en témoigna son étonnement ; puis, il lui conseilla, en invoquant son amitié pour lui, de ne pas aspirer plus haut que ne le permettait sa condition : « La « même ambition, » disait-il, » n'était pas permise à « tous : il devait être satisfait de sa position et bien « se garder de demander au peuple romain un hon- « neur qu'on aurait raison de lui refuser. » Voyant que ces observations et d'autres semblables ne réussissaient point à ébranler Marius, il lui répondit que, dès que les nécessités du service le permettraient, il ferait droit à sa demande. Et plus tard, Marius continuant ses sollicitations, on prétend que le proconsul lui répondit de ne point se presser : « il « serait temps pour lui de briguer le consulat, quand

factis erat, quin is indignus illo honore, et quasi pollutus haberetur.

LXIV. Igitur ubi Marius haruspicis dicta eodem intendere videt, quo cupido animi hortabatur, ab Metello petundi gratia missionem rogat. Cui quanquam virtus, gloria atque alia optanda bonis superabant, tamen inerat contemptor animus et superbia, commune nobilitatis malum. Itaque primum commotus insolita re mirari ejus consilium, et quasi per amicitiam monere ne tam prava inciperet, neu super fortunam animum gereret : « non omnia « omnibus cupiunda esse ; debere illi res suas satis pla- « cere ; postremo caveret id petere a populo Romano, quod « illi jure negaretur. » Postquam hæc atque alia talia dixit, neque animus Mari flectitur, respondit, ubi primum potuisset per negotia publica, facturum sese quæ peteret. Ac postea sæpius eadem postulanti fertur dixisse ne festinaret abire : « satis mature illum cum filio suo consulatum

« son fils se mettrait sur les rangs. » Or, ce jeune homme, qui faisait alors ses premières armes sous la direction de son père, n'avait guère plus de vingt ans.

Cette réponse avait vivement irrité Marius contre son chef, sans diminuer en rien son désir ardent d'obtenir la dignité qu'il convoitait. Dès ce moment, guidé par l'ambition et la colère, les pires des conseillers, il ne s'interdit ni démarche, ni propos de nature à lui concilier les esprits ; aux soldats sous ses ordres dans les quartiers d'hiver, il accorde des adoucissements aux rigueurs de la discipline ; devant les négociants italiens, nombreux à Utique, il parle de la guerre en mêlant à la critique de son chef son propre éloge : « qu'on lui donne seulement la moitié « de l'armée, et avant peu, il aura en son pouvoir « Jugurtha chargé de chaînes ; le général traîne « volontairement la guerre en longueur, parce que, « gonflé de vanité et orgueilleux comme un roi, il se « complaît dans l'exercice du pouvoir. » Tous ces reproches leur paraissaient d'autant mieux fondés que la prolongation de la guerre nuisait à leurs intérêts et que, pour des gens impatients, rien ne se fait assez vite.

LXV. Il y avait alors dans notre armée un Nu-

« petiturum. » Is eo tempore contubernio patris ibidem militabat, annos natus circiter viginti.

Quæ res Marium, cum pro honore quem adfectabat, tum contra Metellum vehementer accenderat. Ita cupidine atque ira, pessumis consultoribus, grassari, neque facto ullo neque dicto abstinere, quod modo ambitiosum foret ; milites quibus in hibernis præerat laxiore imperio quam antea habere, apud negotiatores, quorum magna multitudo Uticæ erat, criminose simul et magnifice de bello loqui : « dimidia pars exercitus si sibi permitteretur, paucis diebus « Jugurtham in catenis habiturum ; ab imperatore consulto « trahi, quod homo inanis et regiæ superbiæ imperio nimis « gauderet. » Quæ omnia illis eo firmiora videbantur, quod diuturnitate belli res familiaris corruperant et animo cupienti nihil satis festinatur.

LXV. Erat præterea in exercitu nostro Numida quidam

mide nommé Gauda, fils de Mastanabal et petit-fils de Masinissa, que Micipsa avait désigné par testament comme son héritier en seconde ligne. Les infirmités avaient un peu affaibli son esprit. Metellus, à qui il avait demandé de lui donner d'abord un siége à côté du proconsul, prérogative réservée aux rois, puis un escadron de cavalerie romaine pour sa garde, lui avait refusé l'une et l'autre faveur : le siége, parce que cet honneur n'appartenait qu'à ceux que le peuple romain avait reconnus officiellement comme rois ; la garde, parce qu'il eût été humiliant pour des cavaliers romains de servir de satellites à un Numide.

Marius aborde le prince mécontent et l'engage à se servir de lui pour venger les affronts que lui a infligés le général en chef. Par un langage qui s'accordait avec ses désirs, il exalte cet esprit faible : « il est roi, homme de grand mérite, petit-« fils de Masinissa ; si Jugurtha venait à être pris ou « tué, il aurait aussitôt le trône de Numidie ; et cela « pourrait bien arriver avant peu, si lui, Marius, était « chargé de cette guerre en qualité de consul. » En conséquence, et le prince et les chevaliers romains, soldats ou négociants, les uns poussés par Marius,

---

nomine Gauda, Mastanabalis filius, Masinissæ nepos, quem Micipsa testamento secundum heredem scripserat, morbis confectus, et ob eam causam mente paulum inminuta. Cui Metellus petenti, more regum ut sellam juxta poneret, item postea custodiæ causa turmam equitum Romanorum, utrumque negaverat : honorem, quod eorum more foret, quos populus Romanus reges appellavisset, præsidium, quod contumeliosum in eos foret, si equites Romani satellites Numidæ traderentur.

Hunc Marius anxium aggreditur, atque hortatur ut contumeliarum in imperatorem cum suo auxilio pœnas petat ; hominem ob morbos animo parum valido, secunda oratione extollit : « illum regem, ingentem virum, « Masinissæ nepotem esse ; si Jugurtha captus aut occisus « foret, imperium Numidiæ sine mora habiturum ; id « adeo mature posse evenire, si ipse consul ad id bellum

le plus grand nombre dans l'espoir d'amener la paix, écrivent à leurs amis de Rome pour critiquer la conduite de Metellus et demander Marius comme général. Sa candidature réunissait donc de nombreux et honorables suffrages ; d'ailleurs, à cette époque, le peuple, voyant la noblesse abattue par la loi Mamilia, cherchait à élever les hommes nouveaux ; ainsi tout conspirait en faveur de Marius.

LXVI. Cependant Jugurtha, renonçant à toute idée de soumission, recommence la guerre : il met le plus grand soin, la plus grande activité à faire ses préparatifs et à rassembler une armée ; il cherche à ramener par la terreur ou l'appât des récompenses les villes qui l'avaient abandonné, fortifie les positions avantageuses, fait fabriquer ou acheter des armes et des traits et remplacer le matériel que l'espoir de la paix lui avait fait sacrifier ; il attire à lui les esclaves romains et, par son or, cherche à séduire même nos soldats dans leurs garnisons ; en un mot, rien n'est à l'abri de ses tentatives, son activité pénètre partout. Les habitants de Vaga, où Metellus, alors que Jugurtha songeait à faire la paix, avait mis garnison, cédant aux instances de leur roi, à qui d'ailleurs ils n'avaient jamais été hostiles, forment entre eux une

« missus foret. » Itaque et illum et equites Romanos, milites et negotiatores, alios ipse, plerosque pacis spes inpellit, uti Romam ad suos necessarios aspere in Metellum de bello scribant, Marium imperatorem poscant. Sic illi a multis mortalibus honestissuma suffragatione consulatus petebatur ; simul ea tempestate plebes, nobilitate fusa per legem Mamiliam, novos extollebat : ita Mario cuncta procedere.

LXVI. Interim Jugurtha, postquam omissa deditione bellum incipit, cum magna cura parare omnia, festinare, cogere exercitum ; civitatis quæ ab se defecerant formidine aut ostentando præmia adfectare, communire suos locos ; arma, tela aliaque, quæ spe pacis amiserat, reficere aut commercari ; servitia Romanorum adlicere, et eos ipsos qui in præsidiis erant pecunia temptare : prorsus nihil intactum neque quietum pati, cuncta agitare. Igitur Vagenses, quo Metellus initio, Jugurtha pacificante, præsidium inposuerat, fatigati regis suppliciis, neque antea voluntate

conspiration en sa faveur, du moins les notables de la ville, car le peuple, qui, d'ordinaire, et surtout chez les Numides, est naturellement inconstant, se plaisait aux séditions et aux troubles, n'aspirait qu'au changement et détestait le calme et le repos. S'étant mis d'accord, les conjurés fixent l'exécution du complot au troisième jour : c'était une fête universellement célébrée en Afrique par des jeux et des divertissements publics, ce qui devait bannir toute défiance. Au temps marqué, ils invitent chez eux les centurions, les tribuns militaires et même le commandant de la place, Titus Turpilius Silanus, et les égorgent au milieu du festin, à l'exception de Turpilius ; puis ils tombent sur nos soldats, dispersés sans armes dans la ville, ce qu'expliquait la solennité du jour et l'absence de leurs chefs. Le peuple les imite : les uns avaient reçu le mot d'ordre des nobles, les autres, naturellement portés à de tels excès, quoiqu'ils ne comprissent pas la portée et le but de cette exécution, trouvaient un attrait assez puissant dans le désordre et les bouleversements.

LXVII. Dans cette alarme soudaine, les soldats romains déconcertés, ne sachant que faire, s'agitent impuissants : l'accès de la citadelle, où se trou-

alienati, principes civitatis inter se conjurant : nam volgus, uti plerumque solet, et maxume Numidarum, ingenio mobili, seditiosum atque discordiosum erat, cupidum novarum rerum, quieti et otio advorsum. Dein, compositis inter se rebus, diem tertium constituunt, quod is festus celebratusque per omnem Africam ludum et lasciviam magis quam formidinem ostentabat. Sed ubi tempus fuit, centuriones tribunosque militaris, et ipsum præfectum oppidi, T. Turpilium Silanum, alius alium domos suas invitant ; eos omnis præter Turpilium inter epulas obtruncant ; postea milites palantis, inermos, quippe in tali die ac sine imperio, aggrediuntur. Idem plebes facit, pars edocti ab nobilitate, alii studio talium rerum incitati, quis acta consiliumque ignorantibus tumultus ipse et res novæ satis placebant.

LXVII. Romani milites, improviso metu incerti ignarique quid potissumum facerent, trepidare : arce oppidi, ubi

sins s'élancent à la fois : les uns massacrent la multitude qui était déjà sortie de la ville, d'autres courent aux portes, d'autres encore s'emparent des tours; la colère et l'espoir du butin font oublier la fatigue. Ainsi la joie des habitants de Vaga ne dura que deux jours à partir de leur perfide trahison : tout, dans cette grande et riche cité, fut mis à mort ou livré au pillage. Le commandant de la place, Turpilius, qui, seul, nous l'avons vu, avait échappé au massacre, sommé par Métellus de se justifier, ne put le faire d'une façon satisfaisante ; il fut condamné à mort, battu de verges et exécuté, car il n'était que citoyen du droit latin.

LXX. Vers le même temps, Bomilcar, dont les conseils avaient décidé Jugurtha à commencer une soumission à laquelle la crainte le fit ensuite renoncer, devenu suspect à ce prince et le soupçonnant de son côté, désirait un changement et cherchait un moyen habile pour perdre le roi : cette idée l'obsédait nuit et jour. A force de réfléchir, voici à quoi il se décida. Il prit pour complice Nabdalsa, homme de grande naissance, très riche et très aimé de ses concitoyens. Celui-ci commandait le plus souvent un corps d'armée séparé, et Jugurtha avait l'habitude de se reposer sur lui du soin des affaires auxquelles la fatigue ou des soins plus importants

oppido cædere, alii ad portas festinare, par turris capere ; ira atque prædæ spes amplius quam lassitudo posse ; ita Vagenses biduum modo ex perfidia lætati. Civitas magna et opulens cuncta pœnæ aut prædæ fuit. Turpilius, quem præfectum oppidi unum ex omnibus profugisse supra ostendimus, jussus a Metello causam dicere, postquam sese parum expurgat, condemnatus verberatusque capite pœnas solvit ; nam is civis ex Latio erat.

LXX. Per idem tempus Bomilcar, cujus inpulsu Jugurtha deditionem, quam metu deseruit, inceperat, suspectus regi et ipse eum suspiciens, novas res cupere, ad perniciem ejus dolum quærere, die noctuque fatigare animum. Denique omnia temptando socium sibi adjungit Nabdalsam, hominem nobilem, magnis opibus, carum acceptumque popularibus suis, qui plerumque seorsum ab rege exercitum ductare et omnis res exsequi solitus erat, quæ Jugur-

ne lui permettaient pas de pourvoir, ce qui avait été pour lui une source de gloire et de profits. Ils fixèrent d'un commun accord le jour de l'exécution du complot; quant au reste, ils se réservaient de l'improviser, en prenant conseil des circonstances. Nabdalsa alla rejoindre son corps d'armée, qu'il avait établi, par ordre du roi, près du quartier d'hiver des Romains, pour les empêcher de dévaster impunément le pays. Mais au jour fixé, épouvanté par l'énormité du crime, il ne vint pas et l'exécution du complot se trouvait arrêtée par ses hésitations. Alors Bomilcar, à la fois impatient de consommer son attentat et inquiet de la pusillanimité de son complice, qui pourrait être tenté de renoncer à leur premier dessein pour en former un tout différent, lui envoie par des hommes sûrs une lettre, dans laquelle il lui reprochait sa faiblesse et son manque de résolution ; puis, attestant les dieux, témoins de son serment, il l'engageait à ne pas convertir les récompenses promises par Métellus en une ruine certaine : « la perte de Jugurtha était inévitable ; il « s'agissait seulement de savoir s'il périrait victime « de leur courage ou de celui de Métellus ; c'était « donc à Nabdalsa de voir s'il préférait des récom- « penses ou des tortures. »

thæ fesso aut majoribus adstricto superaverant : ex quo illi gloria opesque inventæ. Igitur utriusque consilio dies insidiis statuitur ; cetera, uti res posceret, ex tempore parari placuit. Nabdalsa ad exercitum profectus, quem inter hiberna Romanorum jussus habebat, ne ager inultis hostibus vastaretur. Is, postquam magnitudine facinoris perculsus ad tempus non venit, metusque rem impediebat, Bomilcar simul cupidus incepta patrandi et timore soci anxius, ne omisso vetere consilio novum quæreret, litteras ad eum per homines fidelis mittit, in quis mollitiam socordiamque viri accusare, testari deos, per quos juravisset, monere ne præmia Metelli in pestem converteret : « Jugurthæ exitium adesse, ceterum, suane an « virtute Metelli periret, id modo agitari ; proinde repu- « taret cum animo suo præmia an cruciatum mallet. »

LXXI. Mais au moment où l'on lui remit cette lettre, il se trouva que Nabdalsa, fatigué par un exercice violent, se reposait sur son lit. Quand il eut lu ce que lui mandait Bomilcar, il fut d'abord vivement préoccupé ; puis, comme il arrive après une grande contention d'esprit, il s'endormit. Il avait pour secrétaire un Numide qui, dévoué et cher à son maître, était le confident de tous ses desseins, à l'exception du dernier. Ayant appris qu'on lui avait apporté une lettre, et s'imaginant, par suite des habitudes prises, qu'il pouvait avoir besoin de son concours ou de ses conseils, il entra dans sa tente. Pendant que Nabdalsa dormait, il prend la lettre que celui-ci avait négligemment laissée sur l'oreiller au-dessus de sa tête et la lit d'un bout à l'autre ; puis, ainsi instruit du complot, il se hâte d'aller trouver le roi. Nabdalsa, s'étant éveillé quelques instants après, ne trouve plus la lettre, et, devinant ce qui s'est passé, il cherche d'abord à rejoindre le dénonciateur ; mais n'ayant pu y parvenir, il se rend auprès de Jugurtha pour l'apaiser. Il lui dit que son perfide serviteur l'a prévenu dans la démarche qu'il se disposait à faire ; puis, tout en larmes, il le conjure, au nom de son amitié et de la fidélité dont il lui a donné tant de preuves, de ne pas le croire capable d'un si grand crime.

LXXI. Sed cum eæ litteræ adlatæ, forte Nabdalsa, exercito corpore fessus in lecto quiescebat, ubi cognitis Bomilcaris verbis primo cura, deinde, uti ægrum animum solet, somnus cepit. Erat ei Numida quidam negotiorum curator, fidus acceptusque et omnium consiliorum nisi novissumi particeps. Qui, postquam adlatas litteras audivit, et ex consuetudine ratus opera aut ingenio suo opus esse in tabernaculum introiit, dormiente illo epistulam, super caput in pulvino temere positam, sumit ac perlegit, dein propere cognitis insidiis ad regem pergit. Nabdalsa, paulo post experrectus, ubi neque epistulam reperit et rem omnem uti acta erat cognovit, primo indicem persequi conatus, postquam id frustra fuit, Jugurtham placandi gratia accedit ; dicit, quæ ipse paravisset facere, perfidia clientis sui præventa ; lacrumans obtestatur per amicitiam perque sua antea fideliter acta, ne super tali scelere suspectum sese haberet.

LXXII. Le roi, dissimulant ses véritables sentiments, lui répondit avec douceur. Il se contenta de faire périr Bomilcar et beaucoup d'autres, dont il avait reconnu la complicité, et il étouffa sa colère contre Nabdalsa, de peur que sa mort ne provoquât une révolte. Mais, à partir de ce moment, il n'y eut plus pour lui de repos, ni jour ni nuit. Quels que fussent le lieu, la personne, l'heure, il ne se croyait jamais en sûreté, craignant ses sujets aussi bien que les ennemis, promenant partout des regards inquiets et tressaillant au moindre bruit, couchant la nuit tantôt dans un lieu, tantôt dans un autre, souvent dans des conditions d'installation indignes d'un roi. Quelquefois, il s'éveillait en sursaut et se jetait sur ses armes en poussant des cris d'alarme : les terreurs qui l'obsédaient touchaient à la démence.

LXXIII. Métellus, instruit par des transfuges du malheureux sort de Bomilcar et de la découverte du complot, se hâte de faire ses préparatifs comme pour une guerre toute nouvelle. Marius ne cessant de l'importuner pour obtenir son congé, il comprend qu'un questeur retenu malgré lui, et d'ailleurs mal disposé à son égard, lui rendra peu de services, et il le laisse partir. A Rome, le peuple, qui avait eu connaissance des lettres concernant Métellus et

LXXII. Ad ea rex, aliter atque animo gerebat, placide respondit. Bomilcare aliisque multis, quos socios insidiarum cognoverat, interfectis, iram oppresserat, ne qua ex eo negotio seditio oreretur. Neque post id locorum Jugurthæ dies aut nox ulla quieta fuere : neque loco, neque mortali cuiquam aut tempori satis credere, civis hostisque juxta metuere, circumspectare omnia et omni strepitu pavescere, alio atque alio loco, sæpe contra decus regium, noctu requiescere, interdum somno excitus arreptis armis tumultum facere : ita formidine quasi vecordia exagitari.

LXXIII. Igitur Metellus, ubi de casu Bomilcaris et indicio patefacto ex perfugis cognovit, rursus tanquam ad integrum bellum cuncta parat festinatque. Marium fatigantem de profectione, simul et invitum et offensum sibi, parum idoneum ratus, domum dimittit. Et Romæ plebes litteris, quæ de Metello ac Mario missæ erant, cognitis

Marius, avait accueilli complaisamment l'opinion qu'elles exprimaient sur l'un et sur l'autre. La haute naissance du proconsul, dont on lui faisait naguère un titre d'honneur, était maintenant un motif de disgrâce; au contraire, la basse extraction de Marius lui assurait la faveur populaire; du reste, pour tous les deux, c'était l'esprit de parti, bien plus que les qualités ou les défauts personnels, qui guidait le peuple dans ses appréciations. De plus, des magistrats séditieux ne cessaient d'agiter la multitude, accusant dans toutes leurs harangues Métellus de haute trahison et exaltant le mérite de Marius. Enfin, il y avait parmi le peuple un tel enthousiasme que les artisans, les laboureurs, qui n'avaient d'autres ressources, d'autre crédit que le travail de leurs mains, quittaient leur ouvrage pour faire cortège à Marius et sacrifiaient leurs occupations les plus urgentes au succès de sa candidature. C'est ainsi qu'au milieu du découragement des nobles, le consulat, après un long intervalle, fut confié à un homme nouveau. Bientôt après, le peuple, consulté par le tribun Titus Manlius Mancinus, sur le choix du général qui devait conduire la guerre de Jugurtha, désigna Marius à une grande majorité. Quelque temps auparavant, le sénat avait donné la Numidie à Métellus; mais ce décret ne fut pas exécuté.

volenti animo de ambobus acceperant. Imperatori nobilitas, quæ antea decori fuit, invidiæ esse; at illi alteri generis humilitas favorem addiderat : ceterum in utroque magis studia partium quam bona aut mala sua moderata. Præterea seditiosi magistratus volgum exagitare, Metellum omnibus contionibus capitis arcessere, Mari virtutem in majus celebrare. Denique plebes sic accensa, uti opifices agrestesque omnes, quorum res fidesque in manibus sitæ erant, relictis operibus frequentarent Marium et sua necessaria post illius honorem ducerent. Ita perculsa nobilitate post multas tempestates novo homini consulatus mandatur; et postea populus a tribuno plebis T. Manlio Mancino rogatus quem vellet cum Jugurtha bellum gerere, frequens Marium jussit. Sed paulo ante senatus Metello Numidiam decreverat : ea res frustra fuit.

LXXIV. A ce moment, Jugurtha, privé de ses amis, dont il avait fait périr la plupart, tandis que les autres, effrayés, se réfugiaient en partie chez les Romains, en partie chez le roi Bocchus, ne pouvant faire la guerre sans auxiliaires et redoutant de mettre à l'épreuve de nouveaux serviteurs, quand les anciens s'étaient montrés si perfides, vivait dans l'hésitation et l'incertitude. Mécontent de ce qu'il faisait, de ce qu'il voulait faire, de tout le monde, il changeait tous les jours de route et de lieutenants; tantôt marchant contre l'ennemi, tantôt s'enfonçant dans le désert, mettant parfois son espoir dans la fuite et bientôt après dans la force des armes, ne sachant s'il devait plus se défier du courage de ses sujets ou bien de leur fidélité. Ainsi, de quelque côté qu'il dirigeât ses pensées, il ne voyait que des difficultés. Au milieu de ces tergiversations, Métellus se montre tout-à-coup avec son armée. Jugurtha dispose ses troupes autant que le permettaient les circonstances, et le combat s'engage. Du côté où se tenait le roi, on résista quelque temps; mais, partout ailleurs, les Numides furent, dès le premier choc, culbutés et mis en fuite. Les Romains s'emparèrent d'une assez grande quantité d'armes et de drapeaux, mais firent peu de prisonniers, car

LXXIV. Eodem tempore Jugurtha, amissis amicis, quorum plerosque ipse necaverat, ceteri formidine, pars ad Romanos, alii ad regem Bocchum profugerant, cum neque bellum geri sine administris posset, et novorum fidem in tanta perfidia veterum experiri periculosum duceret, varius incertusque agitabat. Neque illi res neque consilium aut quisquam hominum satis placebat; itinera præfectosque in dies mutare, modo advorsum hostis, interdum in solitudines pergere, sæpe in fuga ac post paulo in armis spem habere, dubitare virtuti an fidei popularium minus crederet; ita, quocumque intenderat, res advorsæ erant. Sed inter eas moras repente sese Metellus cum exercitu ostendit; Numidæ ab Jugurtha pro tempore parati instructique; dein prœlium incipitur. Qua in parte rex pugnæ adfuit, ibi aliquandiu certatum; ceteri ejus omnes milites primo concursu pulsi fugatique. Romani signorum et armorum ali-

presque toujours, dans les combats, les Numides cherchent plutôt leur salut dans la rapidité de leur fuite que dans leurs armes.

LXXV. Cette déroute augmenta le découragement de Jugurtha plus qu'il ne semblait raisonnable: Prenant avec lui les transfuges et une partie de sa cavalerie, il gagne les déserts, puis Thala, ville importante et riche, où se trouvaient la plupart de ses trésors et la cour des jeunes princes ses fils. Dès que Métellus apprit cela, bien qu'il sût parfaitement qu'entre Thala et le fleuve le plus voisin il y avait, sur un espace de cinquante milles, une plaine aride et déserte, toutefois, dans l'espérance de terminer la guerre d'un coup en s'emparant de cette place, il entreprit de surmonter toutes les difficultés de la route et de réaliser ce qui paraissait au dessus des forces humaines. Par son ordre, on enlève la charge de toutes les bêtes de somme, en n'y laissant que la provision de blé pour dix jours, ainsi que les outres et les autres récipients propres à contenir de l'eau. De plus, il fait prendre dans la campagne tout ce qu'on peut trouver d'animaux domestiques, et on les charge avec des vases de toute espèce, surtout avec des vases de bois trouvés dans les cabanes des Numides. Il commande en outre aux Numides du voisinage, qui avaient fait leur soumission après la

quanto numero, hostium paucorum potiti: nam ferme Numidas in omnibus prœliis magis pedes quam arma tuta sunt.

LXXV. Ea fuga Jugurtha impensius modo rebus suis diffidens, cum perfugis et parte equitatus in solitudines, dein Thalam pervenit, in oppidum magnum et opulentum, ubi plerique thesauri, filiorumque ejus multus pueritiæ cultus erat. Quæ postquam Metello comperta sunt, quanquam inter Thalam flumenque proxumum in spatio milium quinquaginta loca arida atque vasta esse cognoverat, tamen spe patrandi belli, si ejus oppidi potitus foret, omnis asperitates supervadere ac naturam etiam vincere aggreditur. Igitur omnia jumenta sarcinis levari jubet, nisi frumento dierum decem, ceterum utris modo et alia aquæ idonea portari. Præterea conquirit ex agris quam plurumum potest domiti pecoris; eo imponit vasa cujusque modi, sed pleraque lignea, collecta ex tuguriis Numidarum. Ad hoc

déroute du roi, de préparer le plus d'eau qu'ils pourront, et il fixe le jour et le lieu où ils devront la mettre à sa disposition. De son côté, il charge ses bêtes de somme de l'eau du fleuve que nous avons dit être le plus rapproché de la ville, et, dans cet équipage, il se dirige vers Thala. Quand on arriva à l'endroit qu'il avait désigné aux Numides et qu'on eut établi et fortifié le camp, il tomba tout-à-coup, dit-on, une telle quantité de pluie que cette eau suffit, et au-delà, aux besoins de l'armée. De plus, la provision apportée dépassa toutes les espérances, car les Numides, comme il arrive aux peuples nouvellement soumis, avaient fait plus que leur devoir. D'ailleurs nos soldats, obéissant à un sentiment religieux, préférèrent l'eau de pluie, et cet incident accrut singulièrement leur courage, car ils furent persuadés que les dieux immortels veillaient sur eux. Le lendemain, à la grande surprise du roi, ils arrivèrent à Thala. Les habitants, qui se croyaient suffisamment protégés par l'extrême difficulté des lieux, furent vivement frappés de tant de hardiesse ; néanmoins, ils se préparèrent rapidement au combat ; les nôtres firent de même.

LXXVI. Quant au roi, convaincu que rien, désor-

finitumis imperat, qui se post regis fugam Metello dederant, quam plurumum quisque aquæ portaret; diem locumque, ubi præsto forent, prædicit. Ipse ex flumine, quam proxumam oppido aquam esse supra diximus, jumenta onerat: eo modo instructus ad Thalam proficiscitur. Deinde, ubi ad id loci ventum, quo Numidis præceperat, et castra posita munitaque sunt, tanta repente cœlo missa vis aquæ dicitur, ut ea modo exercitui satis superque foret. Præterea commeatus spe amplior, quia Numidæ, sicuti plerique in nova deditione, officia intenderant. Ceterum milites religione pluvia magis usi; eaque res multum animis eorum addidit; nam rati sese dis immortalibus curæ esse. Deinde postero die contra opinionem Jugurthæ ad Thalam perveniunt. Oppidani, qui se locorum asperitate munitos crediderant, magna atque insolita re perculsi, nihilo segnius bellum parare; idem nostri facere.

LXXVI. Sed rex, nihil jam infectum Metello credens,

mais, n'était impossible à Métellus, puisqu'il avait su triompher de tous les obstacles, des armes de toute sorte, des lieux, des temps, enfin de la nature elle-même, qui commande à toutes choses, il s'enfuit nuitamment de la ville avec ses enfants et une grande partie de ses trésors, et, depuis ce moment, il ne s'arrêta jamais plus d'un jour ou d'une nuit dans le même lieu : il donnait pour prétexte des affaires pressantes, mais en réalité, il craignait de nouvelles trahisons, et il espérait les éviter par ces déplacements rapides, car, pour réussir, de tels projets exigent du loisir et une occasion favorable.

Cependant Métellus, voyant les habitants de Thala prêts à soutenir l'attaque et la ville également fortifiée et par l'art et par la nature, entoure les murailles d'un retranchement et d'un fossé ; puis, choisissant les emplacements les plus convenables, étant donnée la nature du terrain, il y fait dresser des mantelets et construire une terrasse, sur laquelle on élève des tours pour mettre à couvert l'ouvrage destiné à l'attaque et les ouvriers qui y travaillaient. De leur côté, les assiégés déploient la plus grande activité ; en un mot, de part et d'autre, rien n'est oublié. Enfin, les Romains, non sans de grandes fatigues et de nombreux combats, quarante jours après leur arrivée, se rendirent maîtres du corps de

quippe qui omnia, arma, tela, locos, tempora, denique naturam ipsam ceteris imperitantem industria vicerat, cum liberis et magna parte pecuniæ ex oppido noctu profugit ; neque postea in ullo loco amplius uno die aut una nocte moratus, simulabat sese negoti gratia properare ; ceterum proditionem timebat, quam vitare posse celeritate putabat ; nam talia consilia per otium et ex opportunitate capi.

At Metellus, ubi oppidanos prœlio intentos, simul oppidum et operibus et loco munitum videt, vallo fossaque mœnia circumvenit. Deinde locis ex copia maxume idoneis vineas agere, aggerem jacere, et super aggerem impositis turribus opus et administros tutari. Contra hæc oppidani festinare, parare, prorsus ab utrisque nihil reliquum fieri. Denique Romani, multo ante labore prœliisque fatigati, post dies quadraginta quam eo ventum erat, oppido modo potiti ;

la place seulement; quant au butin, il avait été complètement détruit par les transfuges. Se voyant perdus sans ressource au moment où le bélier commençait à battre les murailles, ils transportèrent au palais l'or, l'argent et tout ce qu'il y avait de plus précieux dans la ville, et là, après s'être gorgés de vin et de mets, ils détruisirent dans le même incendie ces richesses, le palais et leurs personnes, s'infligeant ainsi volontairement le châtiment qu'ils attendaient de l'ennemi après leur défaite.

LXXVII. Au moment même de la prise de Thala, des députés de la ville de Leptis étaient venus trouver Métellus pour le prier de leur envoyer une garnison et un gouverneur : « Un certain Hamilcar, » disaient-ils, « homme de naissance distinguée et très « remuant, cherchait à bouleverser l'État ; contre lui, « l'autorité des magistrats et des lois était sans « force ; s'il ne se hâtait de les secourir, une ville « alliée des Romains allait courir les plus grands « dangers. » Dès le commencement de la guerre de Jugurtha, les habitants de Leptis avaient envoyé des députés au consul Bestia et ensuite à Rome pour demander notre amitié et notre alliance, et, les ayant obtenues, ils étaient toujours restés pour nous des alliés utiles et fidèles et avaient exécuté avec empressement tout ce que leur avaient commandé Bes-

præda omnis ab perfugis corrupta. Ei, postquam murum arietibus feriri resque suas afflictas vident, aurum atque argentum et alia quæ prima ducuntur domum regiam comportant; ibi vino et epulis onerati, illaque et domum et semet igni corrumpunt, et, quas victi ab hostibus pœnas metuerant, eas ipsi volentes pependere.

LXXVII. Sed pariter cum capta Thala legati ex oppido Lepti ad Metellum venerant, orantes uti præsidium præfectumque eo mitteret : « Hamilcarem quemdam, hominem « nobilem, factiosum, novis rebus studere, advorsum quem « neque imperia magistratuum neque leges valerent; ni id « festinaret, in summo periculo suam salutem, illorum « socios fore. » Nam Leptitani, jam inde a principio belli Jugurthini, ad Bestiam consulem et postea Romam miserant amicitiam societatemque rogatum. Deinde, ubi ea impetrata, semper boni fidelesque mansere, et cuncta a

tia, Albinus et Métellus. Aussi le proconsul ne fit-il aucune difficulté pour accueillir leur demande ; il leur envoya quatre cohortes de Ligures et Gaius Annius pour gouverneur.

LXXVIII. La ville de Leptis fut bâtie par des Sidoniens, qui, fuyant les discordes civiles, débarquèrent, dit-on, dans ces contrées : elle est située entre les deux Syrtes, qui tirent leur nom de la disposition même des lieux. En effet, ce sont deux golfes situés presque à l'extrémité de l'Afrique, de grandeur inégale, mais de nature semblable. Tout près du rivage, les eaux sont très profondes ; plus loin, au gré du hasard, tantôt la mer est haute, tantôt ce n'est qu'un bas-fond ; car, dès que les vagues s'enflent sous l'effort des vents déchaînés, les flots entraînent du limon, du sable et d'énormes rochers ; ainsi l'aspect des lieux change avec les vents. *Syrtes* vient d'un mot grec qui signifie « traîner ». La langue des habitants de cette ville s'est altérée par leur mélange avec les Numides, mais les lois et les mœurs y sont encore en grande partie phéniciennes : ils ont eu d'autant plus de facilité à les conserver intactes que les liens qui les unissaient à la Numidie étaient fort lâches, à cause de l'éloignement et des vastes déserts qui s'étendaient entre leur ville et la Numidie.

Bestia, Albino Metelloque imperata nave fecerant. Itaque ab imperatore facile quæ petebant adepti : emissæ eo cohortes Ligurum quattuor et C. Annius præfectus.

LXXVIII. Id oppidum ab Sidoniis conditum est, quos accepimus profugos ob discordias civilis navibus in eos locos venisse ; ceterum situm inter duas Syrtis, quibus nomen ex re inditum. Nam duo sunt sinus prope in extrema Africa, inpares magnitudine, pari natura : quorum proxuma terræ præalta sunt, cetera, uti fors tulit, alta alia, alia in tempestate vadosa. Nam ubi mare magnum esse et sævire ventis cœpit, limum harenamque et saxa ingentia fluctus trahunt ; ita facies locorum cum ventis simul mutatur : Syrtes ab tractu nominatæ. Ejus civitatis lingua modo conversa connubio Numidarum, legum cultusque pleraque Sidonica ; quæ eo facilius retinebant, quod procul ab imperio regis ætatem agebant : inter illos et frequentem Numidiam multi vastique loci erant.

LXXIX. Puisque les affaires de Leptis nous ont conduits dans ces contrées, il ne semblera pas hors de propos de raconter la conduite héroïque et vraiment admirable de deux Carthaginois : le lieu même nous y invite. A l'époque où les Carthaginois étendaient leur domination sur la plus grande partie de l'Afrique, les Cyrénéens étaient, eux aussi, riches et puissants. Entre les deux peuples s'étendait une plaine sablonneuse, d'aspect uniforme ; il n'y avait ni fleuve ni montagne qui pût servir de limite : cette circonstance les entretint dans un état perpétuel de guerre. Quand des deux côtés plusieurs armées et plusieurs flottes eurent été battues et dispersés, et que les deux peuples se furent mutuellement affaiblis, craignant qu'un troisième ne vînt attaquer les vainqueurs et les vaincus, également épuisés, ils convinrent, à la faveur d'une trêve, qu'à un jour donné, des députés partiraient de leur ville respective et que l'endroit où ils se rencontreraient deviendrait la limite commune des deux territoires. Carthage envoya donc deux frères, du nom de Philènes, lesquels firent grande diligence ; ceux de Cyrène marchèrent moins vite. Ce retard fut-il dû à leur négligence ou au hasard ? je ne saurais le dire. Il est vrai que dans ces parages, tout comme en pleine mer, on peut être

LXXIX. Sed quoniam in eas regiones per Leptitanorum negotia venimus, non indignum videtur egregium atque mirabile facinus duorum Carthaginiensium memorare : eam rem nos locus admonuit. Qua tempestate Carthaginienses pleraque Africa imperitabant, Cyrenenses quoque magni atque opulenti fuere. Ager in medio harenosus una specie ; neque flumen neque mons erat, qui fines eorum discerneret ; quæ res eos in magno diuturnoque bello inter se habuit. Postquam utrimque legiones, item classes sæpe fusæ fugatæque, et alteri alteros aliquantum attriverant, veriti ne mox victos victoresque defessos alius aggrederetur, per indutias sponsionem faciunt, uti certo die legati domo proficiscerentur ; quo in loco inter se obvii fuissent, is communis utriusque populi finis haberetur. Igitur Carthagine duo fratres missi, quibus nomen Philænis erat, maturavere iter pergere ; Cyrenenses tardius iere. Id socordiane an casu acciderit, parum cognovi. Ceterum

retenu par la tempête : lorsque, en ces lieux tout unis et dépourvus de végétation, survient un fort vent, les tourbillons de sable qu'il soulève, emplissent la bouche et les yeux des voyageurs, les empêchent de regarder devant eux et retardent ainsi leur marche. Les Cyrénéens, se voyant notablement distancés, et craignant d'être punis à leur retour pour le dommage qu'ils causaient à leur patrie, accusent les Carthaginois d'être partis de chez eux avant l'heure convenue, soulèvent des difficultés et se déclarent prêts à tout plutôt que d'accepter leur défaite. Les Carthaginois demandent alors de nouvelles conditions, pourvu qu'elles soient égales pour les deux partis, et les Grecs (1) leur donnent le choix ou d'être enterrés vifs à l'endroit où ils voulaient fixer la limite de leur territoire, ou de les laisser aux mêmes conditions s'avancer eux-mêmes jusqu'où ils voudraient. Les Philènes y consentent : ils font à leur patrie le sacrifice de leur personne et de leur vie et sont enterrés vivants. Les Carthaginois élevèrent à cet endroit des autels aux frères Philènes et, à Carthage, on institua pour eux d'autres honneurs. Maintenant je reviens à mon sujet.

solet in illis locis tempestas haud secus atque in mari retinere : nam ubi per loca æqualia et nuda gignentium ventus coortus harenam humo excitavit, ea, magna vi agitata, ora oculosque implere solet ; ita prospectu impedito morari iter. Postquam Cyrenenses aliquanto posteriores se vident et ob rem corruptam domi pœnas metuunt, criminari Carthaginienses ante tempus domo digressos, conturbare rem, denique omnia malle quam victi abire. Sed cum Pœni aliam condicionem, tantummodo æquam, peterent, Græci optionem Carthaginiensium faciunt, ut vel illi, quos finis populo suo peterent, ibi vivi obruerentur, vel eadem condicione sese, quem in locum vellent processuros. Philæni, condicione probata, seque vitamque suam rei publicæ condonavere : ita vivi obruti. Carthaginienses in eo loco Philænis fratibus aras consecravere, aliique illis domi honores instituti. Nunc ad rem redeo.

(1) C'est-à-dire les Grecs de Cyrène, les Cyrénéens.

LXXX. Après la perte de Thala, Jugurtha, convaincu que rien ne pouvait arrêter Métellus, traverse avec un petit nombre d'hommes de vastes solitudes et arrive chez les Gétules, peuple sauvage et grossier, qui ne connaissait pas les Romains, même de nom. Il forme un tout compacte de cette multitude et les habitue peu à peu à garder leurs rangs, à suivre les enseignes, à être attentif au commandement et à exécuter les autres manœuvres de la guerre. En outre, par de grands présents et des promesses plus grandes encore, il met dans ses intérêts les conseillers intimes du roi Bocchus, et il se sert de leur influence pour agir sur leur maître et le décider à entreprendre la guerre contre les Romains. Bocchus se laissa d'autant plus facilement persuader que, au début de la guerre, il avait envoyé des députés à Rome pour solliciter notre alliance et notre amitié, et que sa demande, qui venait si à propos, avait été écartée par les intrigues de quelques hommes, qui faisaient trafic de l'honneur comme de la honte. Ajoutons que, précédemment, une fille de Bocchus avait épousé Jugurtha. Il est vrai que, chez les Numides comme chez les Maures, ce sont là des liens assez légers, par la raison que chacun prend autant de femmes que ses ressources le lui permet-

LXXX. Jugurtha, postquam amissa Thala nihil satis firmum contra Metellum putat, per magnas solitudines cum paucis profectus, pervenit ad Gætulos, genus hominum ferum incultumque, et eo tempore ignarum nominis Romani. Eorum multitudinem in unum cogit, ac paulatim consuefacit ordines habere, signa sequi, imperium observare, item alia militaria facere. Præterea regis Bocchi proxumos magnis muneribus et majoribus promissis ad studium sui perducit, quis adjutoribus regem aggressus, inpellit uti advorsus Romanos bellum incipiat. Id ea gratia facilius proniusque fuit, quod Bocchus initio hujusce belli legatos Romam miserat, fœdus et amicitiam petitum; quam rem opportunissumam incepto bello pauci impediverant, cæci avaritia, quis omnia honesta atque inhonesta vendere mos erat. Etiam antea Jugurthæ filia Bocchi nupserat. Verum ea necessitudo apud Numidas Maurosque levis ducitur, qui singuli pro opibus quisque quam plu-

tent, les uns dix, les autres davantage, les rois un plus grand nombre encore. L'affection de l'époux se trouvant ainsi partagée entre un grand nombre de femmes, aucune ne jouit des prérogatives de l'épouse : on fait aussi peu de cas des unes que des autres.

LXXXI. Les deux armées opèrent leur jonction à l'endroit convenu : là, après qu'ils ont échangé des serments de fidélité, Jugurtha enflamme par ses paroles l'esprit de Bocchus : « Les Romains, » lui dit-il, « sont injustes, insatiables, ennemis du genre humain : ils ont, pour faire la guerre à Bocchus, le même motif que pour la faire à lui-même et aux autres nations de la terre : la passion de dominer. Pour eux, toute puissance est un obstacle dont il faut se débarrasser. Aujourd'hui c'est lui-même qu'ils attaquent, naguère c'étaient les Carthaginois et aussi le roi Persée ; plus tard ce sera un peuple quelconque, pourvu qu'il leur paraisse assez puissant. » Après ce discours et d'autres semblables, les deux rois se dirigent vers Cirta, où Métellus avait déposé son butin, les prisonniers et les bagages. Jugurtha espérait ou qu'il prendrait la ville par surprise, ce qui n'était pas à dédaigner, ou que, si les Romains venaient à son secours, une bataille s'engagerait. Car ce que voulait le rusé Numide, c'était

rumas uxores, denas alii, alii pluris habent, sed reges eo amplius. Ita animus multitudine distrahitur : nulla pro socia obtinet, pariter omnes viles sunt.

LXXXI. Igitur in locum ambobus placitum exercitus conveniunt ; ibi fide data et accepta Jugurtha Bocchi animum oratione accendit : « Romanos injustos, profunda « avaritia, communis omnium hostis esse ; eamdem illos « causam belli cum Boccho habere, quam secum et cum « aliis gentibus, lubidinem imperitandi, quis omnia regna « advorsa sint ; tum sese, paulo ante Carthaginiensis, item « regem Persen, post, uti quisque opulentissumus videa- « tur, ita Romanis hostem fore. » Eis atque aliis talibus dictis ad Cirtam oppidum iter constituunt, quod ibi Metellus prædam captivosque et impedimenta locaverat. Ita Jugurtha ratus aut capta urbe operæ pretium fore, aut, si dux Romanus auxilio suis venisset, prœlio sese certaturos.

amener au plus tôt une rupture entre Bocchus et les Romains, de peur que, de délai en délai, il n'en vînt à préférer à la guerre un autre parti.

LXXXII. En apprenant l'alliance des deux rois, le général romain cessa d'offrir le combat en toute occasion et en tout lieu, comme il avait coutume de le faire depuis que Jugurtha avait été plusieurs fois vaincu. Sans s'éloigner de Cirta, il attend l'ennemi dans son camp retranché, jugeant préférable de combattre à son heure, car il connaissait les Maures, ses nouveaux adversaires. Dans l'intervalle, une lettre de Rome lui apprit que la Numidie avait été assignée comme province à Marius, dont il connaissait déjà l'élévation au consulat. Plus vivement ému à cette nouvelle que les convenances et sa dignité ne le comportaient, il ne sut ni retenir ses larmes ni modérer son langage : cet homme, d'ailleurs si distingué, montra dans cette épreuve une faiblesse regrettable. Les uns l'attribuèrent à l'orgueil, d'autres à l'indignation d'une âme généreuse que révoltait un pareil affront, beaucoup au dépit de se voir arracher une victoire qu'il tenait déjà dans ses mains. Pour moi, j'ai la preuve que ce qui déchirait l'âme de Métellus, c'était moins l'injustice dont il était victime que l'élévation de Marius, et qu'il n'eût point éprouvé un chagrin aussi vif, si la province

Nam callidus id modo festinabat, Bocchi pacem imminuere, ne moras agitando aliud quam bellum mallet.

LXXXII. Imperator, postquam de regum societate cognovit, non temere neque, uti sæpe jam victo Jugurtha consueverat, omnibus locis pugnandi copiam facit; ceterum haud procul ab Cirta castris munitis reges opperitur, melius esse ratus, cognitis Mauris, quoniam is novus hostis accesserat, ex commodo pugnam facere. Interim Roma per litteras certior fit provinciam Numidiam Mario datam; nam consulem factum ante acceperat. Quibus rebus supra bonum aut honestum perculsus, neque lacrumas tenere, neque moderari linguam : vir egregius in aliis artibus, nimis molliter ægritudinem pati. Quam rem alii in superbiam vortebant, alii bonum ingenium contumelia accensum esse, multi quod jam parta victoria ex manibus eriperetur; nobis satis cognitum est illum magis honore Mari quam

qu'on lui enlevait eût été donnée à un autre qu'à Marius.

LXXXIII. Absorbé par son chagrin, et considérant d'ailleurs comme une folie de s'occuper à ses risques et périls de ce qui devenait l'affaire d'autrui, Métellus envoie des députés à Bocchus pour le supplier de ne pas se faire, sans motifs, l'ennemi du peuple romain : « il avait, en ce moment, une belle « occasion d'obtenir son alliance et son amitié, ce « qui valait mieux pour lui que la guerre ; et il ne « devait pas, quelque confiance qu'il eût en sa force, « échanger le certain contre l'incertain ; toute guerre « est facile à entreprendre, mais malaisée à termi- « ner ; le commencement et la fin ne dépendent pas « toujours de la même personne : le premier venu, « même un lâche, peut prendre les armes, mais il ne « les dépose que lorsque le vainqueur y consent ; il « devait donc songer à ses intérêts et à ceux de son « royaume et ne pas associer sa situation florissante « au sort désespéré de Jugurtha. » A ces ouvertures, le roi fit une réponse assez modérée : « Il « désirait la paix, mais il était touché des malheurs « de Jugurtha ; si l'on admettait aussi ce prince à « traiter, tout pourrait s'arranger. » En réponse aux demandes de Bocchus, le proconsul lui envoie de

injuria sua excruciatum, neque tam anxie laturum fuisse, si adempta provincia alii quam Mario traderetur.

LXXXIII. Igitur eo dolore impeditus, et quia stultitiæ videbatur alienam rem periculo suo curare, legatos ad Bocchum mittit postulatum ne sine causa hostis populo Romano fieret ; « habere tum magnam copiam societatis « amicitiæque conjungendæ, quæ potior bello esset, et « quanquam opibus confideret, non debere incerta pro « certis mutare ; omne bellum sumi facile, ceterum ægerrume desinere ; non in ejusdem potestate initium ejus « et finem esse ; incipere cuivis, etiam ignavo, licere, deponi, cum victores velint : proinde sibi regnoque suo « consuleret, neu florentis res suas cum Jugurthæ perditis « misceret. » Ad ea rex satis placide verba facit : « sese « pacem cupere, sed Jugurthæ fortunarum misereri ; si eadem illi copia fieret, omnia conventura. » Rursus imperator contra postulata Bocchi nuntios mittit ; ille probare

nouveaux députés avec des contre-propositions ; le roi en accepte quelques-unes et rejette les autres. On s'envoie ainsi et on se renvoie à plusieurs reprises des députés ; de cette façon le temps passe et la guerre traîne en longueur : c'est ce que voulait Métellus.

LXXXIV. Cependant Marius avait été, comme nous l'avons déjà dit, élevé au consulat par l'enthousiasme populaire. Dès que le peuple lui eut assigné la Numidie comme province, lui qui était déjà l'ennemi des nobles, il leur fit alors une guerre acharnée et implacable, les attaquant tantôt individuellement, tantôt dans leur ensemble, répétant sans cesse que c'était sur eux qu'il avait conquis ces riches dépouilles, le consulat, et tenant encore d'autres propos de nature à le glorifier lui-même et à les froisser vivement. Mais, avant tout, il s'occupait des préparatifs de la guerre : il sollicitait une levée pour compléter les légions ; il demandait des troupes auxiliaires aux peuples et aux rois alliés, ainsi qu'aux Italiens ; il recrutait les plus braves soldats du Latium, dont il connaissait le plus grand nombre pour avoir servi avec eux, et le reste de réputation ; enfin, il décidait, à force de sollicitations, des vétérans à partir avec lui. Et le sénat, malgré son antipathie, n'osait rien lui refuser. Du reste, c'était avec

partim, alia abnuere. Eo modo sæpe ab utroque missis remissisque nuntiis, tempus procedere et ex Metelli voluntate bellum intactum trahi.

LXXXIV. At Marius, ut supra diximus, cupientissuma plebe consul factus, postquam ei provinciam Numidiam populus jussit, antea jam infestus nobilitati, tum vero multus atque ferox instare : singulos modo, modo univorsos lædere, dictitare sese consulatum ex victis illis spolia cepisse ; alia præterea magnifica pro se et illis dolentia. Interim quæ bello opus erant prima habere, postulare legionibus supplementum, auxilia a populis et regibus sociisque arcessere, præterea ex Latio fortissumum quemque, plerosque militiæ, paucos fama cognitos accire, et ambiundo cogere homines emeritis stipendiis secum proficisci. Neque illi senatus, quanquam advorsus erat, de ullo

joie qu'il avait ordonné une levée supplémentaire, car on croyait le peuple peu disposé à s'enrôler, et le sénat pensait que Marius allait ainsi perdre ou les ressources indispensables pour la guerre, ou son crédit auprès du peuple. Mais cet espoir fut déçu, tant était vif, parmi la multitude, le désir de suivre Marius. Chacun se flattait de revenir dans ses foyers enrichi par le butin et couvert de lauriers : ces espérances et d'autres de ce genre agitaient les esprits. A cela n'avait pas peu contribué une harangue de Marius. Quand on eut fait droit à ses réclamations et qu'il ne s'agissait plus que de faire la levée, il convoqua le peuple pour l'exhorter, mais aussi pour avoir l'occasion de lancer contre la noblesse ses attaques ordinaires, et il s'exprima à peu près en ces termes :

LXXXV. « Je n'ignore pas, citoyens, que la « plupart des magistrats ne se comportent pas de « même et quand ils sollicitent une charge et « quand ils l'ont obtenue ; d'abord actifs, simples, « modestes, ils deviennent bientôt indolents et « orgueilleux. Pour moi, je suis d'un avis tout « contraire ; en effet, autant la république entière « est au-dessus du consulat et de la préture, autant « on doit mettre plus de soins à la bien gouverner « qu'à briguer ces honneurs. Et je ne me dissimule

negotio abnuere audebat ; ceterum supplementum etiam lætus decreverat, quia neque plebi militia volenti putabatur et Marius aut belli usum aut studia volgi amissurus. Sed ea res frustra sperata : tanta lubido cum Mario eundi plerosque invaserat. Sese quisque præda locupletem fore, victorem domum rediturum, alia hujuscemodi animis trahebant ; et eos non paulum oratione sua Marius adrexerat. Nam postquam, omnibus quæ postulaverat decretis, milites scribere volt, hortandi causa, simul et nobilitatem uti consueverat exagitandi, contionem populi advocavit ; deinde hoc modo disseruit :

LXXXV. « Scio ego, Quirites, plerosque non iisdem artibus imperium a vobis petere et, postquam adepti sunt, « gerere : primo industrios, supplices, modicos esse, dehinc « per ignaviam et superbiam ætatem agere. Sed mihi contra « ea videtur : nam quo pluris est universa respublica quam « consulatus aut prætura, eo majore cura illam administrari

« pas quelles graves obligations j'ai contractées en « recevant la plus grande de vos faveurs : faire des « préparatifs de guerre tout en ménageant le trésor « public, assujettir aux rigueurs du service des « hommes à qui l'on ne voudrait pas déplaire, pour- « voir à tout au-dedans et au-dehors, et cela, « malgré l'envie, l'opposition systématique et les « attaques des partis, voilà, citoyens, une tâche « plus rude qu'on ne pense. »

« De plus, les autres, s'ils viennent à faillir, « trouvent un appui et dans leur antique noblesse, « et dans les exploits de leurs ancêtres, et dans « l'influence de leurs proches et de leurs alliés, et « dans leur nombreuse clientèle ; moi, au contraire, « toutes mes espérances sont en moi seul, et ce « n'est que par mon mérite et ma vertu que je puis « les soutenir : tout autre appui serait insuffisant. « Et je ne me dissimule pas, citoyens, que tous les « regards sont fixés sur moi : les hommes justes et « honnêtes me sont favorables, car ils sentent que « mes services profitent à la république ; quant à la « noblesse, elle épie l'occasion pour attaquer. Je « dois donc redoubler d'efforts pour que vous ne « soyez pas surpris et que leur espoir soit déçu. J'ai, « du reste, vécu de telle sorte, depuis mon enfance « jusqu'à ce jour, que j'ai l'habitude des fatigues et

« quam hæc peti debere. Neque me fallit, quantum cum « maxumo beneficio vostro negoti sustineam : bellum pa- « rare simul et ærario parcere, cogere ad militiam eos quos « nolis offendere, domi forisque omnia curare, et ea agere « inter invidos, occursantis, factiosos, opinione, Quirites, « asperius est.

« Ad hoc, alii si deliquere, vetus nobilitas, majorum fortia facta, cognatorum et adfinium opes, multæ « clientelæ, omnia hæc præsidio adsunt ; mihi spes omnes « in memet sitæ, quas necesse est virtute et innocentia « tutari : nam alia infirma sunt. Et illud intellego, Qui- « rites, omnium ora in me convorsa esse, æquos bonos- « que favere (quippe mea bene facta rei publicæ procedunt), « nobilitatem locum invadundi quærere. Quo mihi acrius « adnitundum est uti neque vos capiamini et illi frustra « sint. Ita ad hoc ætatis a pueritia fui, uti omnis labores

« des périls ; et la conduite que je menais sans « préoccupation intéressée avant de recevoir vos « faveurs, je n'ai point, citoyens, l'intention, d'y « renoncer après en avoir été récompensé. Rester « modérés dans l'exercice du pouvoir est chose diffi« cile pour ceux qui, par ambition, ont simulé l'hon« nêteté; mais pour moi, qui ai consacré toute ma « vie à l'exercice des plus hautes vertus, l'habitude « de bien faire est devenue une seconde nature. Vous « m'avez chargé de la guerre contre Jugurtha, et la « noblesse a été vivement froissée de ce choix. Eh « bien ! je vous en prie, réfléchissez s'il ne vaudrait « pas mieux revenir sur votre décision et prendre « pour cette expédition ou toute autre du même gen« re, dans la coterie des nobles, un homme de vieille « souche, qui ait beaucoup d'images, mais pas la « moindre campagne, afin, sans doute, que, perdu « dans une affaire de cette importance, troublé, em« pressé mal à propos, il soit forcé de prendre un « roturier pour lui montrer ce qu'il a à faire. « Il arrive souvent, en effet, que celui à qui vous « avez confié un commandement s'en décharge sur « un autre.

« J'en connais, citoyens, qui n'ont commencé à lire « les hauts faits de nos aïeux et les préceptes des « Grecs, sur l'art militaire qu'après être parvenus

« et pericula consueta habeam. Quæ ante vostra beneficia « gratuito faciebam, ea uti accepta mercede deseram, non « est consilium, Quirites. Illis difficile est in potestatibus « temperare, qui per ambitionem sese probos simulavere; « mihi, qui omnem ætatem in optumis artibus egi, bene « facere jam ex consuetudine in naturam vortit. Bellum « me gerere cum Jugurtha jussistis, quam rem nobilitas « ægerrume tulit. Quæso, reputate cum animis vostris, « num id mutare melius sit, si quem ex illo globo nobilita« tis ad hoc aut aliud tale negotium mittatis, hominem « veteris prosapiæ ac multarum imaginum et nullius sti« pendi : scilicet ut in tanta re ignarus omnium trepidet, « festinet, sumat aliquem ex populo monitorem offici sui. « Ita plerumque evenit ut, quem vos imperare jussistis, is « imperatorem alium quærat.

« Atque ego scio, Quirites, qui, postquam consules facti « sunt, et acta majorum et Græcorum militaria præcepta

« au consulat : hommes qui font tout à contretemps, car si, dans l'ordre des temps, il faut être nommé à une magistrature avant de l'exercer, en réalité et dans la pratique, il faut s'en être montré digne avant de l'obtenir. Et maintenant, citoyens, à ces patriciens superbes, comparez Marius, cet homme nouveau : ce qu'ils savent par ouï-dire ou pour l'avoir lu, je l'ai vu ou fait moi-même ; ce qu'ils ont appris dans les livres, je l'ai appris dans les camps. C'est à vous de voir ce qui vaut mieux, des actes ou des paroles. Ils me méprisent parce que je suis un homme nouveau : je les méprise parce qu'ils sont lâches ; chez moi, ce n'est que la situation sociale qu'on critique : chez eux, c'est leur conduite infâme. D'ailleurs, j'estime que nous sommes tous égaux selon la loi naturelle et que, si l'on admet une distinction, c'est le plus brave qui est aussi le plus noble. Si l'on pouvait demander aux pères d'Albinus et de Bestia qui, d'eux ou de moi, ils auraient voulu engendrer, croyez-vous qu'ils répondissent autre chose que ceci : « Les fils les plus vertueux ? » S'ils sont en droit de me mépriser, qu'ils méprisent donc aussi leurs ancêtres, dont la noblesse doit, comme la mienne, son origine au mérite. Ils sont jaloux de la dignité dont je suis revêtu : qu'ils

« legere cœperint, præposteri homines : nam gerere quam fieri tempore posterius, re atque usu prius est. Comparate nunc, Quirites, cum illorum superbia me hominem novum : quæ illi audire aut legere solent, eorum partem vidi, alia egomet gessi : quæ illi litteris, ea ego militando didici. Nunc vos existumate facta an dicta pluris sint. Contemnunt novitatem meam, ego illorum ignaviam ; mihi fortuna, illis probra objectantur. Quanquam ego naturam unam et communem omnium existumo, sed fortissumum quemque generosissumum. Ac si jam ex patribus Albini aut Bestiæ quæri posset, mene an illos ex se gigni maluerint, quid responsuros creditis, nisi sese liberos quam optumos voluisse ? Quod si jure me despiciunt, faciant idem majoribus suis, quibus, uti mihi, ex virtute nobilitas cœpit. Invident honori meo : ergo invi-

« le soient donc aussi de mes travaux, de ma con-
« duite irréprochable, de mes périls, puisque c'est à
« ce prix que je l'ai obtenue. La vérité, c'est que ces
« hommes, aveuglés par l'orgueil, vivent comme
« s'ils dédaignaient vos faveurs, et qu'ils les solli-
« citent comme s'ils les avaient méritées par leur
« conduite. Certes, ils s'abusent étrangement, ces
« hommes qui prétendent à la fois et aux plaisirs
« qu'on trouve dans une lâche oisiveté et aux récom-
« penses réservées à la vertu. Ce n'est pas tout :
« lorsqu'ils prennent la parole devant vous ou dans
« le sénat, la plus grande partie de leur discours
« est consacrée à l'éloge de leurs ancêtres : en
« rappelant leurs exploits, ils croient ajouter à leur
« propre illustration. C'est tout le contraire : plus la
» vie des uns a eu de l'éclat, plus la lâcheté des
« autres est déshonorante. Et on ne saurait le nier :
« la gloire des ancêtres est, pour leurs descendants,
« comme un flambeau révélateur qui ne laisse dans
« l'ombre ni leurs vertus ni leurs vices. Sur ce point,
« citoyens, je reconnais mon infériorité ; mais, ce
« qui est beaucoup plus honorable, je puis parler de
« mes propres exploits. Maintenant voyez quelle est
« leur injustice : le droit qu'ils revendiquent pour
« un mérite d'emprunt, ils le refusent à mon mérite

« deant labori, innocentiæ, periculis etiam meis, quoniam
« per hæc illum cepi. Verum homines corrupti superbia
« ita ætatem agunt, quasi vostros honores contemnant ;
« ita hos petunt, quasi honeste vixerint. Ne illi falsi sunt,
« qui divorsissumas res pariter exspectant, ignaviæ volup-
« tatem et præmia virtutis. Atque etiam, cum apud vos
« aut in senatu verba faciunt, pleraque oratione majores
« suos extollunt, eorum fortia facta memorando clariores
« sese putant. Quod contra est : nam quanto vita illorum
« præclarior, tanto horum socordia flagitiosior. Et profecto
« ita se res habet : majorum gloria posteris quasi lumen
« est, neque bona neque mala eorum in occulto patitur.
« Hujusce rei ego inopiam fateor, Quirites ; verum, id quod
« multo præclarius est, meamet facta mihi dicere licet.
« Nunc videte quam iniqui sint : quod ex aliena virtute

« personnel, sans doute parce que je n'ai point « d'images et que ma noblesse est de date récente; « mais ne vaut-il pas mieux être soi-même l'auteur « de sa noblesse que de dégrader celle qui vous a « été transmise?

« Je sais bien que, s'ils voulaient me répondre, ils « trouveraient facilement des phrases élégantes et « arrangées avec art; malgré mon insuffisance, « honoré du plus grand de vos bienfaits, tandis que « nous sommes, à tout propos, vous et moi, en butte « à leurs attaques malveillantes, je ne pouvais me « taire sans m'exposer à ce qu'on attribuât à un aveu « cette preuve de ma modération. En mon âme et « conscience, je l'affirme, leurs discours ne sauraient « me nuire; car, s'ils sont vrais, ils doivent être « à ma louange; s'ils sont faux, ma vie et ma con- « duite les réfutent victorieusement. Mais, puisqu'ils « critiquent la décision par laquelle vous m'avez « confié, avec la plus haute dignité, une mission « importante, réfléchissez encore et examinez bien si « vous devez regretter votre choix. Pour le justifier, « je ne puis étaler ni les images, ni les triomphes « ou les consulats de mes ancêtres; mais, s'il le « faut, je montrerai des javelots d'honneur, un éten-

« sibi adrogant, id mihi ex mea non concedunt : scilicet « quia imagines non habeo et quia mihi nova nobilitas est, « quam certe peperisse melius est quam acceptam corru- « pisse.

« Equidem ego non ignoro, si jam mihi respondere ve- « lint, abunde illis facundam et compositam orationem « fore; sed in vostro maxumo beneficio cum omnibus locis « me vosque maledictis lacerent, non placuit reticere, ne « quis modestiam in conscientiam duceret. Nam me qui- « dem ex animi mei sententia nulla oratio lædere potest : « quippe vera necesse est bene prædicent, falsa vita mores- « que mei superant. Sed quoniam vostra consilia accusan- « tur, qui mihi summum honorem et maxumum negotium « inposuistis, etiam atque etiam reputate, num eorum « pænitendum sit. Non possum fidei causa imagines ne- « que triumphos aut consulatus majorum meorum osten- « tare, at, si res postulet, hastas, vexillum, phaleras, alia

« dard, une phalère, d'autres récompenses militaires
« et aussi des cicatrices sur ma poitrine. Voilà mes
« images, voilà ma noblesse; et tout cela, je ne le
« possède point par héritage, je l'ai conquis à force
« de travaux et de périls. Mes discours manquent
« d'élégance; cela me préoccupe peu. La vertu a
« assez d'éclat par elle-même; mais à eux, l'art est
« nécessaire pour dissimuler par de belles phrases
« la turpitude de leurs actions. Je n'ai point étudié
« les lettres grecques, et j'étais peu disposé à le
« faire en voyant qu'elles n'avaient contribué en
« rien à l'amélioration morale de ce peuple; mais
« j'ai appris des choses bien autrement utiles à
« l'Etat : à frapper l'ennemi, à garder un poste, à
« ne rien craindre si ce n'est le déshonneur, à endu-
« rer également le froid et le chaud, à coucher sur
« la terre nue, à supporter en même temps les pri-
« vations et les fatigues. Voilà les leçons que je
« donnerai à mes soldats : je ne vivrai pas dans le
« luxe, tandis que je les soumettrai à une vie pénible,
« et je ne prendrai pas pour moi toute la gloire, en
« leur laissant toute la peine. Voilà comme il est
« utile, comme il convient de commander à des con-
« citoyens; car se livrer soi-même à la mollesse et
« imposer à son armée une sévère discipline, c'est

« militaria dona, præterea cicatrices advorso pectore. Hæ
« sunt meæ imagines, hæc nobilitas, non hereditate relicta,
« ut illa illis, sed quæ ego meis plurumis laboribus et pe-
« riculis quæsivi. Non sunt composita verba mea : parvi
« id facio; ipsa se virtus satis ostendit, illis artificio opus
« est, ut turpia facta oratione tegant. Neque litteras Græ-
« cas didici : parum placebat eas discere, quippe quæ ad
« virtutem doctoribus nihil profuerant. At illa multo optu-
« ma rei publicæ doctus sum : hostem ferire, præsidium
« agitare, nihil metuere nisi turpem famam, hiemem et
« æstatem juxta pati, humi requiescere, eodem tempore
« inopiam et laborem tolerare. His ego præceptis milites
« hortabor, neque illos arte colam, me opulenter, ne-
« que gloriam meam laborem illorum faciam. Hoc est utile,
« hoc civile imperium : namque, cum tute per mollitiam

« agir en tyran et non en général. C'est en pratiquant ces maximes et d'autres semblables que nos ancêtres se sont illustrés et ont couvert de gloire notre république. Aujourd'hui, la noblesse, s'autorisant des services de ces grands hommes, auxquels elle ne ressemble guère, nous méprise, nous qui sommes leurs émules, et, au lieu de solliciter de vous les honneurs comme une récompense de ses mérites, les réclame impérieusement comme un droit acquis. Ils se trompent étrangement, ces hommes pleins d'orgueil. Leurs ancêtres leur ont transmis tout ce qu'ils pouvaient leur transmettre : des richesses, des images, un souvenir glorieux de leur nom ; mais ils ne leur ont pas transmis la vertu, et ils ne le pouvaient pas, car c'est la seule chose qu'on ne puisse ni donner ni recevoir.

« Ils m'accusent d'avarice et de grossièreté, parce que je n'entends guère rien à l'ordonnance d'un festin et que je n'ai à mon service ni un histrion ni un de ces cuisiniers qui coûtent plus cher qu'un intendant de ferme. Je le reconnais volontiers, citoyens, car mon père et d'autres personnes des plus honorables m'ont enseigné que les futilités conviennent aux femmes et le travail aux hommes, qu'il faut aux gens de cœur moins de richesses

« agas, exercitum supplicio cogere, id est dominum, non imperatorem esse. Hæc atque talia majores vostri faciundo seque remque publicam celebravere. Quis nobilitas freta, ipsa dissimilis moribus, nos illorum æmulos contemnit, et omnis honores non ex merito, sed quasi debitos a vobis repetit. Ceterum homines superbissumi procul errant. Majores eorum omnia quæ licebat illis reliquere, divitias, imagines, memoriam sui præclaram ; virtutem non reliquere, neque poterant : ea sola neque datur dono neque accipitur.

« Sordidum me et incultis moribus aiunt, quia parum scite convivium exorno, neque histrionem ullum neque pluris preti cocum quam villicum habeo : quæ mihi lubet confiteri, Quirites. Nam ex parente meo et ex aliis sanctis viris ita accepi : munditias mulieribus, laborem viris convenire, omnibusque bonis oportere plus gloriæ quam divitiarum esse ; arma, non supellectilem,

« que de gloire, et que les ornements qui leur conviennent, ce sont les armes et non les meubles de luxe. Eh bien ! qu'ils continuent à faire ce qui les enchante, ce à quoi ils attachent tant de prix : qu'ils fassent l'amour, qu'ils boivent, qu'ils passent leur vieillesse là où ils ont passé leur adolescence, dans les festins, esclaves de leur ventre et des passions les plus honteuses; qu'ils nous laissent la sueur, la poussière, les fatigues de tout genre, à nous qui les trouvons plus agréables que les repas les plus somptueux. Mais il n'en est point ainsi : après s'être souillés de toutes les turpitudes, ces hommes sans pudeur viennent ravir aux gens de bien les récompenses qui leur sont dues. C'est ainsi que, par une injustice odieuse, les pires vices, la luxure et la lâcheté, ne nuisent en rien au succès de ceux qui s'y complaisent et causent la perte de la république, qui n'en peut mais.

« Maintenant que je leur ai répondu comme il convenait à mon caractère, et non comme l'auraient mérité leurs honteux excès, je dirai quelques mots de la situation. Et tout d'abord, en ce qui concerne la Numidie, vous devez vous rassurer; car, tout ce qui jusqu'à ce jour a soutenu Jugurtha, cupidité, impéritie, orgueil, vous l'avez écarté; de plus, vous avez là une armée qui connaît le pays, mais

« decori esse. Quin ergo, quod juvat, quod carum æstumant, id semper faciant; ament, potent; ubi adolescentiam habuere, ibi senectutem agant, in conviviis, dediti ventri ut turpissumæ parti corporis; sudorem, pulverem et alia talia relinquant nobis, quibus illa epulis jucundiora sunt. Verum non ita est : nam ubi se flagitiis dedecoravere turpissumi viri, bonorum præmia ereptum eunt. Ita injustissume luxuria et ignavia, pessumæ artes, illis qui coluere eas nihil officiunt, rei publicæ innoxiæ cladi sunt.

« Nunc quoniam illis, quantum mei mores, non illorum flagitia, poscebant, respondi, pauca de re publica loquar, Primum omnium de Numidia bonum habete animum, Quirites. Nam quæ ad hoc tempus Jugurtham tutata sunt, omnia removistis : avaritiam, imperitiam atque

« qui a été moins heureuse que brave, car une « grande partie a péri par la cupidité et la légèreté « de ses chefs. Vous donc que l'âge astreint au ser- « vice, unissez vos efforts aux miens et prenez « en main la chose publique. Et que personne ne « redoute les malheurs que d'autres ont subis ni « l'arrogance du commandement : dans les marches, « dans les combats, je serai toujours avec vous « soit comme votre conseiller, soit comme compa- « gnon de vos périls, et en toutes choses je vous « traiterai comme je me traiterai moi-même. Pourvu « que les dieux nous soient en aide, je puis bien le « dire, tout nous est acquis : la victoire, le butin, la « gloire ; et quand même ces avantages seraient « douteux ou éloignés, tous les honnêtes gens n'en « devraient pas moins venir au secours de la répu- « blique. En effet, la lâcheté n'a jamais sauvé per- « sonne de la mort, et jamais père n'a désiré pour « ses enfants l'immortalité, mais bien une vie pure « et honorable. J'en dirais davantage, citoyens, si les « paroles pouvaient donner du courage aux lâches ; « quant aux braves, je crois en avoir dit assez « pour eux. »

LXXXVI. Après avoir prononcé ce discours,

« superbiam ; deinde exercitus ibi est locorum sciens, sed « mehercule magis strenuus quam felix : nam magna « pars avaritia aut temeritate ducum attrita est. Quam ob « rem vos, quibus militaris ætas est, adnitimini mecum « et capessite rem publicam ; neque quemquam ex cala- « mitate aliorum aut imperatorum superbia metus cepe- « rit : egomet in agmine aut in prœlio, consultor idem et « socius periculi, vobiscum adero, meque vosque in om- « nibus rebus juxta geram. Et profecto, dis juvantibus, « omnia matura sunt : victoria, præda, laus ; quæ si dubia « aut procul essent, tamen omnis bonos rei publicæ sub- « venire decebat. Etenim nemo ignavia immortalis factus « est, neque quisquam parens liberis, uti æterni forent « optavit, magis uti boni honestique vitam exigerent. « Plura dicerem, Quirites, si timidis virtutem verba adde- « rent : nam strenuis abunde dictum puto. »

LXXXVII. Hujuscemodi oratione habita, Marius, post-

Marius, voyant le peuple plein d'ardeur, s'empresse d'embarquer les vivres, la solde, les armes et tous les approvisionnements nécessaires et fait partir avec ce convoi son lieutenant Aulus Manlius. Pour lui, il enrôle des soldats, non pas selon l'antique usage et dans les cinq premières classes exclusivement, mais en prenant tous ceux qui se présentaient et particulièrement des hommes qui n'avaient aucune ressource. Selon les uns, c'était faute de gens aisés, selon les autres, dans un but d'ambition personnelle, car il devait à cette classe de citoyens sa popularité et son élévation, et d'ailleurs celui qui aspire au pouvoir trouve ses plus utiles auxiliaires dans les hommes les plus besogneux, qui, ne possédant rien, n'ont rien à ménager et regardent comme légitime tout ce qui leur procure du profit.

Marius part donc pour l'Afrique avec un peu plus de soldats que ne lui en accordait le décret du sénat, et peu de jours après il débarque à Utique. L'armée lui est remise par Publius Rutilius, le lieutenant de Métellus. Ce dernier avait évité la présence de Marius, ne voulant pas être témoin d'une chose dont la nouvelle seule l'avait si vivement affecté.

LXXXVII. Le consul, ayant complété les légions et les cohortes auxiliaires, s'avance dans une région

quam plebis animos adrectos videt, propere commeatu, stipendio, armis aliisque utilibus naves onerat; cum his A. Manlium legatum proficisci jubet. Ipse interea milites scribere, non more majorum neque ex classibus, sed uti cujusque lubido erat, capite censos plerosque. Id factum alii inopia bonorum, alii per ambitionem consulis memorabant, quod ab eo genere celebratus auctusque erat, et homini potentiam quærenti egentissumus quisque opportunissumus, cui neque sua cara, quippe quæ nulla sunt, et omnia cum pretio honesta videntur.

Igitur Marius, cum aliquanto majore numero quam decretum erat in Africam profectus, paucis diebus Uticam advehitur. Exercitus ei traditur a P. Rutilio legato: nam Metellus conspectum Mari fugerat, ne videret ea quæ audita animus tolerare nequiverat.

LXXXVII. Sed consul, expletis legionibus cohortibusque

fertile et riche en butin : tout ce qui est pris, il l'abandonne aux soldats. Puis, il attaque des châteaux et des villes insuffisamment défendues par leur position ou leur garnison et livre, tantôt dans un lieu, tantôt dans une autre, des combats nombreux, mais peu importants. Pendant ce temps, les recrues s'habituent à assister sans frayeur à un engagement ; ils voient que ceux qui fuient sont pris ou tués et que, plus on est brave, moins on court de risques ; que les armes non-seulement servent à défendre son indépendance, sa patrie, sa famille et les divers intérêts qu'on peut avoir, mais encore procurent la gloire et les richesses. Ainsi, au bout de peu de temps, les nouveaux soldats et les anciens ne formèrent plus qu'un tout homogène et la valeur de tous atteignit le même niveau.

Cependant les rois alliés, en apprenant l'arrivée de Marius, se séparent et se retirent dans des lieux d'accès difficile. Ainsi l'avait décidé Jugurtha, dans l'espérance qu'il surprendrait bientôt les ennemis dispersés et pourrait alors les attaquer avec avantage, les Romains devant nécessairement, comme il arrive presque toujours, se relâcher de leur discipline ordinaire, dès qu'ils croiraient n'avoir plus rien à craindre.

LXXXVIII. Cependant Métellus revint à Rome, où, contre son attente, il fut accueilli avec des trans-

auxiliariis, in agrum fertilem et præda onustum proficiscitur ; omnia ibi capta militibus donat, dein castella et oppida natura et viris parum munita aggreditur ; prœlia multa, ceterum levia, alia aliis locis facere. Interim novi milites sine metu pugnæ adesse, videre fugientis capi aut occidi, fortissumum quemque tutissumum ; armis libertatem, patriam parentesque et alia omnia tegi, gloriam atque divitias quæri. Sic brevi spatio novi veteresque coaluere et virtus omnium æqualis facta.

At reges, ubi de adventu Mari cognoverunt, divorsi in locos difficilis abeunt : ita Jugurthæ placuerat speranti mox effusos hostis invadi posse, Romanos, sicuti plerosque, remoto metu laxius licentiusque futuros.

LXXXVIII. Metellus interea Romam profectus contra

ports de joie, également cher au sénat et au peuple depuis que l'envie avait cessé de s'acharner contre lui. Quant à Marius, aussi prudent qu'actif, il étudiait avec une égale attention sa position et celle de l'ennemi, et remarquait ce qui pouvait leur être respectivement favorable ou contraire ; il épiait la marche des deux rois, se prémunissait contre leurs projets et leurs stratagèmes, tenait sans cesse ses soldats en haleine et les ennemis en alarme. Aussi, plus d'une fois, lui était-il arrivé de surprendre et de battre soit les Gétules, soit Jugurtha, au moment où ils venaient de piller nos alliés, et non loin de Cirta, il avait mis le roi lui-même en pleine déroute. Mais ayant reconnu que ce succès, bien que glorieux, n'était point de nature à terminer la guerre, il résolut d'attaquer succcessivement les villes qui, par la force de leur garnison ou par leur position, pouvaient plus que les autres être utiles à l'ennemi et le gêner lui-même dans ses opérations : ainsi Jugurtha se verrait dépouillé de ses ressources, s'il laissait faire, ou bien serait forcé d'accepter la bataille. Quant à Bocchus, il avait, à plusieurs reprises, envoyé dire à Marius « qu'il désirait l'amitié du peuple « romain et qu'on n'avait à craindre de sa part « aucune hostilité. » Dissimulait-il pour pouvoir plus sûrement nous surprendre, ou la mobilité de

spem suam lætissumis animis accipitur, plebi patribusque, postquam invidia decesserat, juxta carus. Sed Marius inpigre prudenterque suorum et hostium res pariter attendere, cognoscere quid boni utrisque aut contra esset, explorare itinera regum, consilia et insidias eorum antevenire, nihil apud se remissum neque apud illos tutum pati. Itaque et Gætulos et Jugurtham, ex sociis nostris prædas agentis, sæpe aggressus in itinere fuderat, ipsumque regem haud procul ab oppido Cirta armis exuerat. Quæ postquam gloriosa modo neque belli patrandi cognovit, statuit urbis, quæ viris aut loco pro hostibus et advorsum se opportunissumæ erant, singulas circumvenire : ita Jugurtham aut præsidiis nudatum, si ea pateretur, aut prœlio certaturum. Nam Bocchus nuntios ad eum sæpe miserat : « velle « populi Romani amicitiam, ne quid ab se hostile timeret. » Id simulaveritne, quo inprovisus gravior accideret, an

son caractère le faisait-elle pencher tour à tour vers la paix ou vers la guerre? C'est ce que je ne saurais décider.

LXXXIX. Cependant le consul, mettant à exécution son projet, se présentait devant les villes et les châteaux fortifiés, employant pour les enlever à l'ennemi tantôt la force, tantôt les menaces ou les promesses. Tout d'abord, il ne fit rien d'important, s'imaginant que Jugurtha, pour secourir les siens, engagerait une bataille; mais, lorsqu'il apprit qu'il était loin et occupé d'autres projets, le moment lui parut venu de tenter des entreprises plus sérieuses et plus difficiles.

Au milieu d'immenses déserts était une ville grande et forte, du nom de Capsa, fondée, si l'on en croit la tradition, par l'Hercule Libyen. Exemptés de tout impôt et traités doucement par Jugurtha, les habitants de cette ville lui étaient très attachés. Bien défendus contre l'ennemi par leurs remparts, leurs armes et leurs soldats, ils l'étaient beaucoup mieux encore par la difficulté des lieux. En effet, excepté les environs immédiats de la ville, tout le reste du pays est désert, inculte, privé d'eau, infesté de serpents dont le caractère malfaisant, comme celui de toutes les bêtes sauvages, s'exaspère par suite du

mobilitate ingeni pacem atque bellum mutare solitus, parum exploratum est.

LXXXIX. Sed consul, uti statuerat, oppida castellaque munita adire, partim vi, alia metu aut præmia ostentando avortere ab hostibus. Ac primo mediocria gerebat, existumans Jugurtham ob suos tutandos in manus venturum. Sed ubi illum procul abesse et aliis negotiis intentum accepit, majora et magis aspera aggredi tempus visum est.

Erat inter ingentis solitudines oppidum magnum atque valens, nomine Capsa, cujus conditor Hercules Libys memorabatur. Ejus cives apud Jugurtham inmunes, levi imperio, et ob ea fidelissumi habebantur, muniti advorsum hostis non mœnibus modo et armis atque viris, verum etiam multo magis locorum asperitate. Nam præter oppida propinqua alia omnia vasta, inculta, egentia aquæ,

manque de nourriture ; d'ailleurs, rien n'irrite comme la soif les serpents, déjà dangereux par nature. Marius avait le plus grand désir de s'emparer de cette ville, tant à cause des avantages qu'il pouvait en retirer qu'à cause de la difficulté de l'entreprise ; d'ailleurs, Métellus s'était couvert de gloire par la prise de Thala, ville dont la position et les moyens de défense étaient analogues, avec cette différence qu'on trouvait quelques sources non loin des murs de Thala, tandis que Capsa n'avait qu'une fontaine d'eau vive, encore était-elle située à l'intérieur des murs, et les habitants suppléaient à son insuffisance par de l'eau de pluie. Là, comme dans toutes les parties de l'Afrique dont les habitants éloignés de la mer mènent une vie plus sauvage, ce qui rend la soif tolérable aux Numides, c'est l'habitude qu'ils ont de se nourrir surtout de lait et de la chair des animaux, sans rechercher le sel et les autres excitants : car, chez eux, les aliments servent à apaiser la faim et la soif, et non à flatter le goût ou à satisfaire la sensualité.

XC. Tout bien examiné, le consul n'en poursuivit pas moins son entreprise, comptant sans doute sur la protection divine, car la prudence humaine semblait incapable de surmonter de si grandes difficultés.

infesta serpentibus, quarum vis, sicuti omnium ferarum, inopia cibi acrior ; ad hoc natura serpentium, ipsa perniciosa, siti magis quam alia re accenditur. Ejus potiundi Marium maxuma cupido invaserat, cum propter usum belli, tum quia res aspera videbatur, et Metellus oppidum Thalam magna gloria ceperat, haud dissimiliter situm munitumque, nisi quod apud Thalam haud longe a mœnibus aliquot fontes erant, Capsenses una modo, atque ea intra oppidum, jugi aqua, cetera pluvia utebantur. Id ibique et in omni Africa, quæ procul a mari incultius agebat, eo facilius tolerabatur, quia Numidæ plerumque lacte et ferina carne vescebantur, et neque salem neque alia irritamenta gulæ quærebant ; cibus illis advorsus famem atque sitim, non lubidini neque luxuriæ erat.

XC. Igitur consul, omnibus exploratis, credo, dis fretus (nam contra tantas difficultates consilio satis providere non poterat ; quippe etiam frumenti inopia temptabatur,

En effet, il avait encore à craindre le manque de blé, car les Numides s'occupent bien plus d'assurer des pâturages à leurs troupeaux que de cultiver la terre, et d'ailleurs, tout ce qui était déjà récolté avait été, par l'ordre du roi, transporté dans des places fortes, et, comme on touchait à la fin de l'été, les champs étaient arides et dépouillés de tous leurs produits. Il fait cependant, avec autant de soin que le permettaient les circonstances, les préparatifs nécessaires. Il confie à la cavalerie auxiliaire la conduite de tout le bétail enlevé les jours précédents et ordonne à son lieutenant Aulus Manlius, de se rendre à Lares avec les cohortes armées à la légère, en lui promettant de le rejoindre dans quelques jours. Ayant ainsi dissimulé son véritable dessein, il se dirige vers le Tanaïs.

XCI. Pendant cette marche, il avait fait distribuer à chaque centurie et à chaque escadron une égale quantité de bétail et veillé à ce qu'on fabriquât des outres avec les peaux ; par cette mesure, il remédiait à la disette de blé et en même temps il se procurait, sans attirer l'attention, des ustensiles qui devaient bientôt lui être utiles. Au bout de six jours, quand on parvint au fleuve, on avait déjà fabriqué

quia Numidæ pabulo pecoris magis quam arvo student, et quodcumque natum fuerat jussu regis in loca munita contulerant ; ager autem aridus et frugum vacuus ea tempestate ; nam æstatis extremum erat), tamen pro rei copia satis providenter exornat : pecus omne, quod superioribus diebus prædæ fuerat, equitibus auxiliariis agundum attribuit ; A. Manlium legatum cum cohortibus expeditis ad oppidum Laris, ubi stipendium et commeatum locaverat, ire jubet, dicitque se prædabundum post paucos dies eodem venturum. Sic incepto suo occultato pergit ad flumen Tanain.

XCI. Ceterum in itinere quotidie pecus exercitui per centurias, item turmas, æqualiter distribuerat, et ex coriis utres uti fierent curabat ; simul inopiam frumenti lenire et ignaris omnibus parare quæ mox usui forent ; denique sexto die, cum ad flumen ventum est, maxuma vis utrium

une grande quantité d'outres. Arrivé là, Marius établit un camp légèrement fortifié et ordonne à ses soldats de prendre leur repas et de se tenir prêts, afin de pouvoir partir dès le coucher du soleil ; il leur prescrit, en outre, de laisser au camp tous les bagages et de se charger exclusivement d'eau, ainsi que les bêtes de somme. Puis, à l'heure qui lui semble convenable, il part et ne s'arrête qu'après avoir marché toute la nuit ; il fait de même le lendemain. Le troisième jour, bien avant l'aurore il arrive dans une région accidentée, à moins de deux milles de Capsa, et il fait halte avec toutes ses troupes en se tenant caché autant que possible. Au lever du jour, voyant que les Numides, qui croyaient n'avoir rien à craindre, étaient sortis en grand nombre de la ville, il ordonne brusquement à toute sa cavalerie et en même temps aux plus agiles de ses fantassins de se porter au pas de course sur Capsa et de se poster devant les portes : lui-même les suit rapidement en ordre de bataille sans permettre aux soldats de piller. Quand les habitants virent le danger, l'émotion, l'épouvante, la soudaineté de l'attaque, enfin la situation critique de ceux de leurs concitoyens qui étaient au pouvoir de l'ennemi, tout les poussa à se rendre. La ville fut incendiée, les Numides adultes

effecta. Ibi castris levi munimento positis, milites cibum capere, atque, uti simul cum occasu solis egrederentur, paratos esse jubet ; omnibus sarcinis abjectis, aqua modo seque et jumenta onerare. Dein, postquam tempus visum, castris egreditur noctemque totam itinere facto consedit ; idem proxuma facit ; dein tertia multo ante lucis adventum pervenit in locum tumulosum, ab Capsa non amplius duum milium intervallo, ibique quam occultissume potest cum omnibus copiis opperitur. Sed ubi dies cœpit et Numidæ, nihil hostile metuentes, multi oppido egressi, repente omnem equitatum et cum eis velocissumos pedites cursu tendere ad Capsam et portas obsidere jubet ; deinde ipse intentus propere sequi, neque milites prædari sinere. Quæ postquam oppidani cognovere, res trepidæ, metus ingens, malum improvisum, ad hoc pars civium extra mœnia in hostium potestate, coegere uti deditionem facerent. Ceterum oppidum incensum, Numidæ puberes inter-

mis à mort, tout le reste vendu, le butin distribué aux soldats. Cette exécution, contraire aux lois de la guerre, ne fut inspirée au consul ni par l'avarice, ni par la cruauté ; mais par cette considération que cette place, avantageusement située pour Jugurtha, était pour nous d'un difficile accès, et que ses habitants, à cause de leur mobilité et de leur perfidie, n'avaient pu jusque-là être enchaînés ni par les bienfaits ni par la crainte.

XCII. Quand il fut venu à bout, sans aucune perte, d'une entreprise si importante, Marius, déjà grand et glorieux, vit encore augmenter sa grandeur et sa gloire. Ses imprudences passaient pour des traits de hardiesse ; ses soldats, doucement traités et enrichis par leur général, le portaient aux nues ; les Numides le redoutaient comme un être surnaturel ; enfin, chacun, dans l'armée de Marius comme chez les ennemis, lui attribuait une intelligence divine ou le croyait inspiré des dieux. Cependant, après ce succès, le consul se dirige successivement vers d'autres villes, en prend quelques-unes que défendent contre lui les Numides, et en brûle un plus grand nombre que le désastre de Capsa avait fait abandonner par leurs habitants : partout règne le deuil et le carnage. Enfin, après s'être rendu maître d'un

fecti, alii omnes venundati, præda militibus divisa. Id facinus contra jus belli non avaritia neque scelere consulis admissum, sed quia locus Jugurthæ opportunus, nobis aditu difficilis, genus hominum mobile, infidum, ante neque beneficio neque metu coercitum.

XCII. Postquam tantam rem Marius sine ullo suorum incommodo peregit, magnus et clarus antea, major atque clarior haberi cœpit. Omnia non bene consulta in virtutem trahebantur : milites, modesto imperio habiti simul et locupletes, ad cælum ferre, Numidæ magis quam mortalem timere, postremo omnes, socii atque hostes, credere illi aut mentem divinam esse aut deorum nutu cuncta portendi. Sed consul, ubi ea res bene evenit, ad alia oppida pergit, pauca repugnantibus Numidis capit, plura, [deserta] propter Capsensium miserias, igni corrumpit : luctu atque cæde omnia complentur. Denique multis locis poti-

grand nombre de places, le plus souvent sans aucune perte, il forme une nouvelle entreprise, qui, pour ne pas présenter des obstacles de même nature que la prise de Capsa, n'était pas moins difficile.

Non loin du fleuve Mulucha, qui formait la limite entre les états de Jugurtha et ceux de Bocchus, dans une région généralement plate, se dressait à une grande hauteur une montagne rocheuse, assez large au sommet pour supporter un fort de grandeur moyenne et où l'on n'avait accès que par un sentier très étroit, car elle était naturellement taillée à pic comme si on l'eût fait à dessein. Comme dans ce fort étaient renfermés les trésors du roi, Marius fit tous ses efforts pour s'en emparer ; mais le hasard le servit mieux que la prudence. En effet, la place était suffisamment pourvue d'armes et de soldats ; elle avait un grand approvisionnement de blé et une source ; d'ailleurs le terrain était peu favorable à l'établissement des terrasses, des tours et des autres machines de siége, et le chemin très étroit qui servait aux habitants était bordé de précipices des deux côtés. C'était au prix des plus grands dangers et en pure perte qu'on dressait les mantelets ; car, dès qu'ils s'avançaient un peu, ils étaient ou brûlés ou détruits à coup de pierres. Les soldats, dans une

tus ac plerisque exercitu incruento, aliam rem aggreditur, non eadem asperitate qua Capsensium, ceterum haud secus difficilem.

Namque haud longe a flumine Mulucha, quod Jugurthæ Bocchique regnum disjungebat, erat inter ceteram planitiem mons saxeus, mediocri castello satis patens, in immensum editus, uno perangusto aditu relicto ; nam omnis natura velut opere atque consulto præceps. Quem locum Marius, quod ibi regis thesauri erant, summa vi capere intendit ; sed ea res forte quam consilio melius gesta. Nam castello virorum atque armorum satis et magna vis frumenti et fons aquæ ; aggeribus turribusque et aliis machinationibus locus importunus ; iter castellanorum angustum admodum, utrimque præcisum. Vineæ cum ingenti periculo frustra agebantur ; nam cum eæ paulum processerant, igni aut lapidibus corrumpebantur ; milites

position défavorable, ne pouvaient sans danger, ni se tenir en avant des ouvrages, ni travailler à la manœuvre des mantelets : les plus braves étaient tués ou blessés, ce qui frappait les autres d'épouvante.

XCIII. Cependant Marius, après bien du temps et des travaux perdus, se demandait, plein d'inquiétude, s'il devait renoncer à une entreprise qui ne donnait aucun résultat, ou bien attendre un de ces hasards heureux dont il avait été si souvent favorisé jusque-là. Pendant bien des jours et bien des nuits, ces pensées agitèrent violemment son esprit. Enfin il arriva qu'un Ligure, simple soldat des cohortes auxiliaires, sorti du camp pour aller prendre de l'eau près du fort, du côté opposé à celui de l'attaque, remarqua des escargots qui rampaient sur les rochers. Il en ramassa un, puis deux, puis plusieurs, et, se passionnant dans ses recherches, il arriva sans s'en apercevoir jusqu'au sommet de la montagne. Voyant l'endroit désert, et poussé par la curiosité naturelle à l'homme, il modifia son projet. Il y avait là par hasard un grand chêne qui avait poussé dans une fente du rocher : son tronc, d'abord légèrement incliné, s'était ensuite redressé et avait poussé verticalement, selon la loi commune de tous les végétaux. Le Ligure, s'appuyant tantôt sur les

neque pro opere consistere, propter iniquitatem loci, neque inter vineas sine periculo administrare; optumus quisque cadere aut sauciari, ceteris metus augeri.

XCIII. At Marius, multis diebus et laboribus consumptis, anxius trahere cum animo suo, omitteretne inceptum, quoniam frustra erat, an fortunam opperiretur, qua sæpe prospere usus fuerat. Quæ cum multos dies noctisque æstuans agitaret, forte quidam Ligus, ex cohortibus auxiliariis miles gregarius, castris aquatum egressus, haud procul ab latere castelli quod avorsum prœliantibus erat, animum advortit inter saxa repentis cochleas; quarum cum unam atque alteram, dein plures peteret, studio legundi paulatim prope ad summum montis egressus est. Ubi postquam solitudinem intellexit, more humanæ cupidinis ignara visundi, animum vortit. Et forte in eo loco grandis ilex coaluerat inter saxa, paulum modo prona, deinde in-

branches du chêne, tantôt sur des saillies du roc, parvint sans encombre jusqu'à la plate-forme du fort, qui était déserte de ce côté, les habitants étant tous occupés à regarder le combat. Après avoir fait toutes les remarques qu'il comptait pouvoir bientôt mettre à profit, il redescend par le même chemin, non pas comme il était monté, sans prendre garde à rien, mais en sondant le terrain, et en notant le moindre détail. Puis il s'empresse d'aller trouver Marius, lui raconte son aventure et l'engage à tenter l'attaque du fort du côté par où il était monté lui-même, s'offrant à servir de guide et à affronter le premier le péril. Marius envoie avec le Ligure quelques-uns de ceux qui étaient présents pour vérifier ses renseignements; chacun d'eux, suivant son caractère, déclare l'entreprise aisée ou difficile. Cependant le consul commence à espérer. Il choisit parmi les trompettes et les cors de l'armée cinq hommes des plus agiles, leur adjoint, pour les protéger, quatre centurions [et quelques-uns de leurs hommes ?] (1) et les met tous sous les ordres du Ligure; puis il fixe l'attaque au lendemain.

XCIV. A l'heure convenue, tous les préparatifs

flexa atque aucta in altitudinem, quo cuncta gignentium natura fert; cujus ramis modo, modo eminentibus saxis nisus, Ligus in castelli planitiem pervenit, quod cuncti Numidæ intenti prœliantibus aderant. Exploratis omnibus quæ mox usui fore ducebat, eadem regreditur, non temere, uti adscenderat, sed temptans omnia et circumspiciens. Itaque Marium propere adit, acta edocet, hortatur ab ea parte, qua ipse adscenderat, castellum temptet, pollicetur sese itineris periculique ducem. Marius cum Ligure promissa ejus cognitum ex præsentibus misit, quorum uti cujusque ingenium erat, ita rem difficilem aut facilem nuntiavere; consulis animus tamen paulum adrectus. Itaque ex copia tubicinum et cornicinum numero quinque quam velocissumos delegit, et cum eis, præsidio qui forent, quattuor centuriones . . . omnisque Liguri parere jubet et ei negotio proxumum diem constituit.

XCIV. Sed ubi ex præcepto tempus visum, paratis com-

(1) Nous traduisons la lacune probable.

étant terminés et les dispositions prises, on se dirige vers l'endroit désigné. Sur l'ordre du chef, ceux qui devaient tenter l'escalade avaient modifié leur armement et leur équipement : ils avaient la tête découverte, pour mieux voir, et les pieds nus, pour grimper plus facilement le long des rochers ; ils portaient sur leur dos leur épée et leur bouclier ; on avait préféré les boucliers numides en cuir, afin d'alléger la charge et de diminuer le bruit, au cas où ils viendraient à être choqués. Le Ligure, précédant sa troupe, attachait des cordes aux rochers et aux vieilles racines qui formaient saillie, pour soulager les soldats et faciliter l'escalade ; il donnait parfois la main à ceux qu'effrayait une route si nouvelle, et si les difficultés augmentaient, les faisait passer, désarmés, devant lui l'un après l'autre et les suivait en portant leurs armes. Dans les passages qui paraissaient dangereux, il tâtait le premier le terrain, montant et descendant à plusieurs reprises, puis s'effaçant pour laisser passer ses compagnons enhardis par son exemple. Enfin, après bien du temps et des fatigues, ils arrivent au fort, abandonné de ce côté, parce que ce jour-là, comme les jours précédents, les habitants faisaient tous

positisque omnibus ad locum pergit. Ceterum illi, qui escensuri erant, prædocti ab duce arma ornatumque mutaverant : capite atque pedibus nudis, uti prospectus nisusque per saxa facilius foret ; super terga gladii et scuta, verum ea Numidica ex coriis, ponderis gratia simul et offensa quo levius streperent. Igitur, prægrediens Ligus saxa et si quæ vetustæ radices eminebant laqueis vinciebat, quibus adlevati milites facilius escenderent ; interdum timidos insolentia itineris levare manu ; ubi paulo asperior ascensus erat, singulos præ se inermos mittere, deinde ipse cum illorum armis sequi, quæ dubia nisu videbantur potissumus temptare, ac sæpius eadem adscendens descendensque, dein statim digrediens, ceteris audaciam addere. Igitur, diu multumque fatigati, tandem in castellum perveniunt, desertum ab ea parte, quod omnes sicut aliis diebus advorsum hostis aderant. Marius,

face à l'ennemi. Dès qu'il apprit par ses courriers ce qu'avait fait le Ligure, Marius, qui pendant toute la journée n'avait cessé de forcer, par ses attaques, l'attention des Numides, exhorte ses soldats et, sortant de ses abris, fait faire la tortue et s'avance ainsi jusqu'au pied du mur; en même temps il se sert des machines, des archers et des frondeurs pour effrayer de loin l'ennemi.

Cependant les Numides, qui avaient déjà à plusieurs reprises renversé ou incendié les mantelets des Romains, ne cherchaient plus un abri derrière les murailles du fort; ils passaient les jours et les nuits au haut des murs, prodiguant les injures, reprochant à Marius sa lâcheté et menaçant nos soldats des fers de Jugurtha : le succès les avait rendus insolents. Mais voilà qu'au moment où Romains et ennemis combattaient avec un acharnement égal, les premiers pour l'honneur et l'empire, les seconds pour leur salut, tout à coup les Numides entendent derrière eux le son des trompettes. Tout le monde s'enfuit, d'abord les femmes et les enfants qui étaient venus voir le combat, puis ceux des assiégés qui étaient le plus près du rempart, enfin tous les autres, ceux qui avaient des armes comme ceux qui n'en avaient pas. A cette vue, les Romains

ubi ex nuntiis quæ Ligus egerat cognovit, quanquam toto die intentos prœlio Numidas habuerat, tum vero cohortatus milites et ipse extra vineas egressus testudine acta succedere et simul hostem tormentis sagittariisque et funditoribus eminus terrere.

At Numidæ, sæpe antea vineis Romanorum subversis, item incensis, non castelli mœnibus sese tutabantur; se pro muro dies noctisque agitare, male dicere Romanis ac Mario vecordiam objectare, militibus nostris Jugurthæ servitium minari, secundis rebus feroces esse. Interim omnibus Romanis hostibusque prœlio intentis, magna utrimque vi pro gloria atque imperio his, illis pro salute certantibus, repente a tergo signa canere; ac primo mulieres et pueri, qui visum processerant, fugere, deinde uti quisque muro proxumus erat, postremo cuncti, armati inermesque. Quod ubi accidit, eo acrius Romani instare,

pressent plus vivement l'ennemi, le mettent en déroute et, sans prendre le temps d'achever les blessés, passent sur le corps de ceux qu'ils ont tués et se disputent l'honneur d'arriver le premier au sommet du rempart : personne ne s'arrête à piller. Ainsi le hasard répara l'imprudence de Marius, pour qui sa faute devint une source de gloire.

XCV. A cette époque arrivait au camp le questeur Lucius Sylla, conduisant une nombreuse cavalerie, qu'il avait levée chez les Latins et les alliés, opération pour laquelle il avait été laissé à Rome par le consul.

Mais puisque mon sujet m'a conduit à nommer ce grand homme, il me paraît convenable de dire quelques mots de son caractère et de ses habitudes; car je n'ai pas à parler ailleurs de ses actes, et Lucius Sisenna, le meilleur et le plus soigneux de ses historiens, ne me semble pas avoir montré assez d'indépendance.

Sylla était d'une illustre famille patricienne, mais d'une branche alors presque entièrement oubliée par suite de l'obscurité où avaient vécu ses ancêtres immédiats. Il connaissait, à l'égal des plus savants, les lettres grecques et les lettres latines. D'un esprit élevé, passionné pour le plaisir, mais plus encore pour la gloire, il recherchait la volupté, dans ses

fundere, ac plerosque tantummodo sauciare ; dein super occisorum corpora vadere, avidi gloriæ certantes murum petere, neque quemquam omnium præda morari. Sic forte correcta Marii temeritas gloriam ex culpa invenit.

XCV. Ceterum dum ea res geritur, L. Sulla quæstor cum magno equitatu in castra venit, quos uti ex Latio et a sociis cogeret, Romæ relictus erat.

Sed quoniam nos tanti viri res admonuit, idoneum visum est de natura cultuque ejus paucis dicere ; neque enim alio loco de Sullæ rebus dicturi sumus, et L. Sisenna, optume et diligentissume omnium, qui eas res dixere, persecutus, parum mihi libero ore locutus videtur.

Igitur Sulla gentis patriciæ nobilis fuit, familia prope jam exstincta majorum ignavia ; litteris græcis et latinis juxta ac qui doctissumi eruditus, animo ingenti, cupidus volup-

moments de loisir, sans cependant lui sacrifier jamais les affaires; mais, au point de vue conjugal, il aurait pu mieux se conduire. Eloquent, rusé, facile à se lier, habile à cacher sa pensée, d'une profondeur d'esprit incroyable, il prodiguait toutes choses et surtout l'argent. Plus heureux que personne, jamais cependant, avant sa victoire sur ses concitoyens, son bonheur ne fut au-dessus de son mérite, et l'on s'est demandé souvent s'il devait plus à son courage ou à la fortune. Quant à ce qu'il fit plus tard, s'il me fallait en parler ici, je ne sais si j'en éprouverais plus de honte ou plus de regrets.

XCVI. Sylla, débarqué dans la province d'Afrique, se rendit au camp de Marius, comme il a été dit, amenant avec lui un corps de cavalerie. Novice et ignorant dans l'art de la guerre, il ne tarda pas à devenir le plus habile. D'autre part, il se montrait affable envers les soldats, leur accordant tout ce qu'ils désiraient et prévenant même parfois leurs demandes; il n'acceptait un service que contraint et forcé, payant de retour avec plus d'empressement qu'on n'en met à acquitter une dette; il n'exigeait jamais de reconnaissance, cherchant surtout à augmenter le nombre de ses obligés. Il plaisantait ou causait sérieusement même avec les plus humbles;

tatum, sed gloriæ cupidior, otio luxurioso esse; tamen ab negotiis nunquam voluptas remorata, nisi quod de uxore potuit honestius consuli; facundus, callidus et amicitia facilis; ad simulanda negotia altitudo ingeni incredibilis; multarum rerum ac maxume pecuniæ largitor. Atque illi, felicissumo omnium ante civilem victoriam nunquam super industriam fortuna fuit, multique dubitavere, fortior an felicior esset; nam postea quæ fecerit, incertum habeo pudeat magis an pigeat disserere.

XCVI. Igitur Sulla, uti supra dictum est, postquam in Africam atque in castra Mari cum equitatu venit, rudis antea et ignarus belli, sollertissumus omnium in paucis tempestatibus factus est. Ad hoc milites benigne appellare; multis rogantibus, aliis per se ipse dare beneficia, invitus accipere, sed ea properantius quam æs mutuum reddere, ipse ab nullo repetere; magis id laborare, ut illi quam plurimi deberent; joca atque seria cum humillumis agere;

dans les travaux, pendant les marches ou les gardes de nuit, il se prodiguait, mais il ne cherchait jamais, comme les ambitieux sans scrupules, à dénigrer ni le consul ni aucun homme de bien, se contentant de ne se laisser devancer par personne ni dans le conseil ni dans l'action et de se montrer supérieur au plus grand nombre. Par cette conduite, il se rendit bientôt cher à Marius et à l'armée.

XCVII. Cependant Jugurtha, après avoir perdu Capsa et d'autres places fortes importantes, ainsi qu'une grande partie de ses trésors, fit dire à Bocchus d'amener au plus tôt ses troupes dans la Numidie, car le moment était venu de livrer bataille. Apprenant que ce prince hésitait et pesait longuement les raisons qui devaient le pousser à la guerre ou à la paix, il corrompit de nouveau par des présents, comme il l'avait déjà fait, les confidents du roi maure et lui promit à lui-même le tiers de la Numidie, si les Romains étaient chassés de l'Afrique, ou si la guerre se terminait par un traité qui lui laissât tout son territoire. Séduit par cette promesse, Bocchus vient rejoindre Jugurtha avec des forces considérables. Ayant ainsi réuni leurs armées, au moment où Marius était déjà en route pour ses quartiers d'hiver, les deux princes l'attaquent quand

in operibus, in agmine atque ad vigilias multus adesse, neque interim, quod prava ambitio solet, consulis aut cujusquam boni famam lædere, tantummodo neque consilio neque manu priorem alium pati, plerosque antevenire : quis rebus et artibus brevi Mario militibusque carissumus factus.

XCVII. At Jugurtha, postquam oppidum Capsam aliosque locos munitos et sibi utilis, simul et magnam pecuniam amiserat, ad Bocchum nuntios misit, quam primum in Numidiam copias adduceret, prœli faciundi tempus adesse. Quem ubi cunctari accepit et dubium belli atque pacis rationes trahere, rursus uti antea proxumos ejus donis corrupit, ipsique Mauro pollicetur Numidiæ partem tertiam, si aut Romani Africa expulsi, aut integris suis finibus bellum compositum foret. Eo præmio illectus Bocchus cum magna multitudine Jugurtham accedit. Ita amborum exercitu conjuncto Marium, jam in hiberna proficiscentem, vix decuma parte die reliqua invadunt, rati noctem, quæ jam

il restait à peine une heure de jour, persuadés que la nuit, qui approchait, les protégerait en cas d'insuccès, et que, s'ils étaient vainqueurs, elle ne les gênerait en rien, parce qu'ils connaissaient le pays, tandis que, dans les deux cas, l'obscurité serait un obstacle sérieux pour les Romains. Au moment précis où l'on annonçait de divers côtés au consul l'approche de l'ennemi, il arrive, et, avant que l'armée ait pu se ranger en bataille ou rassembler ses bagages, ou même recevoir aucun signal ou aucun ordre, les cavaliers maures et gétules chargent nos soldats, non pas en ligne ni en gardant un ordre quelconque, mais par pelotons formés au hasard.

Ceux-ci, bien que troublés par cette attaque imprévue, n'oublient point cependant leur valeur : ils saisissent leurs armes ou protègent contre les coups leurs camarades occupés à s'armer ; quelques-uns réussissent à monter à cheval et s'élancent contre l'ennemi. C'est moins un combat en règle qu'une attaque de brigands : on ne songe ni aux enseignes ni aux rangs ; cavaliers et fantassins sont confondus ; on tue ou l'on est tué ; beaucoup, qui combattent vaillamment de front, sont attaqués par derrière ; la valeur et les armes sont impuissantes

aderat, et victis sibi munimento fore et, si vicissent, nullo impedimento, quia locorum scientes erant, contra Romanis utrumque casum in tenebris difficiliorem fore. Igitur simul consul ex multis de hostium adventu cognovit, et ipsi hostes aderant ; et priusquam exercitus aut instrui aut sarcinas colligere, denique antequam signum aut imperium ullum accipere quivit, equites Mauri atque Gætuli, non acie neque ullo more prœli, sed catervatim, uti quosque fors conglobaverat, in nostros incurrunt.

Qui omnes, trepidi inproviso metu ac tamen virtutis memores, aut arma capiebant, aut capientis alios ab hostibus defensabant ; pars equos escendere, obviam ire hostibus ; pugna latrocinio magis quam prœlio similis fieri ; sine signis, sine ordinibus, equites peditesque permixti cedere alius, alius obtruncari, multi contra advorsos acerrume pugnantes ab tergo circumveniri ; neque virtus neque arma satis

à les défendre, car l'ennemi, plus nombreux, les entoure de toutes parts. Enfin, les Romains, non seulement les vieux soldats, mais aussi les nouveaux qui avaient appris la guerre à leur école, profitant du terrain ou du hasard qui les rapproche, se forment en cercle ; ainsi couverts et défendus de toutes parts, ils parviennent à soutenir l'attaque violente de l'ennemi.

XCVIII. Dans un moment si critique, Marius ne se laissa point effrayer et ne perdit rien de son sang-froid : avec les cavaliers de sa garde, qu'il avait composée des meilleurs soldats de l'armée plutôt que de ses favoris, il allait de tous côtés, tantôt soutenant ceux qu'il voyait plier, tantôt fondant sur les ennemis lorsqu'ils formaient des groupes compactes, et, dans l'impossibilité où il était de donner des ordres à ses soldats au milieu du désordre général, il les défendait en payant de sa personne. Déjà le jour était entièrement tombé, et cependant les barbares, loin de se relâcher, nous pressaient plus vivement, persuadés, d'après l'affirmation de leurs rois, que la nuit leur serait favorable. Alors Marius prend conseil des circonstances et, en vue d'assurer une retraite à ses troupes, occupe deux collines séparées par un petit intervalle ; l'une,

tegere, quia hostes numero plures et undique circumfusi erant : denique Romani veteres novique [permixti] et ob ea scientes belli, si quos locus aut casus conjunxerat, orbis facere, atque ita ab omnibus partibus simul tecti et instructi hostium vim sustentabant.

XCVIII. Neque in eo tam aspero negotio Marius territus aut magis quam antea demisso animo fuit, sed cum turma sua, quam ex fortissumis magis quam familiarissumis paraverat, vagari passim, ac modo laborantibus suis succurrere, modo hostis, ubi confertissumi obstiterant, invadere ; manu consulere militibus, quoniam imperare conturbatis omnibus non poterat. Jamque dies consumptus erat, cum tamen barbari nihil remittere, atque, uti reges præceperant, noctem pro se rati, acrius instare. Tum Marius ex copia rerum consilium trahit, atque, uti suis receptui locus esset, collis duos propinquos inter se occupat, quorum in uno castris parum amplo fons aquæ magnus erat, alter

insuffisante pour un camp, avait une source abondante, l'autre offrait un emplacement propice, parce que le sommet en était assez large et qu'à cause de ses pentes abruptes il fallait peu de travaux pour la défendre.

Marius ordonne donc à Sylla de garder la source, pendant la nuit, avec la cavalerie ; pour lui, il rassemble peu à peu ses soldats dispersés (d'ailleurs le désordre n'était pas moins grand parmi les ennemis), et les conduit tous ensemble, au pas accéléré, sur la seconde colline. La force de cette position contraint les rois alliés à mettre fin au combat ; mais ils ne laissent pas cependant leurs troupes s'éloigner ; cette multitude s'établit sans aucun ordre autour des deux collines. Puis, allumant des feux de tous côtés, les barbares, selon leur coutume, passent la plus grande partie de la nuit à manifester leur joie par des danses et des cris ; les chefs eux-mêmes, aveuglés par l'orgueil, se considéraient comme victorieux, parce qu'ils n'avaient pas pris la fuite. Les Romains, favorisés par la position et l'obscurité où ils étaient plongés, voyaient tout cela, et c'était pour eux un puissant encouragement.

XCIX. Plein de confiance en voyant l'imprudence de l'ennemi, Marius fait observer le plus grand silence

usui opportunus, quia magna parte editus et præceps pauca munimenta quærebat.

Ceterum apud aquam Sullam cum equitibus noctem agitare jubet, ipse paulatim dispersos milites, neque minus hostibus conturbatis, in unum contrahit, dein cunctos pleno gradu in collem subducit. Ita reges, loci difficultate coacti, prœlio deterrentur ; neque tamen suos longius abire sinunt, sed utroque colle multitudine circumdato, effusi consedere. Dein crebris ignibus factis, plerumque noctis barbari more suo lætari, exsultare, strepere vocibus ; ipsi duces feroces, quia non fugerant, pro victoribus agere. Sed ea cuncta Romanis ex tenebris et editioribus locis facilia visu magno hortamento erant.

XCIX. Plurumum vero Marius inperitia hostium confirmatus quam maxumum silentium haberi jubet, ne signa

et défend même de sonner de la trompette, comme on le faisait d'ordinaire à la fin de chaque veille ; puis, alors que le jour commençait à poindre et que les ennemis fatigués venaient de céder au sommeil, tout à coup, les trompettes des avant-postes, et aussi ceux des cohortes auxiliaires, de la cavalerie, des légions, sonnent tous à la fois ; les soldats poussent un grand cri et s'élancent hors du camp. Les Maures et les Gétules, éveillés en sursaut et entendant ce bruit effroyable et nouveau pour eux, étaient également incapables de fuir et de s'armer, et ne savaient rien faire ni rien prévoir pour leur salut, tant le bruit et les cris, l'abandon où ils se trouvaient et la violence de notre attaque, le désordre et le terrible aspect du champ de bataille les avaient tous épouvantés et pour ainsi dire mis hors d'eux-mêmes. Enfin, ils furent complètement battus et dispersés, presque toutes leurs armes et leurs enseignes tombèrent en notre pouvoir, et ils eurent plus d'hommes tués dans ce combat que dans tous les précédents, car le sommeil et l'excès de la frayeur avaient paralysé leur fuite.

C. Marius continua sa route vers ses quartiers d'hiver, qu'il avait résolu de fixer dans des villes maritimes pour la facilité du ravitaillement. Cepen-

quidem, uti per vigilias solebant, canere ; deinde, ubi lux adventabat, defessis jam hostibus et paulo ante somno captis, de inproviso vigiles, item cohortium, turmarum, legionum tubicines simul omnes signa canere, milites clamorem tollere atque portis erumpere. Mauri atque Gætuli, ignoto et horribili sonitu repente exciti, neque fugere, neque arma capere, neque omnino facere aut providere quicquam poterant ; ita cunctos strepitu, clamore, nullo subveniente, nostris instantibus, tumultu, formidine, terror quasi vecordia ceperat. Denique omnes fusi fugatique, arma et signa militaria pleraque capta, pluresque eo prœlio quam omnibus superioribus interempti ; nam somno et metu insolito impedita fuga.

C. Dein Marius, uti cœperat, in hiberna, [nam] propter commeatum in oppidis maritumis agere decreverat ;

dant la victoire ne l'avait rendu ni négligent ni orgueilleux ; comme s'il eût été en présence de l'ennemi, il continuait à marcher en carré, Sylla protégeant le flanc gauche avec la cavalerie et Aulus Manlius le flanc droit avec les frondeurs, les archers et les cohortes auxiliaires des Ligures ; enfin, il avait mis en tête et en queue des compagnies armées à la légère commandées par des tribuns. Les transfuges, dont la vie était de peu de prix à ses yeux et qui connaissaient parfaitement le pays, servaient d'éclaireurs. Le consul, comme s'il n'eût pas eu sous lui d'autres chefs, veillait à tout, était partout, distribuant l'éloge et le blâme à qui le méritait. Toujours armé, toujours sur ses gardes, il exigeait que les soldats le fussent aussi. La défense du camp ne le préoccupait pas moins que la sûreté de la marche : il faisait veiller aux portes des cohortes légionnaires et en avant du camp des cavaliers auxiliaires ; il postait aussi des soldats à l'intérieur du retranchement au dessus de la palissade, et faisait lui-même la ronde, non qu'il craignît qu'on n'exécutât pas ses ordres, mais afin que les soldats acceptassent plus volontiers les fatigues en voyant leur général les partager. Et certes, en cette circonstance, comme en bien d'autres, ce fut par le point d'honneur bien plus

neque tamen victoria socors aut insolens factus, sed pariter atque in conspectu hostium quadrato agmine incedere : Sulla cum equitatu apud dextumos, in sinistra parte A. Manlius cum funditoribus et saggittariis, præterea cohortis Ligurum curabat ; primos et extremos cum expeditis manipulis tribunos locaverat. Perfugæ, minume cari et regionum scientissumi, hostium iter explorabant ; simul consul quasi nullo inposito omnia providere, apud omnis adesse, laudare et increpare merentis. Ipse armatus intentusque, item milites cogebat ; neque secus atque iter facere castra munire, excubitum in portas cohortis ex legionibus, pro castris equites auxiliarios mittere, præterea alios super vallum in munimentis locare, vigilias ipse circumire, non tam diffidentia futuri quæ imperavisset, quam uti militibus exæquatus cum imperatore labor volentibus esset. Et

que par les châtiments que Marius maintint la discipline dans son armée. Suivant les uns, il voulait ainsi s'attacher les soldats ; d'autres prétendaient qu'il se faisait un plaisir de cette vie dure, à laquelle il était habitué dès l'enfance, et de ce qui est une peine pour le plus grand nombre : ce qui est certain, c'est que, par cette conduite, il servit aussi bien et aussi glorieusement l'État qu'il eût pu le faire par la plus grande rigueur dans le commandement.

CI. Enfin, le quatrième jour, non loin de la ville de Cirta, les éclaireurs se replient de tous les côtés à la fois, ce qui annonce l'approche de l'ennemi. Mais comme, bien que venant de différents côtés, ils faisaient tous le même rapport, le consul, ne sachant comment ranger son armée en bataille, ne change rien à son ordre de marche, qui lui permettait de faire face à toutes les éventualités, et attend l'attaque sur place. Ainsi fut trompé l'espoir de Jugurtha, qui avait divisé ses troupes en quatre corps, comptant bien que, dans tous les cas, l'un d'eux pourrait prendre l'ennemi à dos. Cependant Sylla, qui avait été rejoint le premier, exhorte ses soldats, fait serrer les rangs le plus possible et attaque les Maures par masses avec tous ses escadrons ; le reste des Romains garde ses positions, se contentant

sane Marius illoque aliisque temporibus Jugurthini belli pudore magis quam malo exercitum coercebat : quod multi per ambitionem fieri aiebant ; pars a pueritia consuetam duritiam et alia, quæ ceteri miserias vocant, voluptati habuisse : nisi tamen res publica pariter ac sævissumo imperio bene atque decore gesta.

CI. Igitur quarto denique die, haud longe ab oppido Cirta, undique simul speculatores citi sese ostendunt, qua re hostis adesse intellegitur. Sed quia diversi redeuntes alius ab alia parte atque omnes idem significabant, consul incertus quonam modo aciem instrueret, nullo ordine commutato advorsum omnia paratus ibidem opperitur. Ita Jugurtham spes frustrata, qui copias in quattuor partis distribuerat, ratus ex omnibus æque aliquos ab tergo hostibus venturos. Interim Sulla, quem primum hostes attigerant, cohortatus suos, turmatim et quam maxume confertis equis ipse aliique Mauros invadunt, ceteri in loco

de se garantir des traits qui leur sont lancés de loin et de tuer les ennemis qui viennent à leur portée.

Pendant ce combat de cavalerie, Bocchus attaque notre arrière-garde avec un corps d'infanterie que son fils Volux lui avait amené, et qui, retardé dans sa marche, n'avait pu assister au combat précédent. En ce moment, Marius combattait à l'avant-garde, où se trouvait Jugurtha avec le gros de ses troupes. Bientôt le roi Numide, ayant appris l'arrivée de Bocchus, s'éloigne secrètement avec un petit nombre des siens et va rejoindre l'infanterie de Bocchus ; là, s'adressant à nos soldats en latin, car il avait appris cette langue devant Numance, il leur crie que « toute « résistance est inutile, car il vient de tuer Marius de « sa propre main ; » en même temps, il montre son épée teinte du sang de nos fantassins, dont il avait tué plusieurs en combattant vaillamment. Cette nouvelle terrifie nos soldats, qui considèrent bien moins la confiance que mérite son auteur que la gravité de l'événement ; en même temps les barbares, les voyant faiblir, sentent redoubler leur courage et pressent plus vivement les Romains. Déjà, ils songeaient à la fuite, quand Sylla, vainqueur du corps ennemi qu'il avait attaqué, revient sur ses pas et prend les Maures en

manentes ab jaculis eminus emissis corpora tegere, et, si qui in manus venerant, obtruncare.

Dum eo modo equites prœliantur, Bocchus cum peditibus, quos Volux filius ejus adduxerat, neque in priore pugna in itinere morati adfuerant, postremam Romanorum aciem invadunt. Tum Marius apud primos agebat, quod ibi Jugurtha cum plurumis erat. Dein Numida, cognito Bocchi adventu, clam cum paucis ad pedites convortit; ibi latine (nam apud Numantiam loqui didicerat) exclamat : « nostros frustra pugnare : « paulo ante Marium sua manu interfectum ; » simul gladium sanguine oblitum ostendere, quem in pugna, satis inpigre occiso pedite nostro, cruentaverat. Quod ubi milites accepere, magis atrocitate rei quam fide nunti terrentur ; simulque barbari animos tollere et in perculsos Romanos acrius incedere. Jamque paulum a fuga aberant, cum Sulla, profligatis quos advorsum ierat, rediens ab latere Mauris incurrit. Bocchus statim avorti-

flanc, Bocchus s'éloigne aussitôt ; quant à Jugurtha, il persiste à vouloir soutenir les siens et retenir une victoire qu'il avait presque conquise ; mais, entouré par la cavalerie et voyant tomber à droite et à gauche tous ses compagnons, il se fait jour, seul, à travers les traits des ennemis, qu'il sait adroitement éviter. Pendant ce temps, Marius, ayant mis en fuite les cavaliers ennemis, accourait au secours des siens, dont il venait d'apprendre la défaite imminente. Enfin l'ennemi cède sur tous les points. Alors, ce fut un spectacle terrible dans cette plaine découverte ; les uns poursuivent, les autres fuient ; ici l'on égorge, là on fait des prisonniers ; hommes et chevaux gisent pêle-mêle ; un grand nombre de soldats, couverts de blessures, ne peuvent ni fuir, ni rester en repos ; parfois ils se soulèvent avec effort pour retomber aussitôt ; aussi loin que la vue peut s'étendre, la terre est jonchée de traits, d'armes, de cadavres, séparés par des flaques de sang.

CII. Après sa victoire, cette fois incontestable, le consul arrive enfin à Cirta, qui avait été tout d'abord le but de sa marche. Cinq jours après la seconde défaite des barbares, arrivent dans cette ville des députés de Bocchus, qui demandent à Marius, de la part du roi, de lui envoyer deux personnes de confiance : « il voulait, » disaient-ils, « discuter avec

tur. At Jugurtha, dum sustentare suos et prope jam adeptam victoriam retinere cupit, circumventus ab equitibus dextra sinistra omnibus occisis, solus inter tela hostium vitabundus erumpit. Atque interim Marius, fugatis equitibus, accurrit auxilio suis, quos pelli jam acceperat ; denique hostes jam undique fusi. Tum spectaculum horribile in campis patentibus ; sequi, fugere ; occidi, capi ; equi atque viri adflicti, ac multi, volneribus acceptis, neque fugere posse neque quietem pati, niti modo ac statim concidere ; postremo omnia, qua visus erat, constrata telis, armis, cadaveribus, et inter ea humus infecta sanguine.

CII. Post ea loci consul, haud dubie jam victor, pervenit in oppidum Cirtam, quo initio profectus intenderat. Eo, post diem quintum quam iterum barbari male pugnaverant, legati a Boccho veniunt, qui regis verbis ab Mario petivere, duos quam fidissumos ad eum mitteret : « velle de « se et de populi Romani commodo cum eis disserere. » Ille

eux ses propres affaires et les intérêts du peuple romain. » Marius fait aussitôt partir Lucius Sylla et Aulus Manlius. Ceux-ci, bien qu'appelés par le roi, jugèrent utile de prendre la parole dès le début de l'entrevue, afin de modifier ses sentiments, s'il répugnait à la paix, ou de les confirmer, s'il y était disposé; et Sylla, devant l'éloquence de qui Manlius, quoique plus âgé, s'était incliné, s'exprima brièvement et à peu près en ces termes :

« Notre joie est grande, Bocchus, de voir que les
« dieux ont inspiré à un homme tel que vous la
« pensée de préférer enfin la paix à la guerre, de
« ne pas compromettre votre honneur en vous faisant
« solidaire du plus détestable des hommes, de
« Jugurtha, et de nous épargner la dure nécessité
« de punir votre erreur en même temps que sa per-
« fide scélératesse. D'ailleurs, le peuple romain, dès
« l'origine de son empire, a toujours mieux aimé se
« faire des amis qu'acquérir des esclaves, croyant
« plus sûr de fonder son autorité sur la bonne
« volonté que sur l'oppression. Pour vous, certes,
« aucune amitié ne vaut la nôtre, d'abord parce que
« nous sommes loin, ce qui diminue les chances de
« froissement, tout en nous permettant de vous ren-
« dre autant de services que si nous étions vos voi-

statim L. Sullam et A. Manlium ire jubet. Qui quanquam acciti ibant, tamen placuit verba apud regem facere, uti ingenium aut avorsum flecterent aut cupidum pacis vehementius accenderent. Itaque Sulla, cujus facundiæ, non ætati, a Manlio concessum, pauca verba hujuscemodi locutus :

« Rex Bocche, magna lætitia nobis est, cum te talem
« virum di monuere, uti aliquando pacem quam bellum
« malles, neu te optumum cum pessumo omnium Jugurtha
« miscendo commaculares, simul nobis demeres acerbam
« necessitudinem, pariter te errantem atque illum scelera-
« tissumum persequi. Ad hoc populo Romano jam a prin-
« cipio imperi melius visum amicos quam servos quærere,
« tutiusque rati volentibus quam coactis imperitare. Tibi
« vero nulla opportunior nostra amicitia, primum quia
« procul absumus, in quo offensæ minumum, gratia par
« ac si prope adessemus; dein quia parentis abunde habe-

« sins, ensuite parce que nous avons assez de sujets, « tandis que des amis, ni nous, ni personne n'en « avons jamais assez. Et plût aux dieux que vous « eussiez été dès le principe dans ces bonnes dispo- « sitions ! Vous auriez, certes, reçu de nous jusqu'à « ce jour plus de bienfaits que vous n'avez eu de « maux à souffrir. Mais, puisque la fortune, qui « dirige la plupart des événements humains, a voulu « que vous éprouviez et notre force et notre bien- « veillance, aujourd'hui qu'elle vous en offre l'occa- « sion, hâtez-vous de donner suite à vos projets. « Vous avez à votre disposition beaucoup et d'excel- « lents moyens de faire oublier vos fautes par vos « services. J'ajoute que jamais le peuple romain ne « s'est laissé vaincre en générosité, et d'autre part, « vous savez vous-même ce qu'il vaut à la guerre. »

Bocchus répond avec calme et courtoisie, et il ajoute quelques mots pour se disculper : « s'il a pris « les armes, ce n'est pas dans un esprit hostile, mais « pour la défense de ses états, car la partie de la « Numidie d'où il avait chassé Jugurtha étant devenue « sa propriété par le droit de la guerre, il n'a pu « supporter de la voir dévaster par Marius ; en outre, « ayant envoyé des députés à Rome pour solliciter

« mus, amicorum neque nobis neque cuiquam omnium « satis fuit. Atque hoc utinam a principio tibi placuisset ; « profecto ex populo Romano ad hoc tempus multo plura « bona accepisses, quam mala perpessus es. Et quoniam « humanarum rerum fortuna pleraque regit, cui scilicet « placuit et vim et gratiam nostram te experiri, nunc, « quando per illam licet, festina atque ut cœpisti perge. « Multa atque opportuna habes, quo facilius errata officiis « superes. Postremo hoc in pectus tuum demitte, nunquam « populum Romanum beneficiis victum esse ; nam bello « quid valeat tute scis. »

Ad ea Bocchus placide et benigne, simul pauca pro delicto suo verba facit : « se non hostili animo, sed ob « regnum tutandum arma cepisse ; nam Numidiæ partem, « unde vi Jugurtham expulerit, jure belli suam factam, « eam vastari a Mario pati nequivisse ; præterea, missis « antea Romam legatis repulsum ab amicitia ; cæterum

« notre amitié, il se l'est vu refuser ; mais il ne veut « plus parler du passé et, si Marius le permet, il « enverra sur le champ une ambassade au sénat. » On l'y autorise, mais le roi barbare ne tarde pas à changer de résolution, à l'instigation de ses conseillers, gagnés par l'or de Jugurtha, qui, instruit de la mission de Sylla et de Manlius, s'était douté de ce qui allait se passer.

CIII. Cependant Marius, après avoir installé son armée sous les tentes de peaux pour y passer l'hiver, prend avec lui les cohortes armées à la légère et une partie de la cavalerie et s'engage dans les déserts, pour aller assiéger une forteresse où Jugurtha avait mis pour garnison tous les transfuges. A ce moment, Bocchus changea encore de résolution : soit qu'il eût réfléchi aux résultats qu'avaient eus pour lui les deux derniers combats, soit qu'il suivît les conseils de ceux de ses amis que n'avait point songé à corrompre Jugurtha, il choisit dans la foule de ses courtisans cinq hommes d'un dévouement et d'une intelligence éprouvés et les chargea d'aller en ambassade auprès de Marius, et de là à Rome, si celui-ci y consentait, avec mission de négocier et de terminer la guerre à quelques conditions que ce fût.

Ils partent aussitôt pour se rendre aux quartiers

« vetera omittere ; actutum, si per Marium liceret, legatos « ad senatum missurum. » Dein, copia facta, animus barbari ab amicis flexus, quos Jugurtha, cognita legatione Sullæ et Manli, metuens id quod parabatur, donis corruperat.

CIII. Marius interea, exercitu in hibernaculis composito, cum expeditis cohortibus et parte equitatus proficiscitur in loca sola obsessum turrim regiam, quo Jugurtha perfugas omnis præsidium inposuerat. Tum rursus Bocchus, seu reputando quæ sibi duobus prœliis venerant, seu admonitus ab aliis amicis, quos incorruptos Jugurtha reliquerat, ex omni copia necessariorum quinque delegit, quorum et fides cognita et ingenia validissuma erant.

Eos ad Marium, ac dein, si placeat, Romam legatos ire jubet ; agendarum rerum et quocumque modo belli componendi licentiam ipsis permittit.

Illi mature ab hiberna Romanorum proficiscuntur ;

d'hiver des Romains ; mais, en chemin, ils sont attaqués et dépouillés par des brigands gétules, et, tout tremblants, dans le plus triste état, ils cherchent un asile auprès de Sylla, que le consul, en partant pour son expédition, avait laissé muni de pleins pouvoirs. Sylla les reçut, non comme des ennemis sans foi, ainsi qu'ils le méritaient, mais avec beaucoup d'égards et de générosité, ce qui persuada à ces barbares que la réputation d'avarice des Romains n'était pas fondée et que Sylla, qui les traitait si magnifiquement, devait être bien disposé à leur égard. En effet, à cette époque, bien des gens ignoraient encore les largesses intéressées ; on ne croyait pas que personne pût être généreux envers quelqu'un sans lui vouloir du bien, et tout présent passait pour une marque d'affection.

Les députés communiquent donc au questeur les instructions de Bocchus et lui demandent en même temps d'être leur protecteur et leur conseiller. Ils vantent la puissance de leur roi, sa loyauté, sa grandeur d'âme, et font ressortir tout ce qu'ils croyaient de nature à donner du prix à son alliance ou à lui concilier la bienveillance des Romains, et après que Sylla leur a fait les plus belles promesses et leur a indiqué de quelle manière ils doivent parler à Marius et devant le sénat, ils se retirent et attendent au camp environ quarante jours.

deinde in itinere a Gætulis latronibus circumventi spoliatique, pavidi, sine decore, ad Sullam profugiunt, quem consul in expeditionem proficiscens pro prætore reliquerat. Eos ille non pro vanis hostibus, ut meriti erant, sed accurate ac liberaliter habuit. Qua re barbari et famam Romanorum avaritiæ falsam, et Sullam ob munificentiam in sese amicum rati. Nam etiam tum largitio multis ignota erat : munificus nemo putabatur, nisi pariter volens ; dona omnia in benignitate habebantur.

Igitur quæstori mandata Bocchi patefaciunt ; simul ab eo petunt uti fautor consultorque sibi adsit ; copias, fidem, magnitudinem regis sui, et alia, quæ aut utilia aut benevolentiæ esse credebant, oratione extollunt ; dein Sulla omnia pollicito, docti quo modo apud Marium, item apud senatum verba facerent, circiter dies XL ibidem opperiuntur.

CIV. Marius, étant retourné à Cirta sans avoir réussi dans son entreprise et y ayant appris l'arrivée des députés, les fait venir d'Utique ainsi que Sylla, le préteur Lucius Billiénus et tous les sénateurs qui se trouvaient en Afrique, et tous ensemble prennent connaissance des propositions de Bocchus. Le consul autorise les députés à partir pour Rome et en attendant leur retour demande au Conseil d'accorder une suspension d'armes. Sylla et la majorité du Conseil y consentent; quelques-uns refusent avec dureté, oubliant sans doute l'instabilité des choses humaines, qui, changeantes et mobiles, tendent toujours à empirer. Cependant les Maures obtinrent tout ce qu'ils demandaient: trois d'entre eux partirent pour Rome avec le nouveau questeur Gnéius Octavius Ruson, qui était venu en Afrique apporter la solde des troupes; les deux autres retournèrent auprès du roi et Bocchus apprit avec satisfaction le résultat de leur mission, et surtout la bienveillance et l'empressement que Sylla leur avait témoignés. Arrivés à Rome, les députés cherchent à excuser l'erreur de leur roi, qui n'a péché, disent-ils, que poussé par la scélératesse de Jugurtha, et demandent alliance et amitié. On leur répond : « Le sénat et le peuple « romain se souviennent des bienfaits comme des

CIV. Marius, ubi infecto quo intenderat negotio Cirtam rediit et de adventu legatorum certior factus est, illosque et Sullam ab Utica venire jubet, item L. Billienum prætorem, præterea omnis undique senatorii ordinis; quibuscum mandata Bocchi cognoscit. Legatis potestas Romam eundi fit ab consule; interea indutiæ postulabantur: ea Sullæ et plerisque placuere; pauci ferocius decernunt, scilicet ignari rerum humanarum, quæ fluxæ et mobiles semper in advorsa mutantur. Ceterum Mauri impetratis omnibus tres Romam profecti cum Gn. Octavio Rusone, qui quæstor stipendium in Africam portaverat, duo ad regem redeunt; ex eis Bocchus cum cetera, tum maxume benignitatem et studium Sullæ lubens accepit. Romæ legatis ejus, postquam errasse regem et Jugurthæ scelere lapsum deprecati sunt, amicitiam et fœdus petentibus hoc modo respondetur: « Senatus « et populus Romanus benefici et injuriæ memor esse so-

« injures ; cependant, puisque Bocchus se repent de « sa faute, on lui pardonne ; quant à l'alliance et à « l'amitié, elles lui seront accordées quand il l'aura « mérité. »

CV. En apprenant cette réponse, Bocchus avait écrit à Marius de lui envoyer Sylla muni de pleins pouvoirs pour régler leurs intérêts communs. Celui-ci partit avec une escorte de fantassins, de cavalerie et de frondeurs baléares ; on lui donna en outre des archers et une cohorte de Péligniens. Ces derniers avaient pris l'armement des vélites, afin d'accélérer leur marche, mais ces armes légères les protégeaient suffisamment, étant donnée la légèreté des armes offensives des Numides. Après cinq jours de marche, Volux, fils de Bocchus, se montra tout à coup dans une plaine découverte avec des cavaliers dont le nombre ne dépassait pas mille, mais qui, marchant dispersés et sans ordre, parurent bien plus nombreux à Sylla et à tous les siens et leur inspirèrent quelque inquiétude. Assitôt chacun se prépare, s'assure que ses armes sont en bon état et se tient prêt à combattre. Si l'on n'est pas sans crainte, on a encore plus d'espoir, car c'étaient des vainqueurs qui allaient avoir affaire à un ennemi qu'ils avaient plusieurs fois vaincu. Cependant, des cavaliers

« let ; ceterum Boccho, quoniam pœnitet, delicti gratiam « facit ; fœdus et amicitia dabuntur, cum meruerit. »

CV. Quis rebus cognitis, Bocchus per litteras a Mario petiverat uti Sullam ad se mitteret, cujus arbitratu de communibus negotiis consuleretur. Is missus cum præsidio equitum atque peditum, item funditorum Balearium ; præterea iere sagittarii et cohors Pæligna cum velitaribus armis, itineris properandi causa, neque his secus atque aliis armis advorsus tela hostium, quod ea levia sunt, muniti. Sed in itinere quinto denique die Volux filius Bocchi repente in campis patentibus cum mille non amplius equitibus sese ostendit, qui, temere et effuse euntes, Sullæ aliisque omnibus et numerum ampliorem vero et hostilem metum efficiebant. Igitur se quisque expedire, arma atque tela temptare, intendere ; timor aliquantus, sed spes amplior, quippe victoribus, et advorsum eos

envoyés en éclaireurs annoncent, ce qui était la vérité, qu'il n'y avait rien à craindre.

CVI. Volux arrive et, s'adressant au questeur, se dit envoyé par Bocchus, son père, au devant des Romains pour leur faire honneur et leur servir d'escorte. Ils marchent donc de concert ce jour là et le jour suivant. Mais sur le soir, comme on venait d'établir le camp, le prince maure accourt subitement auprès de Sylla, le visage altéré et tout tremblant, et lui apprend que les éclaireurs viennent de lui annoncer que Jugurtha n'était pas loin ; en même temps il presse, il conjure le questeur de s'enfuir secrètement avec lui pendant la nuit. Celui-ci répond fièrement qu'il ne craint nullement un prince si souvent vaincu par les Romains : « il a pleine confiance « dans la bravoure de ses soldats, et d'ailleurs, quand « même un désastre serait inévitable, il aimerait « mieux rester à son poste que de trahir des hommes « dont il est le chef, pour conserver, par une fuite hon« teuse, une vie incertaine et qu'une maladie quel« conque pourrait avant peu lui enlever. » D'ailleurs, il approuve le conseil que lui donne Volux de partir pendant la nuit, et ordonne à ses soldats, dès qu'ils auront pris leur repas, d'allumer le plus de feux qu'ils pourront et de décamper sans bruit à la

quos sæpe vicerant. Interim equites exploratum præmissi rem, uti erat, quietam nuntiant.

CVI. Volux adveniens quæstorem appellat dicitque se a patre Boccho obviam illis simul et præsidio missum ; deinde eum et proxumum diem sine metu conjuncti eunt. Post, ubi castra locata et diei vesper erat, repente Maurus incerto voltu pavens ad Sullam accurrit, dicitque sibi ex speculatoribus cognitum Jugurtham haud procul abesse ; simul, uti noctu clam secum profugeret, rogat atque hortatur. Ille animo feroci negat se totiens fusum Numidam pertimescere ; « virtuti suorum satis credere ; etiam si certa pestis adesset, mansurum potius quam, proditis quos du« cebat, turpi fuga incertæ ac forsitan post paulo morbo « interituræ vitæ parceret. » Ceterum ab eodem monitus, uti noctu proficiscerentur, consilium approbat, ac statim milites cenatos esse, in castris ignis quam creberrumos fieri, dein prima vigilia silentio egredi jubet. Jamque

première veille. Voyant ses troupes épuisées par les fatigues de cette marche nocturne, Sylla, au lever du soleil, faisait déjà tracer son camp, lorsque des cavaliers maures annoncent que Jugurtha a pris position à environ deux milles plus loin. A cette nouvelle, nos soldats sont sérieusement alarmés : ils se croient trahis par Volux et entourés de piéges ; quelques-uns même déclarent qu'il faut faire justice du traître et ne pas le laisser impuni après un tel attentat.

CVII. Mais Sylla, bien que partageant ces sentiments, protége le Maure contre toute violence. Il exhorte les siens à faire bonne contenance : « souvent une poignée de braves a pu lutter avec succès « contre une multitude d'ennemis ; plus ils se prodigueront dans le combat, moins ils courront de « risques ; il ne convient nullement à celui qui a « des armes dans les mains de demander son salut « à ses pieds, qui n'en ont pas, et, au plus fort du « danger, de tourner vers l'ennemi la partie de « son corps qui ne saurait ni voir ni parer les « coups. » Puis, prenant à témoin le grand Jupiter du crime et de la perfidie de Bocchus, il enjoint à Volux, puisqu'il se conduit en ennemi, de quitter le camp. Celui-ci le conjure avec larmes de renoncer à cette pensée : « la trahison

nocturno itinere fessis omnibus, Sulla pariter cum ortu solis castra metabatur, cum equites Mauri nuntiant Jugurtham circiter duum milium intervallo ante eos consedisse. Quod postquam auditum est, tum vero ingens metus nostros invadit : credere se proditos a Voluce et insidiis circumventos ; ac fuere qui dicerent manu vindicandum, neque apud illum tantum scelus inultum relinquendum.

CVII. At Sulla, quanquam eadem existumabat, tamen ab injuria Maurum prohibet ; suos hortatur uti fortem animum gererent : « sæpe antea paucis strenuis advorsum « multitudinem bene pugnatum ; quanto sibi in prœlio « minus pepercissent, tanto tutiores fore ; nec quemquam « decere, qui manus armaverit, ab inermis pedibus auxi- « lium petere, in maxumo metu nudum et cæcum corpus « ad hostis vortere. » Deinde Volucem, quoniam hostilia faceret, Jovem maxumum obtestatus, ut sceleris atque perfidiæ Bocchi testis adesset, ex castris abire jubet. Ille

« n'est pour rien dans ce qui arrivait; il faut tout « imputer à la sagacité de Jugurtha, qui a dû être « tenu par ses espions au courant de sa marche. Du « reste, Jugurtha, qui n'a point avec lui une force « très nombreuse et dont toutes les espérances et « toutes les ressources dépendent de Bocchus, « n'osera rien tenter ouvertement en présence de son « fils; le meilleur lui semble donc de traverser har- « diment le camp de Jugurtha; il est prêt à marcher « seul avec Sylla, en laissant ses Maures au camp « ou en les envoyant en avant. » Cette proposition est acceptée, faute de pouvoir faire autrement, et ils se mettent aussitôt en marche. Jugurtha, surpris, par leur arrivée imprévue, hésite un instant, incertain du parti à prendre, et ils en profitent pour passer sans encombre. Peu de jours après, ils arrivent au but de leur voyage.

CVIII. Il y avait alors auprès de Bocchus un Numide, nommé Aspar, qu'il avait admis dans son intimité; Jugurtha l'avait envoyé comme négociateur, et aussi pour espionner Bocchus et découvrir adroitement ses desseins, dès qu'il avait appris que ce prince avait mandé Sylla auprès de lui. Il s'y trouvait également un autre Numide, nommé Dabar, fils de Massugrada, de la famille de Masinissa, mais

[illegible]

de condition inférieure par les femmes, car son père était né d'une concubine. Ses excellentes qualités l'avaient rendu cher et agréable à Bocchus. Ce prince, qui avait eu souvent l'occasion de s'assurer de son attachement aux Romains, l'envoie dire à Sylla « qu'il est prêt à faire ce qu'ordonnera le peu- « ple romain : Sylla n'a qu'à fixer lui-même le « jour, le lieu, l'heure de l'entrevue ; il ne retire « rien de ce qui a été convenu entre eux ; la pré- « sence de l'envoyé de Jugurtha ne doit pas d'ail- « leurs lui porter ombrage : il leur suffira de « l'écarter momentanément pour pouvoir débat- « tre librement leurs communs intérêts ; mais son « admission auprès de sa personne était le seul « moyen de combattre les artifices du roi son « maître. » Pour moi, je suis convaincu que Bocchus, agissant plutôt selon la foi punique que d'après les motifs qu'il invoquait, amusait en même temps les Romains et les Numides en leur faisant espérer la paix, et qu'il se demanda longtemps s'il livrerait Jugurtha aux Romains ou Sylla à ce prince : son cœur était assurément contre nous, mais la crainte parlait en notre faveur.

CIX. Sylla répond qu'il ne traitera que quelques points en présence d'Aspar ; le reste sera discuté

filius, ex gente Masinissæ, ceterum materno genere inpar (nam pater ejus ex concubina ortus erat), Mauro ob ingeni multa bona carus, acceptusque. Quem Bocchus fidum esse Romanis multis antea tempestatibus expertus, illico ad Sullam nuntiatum mittit : « paratum sese facere, quæ « populus Romanus vellet ; colloquio diem, locum, tempus « ipse delegeret ; consulta sese omnia cum illo integra ha- « bere ; neu Jugurthæ legatum pertimesceret quo [remoto], « res communis licentius gereretur : nam ab insidiis « ejus aliter caveri nequivisse. » Sed ego comperior Bocchum, magis Punica fide, quam ob ea quæ prædicabat, simul Romanum et Numidam spe pacis attinuisse, multumque cum animo suo volvere solitum, Jugurtham Romanis an illi Sullam traderet ; lubidinem advorsum nos, metum pro nobis suasisse.

CIX. Igitur Sulla respondit pauca coram Aspare locuturum, cetera occulte aut nullo aut quam paucissumis præ-

en particulier, ou sans témoins, ou devant un petit nombre de personnes. En même temps, il dicte la réponse qui doit lui être faite publiquement. Dans l'entrevue qu'il avait demandée, il déclare qu'il est envoyé par le consul pour savoir si Bocchus veut la paix ou la guerre. Alors le roi, se conformant aux recommandations de Sylla, l'invite à revenir dans dix jours : « il n'a encore pris aucune résolution, « mais à cette date il fera connaître sa réponse. » Puis ils se séparent et retournent chacun dans son camp. Mais, bien avant dans la nuit, Bocchus fait secrètement appeler Sylla. Ils n'admettent à cette conférence que deux interprètes sûrs et, comme médiateur, Dabar, parfait honnête homme, également agréable à l'un et à l'autre ; et aussitôt le roi prend la parole en ces termes :

CX. « Plus puissant qu'aucun autre roi de ce « pays, qu'aucun roi que je connaisse, je n'aurais « jamais cru que je pusse un jour être redevable de « quelque chose à un simple particulier. Et certes, « Sylla, avant de vous connaître, il m'est souvent « arrivé d'accorder mon appui, aux uns sur leur « demande, à d'autres spontanément, mais je n'ai « jamais eu besoin de personne. J'ai perdu cet avan- « tage ; tout le monde s'en affligerait, moi, je m'en « félicite ; il ne me déplait pas d'avoir eu un jour

sentibus ; simul edocet quæ sibi responderentur. Postquam, sicuti voluerat, congressi, dicit se missum a consule venisse quæsitum ab eo pacem an bellum agitaturus foret. Tum rex, uti præceptum fuerat, post diem decumum redire jubet, « ac nihil etiam tum decrevisse, sed illo die responsurum. » Deinde ambo in sua castra digressi sunt. Sed ubi plerumque noctis processit, Sulla a Boccho occulte arcessitur ; ab utroque tantummodo fidi interpretes adhibentur, præterea Dabar internuntius, sanctus vir et ex sententia ambobus ; ac statim sic rex incipit :

CX. « Nunquam ego ratus sum fore uti, rex maxumus « in hac terra et omnium quos novi, privato homini gra- « tiam deberem. Et mehercule, Sulla, ante te cognitum « multis orantibus, aliis ultro egomet opem tuli, nullius « indigui. Id imminutum, quod ceteri dolere solent, ego « lætor ; fuerit mihi eguisse aliquando tuæ amicitiæ, qua

« besoin de votre amitié, que je considère comme le « plus précieux des biens. Vous pouvez, certes, « mettre ma sincérité à l'épreuve : armes, trésors, « soldats, prenez tout, usez de tout, et, tant que « vous vivrez, gardez-vous de croire que ma recon- « naissance soit épuisée ; elle restera toujours la « même. Enfin, vous ne formerez pas un vœu qui ne « soit réalisé, si j'en ai connaissance, car j'estime « qu'il est plus humiliant pour un roi d'être vaincu « en générosité que par les armes. En ce qui con- « cerne les intérêts de votre république, dont « vous êtes ici le mandataire, voici en deux « mots ce que j'ai à dire. Je n'ai jamais fait ni « voulu faire la guerre au peuple romain, j'ai « seulement défendu par les armes mon territoire « contre ceux qui l'envahissaient les armes à la « main. Mais laissons cela, puisque tel est votre « désir : faites la guerre à Jugurtha comme vous « l'entendrez ; pour moi, je ne franchirai pas le « fleuve Mulucha, qui formait autrefois la limite « entre mes états et ceux de Micipsa, et je ne le « laisserai pas franchir par Jugurtha. Si vous « avez, d'ailleurs, à me faire quelque demande qui « soit digne des Romains et de moi-même, vous « n'aurez à essuyer aucun refus. »

CXI. La réponse de Sylla à ce discours fut brève

« apud animum meum nihil carius habeo. Id adeo experiri « licet : arma, viros, pecuniam, postremo quicquid animo « lubet, sume, utere; et, quoad vives, nunquam tibi reddi- « tam gratiam putaveris; semper apud me integra erit ; « denique nihil me sciente frustra voles. Nam, ut ego æs- « tumo, regem armis quam munificentia vinci minus flagi- « tiosum est. Ceterum de re publica vostra, cujus curator « huc missus es, paucis accipe. Bellum ego populo Romano « neque feci neque factum unquam volui, at finis meos « advorsum armatos armis tutatus sum. Id omitto, quando « vobis ita placet : gerite quod voltis cum Jugurtha bel- « lum. Ego flumen Muluccham, quod inter me et Micipsam « fuit, non egrediar, neque id intrare Jugurtham sinam ; « præterea si quid meque vobisque dignum petiveris, haud « repulsus abibis. »

CXI. Ad ea Sulla pro se breviter et modice, de pace et de

voyé de Jugurtha, et lui dit que, par l'intermédiaire de Dabar, il a appris de Sylla « que l'on peut, sous « des conditions débattues, mettre fin à la guerre ; « qu'il ait donc à demander à son maître ses inten- « tions. » Plein de joie, Aspar se rend au camp de Jugurtha. Il en reçoit des instructions détaillées et, hâtant sa marche, revient auprès de Bocchus, après huit jours d'absence. Il lui annonce « que Jugurtha « est prêt à faire tout ce qu'on exigera de lui, mais « qu'il a peu de confiance en Marius, car déjà « plusieurs fois les traités qu'il avait conclus avec « les généraux romains n'ont pas été ratifiés ; du « reste, si Bocchus veut pourvoir en même temps « aux intérêts des deux princes et assurer la conclu- « sion de la paix, il doit s'arranger pour amener « une entrevue entre les parties intéressées et en « profiter pour lui livrer Sylla ; quand il aura en « son pouvoir un personnage de cette importance, « le sénat ou le peuple romain voudront à tout prix « faire la paix, car ils ne pourront abandonner à son « sort un patricien tombé au pouvoir de l'ennemi, « non par un effet de sa lâcheté, mais en se dévouant « au bien de l'Etat. »

CXIII. Le Maure réfléchit longuement à ces propositions et finit par donner sa parole. Son hésita-

appellat, dicitque « sibi per Dabarem ex Sulla cognitum, « posse condicionibus bellum poni ; quam ob rem regis sui « sententiam exquireret. » Ille lætus in castra Jugurthæ proficiscitur ; deinde ab illo cuncta edoctus properato itinere post diem octavum redit ad Bocchum, et ei nuntiat « Jugurtham cupere omnia quæ imperarentur facere, sed « Mario parum confidere ; sæpe antea cum imperatoribus « Romanis pacem conventam frustra fuisse ; ceterum Boc- « chus, si ambobus consultum et ratam pacem vellet, « daret operam ut una ab omnibus quasi de pace in « colloquium veniretur, ibique sibi Sullam traderet ; cum « talem virum in potestatem habuisset, tum fore uti jussu « senatus aut populi fœdus fieret, neque hominem nobilem, « non sua ignavia, sed ob rem publicam in hostium potes- « tate, relictum iri. »

CXIII. Hæc Maurus secum ipse diu volvens tandem pro-

tion, était-elle feinte ou sincère? Nous ne saurions le dire; mais ce qui est incontestable, c'est que, la plupart du temps, les volontés des rois sont aussi mobiles qu'absolues, souvent même contradictoires. Puis, aux temps et lieux convenus, il invite à venir discuter les conditions de la paix, tantôt Sylla, tantôt l'envoyé de Jugurtha; il les accueille avec une égale bienveillance et leur fait les mêmes promesses. L'un et l'autre sont donc pleins de joie et d'espérance. Dans la nuit qui précéda le jour fixé pour la conférence, le Maure avait, dit-on, réuni ses amis et, prenant ensuite un autre parti, les avait aussitôt congédiés. Resté seul, en proie à mille perplexités, l'expression de son visage changeait en même temps que ses sentiments, et, naturellement, son agitation trahissait, malgré son silence, ses pensées les plus secrètes. A la fin, cependant, il fait appeler Sylla et, se conformant à ses désirs, prend ses dispositions pour perdre le Numide. Le jour levé, informé que Jugurtha n'était pas loin, Bocchus, avec quelques amis et le questeur, feignant d'aller à sa rencontre pour lui faire honneur, s'avance jusqu'à un tertre, d'où il pouvait être vu facilement par des hommes que l'on avait mis en embuscade. Le Numide s'y rend aussi avec la plupart de ses amis, sans

misit; ceterum dolo an vere cunctatus, parum comperimus; sed plerumque regiæ voluntates, ut vehementes, sic mobiles, sæpe ipsæ sibi advorsæ. Postea, tempore et loco constituto in colloquium uti de pace veniretur, Bocchus Sullam modo, modo Jugurthæ legatum appellare, benigne habere, idem ambobus polliceri: illi pariter læti ac spei bonæ pleni esse. Sed nocte ea, quæ proxuma fuit ante diem colloquio decretum, Maurus, adhibitis amicis ac statim inmutata voluntate remotis, dicitur secum ipse multum agitavisse, voltu et oculis pariter atque animo varius, quæ scilicet tacente ipso occulta pectoris patefecisse. Tamen postremo Sullam arcessi jubet et ex illius sententia Numidæ insidias tendit. Deinde, ubi dies advenit, et ei nuntiatum est Jugurtham haud procul abesse, cum paucis amicis et quæstore nostro quasi obvius honoris causa procedit

armes, selon la convention. Aussitôt, à un signal donné, la troupe sort de l'embuscade et l'enveloppe de toutes parts. Tous ceux de sa suite sont égorgés. Jugurtha est chargé de chaînes et livré à Sylla, qui le mène à Marius.

CXIV. Vers le même temps, nos généraux Quintus Cépion et Gnéius Manlius furent vaincus par les Gaulois. Cette nouvelle répandit l'effroi dans toute l'Italie. Depuis cette époque jusqu'en ces derniers temps, les Romains ont toujours cru qu'à l'égard des autres peuples leur supériorité était incontestable, mais qu'avec les Gaulois ils avaient à combattre, non pour la gloire, mais pour l'existence. Quand on apprit à Rome que la guerre de Numidie était terminée et qu'on amenait Jugurtha chargé de chaînes, Marius fut nommé consul, quoique absent; on lui assigna la Gaule pour province, et aux kalendes de janvier, le jour même où il prenait possession de son second consulat, il triompha avec grande pompe.

in tumulum facillumum visu insidiantibus. Eodem Numida cum plerisque necessariis suis inermis, uti dictum erat, accedit, ac statim signo dato undique simul ex insidiis invaditur : ceteri obtruncati, Jugurtha Sullæ vinctus traditur et ab eo ad Marium deductus est.

CXIV. Per idem tempus advorsum Gallos ab ducibus nostris Q. Cæpione et Cn. Manlio male pugnatum. Quo metu Italia omnis contremuit, illimque usque ad nostram memoriam Romani sic habuere, alia omnia virtuti suæ prona esse, cum Gallis pro salute, non pro gloria, certari. Sed postquam bellum in Numidia confectum et Jugurtham Romam vinctum adduci nuntiatum est, Marius consul absens factus est, et ei decreta provincia Gallia, isque Kalendis Januariis magna gloria consul triumphavit. Et ea tempestate spes atque opes civitatis in illo sitæ.

FINIS JUGURTHÆ.

A ce moment Rome voyait en lui tout son espoir et toutes ses ressources. (1)

(1) On sait que Marius justifia cette confiance par ses victoires sur les Cimbres et les Teutons (102-101). Il y a lieu de s'étonner que Salluste, qui a pensé (non sans raison) que son sujet se terminait naturellement avec la prise de Jugurtha, n'ait pas jugé cependant devoir nous apprendre en deux mots quel fut le sort de cet infatigable ennemi des Romains. Après avoir orné le triomphe de Marius, il fut jeté dans le *Tullianum* et y mourut de faim au bout de six jours, à l'âge de 54 ans, après en avoir régné [illegible]. Une partie de la Numidie fut donnée à Bocchus, une autre réunie à la province romaine d'Afrique; le reste échut à Gauda, fils de Mastanabal, qui le laissa en mourant à son fils Hiempsal II; celui-ci régnait au moment où [illegible] vint chercher un refuge en Numidie. Son fils, Juba I, prit parti contre César et se donna la mort après la bataille de Thapsus [illegible]. Le fils de ce dernier, Juba II, fut héritier de la couronne paternelle [illegible] mort, en l'an 23, que ce qui restait de la Numidie fut définitivement réuni à l'empire par Auguste.

Nous donnons ici, d'après Mommsen, le tableau généalogique des rois Numides, à partir de Masinissa :

Masinissa, 516-605 (238-149 av. J.-C.)

Micipsa, † 636 (118). — *Gulussa*, † avant 636 (118). — *Mastanabal*, † avant 636 (118).

Adherbal, † 642 (112). — *Hiempsal I*, † vers 637 (117). — *Micipsa* (Diod.). — *Massiva*, † 643 (111). — *Gauda*, † av. 666 (88). — *Jugurtha*, † 650 (104).

SALLUSTE

DISCOURS ET LETTRES

TIRÉS DES HISTOIRES

DISCOURS DU CONSUL LÉPIDE

AU PEUPLE ROMAIN

Citoyens, votre clémence et votre honnêteté, qui font, aux yeux des nations étrangères, votre grandeur et votre gloire, me remplissent d'inquiétude, en présence de la tyrannie de Sylla, et me font craindre que, peu portés à supposer chez les autres des actes

C. SALLUSTI CRISPI

ORATIONES ET EPISTULÆ

EX HISTORIIS EXCERPTÆ

ORATIO LEPIDI CONSULIS

AD POPULUM ROMANUM (Histor. fragm., I, 45 [49], Kritz) (1)

Clementia et probitas vostra, Quirites, quibus per ceteras gentis maxumi et clari estis, plurumum timoris mihi faciunt advorsum tyrannidem L. Sullæ, ne quæ ipsi nefanda æstumatis, ea parum credundo de aliis circumve-

(1) Sur ce Lépide, père du triumvir, voir l'*Index des noms propre.* Ce discours semble avoir été prononcé dans les premiers mois du consulat de Lépide (78 avant J.-C.), alors que Sylla, du fond de sa retraite de Cumes, faisait encore sentir dans le gouvernement son influence occulte, mais cependant toute-puissante. Peut-être l'ex-dictateur était-il déjà atteint de l'affreuse maladie dont il mourut, ce qui expliquerait la hardiesse de ce discours. Il est inutile d'admettre que *Quirites* désigne ici un groupe d'amis de Lépide.

que vous jugez détestables, vous ne vous laissiez surprendre (alors surtout qu'il s'agit d'un homme dont tout l'espoir est dans le crime et la perfidie et qui ne peut se croire en sûreté qu'en se montrant plus méchant et plus criminel encore, grâce à la terreur qui vous paralyse et vous ôte, dans l'excès de vos maux, tout souci de votre liberté) — ou que, si vous êtes sur vos gardes, vous ne soyez plus préoccupés des périls à éviter que de votre vengeance. Ses satellites, des hommes de la plus haute origine, auxquels leurs ancêtres ont laissé les plus honorables exemples, achètent par leur propre servitude, ce dont je ne saurais assez m'étonner, le droit de vous opprimer et préfèrent cette injustice à l'exercice d'une noble et légitime liberté : glorieux rejetons des Brutus, des Æmilius, des Lutatius, nés pour détruire ce que leurs ancêtres avaient conquis par leur valeur ! Car, enfin, que prétendions-nous défendre contre Pyrrhus, contre Annibal, contre Philippe et Antiochus, sinon notre indépendance, nos foyers respectifs, notre droit de n'obéir qu'aux lois? Tous ces biens, ce faux Romulus les détient comme un butin pris sur l'ennemi : ni la perte de tant d'armées, ni la mort d'un consul et de tant d'autres citoyens distingués, victimes des hasards de la guerre, n'ont

niamini (præsertim cum illi spes omnis in scelere atque perfidia sit, neque se aliter tutum putet, quam si pejor atque intestabilior metu vostro fuerit, quo captis libertatis curam miseria eximat), aut, si provideritis, in vitandis periculis magis quam ulciscundo teneamini. Satellites quidem ejus, homines maxumi nominis, optumis majorum exemplis, nequeo satis mirari, qui dominationis in vos servitium suum mercedem dant et utrumque per injuriam malunt quam optumo jure liberi agere : præclara Brutorum atque Æmiliorum et Lutatiorum proles, geniti ad ea, quæ majores virtute peperere, subvortunda. Nam quid a Pyrrho, Hannibale Philippoque et Antiocho defensum est aliud quam libertas et suæ cuique sedes, neu cui nisi legibus pareremus ? quæ cuncta scævus iste Romulus quasi ab externis rapta tenet, non tot exercituum clade neque consulum et aliorum principum, quos fortuna belli consumpse-

assouvi sa rage ; loin de là, elle ne fait que s'accroître avec le succès, dont cependant les effets ordinaires sont de changer le ressentiment en pitié. Que dis-je ? Il est le seul qui, de mémoire d'homme, ait décrété des suppplices contre les enfants encore à naître, voulant ainsi qu'une injuste proscription leur fût assurée avant l'existence ; et, ce qu'il y a de pire, l'atrocité même de ses crimes a fait jusqu'ici sa sûreté, car, par crainte d'aggraver votre servitude, vous n'osez revendiquer votre liberté.

Si vous ne voulez pas que vos dépouilles deviennent leur proie, il faut agir, citoyens, il faut prendre l'offensive, et non différer sans cesse ni chercher un appui dans des vœux stériles : à moins que vous ne vous imaginiez que Sylla est déjà dégoûté de la tyrannie, qu'il en a honte et qu'il va abandonner, malgré les dangers auxquels ils s'exposerait, un pouvoir conquis par le crime. Sachez-le bien : au point où il en est, il n'y a rien pour lui de glorieux que ce qui est sûr, et pour maintenir sa domination, tous les moyens lui semblent honorables. Aussi cette tranquillité, ce repos dans l'indépendance, que beaucoup d'honnêtes gens recherchaient de préférence aux travaux qu'exige la recherche des honneurs, ne sont plus possibles ; aujourd'hui, citoyens, il faut ou servir ou commander, ou craindre ou se

rat, satiatus, sed tum crudelior, cum plerosque secundæ res in miserationem ex ira vortunt. Quin solus omnium post memoriam humani generis supplicia in post futuros composuit, quis prius injuria quam vita certa esset; pravissumeque per sceleris immanitatem adhuc tutus fuit, dum vos metu gravioris serviti a repetunda libertate terremini.

Agundum atque obviam eundum est, Quirites, ne spolia vostra penes illos sint, non prolatandum neque votis paranda auxilia : nisi forte speratis tædium jam aut pudorem tyrannidis Sullæ esse et eum per scelus occupata periculosius dimissurum. At ille eo processit, ut nihil gloriosum nisi tutum et omnia retinendæ dominationis honesta æstumet. Itaque illa quies et otium cum libertate, quæ multi probi potius quam laborem cum honoribus capessebant, nulla sunt : hac tempestate serviundum aut imperitandum,

faire craindre. En effet, sur quoi compteriez-vous encore? Que reste-t-il de vos droits? Quelle est la loi divine qui n'ait pas été violée? Naguère encore arbitre des nations, le peuple romain est aujourd'hui dépouillé de sa puissance, de sa gloire, de ses droits, sans moyens d'existence, sans considération, et on ne lui assure plus même la ration des esclaves. Un grand nombre d'alliés et de Latins, qui, pour prix de nombreux et honorables services, avaient reçu de vous le droit de cité, en sont dépouillés par la volonté d'un seul homme, et des citoyens paisibles se sont vus chassés de leurs demeures par un petit nombre de satellites, que le tyran a ainsi payés de leurs criminels services. Lois, tribunaux, trésor, provinces, royaumes, tout est entre les mains d'un seul; tout, jusqu'au droit de vie et de mort sur les citoyens. Vous avez même vu immoler des victimes humaines et le sang des hommes libres arroser la pierre des tombeaux. Y a-t-il pour des hommes de cœur d'autre parti à prendre que de s'affranchir d'une injuste tyrannie ou de mourir vaillamment? Car enfin la nature a fixé pour tous les hommes, même pour ceux qu'entoure un cercle de fer, un terme fatal; et, à moins d'avoir un cœur de femme, personne n'attend, sans oser se défendre, d'être réduit aux nécessités extrêmes. Mais, si l'on en croit Sylla, je suis un

habendus metus est aut faciundus, Quirites. Nam quid ultra? quaeve humana superant aut divina impolluta sunt? Populus Romanus, paulo ante gentium moderator, exutus imperio, gloria, iure, agitandi inops despectusque ne servilia quidem alimenta relicua habet. Sociorum et Lati magna vis civitate pro multis et egregiis factis a vobis data per unum prohibentur, et plebis innoxiae patrias sedes occupavere pauci satellites mercedem scelerum. Leges, iudicia, aerarium, provinciae, reges penes unum, denique necis civium et vitae licentia. Simul humanas hostias vidistis et sepulcra infecta sanguine civili. Estne viris reliqui aliud quam solvere iniuriam aut mori per virtutem? quoniam quidem unum omnibus finem natura vel ferro saeptis statuit, neque quisquam extremam necessitatem nihil ausus nisi muliebri ingenio exspectat. Verum ego seditiosus, uti Sulla ait, qui praemia turbarum queror, et

séditieux, parce que je regrette de le voir profiter des troubles qu'il a suscités, ou bien un ami de la guerre, parce que je réclame les droits dont la paix nous autorise à jouir ! Apparemment il ne saurait y avoir pour l'État ni salut, ni sécurité, à moins que le Picentin Vettius et le scribe Cornélius ne puissent prodiguer le bien honorablement acquis par d'autres, à moins que vous n'approuviez tous la proscription de tant d'innocents frappés uniquement à cause de leurs richesses, le supplice de tant d'hommes distingués, Rome dépeuplée par l'exil et le meurtre, et les biens de citoyens infortunés vendus à l'encan ou donnés gratuitement comme le butin pris sur les Cimbres !

Sylla m'objecte que, moi aussi, j'ai en ma possession des biens de proscrits. Oui, certes, et c'est là le plus grand de ses crimes que ni moi, ni personne n'ayons pu être à l'abri du danger en restant honnêtes. Mais ce que j'ai acheté alors par crainte de Sylla, je vais, malgré mon droit, le restituer aux légitimes propriétaires, et je ne souffrirai pas que personne conserve les dépouilles de ses concitoyens. Nous n'avons que trop supporté les funestes effets de nos fureurs, nous n'avons que trop vu les armées romaines, engagées dans une lutte fraticide, tourner contre elles-mêmes les armes destinées à com-

bellum cupiens, qui jura pacis repeto. Scilicet quia non aliter salvi satisque tuti in imperio eritis, nisi Vettius Picens et scriba Cornelius aliena bene parta prodegerint, nisi adprobaritis omnes proscriptionem innoxiorum ob divitias, cruciatus virorum illustrium, vastam urbem fuga et cædibus, bona civium miserorum quasi Cimbricam prædam venum aut dono datam.

At objectat mihi possessiones ex bonis proscriptorum; quod quidem scelerum illius vel maxumum est, non me neque quemquam omnium satis tutum fuisse, si recte faceremus. Atque illa, quæ tum formidine mercatus sum pretio, soluto jure, dominis tamen restituo, neque pati consilium est ullam ex civibus prædam esse. Satis illa fuerint, quæ rabie contracta toleravimus, manus conserentis inter se Romanos exercitus, et arma ab externis

battre l'étranger ; il est temps que tous ces crimes, que toutes ces hontes prennent fin. Mais Sylla s'en repent si peu qu'il s'en fait gloire et que, s'il le pouvait, il recommencerait avec plus d'emportement encore.

Dès maintenant, je ne suis plus inquiet de l'opinion que vous pouvez avoir de lui ; ce que je crains, c'est que vous ne montriez une imprudente audace et que, chacun de vous attendant qu'un autre donne l'exemple, vous ne soyez prévenus par lui et ne périssiez, non par un effet de sa puissance, qui fond et s'écroule, mais par votre propre apathie, grâce à laquelle il peut s'enrichir de vos dépouilles et paraître d'autant plus favorisé de la fortune que vous vous montrez plus pusillanimes. En effet, à part quelques satellites, complices de ses crimes, qui est de son parti ? Qui, si l'on excepte le tyran, ne souhaite un changement radical ? Seraient-ce les soldats dont le sang a coulé pour enrichir un Tarula et un Scirtus ? Seraient-ce les citoyens à qui l'on a préféré pour les magistratures un Fufidius, un infâme prostitué, qui déshonore les dignités dont on l'a revêtu ? Aussi ai-je la plus grande confiance dans cette armée victorieuse, dont les blessures et les efforts n'ont servi jusqu'ici qu'à nous donner un tyran. Mais peut-être nos soldats, en prenant les armes, se proposaient-ils

in nosmet vorsa ; scelerum et contumeliarum omnium finis sit. Quorum adeo Sullam non pænitet, ut et facta in gloria numeret et, si liceat, avidius fecerit.

Neque jam quid existumetis de illo, sed quantum audeatis vereor, ne alius alium principem exspectantes ante capiamini, non opibus ejus, quæ futiles et corruptæ sunt, sed vostra socordia, qua raptum ire licet, et, quam audeas, tam videri felicem. Nam præter satellites commaculatos quis eadem volt, aut quis non omnia mutata præter victorem ? Scilicet milites, quorum sanguine Tarulæ Scirtoque, pessumis servorum, divitiæ partæ sunt ? an quibus prælatus in magistratibus capiundis Fufidius, ancillla turpis, honorum omnium dehonestamentum ? Itaque maxumam mihi fiduciam parit victor exercitus, cui per tot volnera et labores nihil præter tyrannum quæsitum est. Nisi forte tribuniciam

de détruire la puissance tribunitienne, fondée par leurs ancêtres, et de s'enlever à eux-mêmes leurs droits et la garantie des tribunaux ! Ils ont dû se croire bien payés de leur peine, lorsque, relégués dans les marais et dans les bois, ils ont constaté que les affronts et le mépris étaient pour eux, tandis qu'on réservait les récompenses à un petit nombre de favoris.

Pourquoi donc marche-t-il la tête haute, entouré d'un si nonbreux cortége ? C'est que la prospérité dissimule merveilleusement les vices. Mais si sa fortune vient à chanceler, autant il était craint auparavant, autant il sera méprisé. Peut-être aussi est-ce à cause de cette fausse concorde et de cette fausse paix, à l'aide desquelles il cherche à dissimuler ses crimes et ses attentats contre la patrie. En effet, il prétend que Rome n'aura un gouvernement digne de ce nom et ne verra la fin de ses discordes civiles que si l'on continue à chasser les plébéiens de leurs terres, à dépouiller sans pitié les citoyens, et s'il conserve tous les priviléges et l'autorité absolue qui n'appartenaient autrefois qu'au peuple romain. Si c'est là ce que vous prenez pour la paix et pour une situation régulière, approuvez donc le bouleversement complet et la ruine de la république, souscrivez aux lois qu'on vous impose, acceptez le repos avec l'esclavage et montrez à vos descendants comment un peu-

potestatem evorsum profecti sunt per arma, conditam a majoribus suis, utique jura et judicia sibimet extorquerent ; egregia scilicet mercede, cum relegati in paludes et silvas contumeliam atque invidiam suam, præmia penes paucos intellegerint.

Quare igitur tanto agmine atque animis incedit ? quia secundæ res mire sunt vitiis obtentui, quibus labefactis, quam formidatus est, tam contemnetur ; nisi forte specie concordiæ et pacis, quæ sceleri et parricidio suo nomina indidit. Neque aliter rem publicam et belli finem ait, nisi maneat expulsa agris plebes, præda civilis acerbissuma, jus judiciumque omnium rerum penes se, quod populi Romani fuit. Quæ si vobis pax et composita intelleguntur, maxuma turbamenta rei publicæ atque exitia probate, adnuite legibus inpositis, accipite otium cum servitio et tradite exemplum posteris ad rem publicam suimet sanguinis

ple peut acheter au prix de son sang sa propre servitude. Pour moi, bien que, par la dignité suprême dont je suis revêtu, j'aie suffisamment honoré et défendu le nom de mes ancêtres, je n'ai point l'intention de ne songer qu'à mes propres intérêts, et à un paisible esclavage, je crois préférable la liberté et ses périls. Si vous êtes de cet avis, levez-vous, citoyens, et, avec le secours des dieux, suivez le consul Marcus Æmilius et, sous sa conduite, allez reconquérir votre liberté.

mercede circumveniundam. Mihi quanquam per hoc summum imperium satis quæsitum erat nomini majorum dignitatis atque etiam præsidi, tamen non fuit consilium privatas opes facere, potiorque visa est periculosa libertas quieto servitio. Quæ si probatis, adeste, Quirites, et bene juvantibus divis M. Æmilium consulem ducem et auctorem sequimini ad recipiundam libertatem.

DISCOURS DE PHILIPPE AU SÉNAT

Plus que personne, sénateurs, je voudrais voir la république en repos, ou du moins, ses plus braves citoyens empressés à la défendre en cas de péril ; je voudrais enfin que les entreprises coupables tournassent contre leurs auteurs. Mais loin de là : on ne voit partout que désordres, et désordres excités par ceux-là même qui devraient le plus les empêcher ; enfin, ce que les plus méchants, les plus insensés des hommes ont décidé, les gens de bien et les sages sont forcés de s'y soumettre. Ainsi, malgré votre horreur pour la guerre civile, parce que Lépide s'y complaît, il vous faut prendre les armes, à moins que quelqu'un de vous ne soit disposé à le laisser jouir de la paix, en souffrant lui-même tous les maux de la guerre. Grands dieux, seuls protecteurs de cette ville, qui n'a plus de sénat ! Quoi ! Marcus Æmilius,

ORATIO PHILIPPI

IN SENATU (Histor. fragm., I, 51 [56], Kritz) (1).

Maxume vellem, patres conscripti, rem publicam quietam esse, aut in periculis a promptissumo quoque defendi, denique prava incepta consultoribus noxæ esse. Sed contra seditionibus omnia turbata sunt, et ab eis quos prohibere magis decebat ; postremo, quæ pessumi et stultissumi decrevere, ea bonis et sapientibus faciunda sunt. Nam bellum atque arma, quanquam vobis invisa, tamen, quia Lepido placent, sumunda sunt : nisi forte cui pacem præstare et bellum pati consilium est. Pro di boni, qui hanc urbem amissa curia adhuc tegitis, M. Æmilius, omnium flagitio-

(1) Vers la fin de son consulat, Lépide, au lieu de se rendre dans la Gaule transalpine, que lui avait assignée le sénat pour mettre un terme à ses querelles avec son collègue Catulus, avait rassemblé dans la Cisalpine les débris du parti de Marius, dans l'intention d'attaquer Rome. Vaincu près du Champ de Mars, il se retira en Etrurie, où il leva de nouvelles troupes ; puis il se rapprocha de Rome et réclama un second consulat. Le sénat hésitait, quand le vieux consulaire Lucius Marcus Philippus prit la parole pour engager le sénat à la résistance.

le dernier des misérables, un homme chez qui la lâcheté le dispute à la scélératesse, commande à une armée qui veut opprimer votre liberté et qui, après n'avoir d'abord inspiré que le mépris, inspire maintenant la crainte ; et vous, osant à peine ouvrir la bouche, tergiversant sans cesse, vous comptez, pleins de confiance, sur des mots et des formules prophétiques, vous faites des vœux pour la paix plutôt que vous ne la défendez, et vous ne voyez pas que la faiblesse de vos résolutions vous enlève toute dignité et à lui toute crainte. Il a raison, en effet, puisque ses rapines lui ont valu le consulat et ses actes séditieux une province et une armée : qu'aurait-il gagné de plus à vous bien servir, lui dont vous avez si bien récompensé les crimes ?

Mais, apparemment, ils ont réussi à entrer dans ses bonne grâces, ceux qui, jusqu'au dernier moment, ont persisté à voter pour des ambassades, pour la paix, pour la concorde et autres choses semblables ! Au contraire, il les méprise, les juge indignes de toute participation aux affaires et les considère comme une proie facile, car il voit bien que c'est la crainte qui leur fait solliciter aujourd'hui une paix que la crainte leur a fait perdre. Dès le début, pour ma part, quand je vis les mouvements qui se produisaient en Etrurie, le rappel des pros-

sorum postremus, qui pejor an ignavior sit deliberari non potest, exercitum opprimundæ libertatis habet et se e contempto metuendum effecit : vos mussantes et retractantes verbis et vatum carminibus pacem optatis magis quam defenditis, neque intellegitis mollitia decretorum vobis dignitatem, illi metum detrahi. Atque id jure, quoniam ex rapinis consulatum, ob seditionem provinciam cum exercitu adeptus est : quid ille ob bene facta cepisset, cujus sceleribus tanta præmia tribuistis ?

At scilicet eos, qui ad postremum usque legatos, pacem, concordiam et alia hujuscemodi decreverunt, gratiam ab eo peperisse. Immo despecti et indigni re publica habiti prædæ loco æstumantur, quippe metu pacem repetentes, quo habitam amiserant. Equidem a principio, cum Etruriam

crits, les largesses qui épuisaient la république, je compris qu'il fallait se hâter et je me rangeai, avec quelques-uns d'entre vous, de l'avis de Catulus. Mais ceux qui, vantant sans cesse les services des Æmilius et invoquant la clémence du peuple romain qui, disaient-ils, avait fait sa grandeur, prétendaient que Lépide n'avait pas bougé, alors que de son autorité privée il avait pris les armes contre les libertés publiques, ces hommes, dans la préoccupation égoïste de s'assurer un patron influent, vous entraînèrent dans de funestes résolutions. Et cependant Lépide n'était alors qu'un brigand entouré de valets d'armée et de quelques sicaires, avec lesquels un misérable journalier ne voudrait pas changer d'existence ; aujourd'hui, c'est un proconsul, chargé d'un commandement, qu'il n'a pas acheté, mais que vous lui avez donné, ayant des lieutenants qui, jusqu'ici, lui doivent légalement obéissance. Vers lui sont accourus les plus corrompus parmi les citoyens de tous les ordres, hommes aiguillonnés par le besoin et dévorés par des passions ardentes, tourmentés par la conscience de leurs crimes, pour lesquels il n'y a de repos que dans les séditions et qui s'agitent en pleine paix. Ces gens-là font naître le désordre du désordre et la guerre civile de la guerre civile, serviteurs

conjurare, proscriptos arcessi, largitionibus rem publicam lacerari videbam, maturandum putabam et Catuli consilia cum paucis secutus sum. Ceterum illi, qui gentis Æmiliæ bene facta extollebant, et ignoscundo populi Romani magnitudinem auxisse, nusquam etiam tum Lepidum progressum aiebant, cum privata arma opprimundæ libertatis cepisset, sibi quisque opes aut patrocinia quærundo consilium publicum corruperunt. At tunc erat Lepidus latro cum calonibus et paucis sicariis, quorum nemo diurna mercede vitam mutaverit ; nunc est pro consule cum imperio, non empto, sed dato a vobis, cum legatis adhuc jure parentibus, et ad eum concurrere homines omnium ordinum corruptissumi, flagrantes inopia et cupidinibus, scelerum conscientia exagitati, quibus quies in seditionibus, in pace turbæ sunt ; ei tumultum ex tumultu, bellum ex bello

dociles d'abord de Saturninus, puis de Sulpicius, puis encore de Marius et de Damasippe, aujourd'hui de Lépide. Outre cela, l'Étrurie et tous les anciens partisans de la guerre civile relèvent la tête; on essaie de soulever les Espagnes, Mithridate, sur les flancs des provinces dont les tributs ont été jusqu'ici notre principal revenu, guette le moment de commencer la guerre; enfin, hormis un chef à la hauteur de la tâche, rien ne manque pour ruiner notre empire. Je vous en prie donc, je vous en supplie, sénateurs, prenez bien garde, ne souffrez pas que la rage de mal faire s'étende par contagion jusqu'à ceux qui y avaient échappé jusqu'ici. En effet, lorsque les récompenses vont trouver les méchants, on ne se résigne pas facilement à rester sans profit homme de bien.

Attendez-vous que, pour la seconde fois, Lépide s'approche de Rome et l'attaque le fer et la flamme à la main? Certes, il y a moins loin de son attitude actuelle à cette résolution que de la paix et de la concorde à la guerre civile qu'il a commencée contre toutes les lois divines et humaines, non pour venger ses injures ou celles des gens dont il prétend être le champion, mais pour détruire les lois et la liberté. Les passions, les remords agitent et déchi-

serunt, Saturnini olim, post Sulpici, dein Mari Damasippique, nunc Lepidi satellites. Praeterea Etruria atque omnes reliquiae belli adrectae, Hispaniae armis sollicitae, Mithridates in latere vectigalium nostrorum, quibus adhuc sustentamur, diem bello circumspicit; quin praeter idoneum ducem nihil abest ad subvortundum imperium. Quod ego vos oro atque obsecro, patres conscripti, ut animadvortatis, neu patiamini licentiam scelerum quasi rabiem ad integros contactu procedere. Nam ubi malos praemia secuntur, haud facile quisquam gratuito bonus est.

An exspectatis, dum exercitu rursus admoto ferro atque flamma urbem invadat? Quod multo propius est ab eo quo agitat statu, quam ex pace et concordia ad arma civilia; quae ille advorsum divina et humana omnia cepit, non pro sua aut quorum simulat injuria, sed legum ac libertatis subvortundae. Agitur enim ac laceratur animi cupidine et noxarum metu,

rent son âme ; indécis, inquiet, sans suite dans ses projets, il craint le repos, et éprouve de la répugnance pour la guerre ; prévoyant qu'il lui faudra renoncer à son luxe et à sa vie licencieuse, il profite, en attendant, de votre indolence. Quant à votre conduite, je ne sais trop comment la qualifier : est-ce de la crainte ? de la lâcheté ? de la démence ? En effet, quand de grands maux vous menacent, vous vous contentez, comme s'il s'agissait de la foudre, d'exprimer le vœu qu'ils ne vous atteignent pas personnellement, mais vous n'essayez même pas de les éviter.

Et voyez, je vous prie, comme l'ordre naturel des choses est aujourd'hui renversé. Autrefois, c'était en secret qu'on cherchait les moyens de perdre la république et ouvertement qu'on la défendait, de sorte que les gens de bien n'avaient pas de peine à triompher des méchants ; aujourd'hui, on ne se gêne nullement pour troubler la paix et la concorde, et l'on se cache pour les défendre ; les amis du désordre sont en armes, et nous, dans la crainte. Qu'attendez-vous donc ? à moins peut-être que vous n'ayez honte ou regret de bien faire ! Est-ce que vous attacheriez de l'importance aux propositions de Lépide ? de cet homme qui veut, dit-il, qu'on rende à chacun son bien, et qui retient celui des autres ; qu'on abroge les lois promulguées pendant la guerre civile, et qui nous dicte

serunt, Saturnini olim, post Sulpicii, dein Marii Damasippi-
expers consili, inquies, hæc atque illa temptans ; metuit otium, odit bellum ; luxu atque licentia carendum videt, atque interim abutitur vostra socordia. Neque mihi satis consili est, metum an ignaviam an dementiam eam appellem, qui videmini tanta mala quasi fulmen optare se quisque ne attingat, sed prohibere ne conari quidem.

Et, quæso, considerate quam conversa rerum natura sit : antea malum publicum occulte, auxilia palam instruebantur, et eo boni malos facile anteibant ; nunc pax et concordia disturbantur palam, defenduntur occulte ; quibus illa placent, in armis sunt, vos in metu. Quid exspectatis ? nisi forte pudet aut piget recte facere ; an Lepidi mandata animos movere ? qui placere ait sua cuique reddi et aliena tenet ; belli jura rescindi, cum ipse armis cogat ;
Agitur enim ac laceratur animi cupidine et noxarum metu

ses conditions les armes à la main ; qu'on rende le droit de cité à certaines villes et qui prétend qu'on ne le leur a point enlevé ; enfin, que, pour ramener la paix, on rétablisse dans son intégrité cette puissance tribunitienne qui alluma toutes nos discordes. O le plus scélérat et le plus impie des hommes ! quel souci peux-tu avoir de la misère et des larmes de tes concitoyens, toi qui ne possèdes rien qui ne soit le fruit de la violence ou de l'injustice ? Tu demandes un second consulat, comme si tu avais rendu compte du premier ; tu prétends rétablir la concorde par les armes, quand tu l'as seul troublée par tes violences. Traître envers nous, déloyal à l'égard du peuple [que tu prétends défendre], ennemi déclaré de tous les gens de bien, tu te joues sans pudeur et des hommes et des dieux, indignant les uns par tes perfidies, les autres par tes parjures. Et bien ! puisque tel est ton caractère, persévère dans tes desseins, conserve les armes à la main, je te le conseille ; et surtout, que ton humeur inquiète ne nous tienne pas plus longtemps dans l'anxiété, en retardant l'exécution de tes entreprises séditieuses. Ni nos provinces, ni nos lois, ni nos dieux pénates ne peuvent plus voir en toi un citoyen. Persiste dans la voie où tu es entré, afin que tu trouves plus promptement le sort qui t'est dû.

civitatem confirmari, quibus ademptam negat ; concordiæ gratia plebei tribuniciam potestatem restitui, ex qua omnes discordiæ accensæ. Pessume omnium atque impudentissume, tibine egestas civium et luctus curæ sunt ? cui nihil est domi nisi armis partum aut per injuriam. Alterum consulatum petis, quasi primum reddideris ; bello concordiam quæris, quo parta disturbatur, nostri proditor, istis infidus, hostis omnium bonorum. Ut te neque hominum neque deorum pudet, quos perfidem aut perjurio violasti ! Qui quando talis es, maneas in sententia et retineas arma te hortor, neu prolatandis seditionibus, inquies ipse, nos in sollicitudine attineas. Neque te provinciæ, neque leges, neque di penates civem patiuntur ; perge qua cœptas, ut quam maturrume merita invenias.

Et vous, sénateurs, jusques à quand, de délai en délai, laisserez-vous la république sans défense et opposerez-vous à la violence armée de vaines paroles ? On a levé des troupes destinées à vous combattre, on a mis à contribution le trésor public et la bourse des particuliers, on a retiré ou établi des garnisons, on vous impose arbitrairement des lois, et vous vous contentez de préparer des députations et des décrets ! N'en doutez pas : plus vous insisterez pour obtenir la paix, plus Lépide vous fera une guerre acharnée, car il comprendra que ce qui fait sa force, c'est que vous vous laissez guider par votre pusillanimité et non par le droit et la justice. En effet, ceux qui, alléguant leur horreur des troubles et de la guerre civile, vous tiennent désarmés en face de Lépide en armes, ceux-là veulent assurément que vous acceptiez toutes les suites de la défaite, quand vous pourriez les imposer aux autres ; et la conséquence naturelle de leurs conseils, c'est la paix pour lui de votre part, la guerre pour vous de la sienne. Toutefois, si cela ne vous déplaît pas, si vous êtes plongés dans un tel engourdissement qu'oubliant les crimes de Cinna, dont le retour à Rome ruina le prestige de votre ordre, vous soyez disposés à vous mettre à la discrétion de Lépide, vous vos femmes et vos enfants, à quoi bon des décrets ? que vous importe le secours

Vos autem, patres conscripti, quo usque cunctando rem publicam intutam patiemini et verbis arma temptabitis? Dilectus advorsum vos habiti, pecuniæ publice et privatim extortæ, præsidia deducta atque imposita, ex lubidine leges imperantur, cum interim vos legatos et decreta paratis. Quanto mehercule avidius pacem petieritis, tanto bellum acrius erit, cum intelleget se metu magis quam æquo et bono sustentatum. Nam qui turbas et cædem civium odisse ait et ob id armato Lepido vos inermos retinet, quæ victis toleranda sunt, ea, cum facere possitis, patiamini potius censet ; ita illi a vobis pacem, vobis ab illo bellum suadet. Hæc si placent, si tanta torpedo animos oppressit, ut obliti scelerum Cinnæ, cujus in urbem reditu decus ordinis hujus interiit, nihilo minus vos atque conjuges et liberos Lepido permissuri sitis, quid opus decretis?

de Catulus ? C'est bien inutilement que lui et d'autres bons citoyens cherchent à sauver la république. Suivez votre inspiration ; assurez-vous le patronage de Céthégus et d'autres traîtres, qui brûlent de recommencer les pillages et les incendies et d'armer de nouveau leurs bras contre leurs pénates ! mais si vous préférez la liberté et la justice, prenez des résolutions dignes de votre gloire et rendez ainsi l'énergie aux hommes de cœur. Vous avez à votre disposition, outre l'armée récemment levée, les colonies de vétérans, tous les nobles, des généraux excellents ; d'ailleurs, la fortune se range volontiers du côté des plus honnêtes gens, et bientôt vous verrez se disperser ces forces dont votre indolence a permis le rassemblement. Voici donc mon avis : attendu que Marcus Lepidus a, de son autorité privée, levé une armée composée de scélérats et d'ennemis de la république, et qu'à sa tête il marche contre Rome, au mépris de l'autorité du sénat, je propose que l'interroi Appius Claudius, et avec lui le proconsul Quintus Catulus et les autres magistrats revêtus de l'*imperium*, soient chargés de défendre la ville et de veiller à ce que la république n'éprouve aucun dommage.

quid auxilio Catuli ? Quin is et alii boni rem publicam frustra curant. Agite ut lubet, parate vobis Cethegi atque alia proditorum patrocinia qui rapinas et incendia instaurare cupiunt et rursus advorsum deos penatis manus armare ; sin libertas et vera magis placent, decernite digna nomine, et augete ingenium viris fortibus. Adest novus exercitus, ad hoc coloniæ veterum militum, nobilitas omnis, duces optumi ; fortuna meliores sequitur ; jam illa, quæ socordia vostra collecta sunt, dilabentur. Quare ita censeo : quoniam M. Lepidus exercitum privato consilio paratum cum pessumis et hostibus rei publicæ contra hujus ordinis auctoritatem ad urbem ducit, uti Ap. Claudius interrex cum Q. Catulo pro consule et ceteris, quibus imperium est, urbi præsidio sint, operamque dent ne quid res publica detrimenti capiat.

DISCOURS DE GAIUS COTTA

AU PEUPLE ROMAIN

Citoyens, j'ai rencontré bien des épreuves, bien des obstacles, et dans la politique et dans la guerre; grâce au secours des dieux et par mon courage, j'ai supporté les unes et surmonté les autres, et, dans toutes ces circonstances, je n'ai manqué ni d'énergie pour prendre une décision ni de constance pour l'exécuter: les vicissitudes humaines, si elles modifiaient ma situation, ne changeaient en rien mon âme. Mais, aujourd'hui, dans ce nouveau malheur qui m'accable, tout m'abandonne en même temps que la fortune; de plus, la vieillesse, déjà lourde par elle-même, aggrave ma peine, et j'ai le chagrin, arrivé au bout de ma carrière, de ne pouvoir espérer même une mort honorable. En effet, si je suis réellement à

ORATIO C. COTTÆ

AD POPULUM ROMANUM (Histor. fragm., II, 50, Kritz) (1).

Quirites, multa mihi pericula domi militiæque, multa advorsa fuere; quorum alia toleravi, partim reppuli deorum auxiliis et virtute mea; in quis omnibus nunquam animus negotio defuit, neque decretis labos: malæ secundæque res opes, non ingenium mihi mutabant. At contra in his miseriis cuncta me cum fortuna deseruere; præterea senectus, per se gravis, curam duplicat, cui misero acta jam ætate ne mortem quidem honestam sperare licet. Nam, si parricida vostri sum et bis genitus hic deos penatis meos

(1) Ce discours fut prononcé l'an 75 av. J.-C., à la suite d'une émeute sur la Voie Sacrée, dans laquelle le consul, voyant sa vie menacée, avait dû chercher un refuge dans la maison d'Octavius. La disette qui désolait Rome à ce moment, par suite de l'enlèvement des convois de blé par les pirates, qui étaient maîtres de la mer, semble avoir provoqué ces troubles. Nous verrons plus loin Pompée, dans sa lettre au sénat, se plaindre amèrement de la pénurie de toutes choses dans laquelle on laissait son armée. C'est sans doute à l'état de gêne où Rome se trouvait alors qu'il faut attribuer cet abandon insolite (cf. ci-dessous, p. 289).

votre égard coupable de parricide, et si, après avoir reçu ici deux fois l'existence, je compte pour rien et les dieux pénates et ma patrie, et la dignité suprême dont je suis revêtu, quel supplice est assez grand pendant ma vie, quel châtiment après ma mort ? Certes, toutes les tortures traditionnelles des enfers seraient au-dessous de mon crime.

Dès ma première jeunesse, j'ai vécu sous vos yeux, soit comme simple particulier, soit comme magistrat; quiconque a eu besoin de ma voix, de mes conseils, de ma bourse, en a librement disposé; je n'ai employé pour le mal ni les artifices de la parole ni les ressources de l'intelligence. Malgré mon vif désir de me faire des amis, j'ai encouru, dans l'intérêt de la république, les plus dangereuses inimitiés; vaincu avec elle, au moment où, réduit à implorer le secours des étrangers, je m'attendais à de nouveaux malheurs, c'est vous, citoyens, qui m'avez rendu ma patrie, mes pénates, en y joignant la plus haute des dignités. Pour tous ces bienfaits, c'est à peine si je me croirais assez reconnaissant, quand même je pourrais donner ma vie à chacun de vous; et cela ne m'est pas même possible, car la vie et la mort sont du domaine de la nature; mais ce que je considère comme une insigne faveur de votre part, c'est de pouvoir vivre honorablement au milieu de vous, après avoir recouvré la fortune et l'honneur.

patriamque et summum imperium vilia habeo, quis mihi vivo cruciatus satis est aut quæ pœna mortuo? quin omnia memorata apud inferos supplicia scelere meo vici.

A prima adulescentia in ore vostro privatus et in magistratibus egi : qui lingua, qui consilio meo, qui pecunia voluere, usi sunt ; neque ego callidam facundiam, neque ingenium ad male faciundum exercui ; avidissumus privatæ gratiæ maxumas inimicitias pro re publica suscepi, quis victus cum illa simul, cum egens alienæ opis plura mala exspectarem, vos, Quirites, rursus mihi patriam deosque penatis cum ingenti dignitate dedistis. Pro quibus beneficiis vix satis gratus videar, si singulis animam, quam nequeo, concesserim ; nam vita et mors jura naturæ sunt ; ut sine dedecore cum civibus fama et fortunis integer agas, id dono datur atque accipitur. Consules nos

Vous nous avez élevé au consulat, citoyens, dans un moment où la république se trouve dans les plus grands embarras au dedans comme au dehors : en effet, en Espagne, nos généraux demandent avec instances de l'argent, des hommes, des armes, du blé, et ils ne peuvent faire autrement, puisque la défection de nos alliés et la retraite de Sertorius dans les montagnes les empêchent et de combattre et de se procurer les ressources nécessaires. Les forces considérables dont dispose Mithridate nous obligent à entretenir des armées dans la province d'Asie et en Cilicie ; la Macédoine est pleine d'ennemis ; il en est de même des côtes de l'Italie et de celles des provinces ; en même temps le produit des impôts, amoindri et rendu incertain par la guerre, couvre à peine une partie des dépenses : aussi la flotte qui assurait notre approvisionnement est-elle moins nombreuse qu'autrefois.

Si cette situation est due à notre trahison ou à notre négligence, n'écoutez que votre juste colère, livrez-nous au supplice ; mais si nous sommes, les uns comme les autres, victimes d'un sort cruel, pourquoi vous laisser aller à des actes indignes de vous et de nous, aussi bien que de la république ? Pour moi, arrivé à un âge où la mort n'est plus éloignée, je l'accepte volontiers, si je puis ainsi

fecistis, Quirites, domi bellique impeditissuma re publica : namque imperatores Hispaniæ stipendium, milites, arma, frumentum poscunt, et id res cogit, quoniam defectione sociorum et Sertori per montis fuga neque manu certare possunt neque utilia parare. Exercitus in Asia Ciliciaque ob nimias opes Mithridatis aluntur, Macedonia plena hostium est, nec minus Italiæ marituma et provinciarum, cum interim vectigalia parva et bellis incerta vix partem sumptuum sustinent : ita classe, quæ commeatus tuebatur, minore quam antea navigamus.

Hæc si dolo aut socordia nostra contracta sunt, agite, ut monet ira, supplicium sumite ; sin fortuna communis asperior est, quare indigna vobis nobisque et re publica incipitis ? Atque ego, cujus ætati mors propior est, non deprecor, si quid ea vobis incommodi demitur ; neque

20

apporter quelque soulagement à vos maux; d'ailleurs en recevant la mort pour votre salut, j'aurais une fin non moins honorable qu'en mourant de mort naturelle, ce qui ne peut tarder. Me voici donc, moi, Gaius Cotta, votre consul ; je fais ce qu'ont fait souvent vos ancêtres dans des guerres difficiles : je me dévoue, je me sacrifie pour la république. Jetez maintenant les yeux autour de vous, et voyez à qui vous en confierez la conduite, car aucun homme de bien ne voudra l'accepter, lorsqu'il se verra obligé, sous peine d'être honteusement mis à mort, de répondre et de la sûreté des mers et de l'issue d'une guerre dirigée par d'autres. Je ne vous demande qu'une chose, c'est de vous souvenir que, si je suis mis à mort, ce ne sera point l'expiation d'un crime ou de malversations, mais un sacrifice volontaire de ma vie en reconnaissance de vos immenses bienfaits.

Je vous en conjure, citoyens, par votre dignité, par la gloire de vos ancêtres, supportez courageusement l'adversité et pourvoyez au salut de la république. La grandeur de votre empire vous impose de graves soucis, de nombreux, d'immenses travaux ; et c'est en vain que vous voudriez vous y soustraire et goûter les jouissances de la paix, alors que toutes les provinces, tous les royaumes, toutes les mers, toutes les terres sont exposés à mille périls et épuisés par la guerre.

mox ingenio corporis honestius quam pro vostra salute finem vitæ fecerim. Adsum en C. Cotta consul : facio quod sæpe majores asperis bellis fecere : voveo dedoque me pro re publica ; quam deinde cui mandetis circumspicite ; nam talem honorem bonus nemo volet, cum fortunæ et maris et belli ab aliis acti ratio reddunda aut turpiter moriundum sit. Tantummodo in animis habetote non me ob scelus aut avaritiam cæsum, sed volentem pro maxumis beneficiis animam dono dedisse.

Per vos, Quirites, et gloriam majorum, tolerate advorsa et consulite rei publicæ. Multa cura summo imperio inest, multi ingentes labores : quos nequiquam abnuitis et pacis opulentiam quæritis, cum omnes provinciæ, regna, maria terræque aspera aut fessa bellis sint.

LETTRE DE GNÉIUS POMPÉE

AU SÉNAT

Si c'était en combattant contre vous, sénateurs, contre la patrie et nos dieux pénates, que j'eusse essuyé les fatigues et bravé les périls grâce auxquels j'ai pu, encore très jeune, disperser vos ennemis et assurer votre salut, vous n'auriez pas pris contre moi, en mon absence, des mesures plus rigoureuses que vous ne le faites aujourd'hui encore. En effet, après m'avoir, avant l'âge légal, engagé dans une guerre terrible, vous me condamnez, autant qu'il est en vous, moi et mon armée, qui a si bien mérité de la patrie, à mourir de la mort la plus cruelle, à mourir de faim. Est-ce dans cette espérance que le peuple romain a envoyé ses enfants à la guerre? Est-ce là le prix de tant de blessures, de tant de sang versé dans l'intérêt de la république? Fatigué d'écrire et d'envoyer des messagers, j'ai

EPISTULA CN. POMPEI

AD SENATUM (Hist. fragm., III, 1, Kritz) (1).

Si adversus vos patriamque et deos penatis tot labores et pericula suscepissem, quotiens a prima adulescentia ductu meo scelestissumi hostes fusi et vobis salus quæsita est, nihil amplius in absentem me statuissetis, quam adhuc agitis, patres conscripti: quem contra ætatem projectum ad bellum sævissumum cum exercitu optume merito, quantum est in vobis, fame, miserruma omnium morte, confecistis. Hacine spe populus Romanus liberos suos ad bellum misit? hæc sunt præmia pro volneribus et totiens ob rem publicam fuso sanguine? fessus scribundo

(1) Les termes de cette lettre insolente, où Pompée parlait déjà en maître, ont sans doute été outrés à dessein par Salluste, son ennemi personnel. Elle fut écrite l'an 74 avant J.-C., sous le consulat de Licinius Lucullus et de M. Aurelius Cotta.

épuisé toutes mes ressources, toutes mes espérances personnelles, tandis que vous nous fournissez à peine, en trois ans, les subsistances nécessaires pour une année. Par tous les dieux! pensez-vous que je puisse remplacer le trésor public et maintenir une armée sous les drapeaux sans vivres et sans argent?

Je reconnais, du reste, que je suis parti pour cette guerre avec plus d'enthousiasme que de prévoyance, puisque, n'ayant reçu de vous que le titre de général, j'ai su, dans l'espace de quarante jours, me procurer une armée et refouler en Espagne un ennemi parvenu au pied des Alpes et prêt à envahir l'Italie. A travers ces montagnes, je me suis ouvert une route différente de celle qu'avait suivie Annibal et plus commode pour nous. J'ai reconquis la Gaule, les Pyrénées, la Jacétanie, le pays des Indigètes; avec des soldats inexpérimentés et bien inférieurs en nombre, j'ai repoussé les premières attaques de Sertorius vainqueur, et j'ai passé l'hiver non dans des villes, dans l'intérêt de ma popularité, mais campé au milieu d'ennemis redoutables. A quoi bon, après cela, énumérer nos combats, nos expéditions en plein hiver, les villes que nous avons dé-

mittundoque legatos omnis opes et spes privatas meas consumpsi, cum interim a vobis per triennium vix annuus sumptus datus est. Per deos inmortalis, utrum censetis me vicem ærari præstare, an exercitum sine frumento et stipendio habere posse?

Equidem fateor me ad hoc bellum majore studio quam consilio profectum; quippe qui nomine modo imperi a vobis accepto, diebus quadraginta exercitum paravi, hostisque in cervicibus jam Italiæ agentis ab Alpibus in Hispaniam submovi; per eas iter aliud atque Hannibal, nobis opportunius, patefeci. Recepi Galliam, Pyrenæum, Jacetaniam, Indigetis, et primum impetum Sertori victoris novis militibus et multo paucioribus sustinui, hiememque castris inter sævissumos hostis, non per oppida neque ex ambitione mea, egi. Quid deinde prœlia aut expeditiones hibernas, oppida excisa aut recepta

truites ou prises? Les faits n'en disent-ils pas plus que les paroles? La prise du camp de Sucron, la bataille livrée près de la Turia, la défaite complète de l'armée ennemie commandée par Gaius Herennius, la conquête de Valence, tout cela vous est assez connu : et en récompense de ces services, ô sénateurs reconnaissants, vous nous donnez la misère et la famine! Ainsi une même situation est faite à l'armée ennemie et à la mienne : aucune des deux n'est payée; le vainqueur, quel qu'il soit, peut venir en Italie. Je vous prie donc, je vous conjure d'y bien réfléchir et de ne pas me forcer, dans ce besoin extrême, à ne prendre conseil que de moi-même. Cette partie de l'Espagne citérieure qui n'est point occupée par l'ennemi a été complètement dévastée par nous ou par Sertorius ; l'Espagne ultérieure, à l'exception des villes maritimes, est pour nous une source de dépenses et de charges. La Gaule a pu fournir à l'armée de Métellus, l'année dernière, la solde et les vivres ; cette année, par suite d'une mauvaise récolte, elle a de la peine à se suffire ; quant à moi, j'ai épuisé non seulement ce que je possédais, mais encore mon crédit. Il ne reste plus que vous, et, si vous ne nous venez en aide, je vous le prédis, on verra, malgré moi, mon armée, et avec elle toute la guerre d'Espagne, passer en Italie.

enumerem, quando res plus valet quam verba? Castra hostium apud Sucronem capta, et prælium apud flumen Turiam, et dux hostium C. Herennius cum urbe Valentia et exercitu deletis satis clara vobis sunt : pro quis, o grati patres, egestatem et famem redditis. Itaque meo et hostium exercitui par condicio est : namque stipendium neutri datur, victor uterque in Italiam venire potest. Quod ego vos moneo quæsoque ut animadvortatis, neu cogatis necessitatibus privatim mihi consulere. Hispaniam citeriorem, quæ non ab hostibus tenetur, nos aut Sertorius ad internecionem vastavimus, præter maritumas civitatis, ulterior nobis sumptui onerique. Gallia superiore anno Metelli exercitum stipendio frumentoque aluit, et nunc malis fructibus ipsa vix agitat ; ego non rem familiarem modo, verum fidem consumpsi. Reliqui vos estis : qui nisi subvenitis, invito et prædicente me exercitus hinc, et cum eo omne bellum Hispaniæ, in Italiam transgredientur.

DISCOURS DE MACER

TRIBUN DU PEUPLE, AUX PLÉBÉIENS

Si vous ne compreniez suffisamment la différence qu'il y a entre les droits que vous ont laissés vos pères et la servitude actuelle que vous devez à Sylla, j'aurais à vous faire un long discours et à vous apprendre pour quels griefs et combien de fois le peuple en armes s'est séparé des patriciens et comment il a obtenu la création de tribuns du peuple, défenseurs de l'intégrité de ses droits. Mais, en réalité, je n'ai plus qu'à vous encourager et à vous précéder dans la voie qui me semble devoir vous ramener à la liberté. Je n'ignore certes pas l'importance des ressources dont dispose la noblesse, que seul, sans ressources, magistrat n'ayant que l'ombre du pouvoir, je cherche à déposséder de son injuste tyrannie ; je sais combien il y a plus de sécurité pour les malhonnêtes gens ligués entre eux que pour les bons citoyens qui agissent isolément. Mais, outre que le bon espoir que vous m'inspirez a chassé

ORATIO MACRI TRIBUNI PLEBIS

AD PLEBEM (Histor. fragm., III, 82 [81], Kritz) (1).

Si, Quirites, parum existumaretis, quid inter jus a majoribus relictum vobis et hoc a Sulla paratum servitium interesset, multis mihi disserundum fuit, docendique, quas ob injurias et quotiens a patribus armata plebes secessisset, utique vindices paravisset omnis juris sui tribunos plebis. Nunc hortari modo reliquum est et ire primum via, qua capessundam arbitror libertatem. Neque me preterit, quantas opes nobilitatis solus, inpotens, inani specie magistratus, pellere dominatione incipiam, quantoque tutius factio noxiorum agat quam soli innocentes. Sed præter spem bonam ex vobis, quæ metum vicit, statui certaminis

(1) Discours prononcé en 73, pour engager les plébéiens à se refuser aux enrôlements, jusqu'à ce qu'on eût rendu aux tribuns tous leurs droits. Déjà le consul Lépidus, en 78, et le tribun Licinius, en 76, avaient échoué dans cette entreprise. En 75, le consul C. Cotta réussit cependant à faire rendre aux tribuns le droit de prétendre à d'autres charges publiques ; mais ce n'est que trois ans après, sous le consulat de Pompée, que les droits du peuple furent reconnus (Cf. *Cat.* 38, 1 et Velléius Paterculus, II, 30), grâce à l'intervention de Jules César, et après une nouvelle tentative infructueuse du tribun M. Lollius Palicanus.

mes craintes, je suis convaincu qu'il vaut mieux, pour un homme de cœur, succomber en combattant pour la liberté que de ne tenter aucune résistance. Et pourtant, excepté moi, tous les magistrats nommés pour la défense de vos droits, gagnés par les faveurs, les promesses ou les récompenses, ont tourné contre vous toute l'influence et toute l'autorité qu'ils doivent à leur charge, et ils aiment mieux manquer à leur devoir avec profit que bien faire gratuitement. Ils se sont donc tous soumis avec empressement à la tyrannie de quelques hommes, qui, sous prétexte de guerre, ont accaparé le trésor, les armées, les royaumes, les provinces et se sont fait un rempart de vos dépouilles, tandis que vous, qui êtes le nombre, vous vous laissez maîtriser et exploiter par chacun d'eux comme un vil bétail, dépouillés de tous les privilèges que vous ont légués vos pères, à cela près que, exerçant encore votre droit de suffrage, au lieu de vous donner des chefs, comme autrefois, vous vous donnez vous-mêmes des maîtres. Aussi tout le monde se range-t-il de leur parti ; mais bientôt, si vous recouvrez ce qui vous appartient légitimement, la plupart reviendront à vous ; car bien peu d'hommes ont assez de courage pour défendre l'état de choses qui leur plaît, la plupart se rangent du côté des plus forts.

adversa pro libertate potiora esse forti viro quam omnino non certavisse. Quanquam omnes alii creati pro jure vostro vim cunctam et imperia sua gratia aut spe aut præmiis in vos convortere, meliusque habent mercede delinquere quam gratis recte facere. Itaque omnes concessere jam in paucorum dominationem, qui per militare nomen ærarium, exercitus, regna, provincias occupavere et arcem habent ex spoliis vostris, cum interim more pecorum vos multitudo singulis habendos fruendosque præbetis, exuti omnibus quæ majores reliquere ; nisi quia vobismet ipsi per suffragia, ut præsides olim, nunc dominos destinatis. Itaque concessere illuc omnes ; at mox, si vostra receperitis, ad vos plerique. Raris enim animus est ad ea, quæ placent, defendunda ; ceteri validiorum sunt.

Pensez-vous que, si vous vous montrez unis, vous puissiez rencontrer le moindre obstacle, vous que l'on redoute, même indifférents et découragés ? à moins que l'on n'admette que Gaius Cotta, dont l'élévation au consulat est l'œuvre de la faction ennemie, ait été inspiré par un autre motif que la crainte lorsqu'il a rendu aux tribuns du peuple une partie de leurs prérogatives. La vérité, c'est que, bien que Lucius Sicinius, pour avoir osé parler le premier des prérogatives des tribuns, ait été victime de la perfidie des nobles sans que vous ayez élevé la voix pour protester, malgré cela, ils ont eu peur de votre colère avant que vous ne fussiez lassés de leurs injures. C'est de quoi je ne saurais assez m'étonner, citoyens, car vous avez dû reconnaître l'inanité de vos espérances. Après la mort de Sylla, qui vous avait asservis par des moyens criminels, vous croyiez être à la fin de vos maux : un tyran, pire encore, est survenu, Catulus. Des troubles ont éclaté sous le consulat de Brutus et de Mamercus ; puis Gaius Curion a abusé de son autorité jusqu'à faire périr un tribun innocent. L'année dernière, vous avez pu voir avec quel acharnement Lucullus a attaqué Lucius Quintius, et aujourd'hui, quelle agitation ne soulève-t-on pas contre moi ! Mais tout cela serait en pure perte, s'ils devaient renoncer à leur tyrannie

An dubium habetis, num officere quid vobis uno animo pergentibus possit, quos languidos socordesque pertimuere? nisi forte C. Cotta, ex factione media consul, aliter quam metu jura quædam tribunis plebis restituit; et quanquam L. Sicinius, primus de potestate tribunicia loqui ausus, mussantibus vobis circumventus erat, tamen prius illi invidiam metuere, quam vos injuriæ pertæsum est. Quod ego nequeo satis mirari, Quirites; nam spem frustra fuisse intellexistis. Sulla mortuo, qui scelestum imposuerat servitium, finem mali credebatis: ortus est longe sævior Catulus. Tumultus intercessit Bruto et Mamerco consulibus; dein C. Curio ad exitium usque insontis tribuni dominatus est. Lucullus superiore anno quantis animis ierit in L. Quintium vidistis; quantæ denique nunc mihi turbæ concitantur! quæ profecto incassum agebantur, si prius quam vos serviundi

plutôt que vous à votre esclavage, d'autant plus que, dans toutes ces discordes civiles, quelques prétextes qu'on ait donnés, on n'a combattu des deux côtés qu'en vue de votre asservissement. Ainsi les autres luttes, nées de la licence, de la haine, de la cupidité, n'ont eu qu'un temps ; une seule chose a fait l'objet d'une lutte continuelle et acharnée des deux côtés, et a fini par vous être arrachée, c'est la puissance tribunitienne, cette arme protectrice de votre liberté, que vos pères avaient su conquérir. Je vous en prie donc, je vous en conjure, prenez-y bien garde ; n'allez pas, changeant le nom des choses au gré de votre lâcheté, appeler tranquillité ce qui n'est que servitude ; et cette tranquillité, vous ne pouvez même plus y compter, si le crime l'emporte sur la justice et la probité ; cela n'aurait été possible que si vous fussiez restés absolument calmes. Aujourd'hui, leur attention est éveillée, et si vous ne triomphez pas, comme la tyrannie a d'autant moins à redouter qu'elle est plus violente, ils resserreront encore vos chaînes.

« Que voulez-vous donc ? » va-t-on me dire. Tout d'abord, que vous changiez de conduite, hommes à la langue hardie et au cœur lâche, qui, une fois sortis du lieu de l'assemblée, ne songez plus à la liberté. Ensuite (et je ne devrais pas avoir besoin de faire

finem, illi dominationis facturi erant ; præsertim cum his civilibus armis dicta alia, sed certatum utrimque de dominatione in vobis sit. Itaque cetera ex licentia aut odio aut avaritia in tempus arsere : permansit una res modo, quæ utrimque quæsita est, et erepta in posterum vis tribunicia, telum a majoribus libertati paratum. Quod ego vos moneo quæsoque ut animadvortatis, neu nomina rerum ad ignaviam mutantes otium pro servitio appelletis. Quo jam ipso frui, si vera et honesta flagitium superaverit, non est condicio : fuisset, si omnino quiessetis. Nunc animum advortere, et, nisi viceritis, quoniam omnis injuria gravitate tutior est, artius habebunt.

« Quid censes igitur ? » aliquis vostrum subjecerit. Primum omnium, omittundum morem hunc quem agitis impigræ linguæ, animi ignavi, non ultra contionis locum

appel à cette énergie virile, grâce à laquelle vos ancêtres ont conquis le tribunat, qui d'abord appartenait exclusivement aux patriciens, et rendu vos suffrages indépendants de la sanction du sénat), étant donné que toute autorité réside en vous, citoyens, et que, ce que d'autres vous imposent dans leur intérêt, vous seriez en droit de le faire ou de ne pas le faire, en ne consultant que le vôtre, pourquoi attendre que Jupiter ou quelque autre dieu vous suggère la conduite que vous devez tenir ? Ces ordres arrogants des consuls, ces décrets du sénat, vous les ratifiez vous-mêmes par votre docilité, et quel abus de pouvoir que l'on commette contre vous, vous l'aggravez encore par votre empressement à l'accepter. Certes, je ne vous exhorte point à venger vos injures ; je préfère vous voir rechercher le repos ; ce n'est pas la discorde, comme ils m'en accusent, c'est la fin de la discorde que je veux, et c'est pour y arriver que je demande la restitution de vos droits ; s'ils persistent à les retenir, je ne vous conseille ni de prendre les armes ni de faire une nouvelle retraite, mais seulement de ne plus donner votre sang. Qu'ils exercent, qu'ils exploitent comme ils l'entendront les commandements militaires, qu'ils cherchent des triomphes, qu'ils poursuivent, avec les images de leurs ancêtres, Mithridate, [illegible]

memores libertatis. Deinde, ne vos ad virilia illa vocem, quo tribunos plebei, modo patricium magistratum, libera ab auctoribus patriciis suffragia majores vostri paravere. Cum vis omnis, Quirites, in vobis sit, et quæ jussa nunc pro aliis toleratis, pro vobis agere aut non agere certe possitis, Jovem aut alium quem deum consultorem exspectatis? Magna illa consulum imperia et patrum decreta vos exsequendo rata efficitis, Quirites, ultroque licentiam in vos auctum atque adjutum properatis. Neque ego vos ultum injurias hortor, magis uti requiem cupiatis, neque discordias, uti illi criminantur, sed earum finem volens jure gentium res repeto; et, si pertinaciter retinebunt, non arma neque secessionem, tantummodo ne amplius sanguinem vostrum præbeatis censeo. Gerant habeantque suo modo imperia, quærant triumphos, Mithridatem, [illegible]

torius et ce qui reste des exilés ; et que ceux qui n'ont aucune part aux avantages restent désormais étrangers aux périls et aux travaux ; à moins, toutefois, que vous ne trouviez une compensation suffisante pour vos services dans cette fameuse loi frumentaire, subitement promulguée, qui, il est vrai, estime l'indépendance d'un citoyen à cinq boisseaux de blé par mois, dont l'effet est à peu près le même que celui des aliments qu'on donne aux prisonniers. En effet, de même que, par son exiguïté, la ration du prisonnier l'empêche de mourir de faim, tout en épuisant ses forces, de même les maigres distributions qu'on vous fait ne vous délivrent pas des embarras domestiques, et les lâches se laissent abuser par ces faibles motifs d'espérance. Et quand même ces largesses seraient très abondantes, du moment qu'on vous les offrirait comme le prix de votre liberté, n'y aurait-il point de la lâcheté à vous laisser tromper et à vous croire obligés à de la reconnaissance envers ceux qui vous oppriment, pour des biens qui vous appartiennent ? Prenez bien garde à ce piége, car ils n'ont pas d'autre moyen d'action sur les masses et ils n'auront point recours à d'autres. C'est pourquoi ils cherchent à vous apaiser en attendant le retour de Gnéius Pompée, de cet homme devant lequel ils se courbent quand il leur semble redoutable et qu'ils déchirent

reliquias exulum persequantur cum imaginibus suis ; absit periculum et labos quibus nulla pars fructus est. Nisi forte repentina ista frumentaria lege munia vostra pensantur : qua tamen quinis modiis libertatem omnium æstumavere, qui profecto non amplius possunt alimentis carceris. Namque ut illis exiguitate mors prohibetur, senescunt vires, sic neque absolvit cura familiari tam parva res, et ignavi cujusque tenuissumas spes frustratur : qua tamen quamvis ampla quoniam serviti pretium ostentaretur, cujus torpedinis erat decipi et vostrarum rerum ultro injuriæ gratiam debere ? Cavendus dolus est : namque alio modo neque valent in universos neque conabuntur. Itaque simul comparant delenimenta et differunt vos in adventum Cn. Pompei, quem ipsum ubi pertimuere, sublatum in cervices

dès qu'ils cessent de le craindre. Et ils n'ont pas honte, ces prétendus champions de la liberté, de ne pas oser, faute d'un homme, malgré leur nombre, mettre un terme à leurs injustices, ni de se déclarer impuissants à défendre leurs droits. Pour moi, je suis convaincu que Pompée, ce jeune homme déjà couvert de tant de gloire, aimera mieux être le chef de votre choix que le complice de leur tyrannie, et qu'il contribuera plus que personne à la restauration de la puissance tribunitienne.

Autrefois, il faut l'avouer, citoyens, chacun de vous trouvait son appui dans l'ensemble de ses concitoyens, et non tous en un seul, et personne au monde n'avait le pouvoir de donner ou d'enlever à son gré de tels droits. Mais voilà bien assez de paroles, car ce n'est pas par ignorance que vous péchez : je ne sais quelle torpeur s'est emparée de vous, qui fait que vous êtes également indifférents à la gloire et à la honte ; vous avez tout sacrifié à l'inertie dans laquelle vous croupissez, vous jugeant suffisamment libres, parce qu'on ne touche pas à votre dos et que pouvez aller et venir à votre gré : précieux bienfaits de vos maîtres opulents ! Et encore ces faveurs ne sont-elles pas accordées au peuple des campagnes : ils ne sont point à l'abri des coups au milieu des

suas, mox dempto metu lacerant. Neque eos pudet, vindices, uti se ferunt, libertatis, tot viros sine uno aut remittere injuriam non audere aut jus non posse defendere. Mihi quidem satis spectatum est Pompeium, tantæ gloriæ adulescentem, malle principem volentibus vobis esse, quam illis dominationibus socium, auctoremque in primis fore tribuniciæ potestatis.

Verum, Quirites, antea singuli cives in pluribus, non in uno cuncti præsidia habebatis, neque mortalium quisquam dare aut eripere talia unus poterat. Itaque verborum satis dictum est ; neque enim ignorantia res claudit, verum occupavit nescio quæ vos torpedo, qua non gloria movemini neque flagitio, cunctaque præsenti ignavia mutavistis, abunde libertatem rati, quia tergis abstinetur et huc ire licet atque illuc, munera ditium dominorum. Atque hæc eadem non sunt agrestibus, sed cæduntur inter potentium

querelles des grands, et l'on permet aux magistrats de les emmener comme soldats dans leurs provinces. Ainsi, c'est au profit d'un petit nombre que l'on combat et qu'on remporte la victoire ; quoi qu'il arrive, le peuple est toujours traité en vaincu, et il le sera bien plus encore à l'avenir, si vous mettez moins d'ardeur à revendiquer votre liberté que ces hommes n'en mettent à assurer la durée de leur domination.

inimicitias, donoque dantur in provincias magistratibus. Ita pugnatur et vincitur paucis : plebes, quodcumque accidit, pro victis est, et in dies magis erit, si quidem majore cura dominationem illi retinuerint quam vos repetiveritis libertatem.

LETTRE DE MITHRIDATE

Le roi Mithridate au roi Arsace, salut.

Quiconque, se trouvant dans une situation prospère, est sollicité de prendre part à une guerre, doit examiner d'abord s'il peut raisonnablement conserver la paix, ensuite si la guerre qu'on lui propose est légitime, sûre, glorieuse, ou au contraire déshonorante. Si tu pouvais jouir d'une paix perpétuelle, si l'ennemi à combattre n'était pas aussi facile à vaincre qu'il est détestable, si l'écrasement des Romains ne devait pas te procurer une gloire éclatante, je n'oserais certes pas demander ton alliance, et c'est en vain que je me bercerais de l'espoir d'associer ma mauvaise fortune à ta brillante situation. D'ailleurs, les motifs mêmes qui sembleraient de nature à te faire hésiter, le ressentiment qu'une guerre récente t'a inspiré con-

EPISTULA MITHRIDATIS

(Hist. fragm., IV, 19 [20], Kritz) (1).

Rex Mithridates regi Arsaci salutem.

Omnes qui secundis rebus suis ab belli societatem orantur, considerare debent liceatne tum pacem agere, dein quod quæsitur satisne pium, tutum, gloriosum, an indecorum sit. Tibi si perpetua pace frui licet, nisi hostes opportuni et scelestissumi, egregia fama, si Romanos oppresseris, futura est, neque petere audeam societatem et frustra mala mea cum bonis tuis misceri sperem. Atque ea, quæ te morari posse videntur, ira in Tigranem recen-

(1) Après la défaite de son gendre Tigrane, près de Tigranocerte, et la prise de cette ville par Lucullus, Mithridate, sans perdre courage, cherche à se procurer de nouveaux alliés, et envoie des députés à Phraate III ou Arsace XII (Arsace était un nom commun aux rois des Parthes), pour solliciter son alliance. Voici la lettre que Salluste suppose avoir été adressée par Mithridate à son puissant voisin.

tre Tigrane et le mauvais état de mes affaires, ces motifs, si tu veux bien apprécier les choses, sont précisément ce qui doit t'encourager le plus. En effet, Tigrane, qui est à ta discrétion, acceptera toutes les conditions que tu mettras à ton concours; quant à moi, la fortune, en m'enlevant tant de biens, m'a donné l'expérience qui inspire les sages conseils, et, chose précieuse pour un prince dont la situation est florissante, ma faiblesse actuelle sera pour toi un exemple qui te permettra de te conduire avec plus de prudence.

Les Romains, en effet, n'ont depuis longtemps qu'un seul motif de faire la guerre à toutes les nations, à tous les peuples, à tous les rois : leur désir insatiable de domination et de richesses. C'est ainsi qu'ils firent d'abord la guerre à Philippe, roi de Macédoine, après avoir conclu avec lui un traité peu sincère au moment où ils étaient pressés par les Carthaginois. Pour détourner Antiochus de venir à son secours, ils lui laissèrent perfidement le champ libre en Asie, et, bientôt après, ayant écrasé Philippe, ils enlevèrent à Antiochus toutes ses possessions en deçà du Taurus et dix mille talents. Plus tard, Persée, fils de Philippe, après des combats nombreux et une lutte mêlée de succès et de revers, s'abandonna à leur foi devant les dieux de

tis belli et meæ res parum prosperæ, si vera existumare voles, maxume hortabuntur. Ille enim obnoxius qualem tu voles societatem accipiet, mihi fortuna, multis rebus ereptis, usum dedit bene suadendi; et, quod florentibus optabile est, ego non validissumus præbeo exemplum, quo rectius tua componas.

Namque Romanis cum nationibus, populis, regibus cunctis una et ea vetus causa bellandi est, cupido profunda imperi et divitiarum : qua primo cum rege Macedonum Philippo bellum sumpsere, dum a Carthaginiensibus premebantur amicitiam simulantes. Ei subvenientem Antiochum concessione Asiæ per dolum avortere; ac mox, fracto Philippo, Antiochus omni cis Taurum agro et decem milibus talentorum spoliatus est. Persen deinde, Philippi filium, post multa et varia certamina apud Samothracas deos acceptum in fidem, callidi et repertores perfidiæ, quia pacto vitam

Samothrace : les Romains, habiles inventeurs de perfidies, ne pouvant le mettre à mort parce qu'ils lui avaient accordé la vie par un traité, le firent mourir d'insomnie. Cet Eumène, de l'amitié duquel ils se glorifient si complaisamment, ils l'avaient d'abord livré à Antiochus comme prix de la paix; puis, ils le préposèrent à la garde d'un royaume qu'il ne possédait plus en réalité, et, à force d'exiger de lui des contributions et de l'abreuver d'outrages, ils firent de ce roi le plus misérable des esclaves; plus tard, ils supposèrent un testament impie, et son fils Aristonicus ayant revendiqué le trône paternel, ils le traînèrent en triomphe comme un ennemi : l'Asie fut dès lors occupée par eux. Dernièrement encore, ils ont mis à sac la Bithynie, après la mort de Nicomède, bien que ce roi eût eu incontestablement un fils de Nysa, à qui il avait donné le titre de reine.

Et moi, ai-je besoin de me citer? Bien que je fusse de toutes parts séparé de leur empire par des royaumes et des tétrarchies, cependant, ayant appris que j'étais riche et décidé à ne jamais être esclave, ils me firent attaquer par Nicomède : je connaissais leur scélératesse, et ce qui est arrivé, je l'avais annoncé d'avance aux Crétois, le seul peuple qui fût encore indépendant à cette époque, et au roi Ptolémée. Mais je tirai vengeance de cet affront :

dederant, insomniis occidere. Eumenem, cujus amicitiam gloriose ostentant, initio prodidere Antiocho, pacis mercedem; post, habitum custodiæ agri captivi, sumptibus et contumeliis ex rege miserrumum servorum effecere, simulatoque impio testamento, filium ejus Aristonicum, quia patrium regnum petiverat, hostium more per triumphum duxere : Asia ab ipsis obsessa est. Postremo Bithyniam, Nicomede mortuo, diripuere, cum filius Nysa, quam reginam appellaverat, genitus haud dubie esset.

Nam quid ego me appellem? quem dijunctum undique regnis et tetrarchiis ab imperio eorum, quia fama erat divitem neque serviturum esse, per Nicomedem bello lacessiverunt, sceleris eorum haud ignarum, et ea quæ accidere testatum antea Cretensis, solos omnium liberos ea tempestate, et regem Ptolemæum. Atque ego, ultus injurias

je chassai Nicomède de la Bithynie, je repris l'Asie, dépouille arrachée au roi Antiochus, et je délivrai la Grèce d'une pesante servitude. Je me suis vu arrêté dans mes entreprises par le plus vil des esclaves, Archélaüs, qui a livré mon armée; et ceux qui, soit par lâcheté, soit par une habileté coupable, ont refusé de prendre les armes et ont demandé leur sûreté à mes efforts, en sont aujourd'hui cruellement punis: Ptolémée ne réussit qu'à force d'argent à retarder de quelques jours la guerre, les Crétois ont déjà été battus une fois et les attaques qu'ils ont à subir ne cesseront qu'après leur ruine complète. Pour moi, qui voyais bien que ce que m'accordaient les Romains, c'était non une paix véritable, mais une trêve rendue nécessaire par leurs discordes civiles, malgré le refus de concours de Tigrane, qui, aujourd'hui, mais trop tard, reconnaît combien j'avais raison, malgré ton éloignement, malgré l'état de sujétion de tous les autres rois, je n'hésitai pas à recommencer la guerre: sur terre, je battis à Chalcédoine le général romain Marcus Cotta; sur mer, je lui détruisis une très belle flotte. Devant Cyzique, que j'assiégeais avec une armée nombreuse, le blé me manqua et aucun peuple voisin ne me vint en aide; en même temps la mauvaise saison me fermait la mer: je

Nicomedem Bithynia expuli, Asiamque spolium regis Antiochi recepi, et Græciæ dempsi grave servitium. Incepta mea postremus servorum Archelaus exercitu prodito impedivit, illique, quos ignavia aut prava calliditas, ut meis laboribus tuti essent, armis abstinuit, acerbissumas pœnas solvunt: Ptolemæus pretio in dies bellum prolatans, Cretenses inpugnati semel jam neque finem nisi excidio habituri. Equidem cum mihi ob ipsorum interna mala dilata prœlia magis quam pacem datam intellegerem, abnuente Tigrane, qui mea dicta sero probat, te remoto procul, omnibus aliis obnoxiis, rursus tamen bellum cœpi, Marcumque Cottam, Romanum ducem, apud Calchedona terra fudi, mari exui classe pulcherruma. Apud Cyzicum magno cum exercitu in obsidio moranti frumentum defuit, nullo circum adnitente; simul hiems mari prohibebat: ita, sine vi hostium regredi conatus in patrium regnum, nau-

me vis donc forcé, sans que l'ennemi y fût pour rien, de rentrer dans le royaume de mes pères; et des naufrages auprès de Paros et d'Héraclée me firent perdre, avec mes flottes, les meilleurs de mes soldats. Je reconstituai ensuite mon armée à Cabira et, après divers combats, dont l'issue fut plus ou moins heureuse, entre Lucullus et moi, la disette nous assaillit de nouveau tous les deux. Mon adversaire avait à sa portée un royaume resté en dehors des hostilités, celui d'Ariobarzane; autour de moi, au contraire, tout était dévasté. Je me retirai donc en Arménie, et les Romains y vinrent également, bien moins pour me poursuivre que pour rester fidèles à leur habitude de détruire tous les royaumes; et parce qu'ils ont réduit à l'inaction une multitude d'hommes entassés dans un étroit défilé, ils se glorifient de l'imprudence de Tigrane comme d'une victoire.

Maintenant, je t'en prie, examine si mon écrasement doit te rendre plus facile la résistance ou mettre fin à la guerre. Je sais que tu possèdes de grandes ressources en hommes, en armes et en argent; c'est justement pour cela que nous désirons, moi, ton alliance, et les Romains, ta dépouille. Le royaume de Tigrane est encore intact, mes soldats ont l'expérience de la guerre; j'espère donc, avec peu d'efforts,

fragiis apud Parium et Heracleam militum optumos cum classibus amisi. Restituto deinde apud Caberam exercitu et variis inter me atque Lucullum proeliis, inopia rursus ambos incessit. Illi suberat regnum Ariobarzanis bello intactum, ego vastis circum me omnibus locis in Armeniam concessi; secutique Romani non me, sed morem suum omnia regna subvortundi, quia multitudinem artis locis pugna prohibuere, imprudentiam Tigranis pro victoria ostentant.

Nunc quaeso considera nobis oppressis utrum firmiorem te ad resistundum an finem belli futurum putes. Scio equidem tibi magnas opes virorum armorum et auri esse; et ea re a nobis ad societatem, ab illis ad praedam peteris. Ceterum consilium est, Tigranis regno integro, meis militibus belli prudentibus, procul ab domo, parvo labore per

pouvoir terminer, à moi seul, la guerre loin de mon territoire, de sorte que je ne pourrai, sans danger pour toi, ni vaincre ni être vaincu. Ignores-tu donc que les Romains n'ont tourné leurs armes contre nous que parce que l'Océan a arrêté leur marche vers l'Occident? que tout ce qu'ils ont acquis dès l'origine, foyers, épouses, territoire, puissance, ils le doivent au vol? Ce n'était d'abord qu'un ramassis d'aventuriers sans patrie, sans ancêtres, l'écume de l'univers; aujourd'hui il n'est pas de loi divine ni humaine qui puisse les empêcher de tourmenter, de ruiner alliés, amis, peuples éloignés ou rapprochés, faibles ou puissants, et de traiter en ennemi tout ce qui ne leur obéit pas, surtout les royaumes. En effet, si quelques peuples désirent la liberté, un grand nombre préfèrent de bons maîtres. Les Romains sentent que nous sommes pour eux des rivaux et qu'à un moment donné nous pouvons être des libérateurs. Et toi, qui possèdes Séleucie, la plus grande ville du monde, et le royaume de Perse, dont les richesses sont renommées partout, que peux-tu bien attendre d'eux, si ce n'est quelque piège dès à présent et une guerre déclarée dans l'avenir. Les Romains, toujours prêts à combattre tous les peuples, s'acharnent surtout contre ceux [illegible]rience de la guerre. J'espère donc avec [illegible] efforts

nostra corpora bellum conficere, quo neque vincere neque vinci sine tuo periculo possumus. An ignoras Romanos, postquam ad occidentem pergentibus finem Oceanus fecit, arma huc convortisse? neque quicquam a principio nisi raptum habere, domum, conjuges, agros, imperium? convenas olim, sine patria, parentibus, peste conditos orbis terrarum; quibus non humana ulla neque divina obstant quin socios, amicos, procul juxta sitos, inopes potentesque trahant, excindant, omniaque non serva et maxume regna hostilia ducant. Namque pauci libertatem, pars magna justos dominos volunt; nos suspecti sumus aemuli et in tempore vindices adfuturi. Tu vero, cui Seleucea, maxuma urbium, regnumque Persidis inclutis divitiis est, quid ab illis nisi dolum in praesens et postea bellum exspectas? Romani arma in omnes habent, [illegible]

dont la défaite leur promet les plus riches dépouilles; c'est à force d'audace et de perfidie, c'est en semant guerre sur guerre qu'ils sont devenus si grands. De cette façon, ils anéantiront tout ou succomberont eux-mêmes; et ce dernier résultat ne sera pas difficile à obtenir, si toi, du côté de la Mésopotamie, nous, du côté de l'Arménie, nous enveloppons leur armée, qui n'a ni vivres ni secours à attendre et qui n'a dû jusqu'ici son salut qu'à son heureuse étoile ou à nos fautes. Et toi, en venant au secours de deux grands rois, tu auras l'insigne gloire d'écraser ces spoliateurs des nations. Je t'engage donc, je t'exhorte à prendre ce parti et à ne pas préférer à la victoire, que t'assure notre alliance, ta perte future, que la nôtre ne fera que retarder.

FIN DES DISCOURS ET LETTRES TIRÉS DES HISTOIRES.

victis spolia maxuma sunt; audendo et fallundo et bella ex bellis serundo magni facti. Per hunc morem exstinguent omnia aut occident : quod haud difficile est, si tu Mesopotamia, nos Armenia circumgredimur exercitum sine frumento, sine auxiliis, fortuna aut nostris vitiis adhuc incolumem. Teque illa fama sequetur, auxilio profectum magnis regibus latrones gentium oppressisse. Quod uti facias moneo hortorque, neu malis pernicie nostra tuam prolatare quam societate victor fieri.

FINIS ORATIONUM ET EPISTULARUM.

INDEX DES NOMS PROPRES

A

reconstruire en pierre le pont *Sublicius*, qui était en bois, et qui depuis s'appela pont Emilien.

ÆMILIUS (*Lucius*) *Paulus* (Cat. 31, 4). Fils (adoptif, selon quelques-uns) du Lépidus dont le discours est rapporté dans les *Histoires*, et frère aîné du triumvir, fut consul en 704 avec M. Marcellus, et plus tard censeur. Il accusa Catilina d'après la loi *Plautia de vi*.

ÆMILIUS (*Marcus*) *Scaurus* (Jug. 15, 4; 25, 4 et 10, etc.). Consul et prince du sénat en 639, censeur en 645, de nouveau consul en 647. Cicéron vante à plusieurs reprises sa sagesse et son honnêteté; Salluste, au contraire, l'accuse de dissimuler habilement ses vices. Il fut en réalité, pendant de longues années, le plus ferme soutien du parti aristocratique, ce qui explique la sévérité de Salluste.

ÆNEAS (Cat. 6, 1). Enée. Les Troyens qu'il a amenés en Italie, se mêlant aux Aborigènes, forment le peuple romain.

ÆSULANUS AGER (Cat. 43, 1). Territoire d'Æsula, petite ville du Latium, non loin de Tibur. Les manuscrits portent *in agrum Fæsulanum*, qui est inadmissible.

ÆTHIOPES (Jug. 19, 6). Les Éthiopiens. Les anciens donnaient souvent ce nom (dérivé de αἴθω, je brûle) aux peuples peu connus de l'Afrique compris dans la zone torride. Ici Salluste semble placer les Éthiopiens au nord de cette zone.

AFRI (Jug. 18, 3). Les habitants de l'Afrique.

AFRICA (Jug. 5, 4; 13, 1, etc.). L'Afrique, une des trois parties du monde connu des anciens. Quelques géographes (cf. Jug. 17, 3) la rattachaient à l'Europe. — Les Romains appelaient aussi *Africa* la province qu'ils avaient formée d'une partie du territoire de Carthage, et c'est dans ce sens que le mot doit être pris en plusieurs passages du *Jugurtha*.

AFRICANUS (Jug. 5, 4). Surnom de P. Cornelius Scipion.

AFRICUM *mare* (Jug. 18, 9). La mer d'Afrique, partie de la mer Intérieure qui baignait la province romaine appelée *Africa*.

Albinus (Voir Postumius).

Allobroges (Cat. 40, 1 et 4; 41, 1, etc.). Les Allobroges habitaient le pays compris entre le Rhône, l'Isère et les Alpes (Dauphiné, Savoie, Chablais et Faucigny). Accablés de vexations par le gouverneur de la Narbonnaise, ils avaient envoyé à Rome deux députés pour demander justice. N'ayant pu l'obtenir, même après le service qu'ils avaient rendu en dénonçant la conjuration de Catilina, ils se révoltèrent peu après.

Annius (*Gaius*) *Luscus* (Jug. 77, 4). Fils de Titus Annius Luscus, qui fut consul en 626. Est envoyé par Métellus à Leptis, comme gouverneur, avec quatre cohortes de Ligures (647). Nommé préteur en 673, Sylla l'envoie l'année suivante en Espagne contre Sertorius (Cf. Plutarque, *Sertor.*, 7).

Annius (*Lucius*) (Jug. 37, 2). Tribun du peuple en 644, il cherche, avec P. Lucullus, à rester en fonctions après l'expiration de son tribunal, malgré ses collègues. On ignore pour lui, comme pour Quintus, s'il était parent des Luscus et des Billienus.

Annius (*Quintus*) (Cat. 17, 3; 50, 4). Sénateur, un des principaux complices de Catilina (cf. Quintus Cicéron, *De pet. consul.*, 3, 10). Quelques-uns croient que c'est lui qui coupa la tête à l'orateur Marc-Antoine et l'apporta à Marius. Il faut sans doute l'identifier avec Q. Annius Chilo, qui, d'après Cicéron (*in Cat.*, III, 6, 14), chercha à gagner les Allobroges, de concert avec Furius et Umbrenus.

Antiochus (Or. Lep., 4; Epist. Mithrid., 6, 8 et 11). Anthiochus III le Grand, roi de Syrie, frère et successeur de Séleucus III, soumit l'Asie Mineure, s'avança jusque dans l'Inde, et rendit au royaume de Syrie son ancienne splendeur. Vaincu aux Thermopyles par Acilius Glabrion (563) et à Magnésie (564) par Lucius Scipion l'Asiatique, il dut payer un énorme tribut aux Romains et périt assassiné pour avoir pillé le temple de Bélus à Elymaïs.

Antonius (*Gaius*) *Hybrida* (Cat. 21, 3; 24, 1; 26, 1, etc.). Second fils de l'orateur Marc-Antoine, oncle et beau-père du triumvir; fut le collègue de Cicéron pendant son consulat (591), et à ce titre, chargé de poursuivre Catilina. Ce fut son armée qui vainquit les rebelles à *Pistoria*, mais Antoine, malade, avait dû céder ce jour-là le commandement à Pétréius, son lieutenant.

Appius (V. Claudius).

Appuleius (*Lucius*) *Saturninus* (Or. Phil., 7). Fougueux démagogue, beau-père de Lepidus, le père du triumvir; fut nommé tribun du peuple pour la seconde fois en 654, et se montra, dit Tite Live, aussi violent dans l'exercice de sa charge qu'il l'avait été pendant qu'il soutenait sa candidature. Il fit assassiner par ses satellites Memmius, qui l'avait emporté dans la recherche du consulat sur son complice, le préteur C. Servilius Glaucia. Assiégé dans la Curie Hostilia par Marius, à qui il avait cependant fait obtenir son 4e consulat, il fut lapidé par le peuple, outré de ses excès.

Apulia (Cat. 27, 1; 30, 2 et 3, etc.). L'Apulie ou la Pouille, province située au sud-est de l'Italie, entre la mer Adriatique et le golfe de Tarente.

Archelaus (Epist. Mithrid., 12). Général de Mithridate; fut vaincu par Sylla à Chéronée et à Orchomène en 668 (86 av. J.-C.); mais il n'est pas prouvé qu'il ait réellement trahi son maître, comme le lui reproche Mithridate. Il mourut à Rome, où il s'était retiré.

Ariobarzanes (Epist. Mithrid., 15). Ariobarzane Ier avait été nommé roi de Cappadoce par Sylla, qui avait enlevé ce royaume à Mithridate (662). Il resta le fidèle allié des Romains.

Aristonicus (Epist. Mithrid., 8). Aristonic, fils naturel d'Eumène II, roi de Pergame. Après la mort d'Attale III, il voulut disputer son héritage aux Romains; mais après quelques succès, il fut vaincu par Aquilius, orna son triomphe, et périt étranglé dans sa prison (129 av. J.-C.).

Armenia (Epist. Mithrid., 15 et 21). Province de l'Asie occidentale, située entre la chaîne du Caucase au Nord, la mer Caspienne à l'Est, la Mésopotamie au Sud, et l'Euphrate à l'Ouest.

Armenii (Jug. 18, 4 et 9). Il ne s'agit pas ici des Arméniens : Salluste a transcrit, et probablement altéré légèrement les noms puniques qu'il trouvait dans les prétendus livres d'Hiempsal. Il y a encore aujourd'hui, d'après M. Vivien de Saint-Martin (*Le Nord de l'Afrique*), parmi les Berbères de l'Ouest, une tribu des *Ourmana*, qui rappelle les *Armenii* de Salluste ; de même, au centre, les *Medáça* et les *Mediouna* rappellent les *Medi*, et les *Feraoucen*, que l'on rencontre entre Bougie et Dellys, ne sont autre chose que les *Pharusii* de Pline et de Méla, et probablement les *Persæ* de Salluste.

ARPINUM (Jug. 63, 3). Arpinum, sur le Fibrène, dans le pays des Volsques, aujourd'hui *Arpino* (ou selon d'autres *Castelluccio*), dans la terre de Labour, devint ville municipale dès l'an 451, et obtint le droit de suffrage en 566 (188 av. J.-C.). C'est la patrie de Marius et de Cicéron.

ARRETINUS *ager* (Cat. 36, 1). Territoire d'Arretium (auj. *Arezzo*), ville importante d'Etrurie. C'est la patrie de Pétrarque et de Vasari, l'historien des peintres italiens.

ARSACES (Epist. Mithrid., 1). *Arsace* était un nom commun aux rois Parthes. Celui-ci s'appelait Arsace XII ou Phraate III.

ASIA (Cat. 2, 2 ; 11, 5, etc.). L'une des trois parties du monde connu des anciens. Elle était séparée de l'Afrique par le plateau appelé *Catabathmos* (Voir ce mot), et comprenait l'Egypte. — *Asia* semble désigner l'Asie Mineure dans un passage du discours de Cotta, 57 : *exercitus in Asia Ciliciaque aluntur*.

ASPAR (Jug. 108, 1 ; 109, 1 ; 112, 1). Numide envoyé par Jugurtha auprès de Bocchus, pour le décider à lui livrer Sylla.

ATHENIENSES (Cat. 2, 2, etc.). Les Athéniens doivent une partie de leur renommée aux hommes de génie qui ont célébré leurs grandes actions. (Cat. 8, 2 et 3).

AULUS (Voir POSTUMIUS).

AURELIA *Orestilla* (Cat. 15, 2 ; 35, 3 et 6 ; cf. Cic., *ad Fam.*, IX, 22, 4). Seconde femme de Catilina. Quelques-uns croient qu'elle était sœur de L. Aurelius Orestes, qui fut consul avec Lépide en 628.

Sa fille était fiancée au jeune Cornificius (Cælius, *ad Fam.*, VIII, 7, 2).

AURELIUS (*Gaius*) *Cotta* (Orat. Cottæ, 10; Or. Macri, 8). Né en 630, tribun du peuple en 664, consul avec L. Octavius en 679, il fut, avec Sulpicius, le meilleur orateur de son temps.

AURELIUS (*Lucius*) *Cotta* (Cat. 18, 5). Frère du précédent, préteur en 684, il promulgua une loi judiciaire. Nommé consul en 689 avec L. Manlius Torquatus, à la place de P. Sylla et de P. Autronius, qu'ils avaient fait condamner pour brigue, il faillit être victime de la 1re conjuration de Catilina. Plus tard, il exerça la censure, et il était prince du sénat quand fut proposé le rappel de Cicéron (697).

AURELIUS (*Marcus*) *Cotta* (Epist. Mithrid., 13). Frère des deux précédents, parent de César, fut consul en 680. Ses défaites sur terre et sur mer dans la seconde guerre contre Mithridate (680) contribuèrent beaucoup, dit Cicéron (*pro Mur.*, 15, 33), à la réputation de ce prince.

AUTRONIUS (*Publius*) *Pætus* (Cat. 17, 3; 18, 2). Partisan de Catilina, prit part à ses deux conjurations. Consul désigné en 689 avec P. Sylla, il fut condamné pour brigue et forma, avec Pison et Catilina, le projet d'assassiner, au moment de leur entrée en charge, les consuls qui avaient été nommés après cette condamnation : ce projet échoua par trop de précipitation. Autronius s'exila en Épire, où Cicéron, exilé aussi (696), craignait sa vengeance (Cic. *ad Attic.*, III, 2; VII, 1). Il avait été son condisciple et son collègue dans la questure.

AVENTINUS (Jug. 31, 17). Le mont Aventin, une des huit collines de Rome comprises dans l'enceinte de Servius, ne fut enfermé dans le *pomœrium* que par l'empereur Claude. Il est formé de deux plateaux séparés par une étroite vallée, et dont l'un touche la rive gauche du Tibre.

B

BÆBIUS (*Gaius*) (Jug. 33, 2). Tribun du peuple en 643, corrompu par l'or de Jugurtha, il lui défend de répondre aux accusations portées contre lui dans l'assemblée du peuple par Memmius.

BALEARES *funditores*. Frondeurs des îles Baléares. Ces îles (dont le nom vient peut-être de βάλλω, je lance) sont situées à l'est de l'Espagne. Ce sont Majorque (anciennement *Major*), Minorque (*Minor*) qui s'appelèrent d'abord *Gymnasiæ*, *Gymnesiæ* ou *Gymnetæ (insulæ)*, îles des hommes nus; puis le groupe des *Pityusæ* ou îles des pins, aujourd'hui Formentera et Iviça.

BESTIA (Voir CALPURNIUS).

BIBULUS (Voir CALPURNIUS).

BILLIENUS (*Lucius*) (Jug. 104, 1). Préteur en 647; placé en Numidie sous les ordres de Marius. Quelques-uns croient qu'il était de la famille des Annius. Un oncle de Catilina, nommé L. Annius Billienus, fut condamné en 690, pour avoir mis à mort, sur l'ordre de Sylla, Lucretius Ofella, qui briguait le consulat contre la volonté du dictateur.

BITHYNIA (Epist. Mithrid., 9 et 14). La Bithynie, contrée du nord-ouest de l'Asie Mineure, bornée au Nord par le Pont-Euxin et la Propontide, à l'Est par la Paphlagonie, au Sud par la Phrygie et la Galatie et à l'Ouest par la Mysie. Léguée au sénat par Nicomède III, elle devint province romaine en l'an 75 avant J.-C.

BOCCHUS (Jug. 19, 80, etc.). Roi de Mauritanie, beau-père de Jugurtha, (après avoir été quelque temps son allié, il finit par le livrer aux Romains). Son fils Bocchus, partisan de César, enleva pour son compte Cirta à Juba Ier, roi de Numidie, qui s'était déclaré en faveur de Pompée.

BOMILCAR (Jug. 35, 5, etc.). Officier de Jugurtha, meurtrier de Massiva, rival de ce prince; il trahit son maître à l'instigation de Metellus; ses projets ayant été découverts, il est puni de mort.

BRUTTIUM (Cat. 42, 1). Province à l'extrémité sud-ouest de l'Italie, entre la mer de Sicile et la mer Tyrrhénienne (aujourd'hui Calabre ultérieure).

BRUTUS (Voir JUNIUS (*Decimus*) et JUNIUS (*Marcus*)).

C

Cabera (Epist. Mithr., 15). En grec, τὰ Κάϐειρα ou ἡ Καϐειρία, ville du Pont, sur le Lycus, nommée plus tard Sébaste et ensuite Néocésarée (aujourd'hui *Niksar*). Mithridate fut vaincu près de cette ville par Lucullus en 682 (72 avant J.-C.) et obligé de s'enfuir en Arménie.

Cæcilius (*Quintus*) *Metellus Celer* (Cat. 30, 5; 42, 3; 57, 2). Arrière-petit-fils du consul Métellus Barbaricus, le fils du Macédonique; fut préteur en 691, l'année de la conjuration de Catilina, et envoyé en cette qualité dans le Picénum pour y lever une armée. De concert avec Antoine, il empêcha Catilina de se réfugier en Gaule, et le força à accepter la bataille à Pistoria. — Il fut consul en 694, et mourut l'année suivante, empoisonné peut-être par son épouse Claudia, sans doute à l'instigation du fougueux tribun P. Clodius, qui était fils d'une sœur de son père.

Cæcilius (*Quintus*) *Metellus Creticus* (Cat. 30, 3). Petit-neveu de Métellus le Numidique. Consul en 685; il eut ensuite l'honneur de soumettre en trois ans la Crète (686-688); mais Pompée, jaloux de sa victoire, chercha à le priver des honneurs du triomphe; c'est pour cela qu'il se trouvait avec ses soldats, au moment de la conjuration de Catilina, sous les murs de Rome, d'où on l'envoya en Apulie.

Cæcilius (*Quintus*) *Metellus Numidicus* (Jug. 43, 1, et *passim*). Fils de Métellus Calvus, qui fut consul en 612, et neveu du Macédonique. Nommé consul, avec M. Junius Silanus, seulement au début de l'année 645, qui était celle où ils devaient exercer leur charge, il partit aussitôt pour l'Afrique, lutta pendant trois ans (645-647) avec avantage contre Jugurtha, et se vit alors enlever le fruit de ses victoires par Marius, qui venait de se faire nommer consul (fin de 647 ou commencement de 648). Il obtint cependant le triomphe, et fut censeur en 654. Il s'exila volontairement, pour ne pas entrer en lutte avec Marius, vainqueur des Cimbres et des Teutons.

Cæcilius (*Quintus*) *Metellus Pius* (Epist. Pompei, 9). C'est le fils du Numidique, que Salluste nous montre (Jug. 64, 4) faisant en Numidie ses premières armes sous la direction de son père. Il dut son surnom, nous dit Cicéron (*De orat.*, II, 40, 167), à la douleur qu'il témoigna à la mort de son père. Consul en 674, il fit à Sertorius, en Espagne, une guerre difficile, de 675 à 678.

Cæparius (Cat. 46, 3, etc.). Céparius de Terracine, un des principaux complices de Catilina, chargé de soulever les esclaves en Apulie ; il fut étranglé dans le Tullianum.

Cæpio (Voir Servilius).

Cæsar (Voir Julius).

Calchedon (Epist. Mithrid., 13). Chalcédoine, en Bithynie, sur le Bosphore, en face de Byzance. Le consul M. Aurélius Cotta y fut défait par Mithridate.

Calpurnius (*Lucius*) *Bestia* (Cat. 17, 3 ; 43, 1). Sénateur, complice de Catilina, ennemi acharné de Cicéron, dont il critiqua avec acharnement la conduite politique ; il était tribun du peuple au moment de la conjuration.

Calpurnius (*Lucius*) *Bestia* (Jug. 27, 4, etc.). Consul en 643 avec P. Scipion Nasica, il fut chargé de la guerre contre Jugurtha ; mais il se laissa corrompre, et revint ensuite à Rome sans avoir obtenu de satisfaction sérieuse. Il avait gagné son surnom en 633, pour avoir fait voter, étant tribun du peuple, le rappel de Popilius Lænas, banni par C. Gracchus, parce qu'il avait dirigé, pendant son consulat, l'enquête sur le meurtre de Tibérius.

Calpurnius (*Gaius*) *Piso* (Cat. 49, 1 et 2). Consul en 687 ; ennemi de César, qui l'avait accusé de concussion et de meurtre après son proconsulat en Gaule, il chercha à le faire dénoncer comme complice de Catilina.

Calpurnius (*Gnæus*) *Piso* (Cat. 18, 4 et 5, etc.). Complice d'Autronius et de Catilina dans la première conjuration ; fut tué par des cavaliers de son escorte en Espagne, où on l'avait envoyé, en qualité de propréteur, pour se débarrasser de lui.

Camers (Cat. 27, 1). De Camerinum (aujourd'hui *Camerino*), en Ombrie.

Capito (Voir Gabinius).

Capitolium (Cat. 18, 5; 47, 2). Le Capitole, forteresse et temple consacré à Jupiter, sur le mont Capitolin, entre le Forum et le Champ de Mars.

Capsa (Jug. 89, 4, etc.). Ville de Numidie, fondée, dit Salluste, par l'Hercule Libyen, c'est-à-dire d'origine phénicienne, mais en grande partie habitée par les Numides. Capsa (auj. *Gafsa*) était située un peu au sud de Thelepte ou Thala, dans la partie méridionale de la région appelée Byzacium (sud de la Tunisie). — *Capsenses* (Jug. 89, 6; 92, 3 et 4). Habitants de Capsa.

Capua (Cat. 30, 2, 5 et 7). Capoue, capitale de la Campanie, fut d'abord nommée *Vulturnum*; elle avait été fondée par les Etrusques, auxquels se mêlèrent plus tard les Samnites, et se donna à Rome l'an 343 avant J.-C.

Carthaginiense *bellum* (Jug. 14, 5). — *Carthaginienses* (Cat. 51, 6, etc.), les Carthaginois.

Carthago (Cat. 10, 1, etc.). Carthage, située au nord de l'Afrique, sur le golfe de ce nom, que forment les caps *Bon* (promontoire d'Hermès) et *Zebid* (promont. d'Apollon), ville d'origine phénicienne. L'histoire de la rivale de Rome est assez connue.

Cassius (*Lucius*) *Longinus* (Cat. 17, 3, etc.). Sénateur enrichi par les proscriptions de Sylla, mais bientôt ruiné par ses débauches, complice de Catilina, il s'était chargé d'incendier Rome. Il avait été, l'année précédente, avec Catilina, le compétiteur de Cicéron dans la recherche du consulat.

Cassius (*Lucius*) *Longinus* (Jug. 32, 1 et 5; 33, 1). Fut envoyé, pendant sa préture, à Jugurtha, avec mission de l'amener à Rome avec un sauf-conduit, pour rendre compte de ses actes. Consul en 647, il fit la guerre aux Helvètes, et son armée passa sous le joug.

Catabathmos (Jug. 17, 4; 19, 3). Cf. καταβαίνω, je descends. Plateau sablonneux, qui s'abaisse dans la direction de l'Est vers le Nil, et qui sépare l'Afrique de l'Egypte, et par conséquent, pour les anciens, de l'Asie (aujourd'hui *Djebel Akabah el Kebir*).

Catilina (Voir Sergius).

Cato (Voir Porcius).

Catulus (Voir Lutatius).

Celer (Voir Cæcilius).

Cethegus (Voir Cornelius).

Cicero (Voir Tullius).

Cilicia (Or. Cottæ, 7). La Cilicie, province de l'Asie Mineure, au S.-E., elle en était quelquefois considérée comme indépendante, d'après ce passage même : *in Asia Ciliciaque*. On la divisait en Cilicie *montagneuse* et Cilicie *maritime*.

Cimbricum *bellum* (Cat. 59, 3). Guerre contre les Cimbres, peuplade germanique ou peut-être celtique, qui, chassée des bords de la Baltique par un débordement de cette mer, dévasta la Gaule et l'Espagne, et se disposait à envahir l'Italie, quand elle fut vaincue à Verceil par Marius et Catulus (110 av. J.-C.). L'année précédente, les Teutons et les Ambrons, qui avaient suivi les Cimbres, avaient été également défaits à Pourrières *(Campi putridi)*, près d'Aix-en-Provence. — *Cimbrica præda* (Orat. Lepidi, 17).

Cinna (Voir Cornelius).

Cirta (Jug. 21, 2, etc.). Cirta (en langue punique, *Kart* ou *Kerta*, la ville) fut d'abord la capitale de Syphax, puis de Masinissa. Son nom actuel de Constantine lui vient de Constantin, qui la releva de ses ruines. Elle est située sur une table de rochers baignés par le Rummel, ancien *Ampsagas*, à trente lieues environ de la mer.

Claudius (*Appius*) (Or. Phil., 22). Interroi en 677. D'après M. Drumann (II, p. 182), ce serait le même qui, dix ans auparavant, avait défendu le Janicule contre Marius et Cinna, comme tribun militaire. Soit qu'il y ait été contraint, soit pour toute autre raison, il ouvrit une porte à Marius, envers qui il avait des obligations.

Claudius (*Tiberius*) *Nero* (Cat. 50, 4). Sénateur, père du premier mari de Livie et aïeul de l'empereur Tibère.

Concordiæ *ædes* (Cat. 46, 5; 49, 4). Le temple de la Concorde, sur le mont Capitolin, du côté qui regarde le Forum : Camille l'avait bâti en mémoire de la réconciliation du sénat et du peuple. En reste encore quelques colonnes. Le sénat se réunissait ordinairement dans l'un des temples qui avoisinaient le Forum.

CORNELIORUM *gens* (Cat. 55, 6); *Cornelii* (Cat. 47, 2). Illustre famille de Rome, à laquelle appartenaient, outre Lentulus le complice de Catilina, Cinna, Sylla, Dolabella, gendre de Cicéron, etc.

CORNELIUS (*Gaius*) *Cethegus* (Cat. 17. 3, etc.). L'un des principaux complices de Catilina, que Cicéron fit étrangler dans le Tullianum. Il avait été tour à tour partisan de Marius et de Sylla, et plus tard complice de Lépide.

CORNELIUS (*Publius*) *Cethegus* (Or. Phil., 20). Homme peu recommandable, mais fort habile, qui, d'abord proscrit avec Marius et réduit à s'enfuir en Numidie, revint bientôt à Rome, se rallia à Sylla et réussit à acquérir une grande influence politique (Cf. Cicéron, *Parad.*, V, 3, 40). On ignore quelle était sa parenté avec le complice de Catilina.

CORNELIUS (*Lucius*) *Cinna* (Cat. 47, 2). Cinna, qui partagea avec Marius, ramené par lui de l'exil, l'autorité suprême en 667 et 668, et inaugura avec lui l'ère des massacres et des proscriptions. Il fut quatre fois consul, de 667 à 670, et périt de la main d'un centurion, au moment où il allait avoir Sylla pour adversaire (670).

CORNELIUS (*Publius*) *Lentulus Spinther* (Cat. 47, 4). Son surnom lui vint d'un rhéteur auquel il ressemblait. Consul et grand-pontife en 697, il était édile au moment de la conjuration de Catilina, et on lui confia la garde de Lentulus, son parent. Il proposa, pendant son consulat, le rappel de Cicéron.

CORNELIUS (*Publius*) *Lentulus Sura* (Cat. 17, 3, etc.). Selon Plutarque, voici d'où lui venait son surnom de *Sura* : accusé de concussion après sa questure (673), au lieu de se défendre, il tendit sa jambe, allusion à l'habitude des enfants de frapper sur les mollets de ceux qui commettaient des fautes au jeu de balle. C'était un homme ambitieux, mais peu intelligent et sans énergie. Après son consulat (683), il fut chassé du sénat à cause de ses mœurs par les censeurs Cn. Lentulus Claudianus et L. Gellius.

Ami de Catilina, il s'était fait nommer préteur au moment de la conjuration, pour pouvoir rentrer au sénat. Cicéron le fit étrangler dans le Tullianum.

CORNELIUS (*Publius*) *Scipio Africanus major* (Jug. 4, 5; 5, 4). Il s'agit ici du premier Africain, le vainqueur d'Annibal à Zama (552).

CORNELIUS (*Publius*) *Scipio Æmilianus Africanus minor* (Jug. 7, 4; 8, 2; 22, 2). Il s'agit ici du second Africain, destructeur de Numance et de Carthage, qui avait connu et apprécié Jugurtha au siége de Numance (620-621). Il était fils de Paul-Emile, le vainqueur de Persée, et avait été adopté par le fils du premier Africain, qui n'aborda pas la carrière des armes, à cause de sa santé, et devint augure.

CORNELIUS (*Publius*) *Scipio Nasica* (Jug. 27, 4). Fils du meurtrier de Tibérius Gracchus; consul en 643 avec L. Calpurnius Bestia, au moment où commença la guerre contre Jugurtha. Il resta à Rome et mourut la même année.

CORNELIUS (*Lucius*) *Sisenna* (Jug. 95, 2). Le meilleur historien de Rome avant Salluste. Né vers 635, il appartenait à l'illustre famille des *Cornelius*; il fut préteur en 676, puis propréteur en Sicile. Pompée l'envoya en Crète, comme lieutenant, en 687, pour qu'il tâchât de modérer la cruauté de Metellus; il n'y réussit pas et mourut pendant sa mission.

CORNELIUS (*Lucius*) *Sulla* (Cat. 5, 6, etc.). Sylla le dictateur (617-675), d'une branche obscure de la gens *Cornelia*; passa sa jeunesse dans la débauche, et dut une grande partie de sa fortune à un legs de la courtisane Nicopolis. Il assista en qualité de questeur à la fin de la guerre de Jugurtha et se fit livrer ce prince par Bocchus. On connaît sa longue lutte contre Marius, et contre ses partisans après la mort de celui-ci. Proclamé par le sénat dictateur perpétuel, en 673, il abdiqua l'année suivante, après avoir pris des mesures pour faire dominer l'aristocratie et rétablir l'ancienne constitution, et mourut deux ans après, dans sa villa de Cumes, d'une maladie pédiculaire. — *Sullanæ coloniæ* (Cat. 28, 4). — *Sullani milites* (Cat. 17, 4). — *Sullana victoria* (Cat. 21, 4; 37, 6).

Cornelius (*Publius*) *Sulla* (Cat. 18, 1). Descendant du grand-oncle paternel du dictateur ; présida à la vente aux enchères des biens des proscrits. Nommé consul en 688, pour l'année suivante, avec P. Autronius, il fut condamné pour brigue et ne put entrer en charge. Quatre ans après, il fut accusé par L. Torquatus d'avoir trempé dans les deux conjurations de Catilina, et absous grâce à l'éloquent plaidoyer de Cicéron. Il commandait à Pharsale l'aile droite de l'armée de César, et s'occupa de nouveau, après la victoire, de la vente des biens des proscrits, qui, cette fois, n'appartenaient pas au parti démocratique.

Cornelius (*Publius*) *Sulla, Servi filius* (Cat. 17, 3). Sénateur, complice de Catilina.

Cornelius (*Servius*) *Sulla, Servi filius* (Cat. 17, 3 ; 47, 1). Frère du précédent, sénateur et complice de Catilina.

Cornelius (*Servius*) *Sulla* (Cat. 17, 3). Père des deux précédents et frère du dictateur.

Cornelius (*Gaius*) (Cat. 17, 1 ; 28, 1). Chevalier romain, complice de Catilina, s'offrit, avec le sénateur Vargunteius, pour aller assassiner Cicéron dans son lit. Son fils accusa P. Sylla de concert avec L. Torquatus. (Voir plus haut).

Cornelius (Orat. Lep., 17). Cornelius le scribe, un des 10.000 esclaves affranchis, et répartis dans les tribus par Sylla, et qui avaient pris son nom. C'est sans doute à lui que s'appliquent ces paroles de Cicéron parlant de P. Corn. Sylla et des enchères qu'il présida, aussi bien sous César que sous Sylla (*De off.*, II, 8, 29) : « *Alter autem, qui in illa dictatura scriba fuerat, in hac fuit quæstor urbanus.* » Il est souvent parlé de ce personnage, sous le nom de Chrysogonus, dans le plaidoyer de Cicéron pour Roscius d'Amérie.

Cornificius (*Quintus*) (Cat. 47, 4). Homme d'une grande intégrité ; on lui confia la garde de Céthégus, le complice de Catilina.

Cotta (Voir Aurelius).

Crassus (Voir Licinius).

Cretenses (Epist. Mithrid., 10 et 12). Les Crétois.

La Crète (aujourd'hui *Candie*) avait la réputation de fournir d'audacieux pirates, après avoir fourni d'habiles archers. Ce fut ce qui força les Romains à l'attaquer. Metellus le *Crétique* la soumit en 687.

CRETICUS. Surnom de Quintus Cæcilius Metellus, que lui valut la soumission de la Crète.

CROTONIENSIS (Cat. 43, 3). Crotoniate, de Crotone (auj. *Cortone* ou *Cotrona*), colonie grecque située dans le Bruttium, à l'embouchure de l'Æsarus, qui devint colonie romaine en 194.

CURIO (Voir SCRIBONIUS).

CURIUS (*Quintus*) (Cat. 17, 3). Sénateur lettré, très dévoué d'abord à Catilina, il commit l'imprudence de découvrir la conjuration à Fulvia, qui en fit instruire Cicéron. Sur les instances de cette femme, qu'il aimait, il consentit à tenir le consul au courant des projets des conjurés.

CYRENE (Jug. 19, 3). Capitale de l'ancienne Cyrénaïque, à l'ouest de l'Egypte, non loin de la mer; avait pour port Apollonie (auj. *Marza Sousa*). Elle avait été fondée en 611 avant J.-C. par Aristée de Théra. S'étant séparée des Ptolémées, elle eut quelque temps des rois; le dernier, Apion, la légua aux Romains (98 av. J.-C.). Elle fut ruinée par les Arabes. — *Cyrenenses* (Jug. 79, 3, 5 et 7).

CYRUS (Cat. 2, 2). Cyrus l'ancien, fils du Perse Cambyses et de Mandane, fille d'Astyages, roi des Mèdes, détrôna son grand-père et fit passer l'empire de l'Asie des Mèdes aux Perses. Il régna de 560 (selon Hérodote), de 536 (selon Xénophon, *Cyropédie*) à 529 avant J.-C., et mourut dans une expédition contre les Massagètes (Scythie).

CYZICUM (Epist. Mithr. 14). Ville de l'Asie Mineure (Mysie) aujourd'hui ruinée, sur la presqu'île de ce nom. Mithridate fut vaincu près de ses murs par Lucullus, l'an 74 avant J.-C.

D

DABAR (Jug. 108, 1; 109, 1; 112, 1). Fils de Massugrada, lequel était sans doute, d'après les termes employés par Salluste, fils de Masinissa et d'une concubine. Très estimé de Bocchus et ami des Romains, il servit d'intermédiaire entre Sylla et le roi maure dans les négociations au bout desquelles Jugurtha fut livré aux Romains.

DAMASIPPUS (Cat. 51, 32 et 34 ; Or. Phil., 7). Surnom de L. Junius Brutus (ou, selon d'autres, de L. Licinius), partisan dévoué de Marius. Pendant sa préture (672), il égorgea dans la Curie *Hostilia*, sur l'ordre de Marius le jeune, Carbon, le grand-pontife Mucius Scævola, et une foule d'autres partisans de Sylla. Il fut au nombre des trois ou quatre mille prisonniers que fit égorger Sylla dans le Champ de Mars, après sa victoire près de la porte Colline.

E

ETRURIA (Cat. 27, 1, etc.). Contrée de l'Italie, comprise entre la Ligurie au N., l'Appennin à l'E., le Tibre et le Latium au S. et la mer Tyrrhénienne à l'O., et divisée en douze *lucumonies* jusqu'à la conquête romaine (283). Elle formait, avant la constitution du royaume d'Italie, le grand-duché de Toscane et le nord-ouest des Etats de l'Eglise.

EUMENES (Epist. Mithr., 10). Eumène II, roi de Pergame, fils et successeur d'Attale Ier, resta, comme son père, le fidèle allié des Romains, qui agrandirent ses états d'une partie de ceux d'Antiochus, jusqu'au Taurus (c'est ce qui fait dire à Mithridate qu'il a été préposé à la garde d'un territoire soumis) ; mais pendant la guerre contre Persée, il devint suspect, sa conduite fut étroitement surveillée et on ne lui permit pas même de se rendre à Rome.

EUROPA (Jug. 17, 3). Une des trois parties du monde connu des anciens ; on y comprenait quelquefois l'Afrique, moins l'Egypte.

F

FABIUS (*Quintus*) *Maximus Verrucosus Ovicula Cunctator* (Jug. 4, 5). Il s'agit du dictateur, surnommé le Temporiseur (*Cunctator*), parce que, en harcelant sans cesse les Carthaginois, et évitant avec soin de livrer bataille, il rendit inutiles les brillantes qualités d'Annibal. Reprenant peu à peu l'avantage, il s'empara de Tarente, où il déshonora sa victoire par ses cruautés.

Fabius (*Quintus*) *Sanga* (Cat. 41, 4 et 5). Patron des Allobroges : c'était sans doute un descendant de Q. Fabius Maximus *Allobrogicus*, qui avait, en 628, complété la soumission de ce peuple.

Fæsulæ (Cat. 24, 2 ; 27, 1 ; 30, 1). Ville située au nord de l'Etrurie, au pied des Apennins, à un mille au N.-E. de la ville actuelle de Florence ; aujourd'hui *Fiesole*. — *Fæsulanus*, (Cat. 59, 3 ; 60 6). habitant de Fæsulæ. Salluste appelle ainsi celui qui commandait l'aile gauche de l'armée de Catilina, et dont il ignorait le nom.

Figulus (Voir Marcius).

Flaccus (Voir Fulvius et Valerius).

Flaminius (*Gaius*) (Cat. 36, 1). Ami de Catilina, qui demeurait près d'Arretium, et chez qui il s'arrêta, en se rendant au camp de Manlius. Catilina avait suivi, pour s'y rendre, non pas la voie *Cassia*, qui était la route directe, mais la voie *Aurelia*, qui longeait la mer ; il avait rencontré à *Forum Aurelii* ceux de ses amis qui étaient sortis de Rome avant lui.

Fufidius (Orat. Lep., 22). Centurion de Sylla, qui lui conseilla, dit Florus (III, 21), de clore les listes de proscription, afin qu'il lui restât quelques citoyens à gouverner : *vivere aliquos debere, ut essent quibus imperaret*.

Fulvia (Cat. 23, 3 et 4 ; 26, 3 ; 28, 2). Fulvie, dame noble, qui obtint de Curius, son amant, qu'il lui dévoilât les plans de Catilina et des conjurés. On ne sait si elle était parente de l'un ou l'autre des Fulvius nommés parmi les conjurés (Cat. 17, 4 ; 39, 5), ni si elle avait rien de commun avec l'ennemie acharnée de Cicéron, l'épouse de Clodius, de Curion et d'Antoine,

Fulvius (*Marcus*) *Flaccus* (Jug. 16, 2 ; 31, 7 ; 42, 2). Aïeul de Jules César. Il accusa P. Scipion Nasica, à cause du meurtre de Tiberius Gracchus. Consul en 629, il proposa de donner le droit de cité aux Italiens et de déférer au peuple ceux qui cherchaient à changer la constitution. Pour l'empêcher de faire adopter ces lois, le sénat l'envoya au secours des Marseillais, attaqués par les Ligures d'au-delà des Alpes; il les vainquit et obtint le triomphe. Nommé, avec C. Carbon et C. Gracchus, triumvir pour le partage des terres, il fut tué pendant la lutte qui eut lieu sur le mont Aventin, et ses enfants furent mis à mort par l'ordre du consul Opimius.

Fulvius (*Marcus*) *Nobilior* (Cat. 17, 4). Chevalier romain, complice de Catilina. Nous ne connaissons pas d'autre mention de ce personnage, si ce n'est celle de Cicéron (*ad Attic.*, IV, 16, 12), qui dit qu'il fut condamné en l'an 700.

Fulvius (Cat. 39, 5). Fils d'un sénateur. Au moment où il partait pour rejoindre Catilina, son père le fit arrêter et mettre à mort.

Furius (*Publius*) (Cat. 50, 4). L'un des colons que Sylla avait établis à *Fæsulæ*; complice de Catilina, il chercha, de concert avec Q. Annius Chilon et Umbrenus, à gagner à la conjuration les députés des Allobroges (cf. Cic., *in Cat.*, 3, 14). Salluste assigne ce rôle à Umbrenus seulement (V. ce nom).

G

Gabinius (*Publius*) *Capito* (Cat. 17, 4, etc.). Chevalier romain, complice de Catilina, s'était chargé, avec Statilius, de l'incendie de Rome.

Gætuli (Jug. 18, 1 et 7, etc.). Les Gétules et les Libyens sont les races indigènes de l'Afrique. D'après M. Vivien de Saint-Martin (*Le Nord de l'Afrique*), toutes les branches de la famille berbère peuvent se rattacher à deux souches principales, représentées à l'Ouest par les *Guezoula* (Gætuli), et à l'Est par les *Lewata* (Libyes).

Galli (Cat. 52, 24; Jug. 53, 3; 114, 1 et 2). Les Gaulois en général, même ceux qui étaient établis en Italie. — *Galli*, Cat. 45, 3 et 47, 2, désigne les Allobroges. — *Gallica gens* (Cat. 40, 1). — *Gallicum bellum* (Cat. 52, 30).

Gallia (Cat. 40, 2, etc.). La Gaule en général. — *Gallia citerior* (Cat. 42, 1 et 3), la Gaule cisalpine. — *Gallia ulterior* (Cat. 42, 1), la Gaule transalpine. Cf. *Gallia transalpina* (Cat. 57, 1).

GAUDA (Jug. 65, 1). Fils de Mastanabal et petit-fils de Masinissa; il était un peu faible d'esprit. Marius, en lui faisant espérer les dépouilles de Jugurtha, l'excita contre Métellus, qui l'avait dédaigné, et s'en fit un marchepied pour arriver au consulat. Il mourut l'an 78 avant J.-C.

GRACCHUS (Voir SEMPRONIUS). — *Gracchi* (Jug. 42, 1 et 2), les Gracques (Tiberius et Gaius).

GRÆCI (Cat. 53, 3, etc.). — *Græca facundia* (Jug. 63, 3), l'éloquence grecque. — *Græcæ litteræ* (Cat. 25, 2), les lettres grecques.

GRÆCIA (Cat. 2, 2, etc.). La Grèce.

GULUSSA (Jug. 5, 6; 35, 1). Gulussa, père de Massiva et fils de Masinissa, mourut l'an 118 avant J.-C.

H

HADRUMETUM (Jug. 19, 1). Ville maritime, située entre Carthage et Leptis la Petite. Ses ruines se trouvent auprès de la ville actuelle de *Sousse*.

HAMILCAR (Jug. 77, 1). Personnage remuant de la ville de Leptis, qui cherchait à s'emparer du pouvoir pendant la guerre de Numidie. Sur la demande des habitants, Métellus envoya C. Annius avec quatre cohortes de Ligures, pour occuper la ville.

HANNIBAL (Jug. 5, 4. Orat. Lep., 4; Epist. Pomp., 4). Annibal, général carthaginois (247-183), qui mit Rome à deux doigts de sa perte. Après de grands succès en Espagne, il traversa la Gaule, franchit les Alpes, gagna les batailles du Tésin, de la Trébie, du lac Trasimène et de Cannes, mais le débarquement de Scipion en Afrique l'obligea à quitter l'Italie, et il perdit la bataille de Zama, qui mit fin à la 2e guerre punique. Obligé de s'exiler, il chercha à exciter contre les Romains Antiochus, puis Prusias, roi de Bithynie, et s'empoisonna, au moment où celui-ci allait le livrer.

HERACLEA (Epist. Mithr., 14). Sans doute Héraclée, dans la Chersonèse de Thrace, sur la côte nord, à l'ouest de la Propontide, presque en face de Parium, et non pas, comme le veulent quelques commentateurs, Héraclée de Pont, près de l'embouchure du Lycus.

HERCULES (Jug. 18, 3). L'un des quarante-trois Hercules que compte Varron; il est difficile de l'identifier. — *Hercules Libys* (Jug. 89, 4), l'Hercule Libyen, fondateur de Capsa, en Numidie.

HERENNIUS (*Gaius*) (Epist. Pomp., 6). Général de Sertorius, vaincu par Pompée à Valentia (*Valence*).

HIEMPSAL (Jug. 5, 7, etc.). Hiempsal Ier, fils de Micipsa et frère d'Adherbal, tué en trahison par les soldats de Jugurtha à Thirmida, l'an 117 avant J.-C., après un règne de quelques mois.

HIPPO (Jug. 19, 1). Probablement *Hippo Zarytus* (aujourd'hui *Bizerte*), un peu au nord-ouest (36 milles) d'Utique, et non *Hippo regius* (aujourd'hui *Bône*), située à 126 milles à l'ouest d'Utique.

HISPANI (Cat. 19, 5; Jug. 18, 5). Les Espagnols. — *Hispani equites* (Cat. 19, 3).

HISPANIA (Jug. 7, 2, etc.). L'Espagne. On disait aussi les deux Espagnes (citérieure et ultérieure, cf. Cat. 18, 5 : *duas Hispanias*), et les Espagnes (cf. Or. Phil., 8 : *Hispaniæ*). — *Hispania citerior* (Cat. 19, 1; 21, 3; Or. Cottæ, 9). L'Espagne citérieure (ou Tarraconaise), au nord de l'Ebre (*Iberus*) et du Douro (*Durius*).

I

INDIGETES (Epist. Pomp., 5). Peuplade à l'extrémité nord-est de l'Espagne citérieure; ville principale : *Emporiæ*.

ITALIA (Cat. 24, 2, etc.). L'Italie ancienne comprenait, au moment de la guerre de Jugurtha : au Nord, la Ligurie et la Gaule cisalpine, divisée en Gaule cispadane et Gaule transpadane; au Centre, l'Etrurie, le Latium, la Campanie, l'Ombrie, le Picenum, la Sabine, le Samnium et le pays des Marses, des Frentans, etc.; au Sud, l'Apulie, la Lucanie et le Bruttium.

J

JACETANIA (Epist. Pomp., 5). Contrée de l'Espagne citérieure, au Nord-Est; c'est le pays autour de Jaca (Aragon), l'ancienne *Jacca*, qui fut prise par Caton l'ancien en 195.

Jugurtha (Jug. *passim*). Fils de Mastanabal. — *Jugurthini milites* (Jug. 21, 2). — *Jugurthinum bellum* (Jug. 19, 7; 77, 2).

Julius (*Gaius*) *Cæsar* (Cat. 47, 4, etc.) Jules César (652-709), le rival de Pompée, qui périt assassiné dans le sénat, après deux ans de dictature. Grand homme de guerre, grand politique, orateur et écrivain distingué, César fut assurément l'un des plus grands hommes de l'antiquité.

Julius (*Lucius*) *Cæsar* (Cat. 17, 1). Consul avec C. Figulus en 690, l'année qui précéda le consulat de Cicéron et la découverte de la conjuration de Catilina. Sa sœur avait épousé en premières noces M. Antonius Creticus, dont elle eut Marc-Antoine, le triumvir, et en secondes noces Lentulus, le complice de Catilina.

Julius (*Gaius*) (Cat. 27, 1). Complice de Catilina, d'ailleurs inconnu.

Junius (*Decimus*) *Brutus* (Cat. 40, 5; Or. Macri, 10). Consul avec Mamercus Æmilius Lepidus Livianus en 677, époux de Sempronia, mais étranger à la conjuration. C'était, dit Cicéron, un homme instruit dans les lettres grecques et latines. Son fils, Decimus Junius Brutus Albinus, prit part au meurtre de César.

Junius (*Decimus*) *Silanus* (Cat. 50, 4; 51, 16 et 18). Consul désigné au moment de la conjuration de Catilina : opina d'abord pour la mort, mais après le discours de César, se rangea de l'avis de Tiberius Néron, qui proposait de surseoir au jugement des complices de Catilina jusqu'après la défaite de celui-ci. Il avait épousé Servilia, veuve de M. Junius Brutus, et mère de Marcus Brutus, le meurtrier de César.

Junius (*Marcus*) *Silanus* (Jug. 43, 1). Collègue de Metellus au consulat en 645, la troisième année de la guerre contre Jugurtha ; fut le premier de sa famille qui obtint cette charge. Il se fit battre par les Cimbres sur les bords du Rhône, et accusé pour ce fait par Domitius, sous prétexte que le peuple n'avait pas été consulté, il fut cependant absous.

Jupiter (Jug. 107, 2; Or. Macri, 15). Dieu suprême des Latins et aussi des Grecs, qui l'appelaient Ζεύς (gén. Δι-ός). Jupiter équivaut à *Dius* (cf. dies)-*pater*.

L

Lacedæmonii (Cat. 2, 2; 51, 28). Les Lacédémoniens ou Spartiates succédèrent aux Athéniens dans l'hégémonie de la Grèce, à la fin de la guerre du Péloponèse (404 avant J.-C.); mais leurs vertus ne tardèrent pas à décroître, et les victoires d'Épaminondas donnèrent pour quelque temps la prépondérance à Thèbes, jusqu'au moment où la Grèce tomba sous le joug des Macédoniens et ensuite des Romains.

Læca (Voir **Porcius**).

Lares (Jug. 90, 2). Ville de Numidie située entre Sicca et Zama, non loin de la province romaine d'Afrique, aujourd'hui *Larbousse*.

Latinæ *litteræ* (Cat. 25, 2; 95, 3). Les lettres latines. — *Latinum nomen* (Jug. 39, 2; 40, 2; 42, 1; 43, 4), les alliés du nom latin. Cette expression est ordinairement jointe à *socii*, pour distinguer des autres peuples de l'Italie, qui avaient le titre d'alliés, les alliés *latins*, dont les droits furent plus étendus, jusqu'à la promulgation de la loi Julia, qui, à la suite de la guerre sociale, étendit à tous les Italiens le droit de cité.

Latium (Jug. 69, 4, etc.). Contrée du centre de l'Italie, comprise entre le Tibre, le Liris (auj. *Garigliano*) et la mer Tyrrhénienne et divisée d'abord en *Vieux Latium*, dont la principale ville était Albe, et en *Grand Latium* ou *Nouveau Latium*, formé des territoires enlevés successivement aux peuples voisins, les Volsques, les Èques, etc., lequel devint par sa réunion au *Vieux Latium*, une division administrative de l'Italie.

Lentulus (Voir **Cornelius**).

Lepidus (Voir **Æmilius**).

Leptis (Jug. 19, 1). Leptis la Petite (*Leptis Minor*), ville maritime de la province d'Afrique, un peu au sud de Hadrumetum. — *Leptis* (Jug. 19, 3; 77, 1). Leptis la Grande (*Leptis Magna*), ville située sur la côte nord de l'Afrique, entre les deux Syrtes. — *Leptitani* (Jug. 77, 1), les habitants de Leptis la Grande.

Libyes (Jug. 18, 1, etc.) (Voir **Gætuli**). — *Hercules Libys* (Jug. 89, 4) (Voir **Hercules**).

Licinius (*Marcus*) *Crassus* (Cat. 17, 7, etc.). Vainquit Spartacus (683); mais Pompée écrivit au sénat qu'il avait détruit la révolte des esclaves dans sa racine, ce qui le brouilla avec Crassus. Aussi, ayant été nommés tous deux consuls pour l'année suivante (684), ils ne purent s'entendre sur aucune question et restèrent inactifs. Crassus fut accusé devant le sénat par Tarquinius, peut-être à l'instigation de Cicéron, d'avoir trempé dans la conjuration de Catilina, mais on affecta de ne pas croire à cette dénonciation. On lui avait confié la garde de Gabinius, pour enchaîner sa fidélité. Il périt misérablement, en l'an 700, chez les Parthes, qu'il avait entrepris de soumettre, pour rivaliser avec les triumvirs Pompée et César, ses collègues. Ses richesses sont restées célèbres; mais il eut le tort de croire qu'elles suffisaient pour lui assurer le premier rang.

Licinius (*Publius*) *Lucullus* (Jug. 37, 2). Tribun du peuple en 644; chercha, avec son collègue L. Annius, à se perpétuer dans sa charge, malgré la résistance de ses collègues. N'est pas autrement connu.

Licinius (*Publius*) *Lucullus Ponticus* (Epist. Mithr., 15). Consul en 680 avec Aurelius Cotta, il fut chargé, comme proconsul de Cilicie, de la guerre contre Mithridate et s'y montra général consommé. Il avait remporté de grands succès sur le roi de Pont et sur Tigrane, son gendre, roi d'Arménie, quand Pompée vint lui enlever l'honneur de terminer la guerre, et sut l'empêcher pendant trois ans d'obtenir le triomphe. Il finit sa vie dans une retraite somptueuse, au milieu des livres qu'il avait rassemblés et dans la société des lettrés.

Licinius (*Gaius*) *Murena* (Cat. 42, 3). Lieutenant de Lucullus, son parent, en Asie, il se distingua dans la guerre contre Mithridate. Consul désigné en 691, avec D. Junius Silanus, il fut accusé de brigue par le jurisconsulte Servius Sulpicius, M. Caton, Cn. Postumius et Ser. Sulpicius le jeune, et absous grâce à l'éloquent plaidoyer de Cicéron. Il commandait dans la Gaule transalpine, au moment de la conjuration de Catilina, après le départ de son frère Lucius, qui était allé à Rome briguer le consulat.

LIGURES (Jug. 38, 6, etc.). Les Ligures, qui habitaient la région montagneuse au sud du Pô et au nord-ouest de l'Italie. Ils comptaient parmi les meilleures troupes auxiliaires des Romains. — *Ligus* (Jug. 93, 2, etc.), un Ligure.

LIMETANUS (Voir MAMILIUS).

LONGINUS (Voir CASSIUS).

LUCULLUS (Voir LICINIUS).

LUTATII (Orat. Lep., 3). La famille des Lutatius.

LUTATIUS (*Quintus*) *Catulus* (Cat. 34, 3, 35, 1, 49, 1 et 2, Or. Phil., 6, 19 et 22, Or. Macri, 9). Fils du vainqueur des Cimbres. Consul en 676 avec M. Æmilius Lepidus, le père du triumvir, il lutta énergiquement contre son collègue pour le parti aristocratique, et le battit dans deux batailles rangées. Licinius Macer, dans le discours donné plus haut, dit qu'il se montra plus intraitable (*saevior*) que Sylla. Il fut censeur en 639 avec M. Crassus. C'est lui qui rebâtit le Capitole, qui avait été brûlé. Ennemi de César, qui l'avait emporté sur lui dans la recherche du grand-pontificat, il essaya en vain, avec C. Pison, de le faire comprendre parmi les complices de Catilina.

M

MACEDONES (Epist. Mithr., 5). Les Macédoniens, peuple fameux par les conquêtes de Philippe et d'Alexandre. Déjà Paul-Émile avait vaincu Persée à Pydna (168) et réduit la Macédoine à l'impuissance. Son dernier roi, Andriscus, fut vaincu à la 2e bataille de Pydna par Metellus, et la Macédoine réduite en province romaine (148 ans av. J.-C.).

MACEDONICUM *bellum* (Cat. 51, 5). Il s'agit ici de la guerre contre Persée.

MACEDONIA (Jug. 35, 4, Or. Cottae, 7). La Macédoine, contrée de l'Europe comprise entre la Thrace au Nord et à l'Est, la mer Égée à l'Est, la Thessalie au Sud, l'Épire et l'Illyrie à l'Ouest.

MAMERCUS (Voir ÆMILIUS).

MAMILIUS (*Gaius*) *Limetanus* (Jug. 40, 1). Tribun du peuple en 645, demanda et obtint une enquête

la suite de laquelle Calpurnius Bestia, Sp. Albinus et L. Opimius furent condamnés pour crime de corruption : grave échec pour la noblesse. — *Mamilia rogatio* (Jug. 40, 4), *Mamilia lex* (Jug. 65, 5), la loi *Mamilia.*

MANCINUS (Voir MANLIUS).

MANLIUS (*Titus*) *Torquatus* (Cat. 51, 30). Conquit son surnom sur les bords de l'Anio (362), en tuant un Gaulois de grande taille, dont il enleva le collier d'or. Sa sévérité à l'égard de son fils, qui avait manqué à la discipline en combattant sans son ordre, est bien connue.

MANLIUS (*Aulus*) (Jug. 86, 1, etc.). Lieutenant de Marius pendant la guerre de Jugurtha, fut envoyé avec Sylla en ambassade à Bocchus.

MANLIUS (*Gaius*) (Cat. 24, 2, etc.). Organisateur de l'armée de Catilina à Fæsulæ, en Etrurie. — *Manliana castra* (Cat. 32, 1).

MANLIUS (*Gneius*) *Maximus* (Jug. 114, 1). Consul en 649. Fut vaincu près d'Orange, sur les bords du Rhône, avec le proconsul Q. Servilius Cæpio (6 octobre 649), par les Cimbres et les Teutons, que les Romains désignaient souvent sous le nom générique de Gaulois.

MANLIUS (*Lucius*) *Torquatus* (Cat. 18, 5). Consul en 698 avec L. Aurelius Cotta, lors de la première conjuration de Catilina, qui avait formé avec Autronius le projet d'assassiner les consuls au Capitole, le jour de leur entrée en charge.

MANLIUS (*Titus*) *Mancinus* (Jug. 73, 7). Tribun du peuple en 647, fit décider par le peuple que Marius serait chargé de la guerre contre Jugurtha, quoique le sénat eût déjà décidé de maintenir Métellus dans son commandement.

MARCIUS (*Gaius*) *Figulus* (Cat. 17, 1). Consul avec L. Julius César en 690, l'année qui précéda le consulat de Cicéron. D'après ce dernier (*ad Attic.*, XII 21, 1) il parla avant Caton dans la délibération sur le châtiment à infliger aux conjurés.

MARCIUS (*Quintus*) *Rex* (Cat. 30, 3). Consul en 686, puis proconsul en Cilicie, attendait en vain, aux portes de Rome, le triomphe qu'il avait mérité par ses succès dans la guerre contre les pirates, quand on l'envoya à Fæsulæ pour surveiller les agissements des partisans de Catilina.

Marius (*Gaius*) (Cat. 59, 3; Jug. 46, 7, etc.). Né à Arpinum (ou, selon Plutarque, à Cirræaton, près d'Arpinum), vers l'an 600, d'une famille plébéienne, cliente de Metellus, il fit ses premières armes au siège de Numance, et obtint le tribunat par la protection de Metellus le Numidique, qui, après sa préture, le prit pour lieutenant. Marius, peu scrupuleux, se fit nommer consul malgré lui et le supplanta dans son commandement. On connaît ses victoires sur Jugurtha et sur les Cimbres et les Teutons, et sa terrible lutte contre Sylla et les partisans du gouvernement aristocratique.

Masinissa (Jug. 5, 4, 5 et 7, etc.). Roi de Numidie, reçut après la 2e guerre punique les états de Syphax, roi de la Numidie orientale, en reconnaissance des services qu'il avait rendus aux Romains, et prépara la ruine de Carthage en la harcelant continuellement, selon les instructions qu'il avait reçues. C'est en effet sous prétexte de secourir leur allié que les Romains entreprirent la troisième guerre punique. Il mourut l'an 149 avant J.-C., laissant comme héritiers de son trône ses deux fils Adherbal et Hiempsal, et son fils adoptif Jugurtha, fils de son frère Mastanabal.

Massilia (Cat. 34, 2). Marseille, colonie phocéenne, fondée vers l'an 600, colonisa bientôt les côtes voisines, et fit concurrence à Carthage dans son commerce maritime. Menacée par les peuplades liguriennes et gauloises, elle appela à son aide les Romains, qui fondèrent en 125 la province romaine (d'où le nom actuel de Provence); mais Marseille resta indépendante jusqu'à l'époque de la guerre civile entre César et Pompée, où elle fut prise par le vainqueur des Gaules et fit désormais partie de la Province.

Massiva (Jug. 35, 1, etc.). Fils de Gulussa et petit-fils de Masinissa, assassiné à Rome par Bomilcar, sur l'ordre de Jugurtha, parce qu'il réclamait les états de ce prince.

Massugrada (Jug. 108, 1), sans doute fils de Masinissa et d'une concubine, père de Dabar (Voir ce mot).

Mastanabal (Jug. 5, 6 et 7; 67, 1). Frère de Micipsa et père de Jugurtha.

Mauretania (Cat. 21, 3, etc.). La Mauritanie, contrée du nord de l'Afrique, à l'ouest de la Numidie (aujourd'hui *Maroc* et partie occidentale de l'*Algérie*). Elle fut conquise, l'an 42 de notre ère, sous l'empereur Claude, par Suetonius Paulinus, et divisée en deux parties : la Mauritanie *Césarienne* à l'est, et la Mauritanie *Sitifienne* (plus tard *Tingitane*) à l'ouest.

Mauri, Maurus (Jug. 18, 10, etc.). Les Maures. Ce nom vient, non pas de *Medi*, comme le croit Salluste, mais du phénicien ou punique *Maouharin* (les Occidentaux). Cf. *Maghreb*, l'Occident, encore aujourd'hui chez les Arabes.

Maxumus (Voir Fabius).

Medi (Jug. 18, 4, 9 et 10). Corruption d'un nom de tribu africaine (Voir Armenii).

Memmius (*Caius*) (Jug. 27, 2, etc.). Tribun du peuple en 643, ennemi éloquent et convaincu de la noblesse, il fit décider par le peuple que Jugurtha viendrait à Rome pour y être jugé. Il fut préteur en 650, accusé de concussion en sortant de charge, et assassiné par les satellites du tribun L. Appuleius Saturninus, parce qu'il se portait candidat au consulat contre Glaucia, complice de ce dernier (654).

Mesopotamia (Epist. Mithr. 21). Contrée de l'Asie située entre le Tigre et l'Euphrate (μέσος-ποταμός), au sud de l'Arménie.

Metellus (Voir Cæcilius).

Micipsa (Jug. 5, 6, etc.). Fils et successeur de Masinissa et père d'Adherbal et d'Hiempsal; adopta Jugurtha, son neveu, et lui laissa une part de son royaume, dans l'espoir que la reconnaissance le forcerait à vivre en bonne intelligence avec ses frères.

Minucius (*Quintus*) *Rufus* (Jug. 35, 2 et 4). Consul en 644, avec Spurius Postumius Albinus (quelques auteurs lui donnent le prénom de *Marcus*); il eut pour province la Macédoine, et obtint le triomphe pour ses victoires sur les Scordisques.

MITHRIDATES (Or. Phil., 8, etc.). Mithridate VII, *Eupator* ou *Dionysos*, roi de Pont, ennemi implacable des Romains et grand homme de guerre, mais cruel et perfide. Vaincu d'abord par Lucullus, puis par Pompée, et trahi par ses fils, il chercha en vain à s'empoisonner et se fit tuer par un Gaulois (691). Le Pont fut déclaré province romaine. — *Mithridaticum bellum* (Cat. 39, 1), la guerre contre Mithridate.

MULUCCHA (Jug. 19, 7, etc.). Fleuve du nord de l'Afrique (auj. *Moulouia*), séparait, du temps de leur indépendance, les Maures des Massésyles, et, sous l'Empire, les deux Mauritanies (Tingitane et Césarienne); il formait primitivement la limite des états de Micipsa et de Bocchus, lequel possédait ce qui fut plus tard la Mauritanie Tingitane.

MULVIUS *pons* (Cat. 45, 1). Aujourd'hui *Ponte Molle*, pont sur le Tibre, à un mille au nord de Rome ancienne, et à l'entrée de la nouvelle Rome. Les voies *Cassia* et *Flaminia* traversaient le Tibre à cet endroit.

MURENA (Voir LICINIUS).

MUTHUL (Jug. 48, 3). C'est sans doute le fleuve que les Romains appelèrent plus tard *Ubus* ou *Rubricatus*, et qui avait son embouchure à Hippo-regius (Bône), aujourd'hui la *Seybouse*.

N

NABDALSA (Jug. 70, 2, etc.). Lieutenant de Jugurtha; entra dans la conspiration de Bomilcar contre le roi de Numidie, et réussit à se disculper lors de la découverte du complot.

NASICA (Voir CORNELIUS).

NERO (Voir CLAUDIUS).

NICOMEDES (Epist. Mithr. 9, 10 et 11). Nicomède III, roi de Bithynie de 90 à 74 avant J.-C. Dépossédé deux fois par Mithridate, il fut rétabli par les Romains, et, en mourant, leur légua son royaume.

NOBILIOR (Voir FULVIUS).

NOMADES (Jug. 18, 7). En grec νομάδες, pasteurs, et

par suite *errants, nomades*. Le mot *Numides*, qu'il faut rapprocher du phénicien *namoudin*, qui a le même sens que le mot grec, n'est sans doute pas, malgré les apparences, de même racine que le grec *νομάς*.

NUCERINUS (Cat. 21, 3), de Nuceria (auj. *Nocera*), en Campanie.

NUMANTIA (Jug. 8, 2, etc.). Numance, ville de la Tarraconaise, chez les Arévaques, près des sources du Durius (Douro) ; dans une forte position et grâce à l'énergie des habitants, elle résista longtemps aux Romains. Enfin, elle fut prise et rasée par Scipion Emilien, le destructeur de Carthage (133 avant J.-C.). — *Numantini* (Jug. 7, 4). — *Numantinum bellum* (Jug. 7, 2 ; 9, 2).

NUMIDÆ, NUMIDIA (Jug., *passim*). Les Numides, la Numidie. Contrée du Nord de l'Afrique, correspondant à peu près à notre Algérie, entre la *Tusca* à l'Est et la *Mulucha* à l'Ouest, avec des limites incertaines au Sud, du côté du désert. La Numidie propre (à l'Est) devint sous Auguste province sénatoriale ; mais la Numidie occidentale, réunie à la Mauritanie, ne fut annexée qu'en l'an 42 après J.-C. — *Numidica scuta* (Jug. 94, 1).

NYSA (Epist. Mithr., 9). Concubine de Nicomède III, dont il eut un fils. Mithridate, dans sa lettre à Phraate, prétend qu'elle avait le titre de reine ; mais les Romains, s'appuyant sur le testament du feu roi, s'emparèrent de ses états, et ne voulurent point reconnaître la légitimité du fils de Nicomède.

O

OCEANUS (Jug. 17, 4, etc.). L'Océan Atlantique.

OCTAVIUS (*Gneius*) *Ruso* (Jug. 104, 3). Questeur en 648, il avait apporté des subsides et de l'argent à l'armée de Marius. Au commencement de l'an 649, il accompagna à Rome trois des députés de Bocchus, chargés de demander l'alliance et l'amitié du peuple romain.

OPIMIUS (*Lucius*) (Jug. 16, 2). Consul en 633, il fut chargé par le sénat de s'opposer aux tentatives de C. Gracchus, et engagea dans les rues de Rome une lutte sans merci, où périrent un grand nombre de citoyens; entre autres C. Gracchus et M. Fulvius Flaccus, un des trois commissaires nommés pour faire exécuter la loi agraire. Accusé pour ce fait, il fut absous, mais s'étant laissé corrompre par Jugurtha dans son ambassade, il fut condamné et mourut en exil.

Orestilla (Voir Aurelia).

P

Pæligna *cohors* (Jug. 105, 2). Les Péligniens, peuple de l'Italie centrale, sur le revers oriental de l'Apennin, étaient renommés pour leur bravoure.

Parium (Epist. Mith., 14). Ville de Mysie, sur la côte sud de la Propontide, à l'entrée de l'Hellespont, en face de Lysimachie. Mithridate y perdit, dans une tempête, une partie de sa flotte.

Persæ (Jug. 18, 4, 6 et 11). Nom altéré d'une peuplade du nord de l'Afrique (Voir Armenii).

Perses (Cat. 51, 5, etc.). Persée, roi de Macédoine (178-167 avant J.-C.). Vaincu à Pydna par Paul-Emile (168) et pris dans l'île de Samothrace, où il s'était refugié, il orna le triomphe du vainqueur et se laissa mourir de faim dans sa prison. Un de ses fils, Philippe, devint greffier à Rome.

Persis (Epist. Mithr., 19). La Perse, province de l'Asie centrale, entre la Médie au N., la Caramanie à l'E., le golfe Persique au S., la Babylonie et la Susiane à l'O. Dans notre passage, il désigne l'empire que les Arsacides avaient formé par la réunion de la Parthie aux provinces voisines.

Petreius (*Marcus*) (Cat. 59, 4; 60, 1 et 5). Lieutenant d'Autonius; commanda à sa place à la bataille de Pistoria, où Catilina fut vaincu et tué avec tous ses soldats. En 705, il était également, avec Afranius, lieutenant de Pompée en Espagne, et fut vaincu par César; il assista ensuite à la bataille de Thapsus et se refugia à Zama avec Juba. Desespérés, ils résolurent de se battre dans un duel à mort : Petréius succomba d'abord, ensuite Juba se fit tuer par un esclave.

PHILÆNI (Jug. 79, 5, 9 et 10). Les frères Philènes, dont le dévouement nous est connu par le récit de Salluste. — *Philænon aræ* (Jug. 19, 3), autels des Philènes, élevés en souvenir de leur dévouement.

PHILIPPUS (Orat. Lep., 4; Ep. Mithr., 5, 6 et 8). Pilippe III (ou V), roi de Macédoine, de 220 à 178; après de grands succès sur les Romains, il fut vaincu à Cynoscéphales par Flaminius et dût consentir à signer un traité onéreux. Il mourut au moment où il allait reprendre l'exécution de ses desseins, laissant à son fils Persée le soin de recommencer la guerre.

PHŒNICES (Jug. 19, 1). Les Phéniciens, peuple célèbre dans l'antiquité par son commerce maritime et ses riches colonies, dont la plus puissante fut Carthage. Leurs principales villes étaient Tyr et Sidon, sur les côtes de Syrie, qu'ils occupaient en grande partie.

PICENUS *ager* (Cat. 27, 1, etc.). Le Picénum, contrée de l'Italie centrale, entre l'Apennin à l'O., l'Adriatique à l'E., l'Æsis au N., et le Matrinus (*Fino*) au S. — *Picens* (Or. Lep., 17), Picentin, du Picénum.

PISO (Voir CALPURNIUS).

PISTORIENSIS *ager* (Cat. 57, 1), le territoire de Pistoria (auj. *Pistoia*), à 23 milles N.-O. de Florence.

PLAUTIA *lex* (Cat. 31, 4). La loi *Plautia* (ou *Plotia*) *de vi* visait ceux qui, à la tête de bandes armées, troublaient la paix publique.

PŒNI (Jug. 79, 8). Les Carthaginois. D'où *Punicus* (adjectif), punique, carthaginois. — *Punica bella* (Cat. 51, 6). — *Punicum bellum* (Jug. 42, 1); *P. b. secundum* (Jug. 5, 4). — *Punica fides* (108, 3). — *Punici libri* (Jug. 17, 7). — *Punica oppida* (Jug. 19, 7). — *Punicæ urbes* (Jug. 19, 3).

POMPEIUS (*Gneius*) *Magnus* (Cat. 16, 4, etc.). Pompée, surnommé *le Grand* (quoiqu'il n'ait jamais été qu'un ambitieux médiocre et un général plus heureux qu'habile), fils de Pompéius Strabo, né en 648, consul pour la première fois en 684; forma le premier triumvirat avec Crassus et César, dont il épousa la fille Julie (693). Après les victoires de

César en Gaule, il entra en lutte avec lui pour la prééminence, et, vaincu à Pharsale (706), s'enfuit en Égypte, où les ministres du roi Ptolémée XII le firent assassiner avant qu'il n'eût débarqué.

Pompeius (*Quintus*) *Rufus* (Cat. 30, 5). Préteur en 691, l'année de la conjuration de Catilina, et envoyé en cette qualité à Capoue, pour y lever des troupes destinées à combattre les conjurés; fut gouverneur de la province d'Afrique deux ans après. Peu connu d'ailleurs.

Pomptinus (*Gaius*) (Cat. 45, 1 et 4). Préteur en 691, chargé, avec L. Valérius Flaccus, d'arrêter les députés des Allobroges et Volturcius sur le pont Mulvius. Envoyé deux ans après dans la Narbonaise en qualité de propréteur, il soumit les Allobroges révoltés. Il était, en 703, lieutenant de Cicéron en Cilicie.

Porcia *lex* (Cat. 51, 22 et 40). La loi *Porcia*, rendue l'an 454 de Rome, sur la proposition de P. Porcius Læca, tribun du peuple, défendait de mettre à mort et de battre de verges un citoyen romain.

Porcius (*Marcus*) *Cato* (Cat. 52, 1, etc.). Caton d'Utique, ainsi surnommé parce qu'il se donna la mort à Utique, pour ne pas survivre à la ruine du parti aristocratique. Lorsqu'il prononça contre les conjurés le discours dont Salluste nous donne un aperçu, il était tribun du peuple désigné et âgé seulement de 32 ans; certains passages de ce discours conviendraient mieux à un homme plus âgé.

Porcius (*Marcus*) *Læca* (Cat. 17, 3; 27, 3). Sénateur, chez qui se tint la réunion principale des complices de Catilina (6-7 novembre 691) et une autre, quelques jours plus tard. On ne connaît pas d'autre membre de cette branche de la famille des *Porcius*, si ce n'est le tribun du peuple auteur de la loi *Porcia* (454).

Postumius (*Aulus*) *Albinus* (Jug. 36, 4, etc.). Son frère Spurius lui ayant laissé le commandement de l'armée, pendant qu'il allait à Rome tenir les comices, il se laissa corrompre par Jugurtha, lui et une partie de ses troupes, passa sous le joug avec son armée et consentit à évacuer la Numidie.

Postumius (*Spurius*) *Albinus* (Jug. 35, 2, etc.). Frère du précédent, consul en 644 avec Q. Minucius Rufus, il commence la guerre contre Jugurtha, se laisse tromper ou peut-être corrompre par lui, et confie bientôt le commandement à son frère Aulus, qui conduit l'armée à un honteux désastre. Il est condamné à l'exil avec L. Brutus, Opimius et C. Caton.

Ptolemæus (Epist. Mithr., 10 et 12). Il s'agit ici en général des Ptolémées, rois d'Égypte, qui ne conservaient un semblant d'indépendance qu'en prodiguant aux Romains leurs richesses. Ce n'est qu'en l'an 30 avant J.-C., que l'Égypte devint province romaine.

Punicus (Voir Pœnus).

Pyrenæus (Ep. Pomp., 5). Les Pyrénées (ordinairement *Pyrenæi montes* ou *Pyrene*).

Pyrrhus (Orat. Lep., 4). Roi d'Épire, le meilleur capitaine de son temps. Appelé par les Tarentins, il vainquit les Romains à Héraclée (280 av. J.-C.) et à Asculum (279), mais se fit battre à Bénévent par Curius Dentatus (275). Après avoir conquis la Macédoine, il chercha à soumettre les villes grecques, sous prétexte de les protéger, et périt misérablement à Argos, dans le temple de Diane, de la main d'une vieille femme.

Q

Quintius (*Lucius*) (Or. Macri, 11). Tribun du peuple en 680. Cicéron en parle comme d'un homme ami de la violence et des troubles.

Quirites (Jug. 31, 1, etc.). Ce mot était régulièrement employé, quand on s'adressait au peuple assemblé. Il désignait, à l'origine, les habitants de la ville sabine de *Cures*, avant leur réunion aux Romains ; puis il devint synonyme de *citoyen*.

R

Regium (Jug. 28, 6). Ville ancienne de l'Italie méridionale (aujourd'hui *Reggio*), sur le détroit de Messine.

Rex (Voir Marcius).

Rhodii (Cat. 51, 5). Les Rhodiens avaient reçu la Lycie et la Carie, pour prix des secours qu'ils avaient fournis aux Romains contre Philippe de Macédoine et Antiochus de Syrie. Leur conduite ayant paru ambiguë pendant la guerre contre Persée, on leur enleva ces provinces. Rhodes ne fut réunie à l'empire que sous Vespasien, qui en fit la capitale de la province des Iles.

Roma, Romani, Romanus, *passim*.

Romulus (*scævus iste*), cette contrefaçon de Romulus : expression dont se sert le consul Lépidus en parlant de Sylla (Or. Lep., 5).

Rufus (Voir Minucius, Pompeius, Rutilius et Sulpicius).

Ruso (Voir Octavius).

Rutilius (*Publius*) *Rufus* (Jug. 50, 1, etc). Lieutenant de Métellus en Numidie en 645 : battit Bomilcar, avec une partie de l'armée, près du Muthul, tandis que Métellus triomphait de Jugurtha à quelque distance. Questeur de Mucius Scévola, il avait été condamné à l'exil, parce qu'il s'était entendu avec son préteur pour réprimer les exactions des chevaliers dans la province d'Asie : cela n'empêcha pas Cicéron d'en faire à plusieurs reprises l'éloge dans ses discours et dans ses écrits. C'est sans doute pendant son exil qu'il écrivit un ouvrage historique en grec et une autobiographie.

S

Sænius (*Lucius*) (Cat. 30, 1). Sénateur ; n'est connu que par ce qu'en dit Salluste.

Samnites (Cat. 51, 38). Peuple de l'Italie centrale, à la fois pasteur et guerrier. Les Samnites se mirent à la tête des différents peuples de l'Italie pour défendre leur indépendance ; ils ne purent être soumis qu'après un demi-siècle de luttes acharnées.

Samothraces *dei* (Epist. Mithrid., 7). Les dieux de Samothrace, les Cabires, divinités mystérieuses dont il était défendu de prononcer le nom. C'étaient sans doute, à l'origine, des dieux symbolisant l'industrie des métaux ; plus tard, on les confondit avec les grands dieux. Leurs principaux sanctuaires étaient à Anthédon, à Thèbes, à Imbros, à Lemnos et à Samothrace.

SANGA (Voir FABIUS).

SATURNINUS (Voir APPULEIUS).

SCAURUS (Voir ÆMILIUS).

SCIPIO (Voir CORNELIUS).

SCIRTUS (Or. Lep., 21). Sans doute un affranchi de Sylla. N'est pas autrement connu. Cf. TARULA.

SCRIBONIUS (*Gaius*) *Curio* (Or. Macri, 10). Consul avec Cn. Octavius en 678 ; il fut ensuite envoyé en qualité de proconsul en Macédoine, où il eut à combattre les Dardaniens et les Mœsiens, qui faisaient de fréquentes incursions dans cette province ; ce fut le premier général romain qui arriva jusqu'au Danube. Ses victoires lui valurent le triomphe en 683. Dans le procès des complices de Catilina, il parla avant Caton. Il avait défendu Clodius, accusé d'inceste, mais c'était un partisan dévoué du sénat ; aussi Cicéron le classe-t-il parmi les honnêtes gens.

SELEUCEA (Ep. Mithr., 19). Séleucie capitale du royaume des Arsacides, sur la rive droite du Tigre, en face de Ctésiphon ; fut ruinée par Cassius, lieutenant de Lucius Vérus, collègue de Marc-Aurèle à l'empire, et ne se releva plus.

SEMPRONIA (Cat. 25, 1 ; 40, 5). Complice de Catilina, épouse de D. Junius Brutus, qui fut consul en 677, et mère de D. Junius Brutus Albinus, l'un des meurtriers de César. Elle était de la même famille que les Gracques.

SEMPRONIUS (*Tiberius*) *Gracchus* (Jug. 31, 7, etc.). Tiberius Gracchus (162-133 avant J.-C.), fils de Ti. Sempronius Gracchus et de Cornélie, fille de Scipion l'Africain, chercha à refaire une classe moyenne en distribuant des terres aux anciens soldats, et réussit, étant tribun du peuple, à faire passer sa loi agraire ; mais il périt dans une émeute à la tête de laquelle était le grand-pontife Scipion Nasica. Son œuvre fut reprise, dix ans après, avec plus d'énergie par son jeune frère Gaius, qui, aussi malheureux que lui, fut obligé de se faire tuer par un esclave, après la défaite de ses partisans par le consul Opimius à la tête des patriciens (121).

SEMPRONIUS (*Gaius*) *Gracchus* (Jug. 16, 2, etc.). (Voir le précédent). — *Sempronia lex* (Jug. 27, 1). D'après cette loi, présentée par C. Gracchus en 123, le sénat devait désigner, avant les comices, les provinces consulaires.

SEPTIMIUS, de Camerinum (Cat. 27, 1). Complice de Catilina, d'ailleurs inconnu, qu'il envoya soulever le Picénum.

SERGIUS (*Lucius*) *Catilina* (Cat., *passim*).

SERTORIUS (*Quintus*) (Or. Cottæ, 6 ; Ep. Pomp., 5 et 9 ; Or. Macri, 18). Courageux et habile partisan de Marius ; résista huit ans en Espagne aux généraux du parti de Sylla, même à Pompée. Il venait de s'allier avec Mithridate et allait envahir l'Italie, quand il fut assassiné dans un festin par Perpenna, un de ses officiers (72), qui ne put résister à Pompée.

SERVILIUS (*Quintus*) *Cæpio* (Jug. 114, 1). Proconsul en Gaule en 649 (Voir MANLIUS (*Gneius*) *Maximus*).

SEXTIUS (Jug. 29, 4). Questeur du consul Calpurnius en Numidie (643).

SIBYLLINI *libri* (Cat. 47, 2). Les livres Sibyllins, collection d'oracles venus de différents côtés, qui avaient remplacé les anciens livres Sibyllins brûlés dans l'incendie du Capitole en 670, pendant les guerres civiles de Marius et de Sylla.

SICCA (Jug. 56, 3). Sicca, ou Sicca Veneria, aujourd'hui *el Kef*, dans la Tunisie. — *Siccenses* (Jug. 56, 4 et 5), les habitants de Sicca.

SICILIA (Jug. 28, 6). La Sicile, grande île, séparée de l'Italie par le détroit de Messine (*fretum Siculum*).

SICINIUS (*Lucius*) (Or. Macri, 8). Tribun du peuple en 678 ; fut le premier qui osa, mais sans résultat, demander le rétablissement de la puissance tribunitienne, presque annihilée par Sylla. Un autre Sicinius avait contribué au soulèvement à la suite duquel le tribunat fut institué.

Sidonii (Jug. 78, 1). Les habitants de Sidon, en Phénicie, d'abord plus célèbre que Tyr, mais ensuite éclipsée par elle (aujourd'hui *Saïda*). — *Sidonicus* (Jug. 78, 4), de Sidon.

Silanus (Voir Junius et Turpilius).

Sisenna (Voir Cornelius).

Sittius (*Publius*) (Cat. 21, 3). Ami et hôte de Cicéron, qui le défend (*Pro Sulla*, 20) de la double accusation d'avoir été le complice de Catilina et d'avoir essayé de soulever l'Espagne ultérieure pour le compte de Sylla. Il est certain qu'à l'époque de la conjuration, il était en Mauritanie avec une armée de mercenaires, attendant les ordres de Catilina. Plus tard, il rendit de grands services à César dans la guerre d'Afrique (708).

Spinther (Voir Cornelius).

Statilius (*Lucius*) (Cat. 17, 4). Chevalier, complice de Catilina, inconnu d'ailleurs ; s'était chargé avec Gabinius d'incendier Rome.

Sucro (Ep. Pomp., 6). Ville de Tarraconaise, sur un fleuve de même nom (aujourd'hui le *Xucar*) qui se jette dans la Méditerranée au sud de Valence. Pompée y vainquit Sertorius.

Sulla, Sullanus (Voir Cornelius).

Sulpicius (*Publius*) *Rufus* (Or. Phil., 7). D'abord partisan du sénat, il se distingua comme lieutenant dans la guerre des Marses. Tribun du peuple en 666, il recommença, au profit de Marius, le rôle de Saturninus, et le fit charger, à l'exclusion de Sylla, de la guerre de Mithridate. Sylla, rentré victorieux à Rome, le fit mettre à mort. C'était un grand orateur.

Sura (Voir Cornelius).

Suthul (Jug. 37, 3 ; 38, 2). Ville de Numidie, aujourd'hui *Guelma*, selon quelques-uns, ou, selon d'autres, *Sbaïtla*. Il est bon de noter que Guelma, sur la Seybouse, se nommait *Calama*, du temps de la domination romaine.

Syphax (Jug. 5, 4 ; 14, 8). Roi des Massésyles, tour à tour allié et ennemi des Romains, tomba entre les mains de Lælius et de Masinissa, et finit ses jours à Tibur, près de Rome. Masinissa reçut ses états comme récompense de ses services.

Syrtes (Jug. 19, 3 ; 78, 1 et 3). Les Syrtes, bas-fonds sur la côte nord de l'Afrique, entre Cyrène et Carthage. On distinguait la grande Syrte, aujourd'hui golfe de la Sidre, à l'Est, et la petite Syrte, aujourd'hui golfe de Cabès, à l'Ouest.

T

Tanais (Jug. 98, 3). Sans doute un affluent du Bagradas (aujourd'hui *Medjerdah*).

Tarquinius (*Lucius*) (Cat. 48, 3, 5, 6 et 8). Personnage parfaitement inconnu ; dénonça Crassus comme complice de Catilina.

Tarracinensis (Cat. 46, 3). De Terracine (appelée d'abord *Anxur*), ville maritime de l'Italie centrale, au sud des Marais Pontins.

Tarula (Or. Lep., 21). Sans doute un affranchi de Sylla. N'est pas autrement connu (Cf. Scirtus).

Terentius (*Gneius*) (Cat. 47, 4). Sénateur, à qui fut confiée la garde de Cæparius, le complice de Catilina, et qui d'ailleurs n'est pas autrement connu.

Thala (Jug. 75, 1, 2, 6 et 10, etc.). La même que Thelepte, à 20 milles au sud de Sicca, vers la frontière sud-est de la Tunisie actuelle.

Theræi (Jug. 19, 3). Les habitants de l'île de *Thera*. Cette île (aujourd'hui *Santorin*), une des Cyclades, n'a cessé de subir des modifications, depuis les temps historiques, par suite de soulèvements ou d'affaissements volcaniques.

Thirmida (Jug. 12, 3). Ville de la Numidie orientale, dont l'emplacement est inconnu.

Thraces (Jug. 38, 6). Peuple qui habitait entre le Danube, le pont Euxin et la mer Egée. Les Thraces formaient, au moment de la guerre de Jugurtha, un état autonome, mais fournissaient aux Romains une partie de leurs meilleurs auxiliaires.

Tigranes (Epist. Mithr., 3, 13, 15 et 16). Tigrane III, le *Grand*, roi d'Arménie, gendre de Mithridate, d'abord très puissant. Mais bientôt Lucullus l'attaqua, parce qu'il n'avait pas voulu livrer son beau-père, et le battit à Artaxata et à Tigranocerte. Pompée l'obligea à céder aux Romains la Cappadoce, la Syrie et la Cilicie, et à payer 6 000 talents (64 av. J.-C.).

TISIDIUM (Jug. 62, 8). N'est pas mentionnée ailleurs. C'est peut-être la même ville que *Thisida*, entre Carthage et Utique, près du fleuve Bagradas.

TORQUATUS (Voir MANLIUS).

TRANSALPINA (Voir GALLIA).

TRANSPADANUS (Cat. 49, 2). Habitant de la Gaule transpadane, partie de la Gaule cisalpine située au nord du Pô.

TROJANI (Cat. 6, 1). Les Troyens, dont les Romains croyaient descendre.

TULLIANUM (Cat. 55, 3). Prison de Rome, où furent exécutés les principaux complices de Catilina et où Jugurtha mourut de faim.

TULLIUS (*Marcus*) *Cicero* (Cat. 22, 3, etc.). Cicéron, le grand orateur et le grand patriote, qui découvrit et réprima, pendant son consulat (63 avant J.-C.), la conjuration de Catilina.

TULLUS (Voir VOLCATIUS).

TURIA (Ep. Pomp., 5). Fleuve de l'Espagne citérieure, qui arrose Valence, aujourd'hui le *Guadalaviar*.

TURPILIUS (*Titus*) *Silanus* (Jug. 66, 3; 67, 3; 69, 4). Soupçonné d'avoir trempé dans la trahison des habitants de Vaga, dont il était gouverneur, il fut mis à mort par Métellus, qu'unissaient à lui les liens d'une ancienne hospitalité, sur les instances de Marius, et parce que, étant citoyen du Latium, et non de Rome, il n'était pas protégé par la loi Porcia.

TUSCI (Cat. 51, 38). Les Toscans, les Etrusques.

U

UMBRENUS (*Publius*) (Cat. 40, 1, 2 et 4; 50, 4). Fils d'affranchi, complice de Catilina, fut chargé par Lentulus de gagner les députés des Allobroges, qu'il connaissait pour avoir trafiqué dans leur pays.

UTICA (Jug. 25, 5, etc.). Utique, capitale de la province romaine d'Afrique, sur la Méditerranée, au N.-O. de Carthage, le plus ancien établissement des Phéniciens sur cette côte. On voit aujourd'hui ses ruines près de Porto-Farina.

V

Vaga (Jug. 26, 4, etc.). Vaga ou Vacca (aujourd'hui *Bedscha* ou *Béja*, dans la Tunisie), ville de Numidie, à l'ouest de Carthage.

Valentia (Ep. Pomp., 6). Valence, dans la Tarraconaise, près de l'embouchure du fleuve Turia (*Guadalaviar*.

Valerius (*Lucius*) *Flaccus* (Cat. 45, 1 ; 46, 6). Préteur en 691 ; fut chargé, avec Pomptinus, d'arrêter les députés des Allobroges sur le pont Mulvius.

Varguntbius (*Lucius*) (Cat. 17, 3 ; 28, 1 ; 47, 1). Complice de Catilina ; accusé de brigue, il fut défendu par Hortensius (Cicéron, *pro Sulla*, 6). C'était un homme audacieux et d'une grande vigueur corporelle.

Vesta (Cat. 15, 1). Fille de Saturne et de Rhéa, déesse du feu, dont le culte était confié à des vierges nommées Vestales, qui devaient, sous peine du fouet, ne jamais laisser éteindre le feu sur l'autel de la déesse, et faisaient vœu de chasteté.

Vettius (Or. Lep., 17). Suppôt de Sylla. C'est peut-être le même à qui Cicéron acheta une terre (*ad Attic.*, IV, 5) qui avait appartenu à Catulus.

Volcatius (*Lucius*) *Tullus* (Cat. 18, 2). Consul en 688, avec M. Æmilius Lepidus, en remplacement de P. Autronius et de P. Sylla, condamnés pour brigue. Chercha à rester neutre entre César et Pompée.

Volturcius (*Titus*), de Crotone (Cat. 44, 3 et 4, etc.). Complice de Catilina ; envoyé par Lentulus pour lui porter un message, il fut arrêté avec les Allobroges sur le pont Mulvius.

Volux (Jug. 101, 5, etc.). Fils de Bocchus, roi de Mauritanie.

Z

Zama (Jug. 56, 1, etc.). Zama (aujourd'hui *Zouarin*), au sud-est de Sicca ; faisait partie, ainsi que Sicca et Capsa, du territoire de Carthage, et avait été réunie à la Numidie, à la fin de la 2e guerre punique.

FIN

TABLE DES MATIÈRES

FIN DE LA TABLE DES MATIÈRES

Marseille. — Typ. et lith. Barlatier-Feissat.

www.ingramcontent.com/pod-product-compliance
Lightning Source LLC
LaVergne TN
LVHW020950050726
842519LV00001B/194

9782019941062